武大国际法评论

铁侣武题

CSSCI（2012-2013年）来源集刊

武大国际法评论

WUHAN UNIVERSITY INTERNATIONAL LAW REVIEW

教育部人文社会科学重点研究基地
武汉大学国际法研究所
主办

第十六卷·第一期
VOL.16 No.1

WUHAN UNIVERSITY PRESS
武汉大学出版社

图书在版编目(CIP)数据

武大国际法评论．第16卷．第1期/教育部人文社会科学重点研究基地；武汉大学国际法研究所主办．—武汉：武汉大学出版社，2013.11
ISBN 978-7-307-11780-8

Ⅰ.武…　Ⅱ.①教…　②武…　Ⅲ.国际法—研究　Ⅳ.D99

中国版本图书馆 CIP 数据核字(2013)第224197号

责任编辑：张　欣　　　责任校对：汪欣怡　　　版式设计：马　佳

出版发行：**武汉大学出版社**　(430072　武昌　珞珈山)
(电子邮件：cbs22@whu.edu.cn　网址：www.wdp.com.cn)
印刷：湖北民政印刷厂
开本：787×1092　1/16　印张：21.5　字数：414千字　插页：1
版次：2013年11月第1版　　2013年11月第1次印刷
ISBN 978-7-307-11780-8　　定价：42.00元

武大国际法评论

（第十六卷第 1 期）

编辑部邮箱：tougao@ whuilr. org

通 信 地 址：武汉大学法学院

《武大国际法评论》编辑部

邮 政 编 码：430072

Wuhan University International Law Review

Vol. 16 No. 1

E-mail: tougao@ whuilr. org

Address: School of Law, Wuhan University

Editorial Board of "Wuhan University International Law Review" 430072

武大国际法评论

学术顾问

（按姓氏拼音先后为序）

Wuhan University International Law Review

目　录

TABLE OF CONTENTS

International Commercial Arbitration

一、海洋法专题

论海洋石油开发环境污染损害赔偿法律机制之构建
——以国际法和我国法为视角*

□ 万鄂湘**　高　翔***

内容摘要　随着海洋石油资源开发的日益蓬勃，海洋石油开发中的巨大环境污染风险逐渐引起了国际社会的重视。然而，目前国际社会尚未有任何生效的政府间国际条约来专门调整和规范这一问题，仅有一部未生效条约和一个民间协定。如何在充分开发和利用海洋油气资源的同时，合理预防其对海洋环境造成的巨大污染，并在污染发生后进行及时有效的救济，已成为世界各国和我国共同面临的紧迫课题。要构建这一法律机制，首先要对国际社会海洋石油开发环境污染损害赔偿的国际立法尝试进行深入分析，吸纳其合理成分，结合国际社会和我国发展的需要，构建起系统的国际法和我国法中的海洋石油开发环境污染法律赔偿机制。

关 键 词　海洋石油开发；环境污染；损害赔偿

目　　次

* 本文系教育部哲学社会科学研究重大课题攻关项目“全球化背景下中国海洋权益法律保障研究”（09JZD0023）的阶段性成果。

** 全国人民代表大会常务委员会副委员长、武汉大学国际法研究所教授、博士生导师。

*** 武汉大学法学博士、广东省深圳市纪委预防研究室干部。

（二）1976年《勘探、开发油污损害民事责任公约》主要内容与评析

二、国际海洋石油开发环境污染损害赔偿法律机制之构建

（一）严格责任原则与免责事由

（二）赔偿责任限制与双重赔偿机制

（三）污染损害赔偿连带责任机制

三、我国海洋石油开发环境污染损害赔偿法律机制之构建

（一）适用范围

（二）赔偿责任主体

（三）赔偿范围

（四）归责原则和免责事由

（五）赔偿责任限制

石油是一国经济发展的命脉。随着世界工业化进程的不断加深，陆地石油资源日益枯竭，广阔海洋中蕴藏的丰富石油资源日益引起各国关注。据统计，海洋蕴藏了全球超过70%的油气资源，其中一半以上又位于深海，① 海洋石油的开发和利用成为各国能源政策的重要内容。自20世纪50年代以来，海上石油运输中的石油污染问题已引起国际社会和各国的普遍关注，国际社会逐步建立起以《1969年国际油污损害民事责任公约》（以下简称“1969年民事责任公约”）、《1971年设立国际油污损害赔偿基金国际公约》（以下简称“1971年基金公约”）及各自议定书为核心的环境污染救济法律体系。各国也均以公约为蓝本制定或修改国内法，或者直接适用公约，相继建立起类似的船舶污染国内法律救济体系。遗憾的是，对海洋石油开发过程中可能面临的巨大环境污染风险如何进行有效预防和救济，国际社会尚未形成共识，目前仅有一部尚未生效的国际条约和一部民间协定专门调整海洋石油开发环境污染损害赔偿问题。美国墨西哥湾漏油事故和我国渤海湾漏油事故的先后发生，触目惊心地揭示了海洋石油开发环境污染对海洋生态环境的灾难性破坏，对国际社会在海洋石油开发环境污染法律救济机制上的空白提出了挑战。如何在现有立法尝试的基础上，完善国际海洋石油开发环境污染损害赔偿法律机制，并推动我国海洋石油开发环境污染损害赔偿法律机制的构建，是当前国际社会和我国共同面临的紧迫课题。

① 王蔚：《海洋石油：从浅水到深水的跨越》，《经济参考报》2011年6月16日第5版；Gulf Coast Incident Management Team Fact Sheet, One Year Later Press Pack, available at http://www.restorethegulf.gov/release/2011/04/10/one-year-later-press-pack, visited on 6 March, 2012.

一、国际社会在海洋石油开发环境污染损害赔偿上的立法尝试

早在20世纪70年代，海洋石油开发中的环境污染问题就引起了国际社会一定程度上的关注。1974年，在海洋石油勘探与开发迅猛发展的背景下，世界上几家大型石油公司共同签署了《近海污染责任协定》（*Offshore Pollution Liability Agreement*），以民间协定的形式首次对国际海洋石油开发环境污染法律救济问题予以规范。1976年，北海沿岸国家制定了《勘探、开发海底矿产资源油污损害民事责任公约》（*Convention on Civil Liability for Oil Pollution Damage Resulting from Exploration and Exploitation of Seabed Mineral Resources*，以下简称《伦敦公约》），遗憾的是公约至今未能生效。

（一）1974年《近海污染责任协定》主要内容与评析

由于海洋石油开发环境污染国际法律救济机制的缺失，在海洋石油勘探与开发迅猛发展的背景下，英国石油公司（BP）、壳牌石油公司（Shell）、道达尔公司（Total）、埃索石油公司（Esso）、美孚石油公司（Mobil）、康菲公司（Conoco）等17家大型石油公司于1974年签署了《近海污染责任协定》，“致力于提供一个有序方式对因海上设施的石油泄漏受到污染损害的人，以及任何公共机构采取的补救措施而产生的费用进行补偿和赔偿”，① 以国际民间协定的形式来统一海上石油作业油污损害赔偿责任标准。该协定于1975年5月1日生效，并在2010年1月对条文进行了最新更新。其主要内容如下：②

1. 适用范围

协定序言规定，缔约方是指用于开采和生产石油和天然气的海上设施的经营者及试图成为经营者的实体，这些缔约方经营的海上设施位于或在大不列颠及北爱尔兰联合王国、丹麦、德意志联邦共和国、法国、爱尔兰共和国、芬兰、挪威、马恩岛、法罗群岛、格陵兰岛以及被国际法或国际习惯所认可并被缔约方以协定修正案的方式予以认可的其他国家。公约调整的法律关系主要是因海上设施发生石油泄漏导致的污染损害。所谓“石油泄漏”是指从一个或者多个海上设

① See Preamble of Offshore Pollution Liability Agreement, available athttp://www.opol.org.uk/downloads/opol-agreement-oct10.pdf, visited on 6 March, 2012.

② See Offshore Pollution Liability Agreement, available athttp://www.opol.org.uk/downloads/opol-agreement-oct10.pdf, visited on 6 March, 2012.

施流进大海的一切石油逸出或泄漏。“海上设施”是指：（1）任何油井、装置、管道，或者任何用于开采、生产、处理、储存或从海床或底土中运输石油的固定或移动设施的一部分；（2）用于开采或从海床底土中获取天然气或液化天然气的任何油井，在此期间，该油井正在钻探、重新完成或者正在工作；或者（3）任何一种旨在进行开采、生产、处理或存储海床底土中的石油的固定或可移动式装置，不论该装置是否出于某种原因临时脱离了其经营场所。但是，以下情形不被看做海上设施：（1）任何已废弃了的油井、装置或者管道；或者（2）任何船舶、驳船或者其他不是用来储存石油的船只。也就是说，协定将任何从事海洋石油勘探、开发的油井、固定式钻井平台、移动式钻井平台以及用于储存或在作业现场转移石油的船只均纳入调整范围，但不包括废弃的油井和海商法意义上的船舶。

2. 民事赔偿责任范围与归责原则

协定第1条第1款规定，缔约方对因一个或者多个海上设施发生石油泄漏，导致任何公共机构或个人受到的污染损害以及补救措施费用进行赔偿。“污染损害”是指石油泄漏污染导致的直接损失或损害。“补救措施”是指由于缔约方海上设施发生石油泄漏，作为缔约方的经营者一方和公共机构为了防止、减轻或消除石油泄漏的污染损害，或者清除泄漏的石油而采取的合理措施，但管制措施和保护、维修或更换海上设施采取的措施除外。协定第4条第1款确立了环境污染侵权通用的严格责任原则。只要石油泄漏造成了环境污染损害或产生了补救费用，缔约方即应支付赔偿。除非缔约方能够证明石油泄漏是因为以下法定免责情形导致：（1）战争行为，不论是否宣战的敌对行为、内战、叛乱，或是不可预测、不可避免、不可抗拒的自然现象；（2）完全是由于第三人有意的行为或不作为造成的损害；（3）事故的发生完全由于一国政府或其他机构的疏忽或其他非法行为，或者是由于遵守了海上设施许可证发放国政府的规定和指示；或者（4）损害的发生全部或部分地因为原告有意的作为、不作为或者疏忽，在这种情况下，可以免除缔约方对原告的全部或部分义务。可见，协定规定的免责情形比《伦敦公约》增加了“完全是由于第三人有意行为或不作为造成的损害”这一情形，并扩大了政府错误指示的范围。

3. 赔偿的责任限额

协定第4条规定缔约方最大的支付限额是每个事故2.5亿美元，其中对公共机构所采取的补救措施费用的最大赔偿金额是每个事故1.25亿美元，如果两个或多个公共机构采取的补救措施的总费用超过了已定的最大金额，那么按比例进行分配；对污染损害的可支付最大赔偿额是每个事故1.25亿美元。如果污染损害诉求的总数超过了既定的最大数，那么应该按比例进行分配。协定第2条规定建立类似于船东互保协会的近海污染责任协定有限公司（Off-shore Pollution Liability Agreement Ltd），公司基金来自缔约方缴纳的会费。如果原告行使和用尽权利救济后，一缔约方仍不履行其对原告的义务，可由公司予以赔付。

4. 评析

《近海污染责任协定》是在海洋石油开发环境污染国际法律救济机制长期缺失情境下，大型石油开发企业自发签署的民间协定。协定规定的赔偿责任限额高于《伦敦公约》的规定，体现了大型石油开发企业积极承担污染损害责任、探索国际统一赔偿机制的努力。然而，其局限性也很多。

首先，协定毕竟只是石油公司之间的民间协定，对一些有利于受害人的制度设计比如强制责任保险制度、直接诉讼制度、赔偿责任基金制度等均未加规定，使得协定对受害人保护的力度大打折扣。协定规定清污费用和损害赔偿的赔偿限额各为1.25亿美元，但损害赔偿的范围、数额一般情况下远远大于清污费用。这种划分方式显然是将清污（主要是在政府及其主导下完成）费用的支付置于更加迫切、重要的位置，显然不合理，且其总数额与深海石油开发污染的巨大风险性、严重性仍然不相适应。

其次，协定没有规定责任限制权利的丧失条款，显然这是完全出于石油公司利益的考虑。如前所述，1969年民事责任公约及其议定书，美国1990年油污法均规定了责任限制权利的丧失条款。其中后者的规定更是十分广泛，责任方对事故的发生有过错或者事故发生后不履行相关法定义务和政府指令，均将丧失援引责任限制的权利。笔者认为，这种规定是比较合理的，责任方必须为自己及代理人的过错或过失买单，同时必须积极履行法定配合政府机关堵塞漏油点，清除污染，尽量降低污染损害的义务。

最后，囿于民间协定的性质，协定只具有自我约束的功能，从其法律效力上来看，只能是缔约的石油公司在处理海洋石油开发漏油事故损害赔偿的内部操作指引。真正发生油污事故后，协定规定的归责原则、赔偿范围、责任限额等均面临着油污事故发生国法律的审查，基于国家司法主权的原因，很难获得事故发生国法院的支持，最终难以真正起到统一国际标准的作用。另外，协定适用的地域和对象也十分有限，仅适用于在北海沿岸国家从事海洋石油开发业务的几家大型石油公司。

（二）1976年《勘探、开发油污损害民事责任公约》主要内容与评析

早在1973年，北海矿产资源开发中可能导致的环境污染风险问题就引起了英国政府的关注，产生了建立一个与1969年民事责任公约、《国际干预公害油污事故

公约》和1971年油污基金公约类似的北海海洋石油开发油污损害民事救济统一法律机制的立法设想。① 然而，由于当时位于北海的1250个大大小小油井基本上没有发生过任何漏油事故，北海沿岸国家对于是否有必要建立这样一个区域性统一海底资源开发环境污染民事法律救济机制存在着不同认识。② 英国政府为了促成沿岸各国统一认识，几次召开由政府科技专家参加的国际研讨会，对可能发生的海底漏油事故造成的损失进行科学评估。专家们计算出，如果是一个每天1000吨的漏油事故，将会造成3000万至1.17亿美元的损失。显然，这远远超出了1969年民事责任公约规定的船东应当承担的最大赔偿责任限额。在海底矿产资源开发领域建立一个类似于1969年民事责任公约的区域性统一民事法律救济机制的设想也获得了大型石油公司的积极支持。1976年，比利时、丹麦、联邦德国、爱尔兰、荷兰、挪威、瑞典、法国和英国等9个北海沿岸国家，在伦敦制定了《伦敦公约》。③ 公约力图借鉴1969年民事责任公约的立法模式，将油污损害的严格责任、强制责任保险、责任限制等制度适用于海洋石油开发企业。这是世界上第一个专门调整海洋石油开发环境污染民事法律责任的政府间国际法律文件。然而，遗憾的是公约至今尚未生效。

1. 适用范围

公约在序言中表明了立法目的："考虑到欲开采和开采海底矿产资源而造成石油污染的危险，确信有必要保证那些因此种污染而遭受损害的人能获得充分的赔偿，渴望采取统一的规则和程序以对此种情况下的责任问题做出判断并提供充分的赔偿。"④ 即公约力图借鉴1969年民事责任公约的立法模式，将油污损害的严格责任、强制责任保险、责任限制等制度适用于海洋石油开发企业，建立起与船舶污染

① See Bernard A. Dubais, The 1976 London Convention on Civil Liability for Oil Pollution Damage from Offshore Operations, Journal of Maritime Law and Commerce, Vol. 9, 1977, p. 61.

② See Bernard A. Dubais, The Risk of Pollution Damage Arising from Oil Exploration and Production in the North Sea, Paper Presented at the International Bar Association, Stockholm Conference, August, 1976, available at http://heinonline.org/HOL/Page? handle = hein.journals/ibl5&div = 54&g_ sent = 1&collection = journals, visited on 5 March, 2012.

③ See Bernard A. Dubais, The 1976 London Convention on Civil Liability for Oil Pollution Damage from Offshore Operations, Journal of Maritime Law and Commerce, Vol. 9, 1977, p. 61.

④ Convention on Civil Liability for Oil Pollution Damage Resulting from Exploration and Exploitation of Seabed Mineral Resources, available at http://www.dipublico.com.ar/english/convention-on-civil-liability-for-oil-pollution-damage-resulting-from-exploration-and-exploitation-of-seabed-mineral-resources/, visited on 5 March, 2012.

损害赔偿法律机制相并行的国际法律机制。也有一种观点认为，鉴于海洋石油开发油污的风险性远大于船舶油污，建议对海洋石油开发油污问题适用更加严格的责任。①

公约第 2 条规定，公约仅适用于源自控制国管辖之下的海岸低潮线之外某一设施上发生的事故造成的污染损害，以及为防止或最小化这一污染损害而采取的预防措施。污染损害应当发生在缔约国领土之内，包括内水、领海或专属经济区等成员国依照国际法享有自然资源主权的水域。公约第 1 条解释道，设施是指：（1）用来勘探、生产、处理、储藏、运输或重新控制来自于海床或其底土的原油的任何钻井或其他设备，无论其为固定式还是移动式；（2）曾经用于勘探、生产或重新控制海床或其底土的原油以及在该条约对相关控制国生效之后被抛弃的任何钻井或其他设备；（3）正常钻探活动期间，包括钻探已经结束或正在进行，用于勘探、生产或重新控制海床或其底土天然气或液态天然气的任何钻井；（4）用于勘探原油、天然气或液态天然气以外的其他矿产资源，且勘探活动深入穿透海床底土的任何钻井；（5）一般用于储藏源自于海床或其底土石油的任何设备；或位于控制国沿岸低潮线的任何设备或该设备的主要部分。若一个或几个钻井直接与一个平台或类似装置相连，则该钻井与这一平台或类似装置一起构成本公约下的设备。1969 年民事责任公约下的船舶，不构成本公约下的设备。

2. 民事赔偿责任范围

公约规定，污染损害是指设备中的石油泄漏或溢出导致的污染而引起的设备之外的损失或损害，包括因为预防措施以及由这些措施所导致的进一步的损失或损害。预防措施是指任何与某一特定事故有关的人为防止或减少污染损害而采取的任何合理措施，但不包括为保护、修理或替换某一设备而采取的控制措施和其他措施。对于损失或损害，以及预防措施的具体范围，公约参照 1969 年民事责任公约的做法，并未明确界定。1969 年民事责任公约 1992 年议定书专门对赔偿范围进行了解释和界定，即损失和损害主要包括：（1）财产损害，即清洁、修理或替代被污染财产的合理费用；（2）后经济损失，即索赔人因油污造成其有形财产灭失或损坏而遭受的损失，如渔民因渔网被污染而停止作业丧失的收入等；（3）部分纯经济损失，如渔民因渔业资源被污染而丧失的收入；（4）环境损害，即为了促使环境损害的自然恢复而采取的合理复原措施的费用，包括为确定环境损害的性质和程度以及复原措施的必要性和可行性的调研费用；（5）咨询者的报酬，即索赔人

① See Bernard A. Dubais, The 1976 London Convention on Civil Liability for Oil Pollution Damage from Offshore Operations, Journal of Maritime Law and Commerce, Vol. 9, 1977, p. 63.

所聘请的协助其索赔的咨询者的费用。①

3. 归责原则与免责形式

公约借鉴了1969年民事责任公约和1971年基金公约开创的油污损害严格责任原则，其第3条第1款规定，除法定免责情形外，任何事故发生时该设备的经营者应该对任何基于该事故导致的任何污染损害负责。若是由一系列的事件构成这一事故，则每一事件都对其所引起的污染责任负有责任。若某一设备有多位经营者，他们应共同承担连带责任。公约第5条进一步补充规定，在石油从两个或两个以上设备中泄漏的情况下，所有相关设备的经营者，除非基于法定免责情形，都应对所有此种损害共同承担连带责任。如果在油污事故发生期间经营者发生改变，则该设备的所有经营者，除非基于法定免责情形，均应对此损害共同承担连带责任。可见，公约充分考虑到了海洋石油开发过程中的各种合作形式和主体变更行为，分别对责任承担进行了规定，十分全面。按照这一原则，受害人在损害索赔中，只需证明发生了漏油事故，并且这一事故与自己的损失之间存在因果关系，即可获得赔偿。②

公约第3条第3、4、5款进一步规定了三种法定免责情形，即：（1）若经营者可以证明损害是由战争、敌对状态、内战、暴乱或某一意料之外、无法避免且无法克服的自然现象所造成的，其不承担污染损害责任。（2）若废弃油井的经营者证明导致损害的事故发生在基于控制国的权威和要求而放弃该油井5年之后，其不对该污染损害承担责任；若油井是在其他情况下被抛弃，则经营者的责任应由相关的国内法律管辖。（3）若经营者证明污染损害全部或部分地因为遭受该损害的人故意作为或不作为而导致，则经营者可全部或部分地将其责任免除，而由遭受损害的人承担。其中，第一种和第三种免责情形是带有普遍性的免责情形，与1969年民事责任公约和1971年基金公约一致。第二种免责情形是针对海洋石油开发特殊情况设置的，表明了经营者对政府不当行政命令造成的损害免责的立法态度。而1969年民事责任公约规定的“损害完全由于第三人有意的行为或不为造成”免责情形并未被公约所采纳。

4. 损害赔偿责任限制

公约第5条对责任限制制度进行了规定，经营者对每一设备或每一次漏油事故的最大赔偿限额为：公约开放签署之日起的5年内为3000万特别提款权，5年后

① 参见张湘兰主编：《海商法》，武汉大学出版社2008年版，第222～223页。

② See Bernard A. Dubais, The 1976 London Convention on Civil Liability for Oil Pollution Damage from Offshore Operations, Journal of Maritime Law and Commerce, Vol. 9, 1977, p. 64.

为4000万特别提款权。若不同设备的经营者均负有责任，任一设备的经营者对任何事故所承担的责任不应超出这一限额。若负有责任的经营者为两个以上，则所有经营者对任何一次事故的总责任不得超出他们所能获得收益的最高额，但是他们各自的责任也不得超出适用于他自己的限额。若能证明污染损害的发生是由经营者本身的作为或不作为所造成，且其对自己的此种作为或不作为会导致污染损害有认知，则该经营者承担的责任不受限制。

5. 强制责任保险与赔偿基金

公约第6条用7款规定了污染责任基金制度。首先，公约规定，经营者可根据其责任限额建立一个基金。该基金可以通过存放责任限额数量的存款或者通过银行保证或其他保证人保证的方式建立，但此种建立方式应被基金所在国法律所认可，并经法院或其他相应权威机构认定。其次，经营者的财务保证人也可以建立此类基金。承保人或其他提供财务保证的人享有单独或与经营者一起建立基金的权利，所建立基金的效果应与经营者建立的基金相同。再次，对于基金的赔付范围，公约规定应包括油污损害、清污费用和预防措施。最后，公约对代位权做了规定。行使该代位权的人是已经支付任何数额的污染损害的人。如果在基金成立之前，经营者或任何他的雇员或代理人或任何其他给该经营者提供担保的人，已经就所涉事故导致的污染损害支付了赔偿金，那么这些人员应代位获得与其所支付赔款数额相当的权利。

公约第8条规定了强制责任保险和直接诉讼制度。该条第1款规定，经营者应当通过购买责任保险或其他财务保证的方式，确保其能够承担本条约下的民事责任，这种责任保证金额在公约开放签署之日起5年内不得低于2200万特别提款权，在公约开放签署之日起5年后不得低于3500万特别提款权。该条第3款规定，受害人可以直接向污染损害的责任人即经营者的保险承保人或其他财务保证人直接就污染损害索赔。在此种情况下，被告享有经营者依照公约所享有的各种抗辩权，且被告在任何情况下均有权要求经营者参加到诉讼程序中来。

6. 评析

首先，公约将用于海洋石油或其他矿产资源开发的所有设备、钻井，无论是固定式还是移动式，甚至包括已经被废弃的油井，均纳入调整范围，覆盖面很广。如果是几个设备或钻井相互连接成为一体，则这些一体化设备共同构成公约所规范的“设施”。为了避免与1969年民事责任公约之间的重复适用，公约规定海商法意义上的船舶不构成公约所规范的“设施”。公约的这一规定，基本上将海底矿产资源开发中可能导致环境污染的所有活动均纳入了调整范围，体现了公约作为这一领域第一个专门性法律文件的立法目的和决心。

其次，公约规定的损害赔偿范围与1969年民事责任公约关于船舶油污损害赔偿的范围如出一辙，主要包括因石油污染而产生的人身、财产损失、预防措施费用以及采取预防措施造成的进一步灭失或损害。这一赔偿范围对间接损失和纯经济损失持否定态度，小于1969年民事责任公约1992年议定书和美国1990年油污法规定的范围，显示出公约作为海洋矿产资源开发环境污染民事救济领域第一个专门性公约的谨慎态度。

再次，公约规定的赔偿责任限额低于1969年民事责任公约1992年议定书规定的5.97亿特别提款权，落后于时代发展。另外，规定经营者对污染事故承担的总责任不超出所获得利益最高额，显然也是十分不合理的。民事责任赔偿制度的立法目的在于尽可能保护受害人的利益，而非确保漏油责任者的利润。任何一次漏油事故对沿岸地区和生态环境造成的损害均是十分巨大的，若仅以污染者发生漏油事故的钻井获取的利润作为赔偿限额，不仅无法保证对受害人的充分赔偿，而且十分不合理地降低了经营者的污染成本，难以起到促使其尽一切努力避免油污事故发生的作用。同时，公约对责任限制丧失条件的规定过于宽松，即只有责任方故意行为造成事故发生的情景下方丧失享受责任限制的权利。而1969年民事责任公约规定在故意、过失情境下均丧失责任限制权利。美国1990年油污法更是规定责任方不履行法定义务或政府主管部门的行政指令也可能造成责任限制权利的丧失。

最后，公约规定的强制责任保险制度和赔偿基金制度也与1969年民事责任公约、1971年基金公约具有明显的不同。公约规定的强制责任保险或财务保证的数额略低于其责任限额，这与1969年民事责任公约财务保证数额与责任限额相一致的规定不同，降低了财务保证的要求。另外，公约将建立基金作为经营者或财务保证人的一项权利，而非强制性义务。这样可能导致这种有利于受害人权益保护的双重保障机制根本没有被建立。公约规定的基金只是在单个经营者或经营者与保证人之间建立，并没有通过建立多个石油开发企业共同摊款形成的基金；基金数额是经营者在公约下应当承担的责任限额，这样的基金实质上只是其责任限额履行的另一重保证而已，难以起到对受害人进行补充赔偿的作用。

可以看出，《伦敦公约》作为国际社会在海洋矿产资源开发环境污染损害赔偿领域建立统一民事救济机制第一次努力，还带有很多妥协、平衡的色彩，许多规定显得十分保守、落后，难以充分保护受害人的利益。但是即便如此，该公约也未能获得足够的认同和重视，导致至今尚未生效。然而，公约这种将国际船舶油污损害民事救济机制的主要制度移植到海洋矿产资源开发环境污染领域的尝试是十分有价值的，对今后国际社会完善这一领域的法律机制具有重要借鉴意义。

二、国际海洋石油开发环境污染损害赔偿法律机制之构建

海洋活动天然具有国际性，海洋环境保护最终也需要建立完善、有效的国际法律机制，通过广泛而紧密的国际合作方能有效解决。① 以上两个法律文件虽然囿于时代的局限性，两者均存在不尽如人意之处，也未能切实发挥法律效力，但其开创性和启示性意义重大。笔者认为，在现有国际体制下，建立统一的国际海洋石油开发环境污染损害赔偿法律机制有两大路径。

一是《伦敦公约》所尝试的路径。由 IMO 等国际海事立法组织重新拟定统一实体法，召开外交大会予以通过，形成国际海洋石油开发环境污染损害赔偿的专门公约。这种方式的优点是，可以针对海洋石油开发环境污染的特点，建立起完善、系统、全面的民事赔偿法律机制，将海洋石油开发各个环节和活动，如移动式或固定式钻井平台、油井、石油开发中原油的储存、运输等，全部纳入公约调整的范畴。其缺点是需要另起炉灶，所付出的时间、协调成本较大。

二是对 1969 年民事责任公约及其议定书、1971 年基金公约及其议定书等现有船舶污染民事责任国际立法进行修订，通过对船舶定义的扩大适用，将移动式钻井平台纳入规范范畴。与此同时，基于海洋石油开发油污损害的灾难性，在强制责任保险、赔偿责任限额、基金赔偿限额等方面设置更高的要求，即在公约中建立起船舶油污与海洋石油开发油污损害赔偿的双轨制。这种方式的优点在于利用现有国际立法，只需进行技术性微调即可实现将海洋石油开发移动式钻井平台纳入规范范畴的目的，但缺点是无法覆盖固定式钻井平台、深海油井、石油开发中原油的储存、运输等活动，而且囿于公约主要是调整船舶油污问题，无法针对海洋石油开发中的特殊风险建立最合适的制度予以防控。

虽然海洋石油开发油污问题和船舶油污问题在法律关系的表现形式上具有类似性，但两者毕竟分属完全不同的海事活动。鉴于海洋石油开发在未来各国能源政策中的重要地位，以及海洋石油开发活动的日益蓬勃，我们认为，应当采取第一种立法路径，由国际社会重新建立专门调整海洋石油开发环境污染民事责任的统一公约。这样虽然花费的成本更多，但在墨西哥湾漏油事故的巨大警示效应下，国际社会的共识并非难以达成。一旦这一公约制定出来，即可为海洋石油开发环境污染损

① See Dr. Kyriaki Noussia, Environmental Pollution Liability and Insurance Law Ramification in Light of the Deepwater Horizon Oil Spill, p. 35, available at http: //www. rokas. com/uploads/Environmental_ Pollution_ Liability_ and_ Insurance_ Law. pdf, visited on 20 Feb. , 2012.

害问题提供全面、系统、科学的规范和调整，更有利于实现公约的立法目的。这一法律体系的主要内容应当包括民事赔偿责任主体、民事赔偿客体、民事赔偿的归责原则、民事赔偿的范围、免责事由、责任限制等。正如墨西哥湾漏油事故所揭示的那样，深海石油开发中的漏油事故，大多是技术漏洞、操作失误等管理上的问题导致。因而，法律制度的设计必须能够给予石油开发企业足够的动力去提高技术、完善管理，避免各种人为的失误。以下，结合海洋石油开发的特殊性，对国际海洋石油开发环境污染法律救济的核心制度予以阐述。

（一）严格责任原则与免责事由

海洋石油开发中的油污损害与船舶油污损害一样，均是高度危险的海事活动。海洋石油开发具有极高的技术要求，大部分作业在深海下完成，专业性强，工序十分复杂。任何一个微小程序或技术环节的差错，均可能酿成巨大的灾祸。如墨西哥湾漏油事故，便是因为一个关键性程序的省略和反向压力测试引发的技术偏差导致油井发生爆炸，大量原油喷涌而出，在海面引起火灾，不仅夺去了11个人的生命，还对海洋生态环境、沿岸居民的身体健康和财产造成了巨大伤害。① 因而，海洋石油开发中的油污问题具有高度危险性。进行海洋石油开发这一行为本身便将海洋生态环境和沿岸居民的人身、财产置于一种高度危险之中，行为人应负特殊的注意义务。海洋石油开发给开发企业带来十分巨大的利润，享受利益者承担风险，符合法律的公平、正义理念。与受害人相比，从事海洋石油开发的企业更有能力通过管理和技术手段来有效防范危险的发生。在海洋环境污染发生后，也能借助石油价格供给机制、商业保险等分散损失，降低损失。因而，对海洋石油开发环境污染损害赔偿适用严格责任原则符合法律精神。1969年民事责任公约第3条第1款、1971年基金公约第4条第1款均有如此规定。欧洲联盟通过的几个有关环境保护的公约及指令也确立了船舶油污的无过错责任，②《伦敦公约》和《近海民事责任协定》均建立了严格责任原则。在海洋石油开发中适用严格责任原则已经得到国际社会和海洋石油开发企业的普遍认可。与严格责任原则相对应的是免责条款。海洋石油开发

---

① See National Commission on the BP Deepwater Horizon Oil Spill and Offshore Drilling, Report to the President: National Commission on the BP Deepwater Horizon Oil Spill and Offshore Drilling, pp. 173-196, available athttp: //www. oilspillcommission. gov/final-report, visited on 21 Feb. 2012.

② 参见［德］克雷斯蒂安·冯·巴尔：《欧洲比较侵权行为法》（上），张新宝译，法律出版社2001年版，第468页。

具有高度危险性，免责条款的适当限缩有利于促使石油开发企业改进开发技术、提高管理水平、完善操作程序。

笔者认为，现有国际油污损害赔偿立法中的免责范围均过于简单、宽泛，应当借鉴美国1990年油污法的规定，对免责范围建立双重限制机制。① 一是规定天灾、战争行为、第三方有意行为或不为造成的损失、完全由于政府管理疏忽或失误造成的损害、完全由于受害人的故意或过失行为引起损害四种情形属于法定免责情形。二是借鉴美国1990年油污法规定，对于上述第三种免责情形“第三方有意行为或不为造成的损失”的适用再次施加举证责任上的限制，即责任方应以占优势的证据证明其：已考虑到海洋石油开发的特性和根据一切有关事实和情况，已给予了充分的注意；针对可预见的任何上述第三方的行为或不为和可预见的该类行为或不为的后果，已经采取了预防措施。这两种限制，可以确保责任方必须首先恪尽谨慎管理和预防的义务。三是针对上述四种免责情形的适用，再次施加相关的法定义务，即在以下情形下责任方将丧失援引上述免责事由的权利：（1）如果该责任方知道或有理由知道事件而没有或拒绝按照法律要求向有关当局报告油污事件的发生。（2）责任方在油污事故发生后没有或拒绝向负责官员提供关于清污活动的一切合理合作与协助。（3）在无充分理由的情况下，责任方没有或拒绝遵守政府依法做出的清除或减轻油污损害的各项指令。这一限制，将确保油污责任方在油污事故发生后能够及时向当局报告，以便能够抓住堵塞漏油点和清污的最佳时机，同时积极配合政府做好清污和降低损失等补救工作。

（二）赔偿责任限制与双重赔偿机制

所谓责任限制制度，是指赔偿责任人对某次污染事故所造成的损害，只在法定的索赔期限内承担法定的赔偿责任，并且可以在不可抗力等情况下豁免或减轻赔偿责任的制度。责任限制制度与严格责任原则有着紧密的联系，可以视为是对严格责

① 美国1990年油污法是世界上唯一将海洋石油开发环境污染法律赔偿纳入油污法调整范围的国内法。美国1990年油污法规定的法定免责情形范围很窄，实践中被成功适用的几率极低。但即便这样，该法第1003条第3款还再次规定，在三种情形下责任方将丧失援引上述免责事由进行抗辩的权利：（1）如果该责任方知道或有应当知道发生了污染事故而没有或拒绝按照法律要求向有关当局报告。也就是说，责任方在发生油污事件之后，负有立即向当局进行报告的法定义务。（2）没有或拒绝配合有关职能部门开展清污活动。也就是说，在油污事件发生后，责任方应积极配合政府开展清污活动。（3）在无充分理由的情况下，没有或拒绝遵守政府依法做出的清除或减轻油污损害的各项指令。因此，美国1990年油污法建立起的污染方严格责任极为严格，基本排除了污染方在正常情况下免责的可能性。

任原则的法律矫正与合理补充。① 责任限制制度的产生，是一种法益平衡的结果。造成海上油污的两大源头是海洋石油开发和海上石油运输。这两大行业对于一国经济的发展均具有十分重要的意义。然而，海事活动从古至今便具有高度的风险性，而海上石油运输和海洋石油开发，特别是后者，更是资金、技术高度密集的产业，面临着各种巨大的风险。这种风险是作业者勤勉恪尽审慎注意义务仍然无法完全避免的。如果要求责任方承担全部赔偿责任，往往一次事故就足以让责任主体濒临破产。在市场机制的作用下，只能导致整个产业的衰落，最终威胁国家经济的整体发展。正因为如此，在海上油污领域推行责任限制制度成为一种普遍的做法。责任限制制度的政策目标为：尽管有必要保证向受害者提供及时和充分的赔偿，确保公平，但也不能对法律不加禁止的且有利于社会的经济活动施加过于沉重的财政负担，同时适应责任担保业务发展的要求以确保效率。《关于危险活动造成的跨界损害案件中损失分配的原则草案》指出，关于民事赔偿责任的条件、限制或例外均应符合两个目的：确保遭受损害的受害者得到及时和充分的赔偿；在发生跨界损害时维护和保全环境，尤其必须确保这类条件、限制或例外不从根本上改变提供及时和充分赔偿的目标。②

在国际法上，1969年民事责任公约及其议定书、1971年基金公约及其议定书、《1976年海事索赔责任限制公约》均确立了责任限制制度，对船舶油污导致的损害赔偿设定了限额。但必须承认，责任限制制度与确保对受害人利益进行充分赔偿的立法目标相冲突，甚至有人认为它是一项不公正的歧视制度，以牺牲更需要法律保护的受害人的利益为代价来保护危险活动行业。③ 正因为如此，虽然法律规定了责任限制制度，但也通过强制责任保险、油污责任信托基金等制度来确保受害人获得更多的赔偿保障，而且不断提高责任限额已成为一种国际趋势。④ 美国1990年油污法第1004条专门规定了赔偿责任限制制度。与国际公约不同的是，该条针对运输石油的船舶和近岸设施、港口分别规定了不同的责任限额。海洋石油开发设施可归入近岸设施类别，其损害赔偿责任限额是7500万美元（除清污费用外）。与免责事由制度相似，1990年油污法在赋予责任方责任限制权利的同时，也规定了援

① 参见何艳梅：《跨国污染损害赔偿法律问题研究》，复旦大学出版社2011年版，第166页。

② 参见何艳梅：《跨国污染损害赔偿法律问题研究》，复旦大学出版社2011年版，第166页。

③ G. Gauci, Limitation of Liability in Maritime Law: an Anachronism?, Maritime Policy, No. 19, 1995, p. 76.

④ 参见王玫黎：《船舶油污损害赔偿法律制度研究》，西南政法大学2007年博士学位论文，第118～122页。

引这一权利的限制性条件。

无论是在国际立法还是在国内立法，不断提高海事侵权行为的赔偿责任限额是一个共同的趋势。深海石油开发油污的危害性远大于船舶油污。墨西哥湾漏油事故发生后，总统调查委员会对现有法律机制提出的一个核心建议就是大幅提高乃至取消赔偿责任限额。① 这一趋势应当在海洋石油开发污染损害赔偿机制的构建中得到体现，即建立远远高于1969年民事责任公约、1971年基金公约及其各自议定书的赔偿责任限额，以促使石油开发企业更加积极地采用新技术，提高管理的科学化水平。与赔偿责任限制紧密相连的是强制责任保险和赔偿基金这一双重赔偿机制，即要求所有从事海洋石油开发的企业必须购买责任保险，作为取得审批或租约的先决条件，同时设定比船舶油污强制责任保险更高的数额要求，为可能发生的深海石油开发污染损害赔偿提供财务保证。建立直接诉讼制度，受害人可以直接向责任方的保险人提出索赔。在强制责任保险之外，借鉴国际船舶油污损害赔偿基金的做法，建立国际海洋石油开发油污损害赔偿基金，由从事海洋石油开发的企业摊款组成，对受害人超出责任方赔偿限额的损失提供补充赔偿；同时，在必要情形下对清污费用先予支付，确保清污行动的及时高效，避免损失扩大。

（三）污染损害赔偿连带责任机制

与船舶油污不同的是，现代海洋石油开发环节众多、程序复杂、专业性技术性强，往往由多个不同的公司共同开发。如在墨西哥湾漏油事故中，发生爆炸的马康多油井即由BP、安纳达科和MOEX公司联合开发，具体作业方为BP。“深水地平线”钻井平台系BP从瑞士越洋钻探公司租用，哈里伯顿是提供套管封堵服务的承包商，在平台爆炸前20小时，为马康多油井完成了一道水泥封堵工序；卡梅隆国际是防喷器的制造商。发生事故后，BP与其合作伙伴及供应商之间相互指责、推诿，意图逃避或降低自己的赔偿责任。② 基于海洋石油开发中责任主体的这一特殊性，建议借鉴《伦敦公约》连带责任机制的规定，以更好地保护受害人的利益，即规定若油污系由一系列的事件构成，则每一事件都对其所引起的污染有责任。若某一设备有多位经营者，他们应共同承担连带责任。在石油从两个或两个以上的设备中泄漏的情况下，所有相关设备的经营者，除非基于法定免责情形，都应对所有此种损害共同承担连带责

① See National Commission on the BP Deepwater Horizon Oil Spill and Offshore Drilling, Report to the President: National Commission on the BP Deepwater Horizon Oil spillanel offshore Drilling pp. 283-285, available at http: //www. oilspillcommission. gov/final-report, visited on 11Aug. 2011.

② BP Releases Report on Causes of Gulf of Mexico Tragedy, available at http: //www. bp. com/genericarticle. do? categoryId=2012968&contentId=7064893, visited on 9 Aug. 2011.

任。如果在油污事故发生期间经营者发生改变，则该设备的所有经营者，除非基于法定免责情形，均应对此损害共同承担连带责任。

三、我国海洋石油开发环境污染损害赔偿法律机制之构建

我国没有制定专门的油污法，更没有关于海洋石油开发环境污染法律救济的专门规定。能够适用于油污损害赔偿的法律规定，散见于《民法通则》、《侵权行为法》、《环境保护法》、《海洋环境保护法》等法律中，主要是对船舶污染问题进行规范。如《海洋环境保护法》第 82 条将海洋石油勘探开发造成的环境污染问题纳入了法律范畴，但遗憾的是仅规定了行政处罚，对于如何进行损害赔偿和污染治理，没有具体规定。第 90 条虽然可以适用于海洋石油勘探开发造成的环境污染问题，但该条也仅规定污染者应当赔偿损失，但对如何确定责任、损害赔偿的范围、赔偿资金的来源等关键性问题未作规定。① 鉴于我国目前在海上石油泄漏损害赔偿领域的法律空白，建议尽快制定专门的《石油污染法》，建立起船舶油污和海洋石油开发油污损害赔偿的双轨制，全面、系统地建立起适合我国国情的污染损害民事责任法律体系。借鉴国际油污立法实践和美国 1990 年油污法，我们认为，海洋石油开发环境污染损害赔偿法律机制应包括适用范围、赔偿责任主体、归责原则、赔偿范围、免责事由、赔偿责任限制等主要内容。具体如下：

（一）适用范围

《石油污染法》主要适用于因船舶和海洋石油勘探、开发设施导致的污染损害赔偿。适用的地域范围包括：领土，包括领海和内水造成的油污损害；专属经济区内造成的油污损害；为避免、减少在其他地方发生的损害而在我国采取预防措施所造成的损害。

所谓船舶，是指海商法意义上的船舶。我国《海商法》第 3 条规定："本法所称船舶，是指海船和其他海上移动式装置，但是用于军事的、政府公务的船舶和 20 总吨以下的小型船艇除外。前款所称船舶，包括船舶属具。" 1969 年民事责任公

① 《海洋环境保护法》第 82 条规定："违反本法规定进行海洋石油勘探开发活动，造成海洋环境污染的，由国家海洋行政主管部门予以警告，并处 2 万元以上 20 万元以下的罚款。" 第 90 条规定："造成海洋环境污染损害的责任者，应当排除危害，并赔偿损失；完全由于第三者的故意或者过失，造成海洋环境污染损害的，由第三者排除危害，并承担赔偿责任。对破坏海洋生态、海洋水产资源、海洋保护区，给国家造成重大损失的，由依照本法规定行使海洋环境监督管理权的部门代表国家对责任者提出损害赔偿要求。"

约1992年议定书："'船舶'系指为运输散装油类货物而建造或改建的任何类型的海船和海上航行器；但是，能够运输油类和其他货物的船舶，仅在其实际运输散装油类货物时，以及在此种运输之后的任何航行（已证明船上没有此种散装油类运输的残余物者除外）期间，才应视作船舶。"可以看出，我国海商法对于船舶的定义与国际条约有两点不同：一是将船舶总吨数作为划分依据之一，规定20总吨以下的小型船艇不属海商法意义上的船舶。二是将20总吨以上的所有海船均纳入调整范围。国际公约则只将用于运输散装油类货物的船舶认定为公约调整的范围。基于《石油污染法》的立法目的，笔者认为应借鉴国际公约的做法，将所有用于石油货物运输（包括临时改装）的船舶以及燃油污染纳入调整范围。

所谓海洋石油开发的设施，是指：（1）用来勘探、生产、处理、储藏、运输或重新控制来自于海底或其底土的原油的任何移动式或固定式钻井或其他设备；（2）用于勘探、生产或重新控制海底或其底土天然气或液态天然气的任何钻井；（3）用于勘探原油、天然气或液态天然气以外的其他矿产资源，且勘探活动深入穿透海底底土的任何钻井；（4）一般用于储藏源自海底石油的任何设备。

（二）损害赔偿责任主体

赔偿责任主体是指应当承担环境污染损害赔偿责任的人。从理论上看，凡是从事对环境有影响的活动并且造成污染损害者，或者对这种污染活动进行控制、监督和管理者，包括个人、实体和国家，都可能成为潜在的赔偿责任人。① 在海洋石油开发环境污染引发的侵权损害赔偿法律关系中，赔偿责任主体是实施油污行为并向受害人支付相应赔偿金额的人。对于船舶油污而言，按照1969年民事责任公约和1971年基金公约的规定，船舶所有人及保险人为第一层赔偿责任主体，国际油污赔偿基金为第二层赔偿责任主体。按照美国1990年油污法，船舶所有人、经营人、光船租赁人和财务保证人是第一层赔偿责任主体，油污信托责任基金是第二层赔偿责任主体。② 两种规定各有优劣，但从更方便确定责任主体的角度来讲，1969年民事责任公约的规定显得更为简洁、清晰。笔者认为，我国船舶油污损害赔偿的第一层责任主体应包括船舶所有人及其油污责任保险人；第二层责任主体是政府油污

---

① 参见何艳梅：《跨国污染损害赔偿法律问题研究》，复旦大学出版社2011年版，第77页。

② 美国1990年油污法第1001条第32（3）项规定："就近岸设施的负责方而言，设施所在区域的承租人或持照人，或根据适用的州法律或《外部大陆架地带法》授予的设施所在区域的使用权和地役权的持有人（倘若该持有人不同于承租人或持照人），但作为所有人并通过租赁、转让或允许而将财产的所有权和使用权让与另一人的联邦机构、州、市、委员会、州的政治分部或州际机构不在此列。"

责任基金。对于海洋石油开发油污损害赔偿，损害赔偿的第一责任主体是指石油开发设施所在区域的承租人或持照人及其油污责任保险人；第二层赔偿责任主体是政府油污责任基金。

（三）损害赔偿范围

损害赔偿的范围，是指发生油污事故后，受害人可以像责任人主张赔偿损失的范围。美国1990年油污法第2701条和第2702条进行了详细规定，主要包括清污费用、自然资源损害、财产损失、生活用途丧失、税收等政府收入的减少、利润和盈利能力的降低导致的损失、公共服务减损等。不断扩大油污损害赔偿的范围和金额已经成为当前国际油污立法的重要发展趋势。我国应顺应这一趋势，借鉴相关国际立法和美国1990年油污法的规定，在法律中明确规定油污损害赔偿的范围，提高我国海洋环境油污损害的保护力度，为受害人索赔提供明确的法律依据。具体应包括以下内容：1. 清污费用。即为清除油污而发生的任何费用，包括调查费用、器具使用费用、工作人员工资等。2. 预防措施费用。即为防止或减少油污对海滨、海岸或自然资源损害而采取的任何合理预防措施的费用。3. 损害。主要包括6大类：（1）自然资源损害。因自然资源的毁坏、破坏、损失或失去其用途而遭受的损害，包括评估损害的合理费用，应由国家海洋环境保护行政主管部门代表国家索赔和受偿；（2）财产损失。指自然人、法人或其他组织因油污导致的财产损失，包括海洋渔业、盐业、旅游业等因油污而导致的损失，也包括对自然人的生命、健康等因环境污染而受到损害所产生的医疗费、营养费、误工费等损失，由任何受害人索赔和受偿；（3）生活用途丧失造成的损失。因损失自然资源的生活用途而遭受的损害，由使用被毁坏、破坏或损失的自然资源的索赔人受偿，不考虑资源的归属或管理；（4）政府收入减损。相当于不动产、个人财产或自然资源的毁坏、破坏或损失造成的税收、使用费、租金、费用或净利润份额的净损失的损害，应由相关政府行政主管部门索赔和受偿；（5）利润和赢利能力减损。相当于不动产、个人财产或自然资源的毁坏、破坏或损失造成的个人、企业利润损失或赢利能力的削弱的损害，应由任何索赔人受偿；（6）公共服务减损。清污活动期间或之后为提供排油引起的新增的或额外的公共服务费用，应由相关政府部门受偿。

（四）归责原则和免责事由

“侵权责任归责原则是侵权法的统帅和灵魂，是构建侵权法的内容和体系的支柱。”① 对海洋石油污染适用严格责任原则是国际通行的做法。我国《侵权行为

① 杨立新：《侵权损害赔偿》，法律出版社2010年版，第243页。

法》第65条规定:“因污染环境造成损害的,污染者应当承担侵权责任。”第66条规定:“因污染环境发生纠纷,污染者应当就法律规定的不承担责任或者减轻责任的情形及其行为与损害之间不存在因果关系承担举证责任。”从这两条规定可以看出,我国法律对环境污染侵权行为适用无过错责任(严格责任)原则,只要发生了环境污染,并且造成了损害,无论污染者是否存在主观过错,均应承担损害赔偿责任。与此同时,在证明责任上,实行举证责任倒置,污染者应承担其行为与损害之间不存在因果关系,以及存在法定的免责事由或减轻责任事由的证明责任。海洋石油污染属于环境侵权的一种,因而应当遵循《侵权行为法》确立的环境侵权一般归责原则。也就是说,对于海洋石油污染,法律明确规定适用无过错责任,即只要存在石油泄漏行为且造成了损害,无论其是否存在过错,均应承担赔偿责任;在举证责任分配上适用举证责任倒置,受害人只需要证明发生了石油污染事实,同时自己受到了损害,则除非污染者能够充分证明污染行为与损害结果之间不存在因果关系,并且存在法定的免责事由,否则即应当承担损害赔偿责任。与此同时,针对海洋石油开发油污损害的特殊性,规定若导致油污损害的事故系由一系列的事件构成,则每一事件的责任人都对其所引起的污染责任有责任。若某一设备有多位经营者,他们应共同承担连带责任。在石油从两个或两个以上的设备中泄露的情况下,所有相关设备的经营者,除非基于法定免责情形,都应对所有此种损害共同承担连带责任。如果在油污事故发生期间经营者发生改变,则该设备的所有经营者,除非基于法定免责情形,均应对此损害共同承担连带责任。笔者认为,只有这样规定,方可达到充分保护受害人利益的立法精神。海洋石油污染与损害结果之间的因果关系证明,涉及复杂的调查、评估、论证等技术环节,需要聘请专业机构参与,成本高昂,如果将这一证明责任强加到本已因油污遭受大量损失濒临破产边缘的受害人身上,则无疑将其置于雪上加霜、索赔将会导致更大损失的境地,这与法律的平等价值和正义价值背道而驰。

对于免责事由,笔者认为应当借鉴美国1990年油污法的规定,实行严格限制原则。即明确规定法定的免责情形是:1. 天灾;2. 战争行为;3. 第三方的行为或不为导致了油污损害的发生,责任方应以占优势的证据证明其:(1)已考虑到油类的特性和一切有关事实和情况,并给予了适当的注意;(2)针对可预见的任何上述第三方的行为或不为和可预见的该类行为或不为的后果,已经采取了预防措施。4. 受害人对油污损害存在重大过失或者故意不当行为。与此同时,责任方在以下三种情形下将丧失援引上述免责事由进行抗辩的权利:1. 如果该责任方知道或有理由知道事件发生但没有按照法律规定的程序和时限向行政主管部门报告。2. 在油污事故发生后,责任方没有或拒绝向政府提供关于清污活动的一切合理合作与协助。3. 在无充分理由的情况下,没有或拒绝遵守政府依法作出的清除或减轻油污损害的各项指令。

（五）赔偿责任限制

不断提高赔偿责任限额目前是国际油污立法的一大趋势。我国法律没有对海洋石油开发损害赔偿建立责任限制制度。对于船舶油污，采用二元制，即对于有涉外因素的油污损害赔偿，适用1969年民事责任公约及其1992年议定书规定的责任限制标准；对于没有涉外因素的船舶油污损害赔偿，则适用我国《海商法》第11章的责任限制标准。由于公约规定的责任限制标准，远远高于我国《海商法》规定的标准，造成涉外与非涉外的船舶油污损害赔偿责任限制标准相差较大的情况。笔者认为，我们暂时虽然无法如同美国那样建立远远高于国际公约的赔偿责任限额，但出于充分保护受害人的目的，应当参照1969年民事责任公约1992年议定书的规定，确立我国船舶油污损害赔偿责任限制标准。基于海洋石油开发油污损害的更具破坏性，且从事深海石油开发的企业均为大型石油公司，拥有强大的经济实力，建议针对深海石油开发油污损害设置比船舶油污损害更高的赔偿责任限额。

在此基础上，建议参照美国1990年油污法的规定，对责任方援引责任限制权利设定限制性条件，即如果事件的发生是因责任方或其代理人、雇员、合作伙伴的故意或重大过失行为，或违反了国家安全法令、操作规则等，则丧失援引责任限制的权利。与此同时，如果责任方拒绝履行相应的义务，也将丧失这一权利，即在知道事故发生后没有及时向主管部门履行报告义务，或没有或拒绝遵守政府为清污或减损损害作出的各项指令，或者未能或拒绝配合政府的清污行动。也就是说，责任方对污染事故的发生有过错或者事故发生后未履行相关法定义务，将丧失援引责任限制的权利。在发生油污事故时，责任方在慌乱之中往往可能出现上述一项或几项失误，从而导致无法享受责任限制。① 在墨西哥湾漏油事故发生后，BP在总统调查委员会最终报告出炉之前，即主动表示放弃其享有的美国1990年油污法规定的7500万美元的赔偿责任限额，表示愿意对漏油事故的所有受害人予以赔偿，并设立了200亿美元基金专门达成这一使命②，根本原因仍然在于其对自己在管理和操作上的失误了然于胸，即便此时提出享受责任限额的要求，在总统调查委员会事故原因调查结论出台后，也必然会被1990年油污法剥夺援引赔偿责任限额的权利。总统调查委员会的最终报告充分印证了这一点。

---

① 参见韩立新：《海上侵权行为法研究》，北京师范大学出版社2011年版，第374页。

② Justin Blum and Jim Snyder, BP, U. S. Agree on Establishment of $ 20 Billion Gulf of Mexico Spill Fund, available at http://www.bloomberg.com/news/2010-08-09/bp-20-billion-oil-spill-compensation-fund-agreement-completed-with-u-s-.html, visited on 8 Aug. 2011.

Construction of Offshore Oil Development Environment Pollution Damage Compensations Legal Mechanism

——From the Perspective of International Law and China Law

Abstract: With the booming of offshore petroleum resources exploration and exploitation, the huge risk of environmental pollution has gradually attracted the attention of the international community. Yet, there's no specific treaty in force on offshore oil development environmental pollution, except for an international treaty not yet in effectand an international non-governmental agreement. How to well protect the marine environment during development and utilization of offshore oil and gas resources, and give reasonable, timely and effective remedies after the contamination, is the common urgent question which the international community and China has to face. We must first make analysis of the international legislative attempt of the international community in the offshore oil development environment pollution damage compensation, absorb reasonable ingredients, consider the international community and China's development needs, and build up the system of international law and a Chineselegal mechanism on offshore oil development environment pollution damage compensation.

Keywords: the Oil Exploration and Exploitation in the Sea; Environmental Pollution; Compensation of Damages

建设海洋强国的法律保障：中国海洋法体系的完善*

□ 张湘兰　叶　泉**

内容摘要　建设海洋强国是未来我国海洋事业的发展方向。海洋强国拥有四大标志，即海洋经济发达、海洋科技先进、海洋生态优美和海防管控力量强大，而这都需要完善的海洋法体系作支撑。自中华人民共和国成立以来，我国的海洋法制建设取得了巨大成就，海洋法体系已初步形成。然而，我国的海洋法体系无论在立法理念、形式还是内容上都存在诸多缺陷，与建设海洋强国的要求相差甚远。为此，我们应更新立法理念，在科学的指导思想下，构建一套具有国际性、实用性、开放性和先进性的海洋法体系，该体系由宪法、海洋基本法、单行性海洋立法和地方性海洋立法构成。其中，海洋基本法是完善我国海洋法体系的关键环节，也是现阶段我国海洋立法的重心所在。

关 键 词　海洋强国法律保障海洋法体系海洋基本法

目　　次

---

* 基金项目：本文系教育部哲学社会科学研究重大课题攻关项目"全球化背景下中国海洋权益法律保障研究"（09JZD0023）的阶段性研究成果。

** 张湘兰，武汉大学国际法研究所教授、博士生导师；叶泉，武汉大学国际法研究所2011级博士研究生。

《联合国海洋法公约》（以下简称“《海洋法公约》”）的生效，引发了世界海洋格局的大变革，公有海域面积大幅度减少，而属于国家管辖范围内的海域面积却大大增加。由于各地海情不一，很多地区并没有足够宽的海域给沿海国瓜分，从而导致争夺海洋管辖权的斗争日益激烈。不少国家竞相通过国内立法，以期在海洋权益争夺战中占据主动地位。根据《海洋法公约》，我国可主张管辖的海域面积达300多万平方公里，但我国是海洋地理位置相对不利的国家，除渤海属于我国的内海外，我国在黄海、东海和南海都与有关国家存在或多或少的权益之争。同时，在我国内部，还存在海洋资源开发不合理，海洋科技创新不足，海洋生态破坏严重等不利状况。这些问题已成为制约我国海洋事业发展的瓶颈。面对内忧外患的形势，党的十八大报告适时地提出，“提高海洋资源开发能力，发展海洋经济，保护海洋生态环境，坚决维护国家海洋权益，建设海洋强国。”这表明，要建设海洋强国，我国必须做到海洋经济发达、海洋科技先进、海洋生态优美、海洋管控力量强大。建设海洋强国目标的实现有赖于良好的外部环境，而外部环境的改善离不开完善的法律体系作支撑。自中华人民共和国成立以来，我国颁布了一系列涉海法律法规，我国的海洋法体系已初步形成，为维护我国海洋权益和保障海洋开发利用的有序进行发挥了至关重要的作用。但我国海洋法体系仍存在诸多缺陷，尤其是在海洋争夺日益激烈的今天，这些法律法规已远远不能适用国内外形势发展的需求，与建设海洋强国的目标也相差甚远。因此，完善我国海洋法体系，为建设海洋强国保驾护航显得迫切而必要。

一、建设海洋强国需要完善的海洋法体系保驾护航

建设海洋强国离不开政治、经济、文化、军事等方面的支持，也有赖于完善的海洋法体系作支撑。通过合理的法律制度设计，可以为建设海洋强国营造良好的外

部环境，从而实现建设海洋强国的目标。

（一）法制化是促进海洋经济发展的内在要求

随着陆地资源的日益枯竭，海洋以其丰富的资源为人类提供了新的发展空间。海洋经济发达不仅是建设海洋强国的重要保障，也是海洋强国的标志。实施海洋开发的过程，必须是海洋法制建设与实施的过程。完善的海洋法体系，能够保证海洋开发过程中依法“管海”、“用海”和“护海”。

1. 海洋经济是我国国民经济的新增长点

在能源和资源压力日益增大、粗放型经济增长方式难以为继的今天，发展海洋经济是我国实现可持续发展的新增长点，也是顺应时代潮流、占据未来世界经济发展制高点的新机遇。① 近年来，我国无论是在海洋捕捞业、海洋运输业和海水制盐业等传统产业，还是在海洋养殖业、海洋油气业、滨海旅游业、海洋生物医药业和海洋砂矿业等新兴产业上都发展迅速，取得了长足的进步。根据《2012年中国海洋经济统计公报》，我国海洋经济继续保持平稳增长的良好势头，全国海洋生产总值达50087亿元，比上年增长7.9%，生产总值占国内生产总值的9.6%。② 海洋经济已成为我国国民经济的倚重点，为提高我国的综合国力发挥了不可替代的作用。

2. 海洋经济的可持续发展有赖于良好的法制环境

需指出的是，我国海洋经济发展过程中呈现出一系列问题，如海洋资源开发利用不合理、海洋产业结构性矛盾突出、支撑海洋经济发展的科技水平和基础设施有待加强、海洋产业发展的投资融资机制不完善和海洋经济宏观调控力度不足等。③ 这些问题成为制约我国海洋经济进一步发展的症结所在，其解决之道在于充分发挥法律的规制作用。但我国有关海洋经济尤其海洋产业的立法甚少，发展海洋经济无章可循。为此，我们需要围绕海洋经济的发展，构建一套合理的法律法规体系，提高海洋资源开发利用的效益，保障海洋经济的可持续发展。

（二）法制化是推动海洋科技创新的必然选择

海洋科技的发展扩大了人类开发利用海洋的范围。我国海洋科技与发达国家仍

---

① 参见谭怡、史冬柏：《以海洋强国姿态拥抱世界》，《辽宁日报》2012年11月20日第6版。

② 参见《2012年中国海洋经济统计公报》，来源于中华人民共和国国土资源部网站：http：//www.soa.gov.cn/xw/hyyw_ 90/201302/t20130226_ 24156.html，2013年4月1日访问。

③ 参见于宜法、王殿昌等编著：《中国海洋事业发展政策研究》，中国海洋大学出版社2008年版，第6~9页。

有很大差距，这固然有投入不够有关，但缺乏法律法规来引导也是重要原因之一，法制化是推动海洋科技创新的必然选择。

1. 海洋科技是衡量综合国力强弱的重要标志

海洋科技直接关系到一国的海洋经济发展水平。未来世界的竞争必定是海洋的竞争，而海洋的竞争关键是海洋科技水平的竞争。拥有海洋高科技，才有能力开发利用海洋，才能在未来的海洋竞争中抢占先机。否则，在面对丰富的海洋资源时，我们只能“望洋兴叹”。与发达国家相比，我国的海洋科技在引领海洋产业发展方向存在明显差距，海洋科技创新能力尚显薄弱。为建设海洋强国，我国必须发展海洋科技，包括发展高新产业技术、深海开发技术、海洋环境保护技术等，将海洋科技转化为生产力，带动海洋经济的发展。值得欣喜的是，《国家中长期科学和技术发展规划纲要（2006—2020）》把海洋科技列为我国科技发展的五大战略之一。我们应该抓住机遇，促进海洋科技迈上新的台阶。

2. 海洋科技创新需要法律来引导和推动

海洋科技立法是我国海洋法体系中的薄弱环节。将海洋科技发展纳入法制化轨道，可以有效推动海洋科技的创新，从而促进我国海洋经济的快速发展。因为法律制度能够通过调整海洋开发利用活动中产生的各种社会关系，直接组织和管理海洋开发利用活动，从而为海洋科学技术的进步创造良好的外部环境，确保科学技术受人类控制，并造福于人类。① 同时，海洋科学技术的提升，反过来又能为我国今后制定相关法律提供科学依据，从而实现法律与海洋科技之间的良性互动。

（三）法制化是保护海洋生态环境的重要保障

1998 年联合国环境规划署负责人克劳斯·托普弗提出威胁人类的“十大环境祸患”，海洋污染名列其中。而随着人类开发利用海洋越来越频繁，海洋污染有增无减，海洋生态破坏日益严重，保护海洋生态环境已成为各国不得不重视的问题。

1. 保护海洋生态环境是建设海洋强国的应有之义

海洋具有较强的自然净化能力，但污染超过一定的限度将破坏海洋生态环境，甚至造成无法挽回的损失。人类要实现对海洋资源的可持续利用，必须在开发利用海洋资源的同时，保护和改善海洋生态环境。② 党的十八大报告中将涉及海洋的内容放在大力推进生态文明建设部分加以论述，这表明提高海洋资源开发能力并不是

---

① 参见桂静等：《我国海洋权益法律制度研究——以体系构建为视角》，载《海洋开发与管理》2010 年第 1 期，第 23 页。

② 参见叶知年：《海洋功能区划法律制度探析》，载《重庆科技学院学报》（社会科学版）2011 年第 22 期，第 39 页。

简单地加大海洋资源开发的强度和规模，而是在社会主义生态文明建设的总要求下，坚持规划用海、集约用海、生态用海、科技用海和依法用海，提高资源利用的效率和水平，实现海洋资源的节约、集约和可持续利用。① 因此，保护海洋生态环境，促进人类与海洋的和谐共存，是建设海洋强国的应有之义。

2. 保护海洋生态环境离不开法律的有效规制

人类在大规模开发利用海洋的同时，也给海洋生态环境带来了严重威胁。在追求经济利益至上观念的指引下，仅仅依靠个人的自觉并无法实现对海洋生态环境的保护。保护海洋生态环境必须依靠法律来予以规制。尽管我国在海洋环境保护方面的法律体系已经初步形成，但还很不完备，相关部门对已有法律法规的执行也不严格。尤其是近年来，我国海洋事业的发展和变化对海洋环境保护提出了更高的要求，为促进海洋事业的可持续发展，我国应该根据新的形势变化，进一步加强海洋环境保护法制建设，完善现行的海洋环境法律、法规，填补法律空白，使其在保护我国的海洋环境、防止海洋污染、保护生态平衡、促进海洋事业的发展上发挥重要的作用。②

（四）法制化是增强海洋管控力量的有力支撑

海洋管控力量是指有效维护与拓展本国海洋权益的能力以及在国际海洋事务中的影响力。目前，我国海洋面临严峻的形势，海洋管控能力缺失，这些都与我国海洋法律体系的缺陷不无关系。

1. 为维护我国海洋权益提供法律依据

《海洋法公约》的生效为沿海国拓展海域管辖权奠定了国际法基础，从而掀起了一轮蓝色圈地运动。不少沿海国家卷入了对岛礁、专属经济区及大陆架的激烈争夺，国家间海域划界争端及海洋资源纠纷骤然增多。我国依据《海洋法公约》主张的 300 余万平方公里的管辖海域中，有近一半的面积与他国存在争议，致使岛屿争端、海域划界、资源开发纠纷不断。③ 而目前我国缺乏有效维护我国海洋权益的法律依据。国内立法的不完善给周边国家提供了可乘之机，也在一定程度上助长了他们的气焰，很多岛礁被周边国家侵占，这些国家公然在我国管辖的海域从事石油开采、捕鱼等活动，甚至有些国家还通过国内立法先发制人，企图为侵占我国的岛

---

① 参见徐胜：《建设海洋强国是我国海洋事业发展的总方向》，载《中国海洋报》2012 年 11 月 14 日第 1 版。

② 参见屈广清、曲波主编：《海洋法》，中国人民大学出版社 2011 年版，第 240 页。

③ 参见邢广梅等：《试论制定我国〈海洋基本法〉的必要性和紧迫性》，载《西安政治学院学报》2012 年第 1 期，第 85 页。

礁提供法理依据。我们应积极采取对策，不仅从地理特征、历史渊源等方面据理力争，更需要加紧制定相应的法律法规，为维护我国海洋权益提供有力的国内法支持。①

2. 为我国分享“公有海洋资源”提供法律保障

从地理范围来讲，海洋可以划分为国家管辖范围内海域和国家管辖范围外海域。国家管辖范围外海域包括公海和国际海底区域，且这两者都蕴藏着极为丰富的资源。根据《海洋法公约》第 87 条，公海对所有国家开放，不论其为沿海国或是内陆国；而依照《海洋法公约》第 136 条，国际海底区域及其资源是人类的共同继承财产。因此，公海和国际海底区域中的资源可被称之为“公有海洋资源”。据统计，在我国已探明的 45 种主要矿产中，2010 年可满足需求的有 21 种，而到 2020 年仅有 6 种。② 同时，我国又是世界上人口最多的国家，人均占有资源量很少。从长远发展的战略上考虑，为我国在 21 世纪中叶赶上中等发达国家提供必要的战略储备，在国家管辖范围外海域寻求新的资源是一项重要的战略任务。③ 我国应尽快制定规制在国家管辖范围外海域进行勘探开发的法律法规，为我国分享“公有海洋资源”提供法律保障。

3. 为建设强大的海防力量提供法律基石

海洋是国家的安全屏障，也是别国入侵的跳板。冷战结束后，世界上影响最大、范围最广而又最难以解决的热点问题大多发生在海洋或沿海地区。④ 我国是海陆兼备的国家，近代以来受陆海双重夹击，威胁主要来自西方海洋国家。⑤ 虽然我们可以依据国际海洋法，在海洋权益上“守住自己的，分享公有的”，但现实的海洋政治显示，如果没有强大的军事实力，特别是强大的海上力量做后盾，则很有可能既守不住自己的，更分享不了公有的。⑥ 正如霍布斯所言，没有武力保证的契约只是一纸空文。在利用国际法来维护我国权益时，背后需要有强大的硬实力作为支

---

① 参见于泓：《大陆架的法律地位及我国建立大陆架制度的必要性》，载《吉林大学社会科学学报》2000 年第 2 期，第 55 页。

② 参见朱洪前等：《深海采矿车控制技术研究》，载《金属矿山》2005 年第 9 期，第 11 页。

③ 参见赵恩波、贾宇编著：《蓝色圈地运动》，福建教育出版社 2000 年版，第 171 ~ 172 页。

④ 参见王诗成：《建设海洋强国战略思考》，来源于海洋财富网：http：//www. hycfw. com/HotFocus/zlyj/2007/02/02/3042. html，2013 年 4 月 1 日访问。

⑤ 参见李明春：《海洋权益与中国崛起》，海洋出版社 2007 年版，第 32 页。

⑥ 参见陆水明、陈璐：《海洋意识与海防建设》，载《南京政治学院学报》2005 年第 1 期，第 83 页。

撑，再完善的国际制度也不能代替国家对自身实力的依赖。① 因此，我国必须建立和健全海上安全法律制度，加强海上执法力量，保障国家的海上安全。

4. 为增强我国的话语权提供国内法支持

建设海洋强国一个很重要的方面是对世界海洋事务的影响力，包括在各种国际海洋海事组织以及国际公约制订进程中的发言权及其主导作用。② 没有参与国际海洋事务的能力，就只能作为规则的执行者而非制定者，也就谈不上海洋强国。从《海洋法公约》等国际公约的制定过程来看，往往是：海洋强国或多数沿海国首先声明自己对特定海域的主权要求，甚至出台本国的基本海洋法律——然后以此作为国际海洋法讨论会议上自己的主张或利益集团的主张——最后经博弈达成公约，形成国际海洋法。③ 我国应充分利用国际组织所提供的平台，积极陈述本国的观点和立场，引导国际规则向着有利于本国利益的方向发展。而要做到这点，需要我们事先在国内层面上做好相关的立法工作。

二、我国现行海洋法体系评析

完善我国海洋法体系的主要目标是要建立科学、合理和实用的海洋法体系，这就要求我们必须对各类海洋法律制度有客观、正确的认识和反映。④ 自新中国成立以来，我国海洋立法取得了长足的进步，但我们应该清醒地认识到，这些成就与我国海洋强国战略对法制的要求仍有很大差距。

（一）我国海洋法律制度的成就

自中华人民共和国成立以来，尤其是改革开放后，一大批涉海法律法规相继问世，其范围覆盖海洋权益、海洋资源开采、海上安全、海洋环境保护、海洋科学研究等领域。在海洋权益方面，我国颁布的立法主要包括1958年《中华人民共和国政府关于领海的声明》、1992年《领海及毗邻区法》、1996年《关于中华人民共和国领海基线的声明》、1998年《专属经济区和大陆架法》、2009年《海岛保护法》、2012年《关于钓鱼岛及其附属岛屿领海基线的声明》；在海洋资源开采方面，我国

① 参见周琦、马少猛：《中国海权现状分析及破解海权困境的战略思考——基于国家安全的视角》，载《湘潭大学学报》（哲学社会科学版）2010年第6期，第146页。

② 参见张耀：《建设海洋强国不走列强老路》，《解放日报》2012年12月10日第4版。

③ 参见黄任望、张惠荣：《关于我国海洋法实践的几点思考》，载《国际海洋法论文集》（一），海洋出版社2004年版，第178页。

④ 参见全永波：《构建我国海洋立法体系的思考》，载《燕山大学学报》（哲学社会科学版）2008年第4期，第49页。

出台的立法主要有1982年《对外合作开采海洋石油资源条例》（2011年修订）、2001年《海域使用管理法》；在海上交通安全方面，我国先后制定了1979年《外籍船舶管理规则》、1983年《海上交通安全法》、1987年《航道管理条例》（2008年修订）等法律法规；在海洋环境保护方面，我国通过的立法主要包含1982年《海洋环境保护法》（1999年修订）、1983年《海洋石油勘探开发环境保护管理条例》、1985年《海洋倾废管理条例》（2011年修订）；在海洋科学研究方面，我国于1996年颁布了《涉外海洋科学研究管理规定》。除上述专门性海洋立法外，我国还颁布了一些含有海洋条款的法律法规，如1986年《矿产资源法》（1996年修订）、1990年《盐业管理条例》、1992年《测绘法》（2002年修订）、2007年《物权法》等，这些规定对维护我国海洋权益，规范海洋开发秩序，保障海上安全，保护海洋环境都起到了不可或缺的作用。与此同时，从20世纪80年代中期起，我国沿海省、自治区、直辖市和有地方立法权的市的人大常委会和人民政府，在维护社会主义法制统一的前提下，结合本地海洋工作的具体情况和实际需要，开展了多项立法工作。① 这些立法也是我国海洋法体系的重要组成部分，对于规范各地的海洋活动发挥了积极的作用。

（二）我国海洋法体系的缺陷

囿于“重陆轻海”思想，我国对海洋的重视程度不是很高。加之我国海洋立法经验不足，立法技术落后，我国的海洋法体系无论在立法理念、形式还是内容上都存在诸多缺陷。

1. 立法理念上的缺陷

立法理念是指蕴涵于立法这一环节的法律内在精神和最高原理，是立法者对立法的本质、原则及其运作规律的理性认识以及由此形成的一种价值取向。② 从我国海洋法律的立法现状可以看出，我国的海洋立法缺乏一个贯穿始终的理念来指导，缺乏整体的统筹考虑与安排，立法的应急性和随意性都比较强。③ 以有关海洋权益的法律法规为例，我国制定的很多法律法规主要是为了对海洋权益进行宣示，而不是为了充分开发利用海洋，如1996年《关于中华人民共和国领海基线的声明》。当然，并不是说不能这样制定法律法规，事实上，在当时《海洋法公约》即将对

① 参见华敬炘：《海洋法学教程》，中国海洋大学出版社2009年版，第465页。

② 参见刘军平：《中国法治进程中的立法理念刍论》，载《政法论丛》2005年第3期，第28页。

③ 参见王建廷：《我国地方海洋立法技术分析》，载《海洋环境科学》2009年第1期，第98页。

我国生效的情况下，对我国海洋权益作法律上的宣示很有必要，否则，就等于自愿放弃了权益。① 然而，在1996年之后的十余年里，我国本有充分的时间对尚未公布的领海基线进行研究，并出台相关立法对其予以公布，但我国并未对领海基线进行任何后续立法工作。直到2012年，面对愈演愈烈的日本购岛行动，我国不得不采取紧急行动，再次以声明的形式发布了《关于钓鱼岛及其附属岛屿领海基线的声明》，这不得不引起我们的深刻反思。随着海洋经济的发展，在世界展开了对海洋权益争夺战的情况下，如果我们的法律还只是停留在对海洋权益的声明、宣示上，而不是采取有力措施，将难以适应新形势发展的需要。②

立法理念的缺陷导致的另一个后果就是海洋立法规划的缺失。从国家海洋战略立法层面看，我国迄今既无宏大的战略目标，亦无长远的战略规划。很多立法都是为形势所迫，临时动议、应急起草的，但距离社会和国家对海洋法体系的整体要求来说，距离不断发生且日趋激烈的海洋争端和冲突事件对我国执政能力的挑战升级而言，还存在很多错位或不足的效应，从而很难达到起初对它的设想和设定。③ 随着国内外形势的不断变化，很多涉海法律法规的弊端逐渐显露出来，成为我国海洋事业发展的桎梏，也造成今日的被动局面。

2. 立法形式上的缺陷

从形式上来看，我国海洋立法缺乏宪法依据，也没有海洋基本法这类综合性海洋立法。上位法的缺失，使我国海洋法体系呈现出结构性弊端，显得“头轻脚重”。

（1）缺乏宪法依据。

新中国成立后，分别于1954年、1975年、1978年和1982年颁布了宪法，然而，在这四部宪法中，只有1978年宪法中出现过“海洋”的字眼。该法第6条第2款规定：“矿藏、水流、国有的森林、荒地和其他海陆资源，都属于全民所有。”遗憾的是，1982年宪法将1978年宪法中明确的“其他陆海资源”用“等自然资源”取而代之。关于这一条是否包括海洋资源，目前没有形成共识。持肯定观点的人认为，此处的“矿藏”可解释为包括海底矿产资源，“滩涂”可解释为包括海岸滩涂，“荒地”也可解释为包括无居民海岛资源。④ 同时，他们认为，宪法已对

① 参见许维安：《略论维护我国海洋权益的法治建设》，载《广东海洋大学学报》2008年第5期，第8页。

② 参见许维安：《略论维护我国海洋权益的法治建设》，载《广东海洋大学学报》2008年第5期，第8页。

③ 参见黄建钢：《论中国海洋法的现状及其发展趋势》，载《浙江海洋学院学报》（人文科学版）2010年第3期，第1页。

④ 参见谭柏平：《海洋资源保护法律制度研究》，法律出版社2008年版，第245页。

海洋资源做了概括式列举，如可以在“等”的“自然资源”定义中对之作潜藏式理解。但在当前这一新的历史时期，这种理解应该说是缺乏力度和深度的。① 在其他部门法中，它们的基本法律一般都在第 1 条中直接规定立法的宪法根据，如“根据宪法，制定本法”。而在海洋法的基本法律中很难找到这样的字眼。② 如《海岛保护法》第 1 条规定：“为了保护海岛及其周边海域生态系统，合理开发利用海岛自然资源，维护国家海洋权益，促进经济社会可持续发展，制定本法。”《海域使用管理法》第 1 条指出：“为了加强海域使用管理，维护国家海域所有权和海域使用权人的合法权益，促进海域的合理开发和可持续利用，制定本法。”因此，从众多涉海法律法规的条文来看，它们对宪法中是否包括海洋持否定的态度。

（2）缺乏海洋基本法。

世界上很多海洋强国以及我国的海上邻国都颁布了综合性的海洋立法。例如，1997 年加拿大颁布了《加拿大海洋法》，是世界上最早进行综合性海洋立法的国家。2000 年美国国会通过了其第一部海洋综合管理法《海洋法》，英国也于 2009 年颁布《英国海洋法》。而与我国相邻的国家中，日本在 2007 年颁布了《海洋基本法》，甚至连越南也在 2012 年出台《越南海洋法》，企图通过国内立法将其主张合法化。事实证明，海洋基本法为这些国家海洋事业的快速发展发挥了举足轻重的作用。但我国的涉海法律法规都是针对某一领域制定的专门性规定，而且我国制定海洋法律法规的部门繁多，各涉海法律法规之间并不协调，存在很多交叉与冲突之处。解决这些问题的关键所在是制定一部海洋基本法，建立一个拥有上位法的完整的海洋法律体系，以明确我国的海洋基本政策，理顺法律关系、消除法律冲突、弥补重要制度的缺失以及建立协调海上执法制度等问题。③ 海洋基本法能从全局的高度出发，以国家的整体和长远利益为重，协同各部门的需求，从而避免“各自为政”、“画地为牢”的现象发生。

3. 立法内容上的缺陷

通过认真梳理我国现有的海洋立法，我们会发现，这些看似数量丰富的法律，实际上存在“还债多，超前少；缺口大，不配套”④ 的缺陷。

---

① 参见黄任望、张惠荣：《关于我国海洋法实践的几点思考》，载高之国等主编：《国际海洋法论文集》（一），海洋出版社 2004 年版，第 180 页。

② 参见许维安：《我国海洋法体系的缺陷与对策》，载《海洋开发与管理》2008 年第 1 期，第 130 页。

③ 参见高之国、辛崇阳：《制定我国海洋基本法的必要性与可行性（上）》，载《中国海洋报》2010 年 11 月 5 日第 1 版。

④ 周洪钧：《建立和完善有中国特色的海洋法规体系》，载《法学》1999 年第 2 期，第 48 页。

（1）海洋立法严重滞后。

由于我国对海洋的重视程度不够，我国的海洋立法反应比很多国家要慢得多。例如，作为我国海洋管理领域一部重要的法律——《渔业法》，在1986年才颁布实施。而邻近国家和发达海洋国家类似的法律在联合国海洋法会议刚刚召开时的20世纪70年代就已颁布实施。① 而且我国很多海洋立法的周期过长，如《专属经济区和大陆架法》仅审批程序就历时6年，《海岛保护法》从立法规划到颁布达8年之久。② 同时，我国对涉海法律法规的修订也不及时。我国的海洋法律制度主要是在改革开放以后建立和发展起来的，尤其是在1996年我国加入《海洋法公约》前后制定的。它们是改革开放与发展的产物，其中很多立法已不符合当前形势发展需求，有进一步发展、丰富和完善的必要。③ 例如，《海上交通安全法》自1983年颁布以来，历经30年都未有任何修订。而过去的30年，我国船舶的吨位不断升级，船舶的种类不断推出，我国的对外贸易和航运业也发展十分迅速，该法早已不能满足我国海上交通安全管理的需要。此外，我国地方立法速度太慢，跟不上实际的需要。近年来我国颁布和修改了许多涉海法律法规，如《海域使用管理法》、《渔业法》等，但是原有地方法规的立、改、废工作却未能及时跟进，有的地方立法已经非常陈旧，却仍在使用，造成法律与现实的脱节。④

（2）涉海法律法规操作性差。

我国有很多海洋法律法规都缺乏可操作性，有的条文甚至还存在实施主体的模糊性、内容的缺陷性以及机理的单向性和孤立性。所有这些问题不仅从表面上看与世界海洋强国以及海上邻国相比还存在十分明显的差距，而且与我国海洋大国的地位极不相称。⑤ 例如，我国尚未制定《专属经济区和大陆架法》的配套法规和实施细则，该法只有粗线条的规定，不具有可操作性。虽然该法总共只有16条，但却有27处提及“中华人民共和国”，8处提到“中华人民共和国主管机关”，1处使用“中华人民共和国政府”；尤其是该法第12条第2款规定，“中华人民共和国对在专属经济区和大陆架违反中华人民共和国法律、法规的行为，有权采取必要措

---

① 参见郁志荣：《我国海洋法制建设现状及其展望》，载《海洋开发与管理》2006年第4期，第30页。

② 参见薛桂芳编著：《〈联合国海洋法公约〉与国家实践》，海洋出版社2011年版，第289页。

③ 参见金永明：《论国际海底制度与中国》，高之国等主编：《国际海洋法的理论与实践》，海洋出版社2006年版，第90页。

④ 参见谭柏平：《海洋资源保护法律制度研究》，法律出版社2008年版，第265页。

⑤ 参见黄建钢：《论中国海洋法的现状及其发展趋势》，载《浙江海洋学院学报》（人文科学版）2010年第3期，第1页。

施，依法追究法律责任，并可以行使紧追权”，但该法并未明确紧追权具体由哪个部门来行使。① 正是这些缺陷，给我国的执法带来了实际困难，有时甚至出现无法应对而陷入被动局面。②

（3）法律空白地带众多。

尽管从广度上来说，我国海洋立法所涉范围在不断扩展，但是仍存在很多空白地带，甚至有些空白地带尚未有立法规划。我国对以《海洋法公约》为核心的国际海洋法理解不够，在按照《海洋法公约》规定完成其配套法规方面，我国还有10多个领域有待建立正式的法律制度。③ 以海岸带综合管理立法为例，很多国家对此非常重视，如美国在1972年就制定了《海岸带管理法》，而我国的相关立法却付之阙如。另外，虽然在很多领域，我国拥有涉海法律法规，如《物权法》和《矿产资源法》等，但这些立法并不以海洋为专门的调整对象，是陆地立法在海洋上的延续，在实践中的适用空间有限。同时，海洋形势已发生了翻天覆地的变化，新情况、新形势、新问题不断出现，我国应针对这些情势，在深入研究的基础上制定新的法律，弥补法律空白，有效维护我国海洋权益。④

（4）海洋法律法规之间衔接困难。

我国对海洋事务实行分散型的管理体制，有权管理海洋事务的部门包括公安部、环保部、农业部、国家海洋局等，它们在各自负责的管辖领域制定法律法规。但我国尚无一个高层次的机构对海洋立法进行统筹规划，各部门在立法时往往将本部门的利益放在首位，过分强调其所分管领域的特殊性，而不是考虑其他行业以及整个海洋管理的需要，这势必导致各单行性海洋法律法规之间的冲突或者重叠，从而使海洋法体系衔接不流畅，造成法律适用上的困难，甚至使有的法律法规形同虚设。例如，根据《海洋环境保护法》第5条第1款规定，国务院环境保护行政主管部门为对全国环境保护工作统一监督管理的部门，对全国海洋环境保护工作实施指导、协调和监督；而根据《国务院办公厅关于印发国家海洋局主要职责内设机构和人员编制规定的通知》，国家海洋局主要职责之一是“承担保护海洋环境的责任”。可见，“负责海洋环境的监督管理”就是负责全国的海洋环境保护工作，这

① 参见郁志荣：《我国海洋法制建设现状及其展望》，载《海洋开发与管理》2006年第4期，第31页。

② 参见金永明：《专属经济区内军事活动问题研究》，高之国等主编：《国际海洋法问题研究》，海洋出版社2011年版，第221页。

③ 参见薛桂芳：《〈联合国海洋法公约〉体制下维护我国海洋权益的对策建议》，载《中国海洋大学学报》（社会科学版）2005年第6期，第15页。

④ 参见郁志荣：《我国海洋法制建设现状及其展望》，载《海洋开发与管理》2006年第4期，第31页。

就造成了国务院环境保护行政主管部门与国家海洋行政主管部门在全国海洋环境保护工作方面的职能重叠与交叉问题。①

三、完善我国海洋法体系的路径

面对全球化背景下新一轮国际海洋世界“圈海”竞争现实，以及周边国家和地区对海洋权益的诉求越来越强烈的态势，我国在海洋法体系建设中仍然存在着很多亟待提速、提高的地方。② 完善我国海洋法体系，应更新立法理念，在科学的指导思想下，构建一套具有国际性、实用性、开放性和先进性，并由宪法、海洋基本法、专门性海洋立法和地方性海洋立法组成的纵向层次较高、横向内容丰富的海洋法体系。

（一）更新立法理念

任何一部法律的创制都必然受制于一定的立法理念，立法理念对于制定科学的法律、充分发挥法律的作用具有积极意义。③ 随着国内外形势的变化与发展，为维护我国的海洋权益，我国必须更新立法理念。在新形势下，完善我国海洋法体系的目标是为建设海洋强国提供法律保障。因此，我们应在建设海洋强国这一立法理念的指导开展立法工作。鉴于海洋强国有着丰富的内涵，在完善我国海洋法体系时，应把握四条主线，即发展海洋经济、创新海洋科技、保护海洋生态环境和提升海洋管控能力，形成海洋经济发展法律体系、海洋科技创新法律体系、海洋生态环境保护法律体系、海洋管控力量提升法律体系。立法理念的落实离不开科学的海洋立法规划，因为科学的海洋立法规划是我们保障涉海法律法规之间衔接良好的重要因素，也是海洋立法工作的首要步骤。我们要根据上述四条主线进行立法规划，从而扭转目前海洋立法“头疼医头、脚痛医脚”的状况。

（二）我国海洋法体系的应有特点

我国应以现有的海洋法律制度为基础，对其进行立、改、废工作，逐步建立起具有国际性、实用性、开放性和先进性的海洋法体系。

---

① 参见马英杰、赵丽：《我国近岸海域污染防治法律体系建设》，载《环境保护》2013年第1期，第20～21页。

② 参见黄建钢：《论中国海洋法的现状及其发展趋势》，载《浙江海洋学院学报》（人文科学版）2010年第3期，第1页。

③ 参见高其才：《现代立法理念论》，载《南京社会科学》2006年第1期，第85页。

1. 国际性

海洋法常常都是既反映建立统一海洋秩序的需要，又反映本国的特别意愿。① 因此，海洋法的一个重要特点是具有国际性，而这种国际性很大程度上体现在与《海洋法公约》等国际公约相衔接。自《海洋法公约》颁布以来，不仅《海洋法公约》本身有了较大的发展，而且其它国际海洋法也经历了深刻的嬗变。我国海洋立法深受国际海洋法的影响，② 完善我国的海洋法体系，必须密切关注国际海洋法的最新发展动态，并紧跟国际海洋法的发展步伐。但目前我国对《海洋法公约》等涉海国际公约的理解并不深入，反映在国内立法上便是留有很多漏洞。我国的海洋立法必须与我国缔结的有关国际公约协调一致，这既是推进全球、地区性和国家间在海洋领域的合作的重要途径，也是提高我国海洋管理的科学水平，有效促进国家海洋事业健康发展的必由之路。③

2. 实用性

法律的实用性是衡量法律体系是否完备的重要尺度。虽说我国的海洋立法应与国际公约接轨，但最重要的是要符合我国国情，与我国的经济和社会发展相协调。对国际海洋法做机械、消极的理解只会更加束缚自身的发展，这是我们应予以省察和摒弃的。④ 同时，如果一套制度仅有原则性规定而缺乏可操作的规则，其法律就像一个无牙齿的法律，法治也就失去了应有的效用。⑤ 因此，为确保我国所颁布的海洋立法能够得到有效实施，我国应关注海洋法在实践中的效果，适时地出台相关的配套措施和实施细则，切实改变“法律齐备配套缺位”、“有法律却无法实施”的窘况。⑥ 法律法规健全完备，与之配套的实施细则内容科学且结构合理，能够充

---

① 参见徐祥民：《对海洋法制及其特点的理解》，徐祥民主编：《海洋法律、社会与管理》（2009 年卷），海洋出版社 2010 年版，第 20 页。

② 《领海及毗连区法》和《专属经济区和大陆架法》均是直接依据《海洋法公约》制定的，其基本制度均与《海洋法公约》相关规定保持一致，甚至在文字表述上也基本相同。参见海洋发展战略研究所课题组：《中国海洋发展报告》（2009），海洋出版社 2009 年版，第 91 页。

③ 参见华敬炘：《海洋法学教程》，中国海洋大学出版社 2009 年版，第 478 页。

④ 参见黄任望、张惠荣：《关于我国海洋法实践的几点思考》，高之国等主编：《国际海洋法论文集》（一），海洋出版社 2004 年版，第 179 页。

⑤ 参见刘宁静：《欧美保障科学数据共享法治探究》，载《科技与法制》2006 年第 3 期，转引自陈金钊：《警惕“可操作性”在法律思维中的标签化蔓延——从司法角度反思法律的可操作性》，《国家检察官学院学报》2012 年第 1 期，第 57 页。

⑥ 参见徐向华、周欣：《我国法律体系形成中法律的配套立法》，载《中国法学》2010 年第 4 期，第 171 页。

分保证上位法的实施，使利用者和管理者都能够“有章可循”。①

3. 开放性

法律体系在空间和时间上都具有独立性，法律自身也具有相对的稳定性，但这并不意味着法律体系是一个僵化与封闭的体系。② 正如庞德所言，法律必须是稳定的，但不可一成不变。因为法律在一个封闭的不可知的容器中不可能得到健康发展，而且我们也不能把法律同其周围的、并对它无害的非法律生活隔离开来。③ 随着人类对海洋的认识逐渐加深，人类开发利用海洋的活动也不断向深度和广度两个轴向上发展。海洋法体系必须对这些变化予以回应，包括制定新的法律、修订和废止原有的立法，从而使各项海洋活动纳入法律的运行轨道，确保海洋开发利用有序进行，实现海洋法与社会的有效互动。海洋法律的立、改、废活动，使得海洋法体系成为一个动态而非一成不变的体系，从而具有强大的生命力。

4. 先进性

法律既要反映经济基础，又不能落后于生产力的发展，要有预见性和指导性，应对经过科学论证而确认的经济发展中必然出现的问题作出适度超前的规定。④ 随着海洋科学技术的发展，越来越多的海洋领域将会被人们所认识，新的法律制度也将应运而生。我国的海洋立法应该具有适当的先进性，尤其是通过参加国际海底管理局、国际海洋法法庭、外大陆架界限委员会、关于海洋法和海洋事务非正式磋商进程等活动，及时了解国际海洋事务的最新发展态势，不失时机地推动有关国内立法活动，从而在激烈的海洋争夺战中抢占先机，并引领世界的海洋法实践。

（三）我国海洋法体系的应有基本框架

完善的法律体系最基本的特点是其系统性和完整性，以及不同层次立法之间的相互配合与协调。⑤ 从应然的角度来看，我国的海洋法体系应由宪法、海洋基本法、单行性海洋立法和地方性海洋立法构成。

---

① 参见范晓婷：《我国海洋立法现状及其完善对策》，载《海洋开发与管理》2009 年第 7 期，第 73 页。

② 参见李拥军：《当代中国法律体系的反思与重构》，载《法制与社会发展》2009 年第 4 期，第 134 页。

③ 参见［美］E. 博登海默：《法理学：法律哲学与法律方法》，邓正来译，中国政法大学出版社 2004 年版，第 221 页。

④ 参见贾宇：《健全、完善我国海洋法律体系刍议》，载《海洋开发与管理》1998 年第 1 期，第 67 页。

⑤ 参见曹明德：《关于修改我国〈环境保护法〉的若干思考》，载《中国人民大学学报》2005 年第 1 期，第 126 页。

1. 宪法

我们通常宣称我国有960万平方公里的领土，却往往忽视我国可主张的海域面积达300多万平方公里。作为海洋大国，我国有必要将海洋写进宪法，升格海洋立法的效力层次，提升海洋的地位。具体的做法是在宪法中将海洋明确列出，将海洋资源与“矿藏、水流、森林、山岭、草原、荒地、滩涂”等资源并列，使其获得宪法的认同。① 因为海洋资源与陆地资源具有密切的联系。一方面，海洋资源与陆地资源具有较好的互补性。另一方面，由于海洋资源的产品转化为商品的活动都是在陆地上进行。海洋资源的开发应同陆地经济活动有机结合起来，这样才能把资源优势转化为经济优势，实现海陆一体开发。② 海洋入宪，不仅有利于进行陆海统筹，也有利于加强国民的海洋意识，还有利于完善我国的海洋法体系。

2. 海洋基本法

21世纪是人类全面开发利用海洋的世纪，制定海洋基本法不仅是顺应国际形势、实现与《海洋法公约》等国际公约接轨的实际需要，同时也是我国海洋事业发展的客观需求，更是维护我国海洋权益、管理我国海域的必然要求，体现了一个海洋大国的责任和实现海洋强国的伟大目标和决心。③ 海洋基本法作为海洋法律体系中的上位法，在整个海洋法律体系中起统筹协调作用，因此立法宜早不宜迟，否则各海洋法律法规之间交叉打架和法律空白并存的问题将越来越严重。④

3. 单行性海洋立法

无论是宪法还是海洋基本法，它们的规定大多是指引性的，无法事无巨细地将所有海洋事务都予以明确规定，其所确立的各项制度需要单行性海洋立法来逐步细化与完善。单行性海洋立法包括涉海的法律、法规和部门规章，是我国海洋法体系的主体部分，也是我国现行海洋立法采取的模式。目前我国海洋面临严峻的形势，很多问题都需要依靠单行性海洋立法来解决。为使单行性海洋立法能充分发挥作用，我们要坚持“两手抓”：一手抓紧制定在法律体系中起支撑作用的新法和及时清理修改与经济社会发展不相适应的旧法，另一手抓紧出台在法律体系中承担细化

---

① 参见黄任望、张惠荣：《关于我国海洋法实践的几点思考》，载高之国等主编：《国际海洋法论文集》（一），海洋出版社2004年版，第180页。

② 参见屈广清、曲波主编：《海洋法》，中国人民大学出版社2011年版，第246~247页。

③ 参见钱秀丽：《甘为海洋鼓与呼——访全国人大代表宁书辰》，载《中国海洋报》2007年3月6日第1版。

④ 参见邢广梅等：《试论制定我国〈海洋基本法〉的必要性和紧迫性》，载《西安政治学院学报》2012年第1期，第86页。

和补充功能的配套规则。① 在单行性海洋立法方面，现阶段我国最重要的是要出台诸如《海岸带综合管理法》、《国际海底区域勘探开发法》、《海洋警备法》等立法。而在配套法规和规章方面，我国应尽快制定《领海及毗连区法》、《专属经济区和大陆架法》、《涉外海洋科学研究管理规定》的配套措施，特别是要对紧追权、登临检查、无害通过、专属经济区内海洋科学调查与海洋测量、专属经济区和大陆架生物资源养护与管理、人工构造（建）物的建造与管理等各项制度予以规定。②

4. 地方性海洋立法

地方性海洋立法的主要目的在于创制在一定区域内实施的海洋法律规范，通过法律手段对地方涉海关系和地方涉海活动起协调和保障作用，从而将地方涉海活动纳入法制化轨道。③ 我国共有 11 个沿海省、市、自治区（不包括港澳台地区），由于纬度跨度较大，各沿海省市的自然条件差异显著，经济发展水平也各不相同，这就决定了我国必须重视地方性海洋立法。地方海洋立法是我国海洋法体系的重要组成部分：一方面，地方海洋立法是对国家法律法规具体适用的细化和变通，有利于国家意志的贯彻实施；另一方面，地方海洋立法的灵活和创新也为国家海洋立法提供了探索途径，从而有利于国家海洋法体系的完善。④ 例如，在《海域使用管理法》实施后，辽宁、山东、浙江、福建等地也相继推出了适用于其本省的海域使用管理条例或办法。这些地方立法除规定了《海域使用管理法》明确的相关制度外，有部分地方立法还对该法未明确的问题作出了具体规定，如海岸线的确定、海域使用金的征收管理、海域使用权的收回补偿和海域的保护等。⑤ 又如，尽管我国尚未出台有关海岸带综合管理的立法，但早在 1991 年江苏省人大常委会就通过了《江苏省海岸带管理条例》（1997 年修订），海南省人大常委会也于 2013 年通过《海南经济特区海岸带保护与开发管理规定》。毋庸置疑，这些地方立法将为国家一级的海洋立法积累经验，提供参考。

---

① 参见徐向华、周欣：《我国法律体系形成中法律的配套立法》，载《中国法学》2010 年第 4 期，第 171 页。

② 参见谭柏平：《海洋资源保护法律制度研究》，法律出版社 2008 年版，第 267 页。

③ 参见易传剑、朱晓武：《略论浙江省地方性海洋法规的建设和完善》，载《海洋开发与管理》2010 年第 5 期，第 44 页。

④ 参见海洋发展战略研究所课题组：《中国海洋发展报告》（2012），海洋出版社 2012 年版，第 43 页。

⑤ 参见海洋发展战略研究所课题组：《中国海洋发展报告》（2011），海洋出版社 2011 年版，第 99 页。

四、完善我国海洋法体系的重要环节：制定海洋基本法

完善我国海洋法体系是一项系统工程，不可能一蹴而就。面对内忧外患的形势，当务之急是制定一部综合性的海洋法律即海洋基本法，这也是目前我国海洋立法的重心所在。海洋基本法应对我国海洋管理中最基本和最重要的问题作出明确规定，从而为单行性海洋立法提供指引，促进各单行性海洋立法之间的协调。根据目前国际海洋局势，参照国外的立法经验，并结合我国的特殊情况，我国海洋基本法应主要包括如下内容：

（一）海洋基本法的目标

海洋基本法的目标应该是多重的，但归根到底是为了建设海洋强国。虽然我国已明确提出了建设海洋强国的战略，但是如果不用立法的形式予以确认，则难以得到有效实施。面对错综复杂的海洋形势，我国应在海洋基本法中确立我国是一个海洋国家的法律地位，将建设海洋强国的政策提升为国家意志，保全我国的海洋资源和海洋空间，反制他国对我国的牵制，维护国家海洋权益和海上安全，促进海洋事业全面、快速、和谐发展。① 而《海洋基本法》作为我国海洋法体系中的上位法，势必需要将建设海洋强国的目标纳入其中。

（二）海洋基本法的两大举措

海洋强国具有丰富的内涵，要达成这个目标，需要采取一系列措施，其中最关键的就是加强海洋综合管理和海上安全保障。

1. 加强综合管理

将各海洋区域的相关问题作为一个整体加以考虑是制定《海洋法公约》时的一项重要原则和理念。海洋综合管理业已成为国际海洋事务管理的趋势。② 目前，我国出台的法律法规中存在着许多问题，甚至一些早应该出台的规章制度被扼杀在摇篮之中，这些不正常的现象与现行的分散型海洋管理体制有重大关联。③ 我国的

---

① 参见于宜法、王殿昌等编著：《中国海洋事业发展政策研究》，中国海洋大学出版社2008年版，第120页。

② 参见海洋发展战略研究所课题组：《中国海洋发展报告》（2010），海洋出版社2010年版，第120页。

③ 参见郁志荣：《我国海洋法制建设现状及其展望》，载《海洋开发与管理》2006年第4期，第34页。

海洋管理面临的新形势和新环境要求一个统一、协调、综合的海洋管理体制。① 根据国际社会的经验，实施综合管理需要建立一个高层次的机构来进行协调。② 我国的海洋基本法应当明确设立专门的海洋工作组或委员会，负责海洋法律的立法、修改及解释，对海洋法律实施中新法与旧法、上位法与下位法的衔接中出现的问题给予指导、答复，从而实现对海洋资源立法的统一规划与管理，消除部门壁垒，避免海洋工作中的条块管理、交叉管理等问题，防止法与法之间的交叉与矛盾以及空白地带的出现，使海洋的综合效益得到充分发挥。③

2. 加强安全保障

我国与14个国家接壤，并与其中12个国家划定了边界，已划定的边界占我国陆地边界线总长度的90%。可以说，未来威胁我国安全的因素主要来自于海洋。在和平与发展的时代背景下，我国周边海洋政治形势处于深刻变革中，亚太地区海洋安全不稳定因素增多，领土和海洋权益争端时有升温，给地区安全与和平发展带来隐患。加之美国、印度等域外大国对地区事务的介入，不利于争端的解决和地区的稳定。④ 我国的海洋基本法应对海上安全作出相应安排，包括海上维权巡航执法制度、海上运输安全制度、远海孤岛保护制度、海上事故应急制度、船舶与船员制度、外国船舶在我国管辖水域从事科研活动制度、海洋防灾减灾制度等，从而为我国营造安稳的外部环境，保障我国海洋事业的顺利发展。

（三）海洋基本法的三个统筹

海洋对人类具有多重价值，而这种多重价值在法律内容上的表现形式就是调整领域的宽泛性。⑤ 为此，我国的海洋基本法应做好三个方面的统筹：

1. 统筹国内与国际

由于世界海洋是一个整体，我国管辖海域是全球海洋的组成部分。我国负有维

---

① 参见王双、刘鸣：《韩国海洋产业的发展及其对中国的启示》，载《东北亚论坛》2011年第6期，第16页。

② 如《加拿大海洋法》将渔业与海洋部确定为唯一的联邦海洋综合管理机构，统一负责全国的海洋管理工作；《日本海洋基本法》在内阁设立了海洋政策总部，以综合推进海洋政策的实施。

③ 参见许维安：《我国海洋法体系的缺陷与对策》，载《海洋开发与管理》2008年第1期，第133页。

④ 参见海洋发展战略研究所课题组：《中国海洋发展报告》（2012），海洋出版社2012年版，第21页。

⑤ 参见徐祥民：《对海洋法制及其特点的理解》，徐祥民主编：《海洋法律、社会与管理》（2009年卷），海洋出版社2010年版，第11页。

护国际海洋新秩序，促进和平利用海洋，合作开发和保护海洋的责任以及履行我国缔结的与海洋有关的国际公约的义务。① 因此，海洋基本法应统筹国际与国内两个大局，我们应依照《海洋法公约》等国际公约以及有关国际习惯法，并根据我国一直以来所坚持的立场，以海洋基本法的形式将国际法赋予给我国的权利具体化。建立领海制度、毗连区制度、专属经济区制度、大陆架制度、岛屿制度等各项制度，为维护我国海洋权益提供法律保障。

2. 统筹开发与保护

如上所述，海洋经济已成为我国国民经济的重要组成部分。海洋基本法应对如何发展海洋经济，尤其是如何发展海洋产业进行规定，引导海洋产业朝着合理的方向发展。为确保海洋经济的快速发展，海洋基本法应鼓励海洋高科技创新，从而通过高科技改造传统海洋产业，发展新型海洋产业，加大海洋科技在海洋产业发展中的作用，形成合理的海洋产业结构布局。考虑到目前我国很多地区在开发利用海洋时片面追求经济发展指标，只重视眼前利益，而忽视了长远利益，无度用海，无节制地开发资源这一状况，② 海洋基本法应规定有关部门保护海洋环境的义务和责任，建立对海洋开发活动的环境监测制度。从而在海洋开发与海洋环境保护中找到平衡，促进海洋资源由重开发、轻保护向开发与保护并重转变，海洋环境由重视污染防治向污染防治与生态建设并重转变。③

3. 统筹国家管辖范围内与国家管辖范围外

20 世纪 80 年代以来，我国实行由沿海地区、近海海域向远海公土的“由近及远”开发战略，采取海洋渔业、海洋运输、海洋油气、海洋旅游等“多业并举”的发展模式。这些战略举措和发展模式，已不能适应当今世界开发海洋资源所通行“守住自己的，分享公有的”的做法。④ 我国应调整开发海洋资源的时序，具体来说：优先开采中远海资源；在中远海域，优先开发利用有争议的资源，再开采由我国完全控制的海域的资源；对于海岸带及近海资源，则以保护为主，合理利用近海可再生资源，限制采掘近海不可再生资源。⑤ 实际上，我国在国际海底区域的权益已经取得突破性的进展，2001 年我国在东太平洋获得 7.5 万平方公里多金属结核资源勘探合同区；2011 年我国又与国际海底管理局签订了为期 15 年的国际海底多

① 参见华敬炘：《海洋法学教程》，中国海洋大学出版社 2009 年版，第 478 页。

② 参见傅馨：《我国海岸带管理立法问题研究》，载徐祥民主编：《海洋法律、社会与管理》（2011 年卷），海洋出版社 2011 年版，第 53 页。

③ 参见郭军、郭冠超：《对加快发展海洋经济的战略思考》，载《经济研究参考》2011 年第 23 期，第 66 页。

④ 参见王生荣：《海权对大国兴衰的历史影响》，海潮出版社 2009 年版，第 403 ~404 页。

⑤ 参见谭柏平：《海洋资源保护法律制度研究》，法律出版社 2008 年版，第 6 页。

金属硫化物矿区勘探合同，该合同区位于西南印度洋，面积为 1 万平方公里；① 而在 2012 年国际海底管理局审议通过《“区域”内富钴结壳探矿与勘探规章》后的第一时间，我国就提交了位于西太平洋的富钴结壳矿区勘探申请，目前该申请已获得国际海底管理局法律技术委员会审议通过。但我国现行立法的适用范围仅限于我国所管辖的区域，这不利于维护与拓展我国的海洋权益。因此，海洋基本法在关注国家管辖范围内的事项时，也应该对国家管辖范围外区域的勘探、开发和管理进行必要的规制，表明我国在这些问题上的基本立场，为我国未来制定相关的专门性立法提供指引。

The Legal Safeguard of Building Maritime Power: The Perfection of China's Marine Legal System

Abstract: Building a maritime power is the future direction of the development of China's marine programs. The maritime power has four symbols, namely, developed marine economy, advanced marine technology, beautiful marine biological environment and strong marine security force. Any fulfillment of these necessitates the support of a developed marine legal system. Since the foundation of the People's Republic of China, significant progress has been made in China's marine legal regime, and a basic marine legal system has already been established. Meanwhile, far from meeting the requirement of being a maritime power, this system still shows some drawbacks both in the lawmaking concepts as well as in the forms and in the content. Therefore, we shall update our lawmaking concepts, and under the scientific guiding ideology, establish a system which is international, feasible, open and advanced. This system should be composed by the constitutional law, the basic ocean law, the ocean law code and local ocean laws, among which, the basic ocean law is the key of perfecting our marine legal system, and it is also the emphasis we should pay attention to at the present stage.

Key words: Maritime Power; Legal Safeguard; Marine Legal System; Ocean Basic Law

---

① 根据勘探合同要求，在勘探合同签订后 10 年内完成勘探区面积 75% 的区域放弃，保留 2500 平方公里留作享有优先开采权的矿区。

中国周边争议海域共同开发基础问题研究*

□ 张 辉**

内容摘要 中国与周边海上邻国大多存在海洋划界争议，为此我们一向主张“搁置争议，共同开发”，但共同开发不是依靠善意能够实现的，考虑到我国周边海域争议的复杂性，要实现共同开发需要首先厘清和解决一些基础性问题：根据《海洋法公约》第83条，共同开发属于临时安排性质，不应影响最终划界，但在实际效果上，共同开发仍会对划界产生不容忽视的影响；共同开发的法律基础是当事国的条约约定，当事国的意志是共同开发效力的唯一来源；共同开发的实现必须考虑当事国已经授予开发实体的特许权利，这种既存权构成了相关国家的既得利益；大陆架油气储藏的单一地质构造要求适用利益分享原则，这限制了相关国家的单方开发权利，必须考虑对方国家的合理要求；单方的或排斥争议第三方的永久性开发行为不符合《海洋法公约》的规定，具有非法性，但作为对抗措施的单方行为例外。

关键词 海洋法公约共同开发既存权单一地质构造单方开发

目 次

---

* 教育部哲学社会科学研究重大课题攻关项目“全球化背景下中国海洋权益法律保障研究”（项目批准号09JZD0023）、国家社会科学基金2012年度项目“国际海底区域矿产资源开发法律问题研究”（12CFX095）的阶段性成果，并受到武汉大学70后学者学术发展计划支持。

** 法学博士，武汉大学国际法研究所副教授。

据海洋科学研究，海洋底土岩层中储藏有丰富的石油资源，但目前人类技术能够探明的海洋石油资源主要蕴藏于大陆架地区。自20世纪40年代以来，对石油资源的需求使得沿海国家竞相扩大对海洋管辖权范围，大陆架制度由此产生。对大陆架的重叠性权利主张产生了海洋划界争端，也使得“共同开发”的做法得以产生。我国主张主权和主权权利的海域面积超过300万平方公里，但其中有一半左右与其他国家存在着划界争议。为此，我国一向以“搁置争议，共同开发”作为开发相关海域矿产资源的基本政策。但迄今为止，我国尚未与任何国家达成争议海域的共同开发协议，还没有共同开发实践。考虑到我国周边海域争议的复杂性，要实现共同开发还需要解决更多的法律和现实问题。共同开发涉及的国际法问题众多，既有公法问题，也有私法问题，有实体问题，也有程序问题，本文研究限于公法和实体问题，着眼于在争议各方实施共同开发之前需要首先考虑和解决的一些重大议题，这些议题构成了共同开发得以顺利推进和实施的基础。

一、共同开发的性质和法律基础

共同开发行为可以分为两种情况，即在海洋划界之后进行的共同开发和在海洋划界之前进行的共同开发，前者如最早的共同开发案例——1958年沙特阿拉伯与巴林共同开发波斯湾大陆架的做法，其共同开发系在划界协定中予以规定，共同开发实际在没有划界争议的情况下进行；后者如1992年马来西亚和越南的共同开发，两国之间没有解决划界争议，而是将重叠主张的区域直接划为共同开发区。我国海上邻国虽然众多，但目前只与越南就北部湾海域达成了划界协议。因此，我国所面临的共同开发更多将在划界争议难以解决情况下进行，本文的研究也将以此为对象。

（一）共同开发的性质

根据1982年《联合国海洋法公约》（以下简称《海洋法公约》）第83条第3款的规定，在大陆架划界协议达成之前，“有关各国应基于谅解和合作的精神，尽一切努力作出实际性的临时安排”。通常认为，共同开发做法正是临时安排（provisional arrangement）的具体体现①，但需要指出的是，作为临时安排的共同开发仅指划界协议达成之前的共同开发。因为如果两国间就划界达成一致，解决了海洋边界争议，即使此时双方协议进行共同开发，这种共同开发已经摆脱了临时性，而成为两国合作开发边界资源的确定性长期性安排。因此，笼统地将共同开发的性质归为临时安排是不准确的，只有争议海域的共同开发才属于临时安排。

确定争议海域共同开发的性质意义在于探究其可能的法律后果和影响。《海洋法公约》第83条第3款还规定，“在此过渡期间内，（各国应）不危害或阻碍最后协议的达成”。由此可见，在共同开发协议的有效期限内，争议双方负有义务不危害或阻碍最终划界协议的达成。一般而言，共同开发的双方应乐于见到划界协议的达成，这将使自己的权利进一步固定化，但前提是这一划界结果是双方均能接受的。在共同开发中，可能存在这样的情况，随着对共同开发区域的地理物探的进展，石油等资源的储藏主要集中于某些区块，而这些区块则临近其中一方海岸，如果海洋划界规则显示划界将不利于另一方，会使资源的主要储藏部分划归对方国家，则不利方显然将不乐于看到划界的完成，从而阻碍划界协议的达成。以我国和日本东海大陆架争议为例，东海中间线与冲绳海槽最大水深线之间为双方争议区域，有可能成为共同开发区。在东海大陆架划界中，我国主张自然延伸原则应首先得到适用，冲绳海槽作为中国大陆架的外部界线应成为双方大陆架的界线，即使不以冲绳海槽为界线，也必须考虑双方海岸线的长度比例，以公平原则来划定分界线，这条界线应在中间线以东。通常而言，海洋石油资源往往富集于近大陆海岸地带，这是由石油生成的原理决定的，并且，随着离大陆距离的增加，石油开发难度和成本也必然大幅增加，从而使得认为自己处于划界后不利地位的一方拖延和阻挠划界的进展。因此，共同开发之后的划界并不一定更容易完成，由于利益的不均衡，可能出现一方拒绝完成划界的情况。在此情况下，阻碍最终划界协议达成的一方显然违反了公约的规定，对此应承担国际责任。但问题在于，如何判断一方具有阻碍划界的行为，拖延谈判、提出对方不可能接受的划界方案、拒绝国际司法或仲

---

① 邹立刚、叶鑫欣：《南海资源共同开发的法律机制构建略论》，载《河南省政法管理干部学院学报》2011年第1期，第60页。

裁解决争议等都可能具有阻碍的效果，但这些都是国家的权利，是国家的自由行动空间，并不能说违反了国际法。因此，公约第83条的合作义务实际上缺乏可操作性，并不能起到促使划界协议达成的作用。这个问题从一个侧面说明，共同开发未必会推动划界的进程，甚至可能产生阻碍作用，这可能是双方在缔结共同开发协议时未加考虑的。

《海洋法公约》第83条第3款还规定，"这种（临时）安排应不妨害最后界限的划定"。这意味着共同开发区的划定不影响双方最终海洋边界的划定。在各国达成的争议区域共同开发协议中也都做了这一明确的规定，被称为"不影响条款"，如马来西亚和越南共同开发协议第4条规定："本备忘录的任何条款均不得以任何方式被解释为：（1）影响任何一方对'划定区域'的立场和主张。"再如澳大利亚与印度尼西亚关于帝汶缺口区域共同开发的协议第2条第3款也规定："对本条约的任何内容及本条约有效期内进行的任何行为或活动的解释都不应有损于缔约国任何一方在划定合作区内大陆架永久性界线上的立场，本条约的任何内容都不得用于影响每一缔约国在合作区内所拥有的主权。"因此，仅从"不影响条款"的措辞来看，关于共同开发的任何做法都不应对最终的划界产生影响。但这仅是从条约书面以及应然的角度进行的理解，笔者认为，共同开发对具体的划界实践仍然可能产生影响。首先，一般而言，对无争议的本国主权海域是不存在与他国的共同开发问题的，共同开发是划界不成而作出的临时安排，共同开发协议本身就说明了划界争议的存在。因此，日本拒绝我国共同开发钓鱼岛及其周边海域资源的建议是因为日本固执地主张钓鱼岛不存在主权争议，而我国也不会同意对西沙群岛海域或黄岩岛海域进行共同开发，因为这里不存在主权争议。既坚持不存在划界争议，同时又接受与他国的共同开发，这种做法无疑是自相矛盾的。其次，共同开发区域的选择可能会被视为隐含地表明了相关国家对争议海域划界的立场。如果甲国主张其大陆架应自然延伸至200海里线，而乙国主张采用中间线划界，最终双方协议的共同开发区位于中间线向乙国方向50海里线至甲国主张的200海里线之间的区域，则很可能被理解为中间线立场已经被乙国放弃，或者至少是被认为其理由并非足够充分，这在未来的划界中无疑将使乙国很难再坚持中间线立场。再次，共同开发的具体安排也可能暗示相关国家划界理据是否充分，立场是否坚定。在帝汶缺口海域划界中，澳大利亚与印度尼西亚分别主张以帝汶海槽最大水深线和中间线为界，二者之间为争议海域。而双方1989年达成的《帝汶缺口条约》，将共同开发区划分为A、B、C三块，A区面积最大，位于1500米等深线和中间线之间，双方均分收益，B区位于中间线和印尼200海里线之间，澳大利亚获得90%的收益，而C区位于帝汶海槽最大水深线和1500米等深线之间，印尼获得90%的收益。在这样一种安排之下，澳大利亚做出了较多的妥协，实际上将临近帝汶岛的一块争议区域——C 区划归印尼管辖。在东帝汶独立后，澳大利亚与新的东帝汶当局在 2001 年达成的共同开发协议中，只保留原《帝汶缺口条约》中的 A 区为共同开发区，原 C 区实际上已经为东帝汶获得。因此，虽然共同开发只是一项临时安排，但其对相关各国的未来海洋划界仍具有重大的影响，不应忽视其可能的实际效应。

（二）共同开发的法律基础

共同开发的法律基础，是指一项共同开发行为得以实现并对双方产生拘束力的法律根据。一种被广为接受的观点认为，共同开发的法律基础在于大陆架制度、海洋法公约中的临时安排规定以及合作原则。① 笔者认为，这一看法不正确，理由如下：（1）共同开发与大陆架制度。大陆架被认为是沿海国陆地领土的自然延伸，沿海国享有固有的主权权利，并不需要进行先占或宣告。按照一些学者的观点，由于大陆架制度使沿海国拥有大陆架资源的排他性权利，两个沿海国对同一大陆架区域就会产生竞争性的权利主张，如果要对这些重叠主张区域进行资源开发，就必须进行共同开发，因此大陆架制度本身就足以构成共同开发的法律基础。但笔者认为，这种看法将对大陆架资源的开发和共同开发混淆在一起。根据国际法，沿海国基于对大陆架的主权权利而享有对其上资源的开发权利，由此，沿海国的开发行为的效力来自于大陆架制度。但大陆架制度并不能为共同开发提供效力根据，大陆架制度无法解决共同开发中的“共同”行为的效力问题。根据大陆架制度确立的沿海国主权权利是共同开发行为的重要前提条件，如果沿海国没有这种主权权利，显然根本谈不上进行共同开发，但这种主权权利只是共同开发的事实基础，而不是法律根据。（2）共同开发与临时安排规定。公约第 83 条第 3 款规定，在大陆架划界协议达成之前，“有关各国应基于谅解和合作的精神，尽一切努力做出实际性的临时安排”。共同开发是临时安排的一种类型，因此，有关各国应尽力达成共同开发协议或其他形式的临时安排。但需要指出的是，公约这一规定并非共同开发行为的效力根据。这一规定并不在于为当事国设定结果性的权利或义务，也就是说，共同开发这一结果不是任何一方的权利或义务。有学者曾主张，共同开发具有习惯法的地位，认为当事国负有共同开发的法律义务。② 但绝大多数学者则

---

① 萧建国：《国际海洋边界石油的共同开发》，海洋出版社 2006 年版，第 57～104 页；何秋竺：《争议区域石油资源共同开发法律问题研究》，武汉大学 2010 年博士论文，第 28～31 页。

② See William T. Onolato, *Apportionment of An International Common Petroleum Deposit*, International and Comparative Law Quarterly, Vol. 26, No. 1, 1977, p. 324.

持反对立场。① 如果共同开发具有习惯法地位，则一方要求进行共同开发，其他当事国则负有义务允诺，但这显然不是国际实践所接受的，挪威1988年就曾拒绝过苏联关于在巴伦支海大陆架双方重叠主张区域建立共同开发区的建议。公约这一规定的目的不在于共同开发这一结果，而在于要求当事国相互“合作”，“尽一切努力”达成妥协，只要各方尽力合作，即使未达成共同开发的临时安排，也不视为违反了公约义务。(3) 共同开发与合作原则。虽然在许多国际文件中提及国际合作原则，但其法律地位仍存在不少疑问。笔者认为，合作原则很难说构成了一项一般国际法规则，但就特定事项和特定条约而言，则不排除相互合作成为当事国的法律义务。如果合作义务在当事国间存在，则这种义务也仅仅是一项行为义务，而不是结果义务，当事国只要在行为上满足了合作的要求，即履行了义务，而不必然地要求达到特定的结果。共同开发协议的达成显然属于特定的结果，这已经超出了合作义务的范围，虽然其形成是合作的结果，但由于各方并无义务实现这一结果，因此，共同开发协议的达成显然不是各方合作的法律上的后果，即其法律基础不可能是合作。

笔者认为，共同开发的法律基础只能来自于当事国的条约约定，即各方意志的协调一致。根据各当事国的共同开发协议，参与和推进共同开发成为当事国的权利和义务，各方受到法律上的拘束。之所以强调共同开发协议是共同开发行为效力的唯一法律基础，而不存在其他任何的一般国际法根据，也包括海洋法公约，是因为当事国的意志协调一致是通向共同开发的唯一途径。

2008年6月中日达成《关于东海共同开发的谅解》，其中规定，将东海北部双方中间线附近约2600平方公里的一片海域划为共同开发区，双方将在其中选择一致同意的地点进行共同开发，具体事宜双方通过协商确定，双方将努力为实施上述开发履行各自的国内手续，尽快达成必要的双边协议。中日谅解是在当时特定的外交氛围下产生的，中方作出了巨大让步。中日东海争议区面积巨大，而议定的共同开发区完全位于中方一侧，甚至延伸至毫无争议的中间线西侧，并且规定日本企业可以根据中国法律参股春晓气田的开发，而春晓气田已经做好了投产的准备，这意味着日本企业未承担任何开发风险而坐享收益。此后中日两国在东海上的主权争议不仅没有缓和，反而因为2010年撞船事件和2012年购买钓鱼岛事件而急剧尖锐

---

① See, e.g., Rainer Lagoni, *Oil and Gas across National Frontiers*, American Journal of International law, Vol. 73, No. 1, 1979, p. 35; Masahiro Miyoshi, The Joint Development of Offshore Oil and Gas in Relation to Maritime Boundary Delimitation, Maritime Briefing, Vol. 2-5, 1999, p. 4; David M. Ong, *Joint Development of Common Offshore Oil and Gas Deposits: Mere State Practice or Customary International law*, American Journal of International law, Vol. 93, No. 4, 1999, p. 771.

化。日本并没有因为中方在共同开发问题上的让步而投桃报李，这使得双方共同开发协议的谈判陷入僵局，在可预见的未来时期内共同开发已经成为不可能完成的任务。现在，春晓气田处于不能投产的尴尬境地，一旦中方有运送设备举动，日本就提出抗议，认为违反了共同开发的共识，并威胁如果中方将春晓气田投产，日方就将采取对抗措施；而中方的理解则是春晓气田不属于共同开发的范围，只是允许日本企业参与开发。

笔者认为，2008 年中日谅解并非关于共同开发的完整条约，而只是框架性的，缺乏对共同开发的详细规定，这需要后续具体协议的补充。在目前的谅解中，中日双方之间并没有就共同开发形成全面的协议，中国承担的义务是有限的，仅限于就共同开发继续谈判的义务。由于共同开发的法律基础必须是并且只能是双方协议，因此，双方并不负有必须达成一致的义务。在目前的中日关系形势下，2008 年谅解之外的共同开发协议的缔结是不现实的，对这种局面的形成中国并没有违反自己承担的任何国际义务。

二、共同开发与既存权问题

既存权（pre-existing right），也译为先存权①，是指在共同开发区划定之前，争议相关国家按照其本国法律授权企业等开发实体在共同开发区内从事勘探或开采自然资源活动，这些实体所享有的特许权利即既存权。

（一）既存权的主体

有些论文和著作将这种权利称为“第三方”的先存权②，因为这些开发实体或者其国籍国属于共同开发当事国之外的第三方，但这种表述十分混乱和错误。如果这种权利是第三方的权利，那就意味着该方与共同开发的双方地位是平等的，而开发实体并非国家，显然不可能具有所谓的第三方的地位；如果第三方指的是开发实体的国籍国，则意味着该第三国对共同开发具有合法的介入权利，以防止共同开发损害其利益，而这显然不是既存权问题出现的真正原因。当然，如果不考虑开发实体的既存权问题，将共同开发区内的一切特许权利全部废除，必然会引发国家的

① 参见蔡鹏鸿：《争议海域共同开发的管理模式：比较研究》，上海社会科学院出版社 1998 年版，第 17 页。

② 参见蔡鹏鸿：《争议海域共同开发的管理模式：比较研究》，上海社会科学院出版社 1998 年版，第 17 页；罗国强、郭薇：《南海共同开发案例研究》，载《南洋问题研究》2012 年第 2 期，第 48 页。

违约，涉及对私人财产的征收，甚至引发第三国的外交保护，但这已经不是既存权本身的问题，而是对外国投资者财产的征收问题。因此，并不存在第三方的既存权，而只是开发实体的既存权。

从另一个角度来看，既存权也是共同开发参与国的权利。既存权的目的是维持共同开发参与国特许行为的效力，避免造成对开发实体的不公平，从根本上来看，这种既存权实际是共同开发参与国自己的权利。有关共同开发国际条约的措辞也可验证这一点，例如泰国和马来西亚的共同开发协议第3条第2款规定；"联合管理局所承担的权利和义务不得以任何方式影响或缩短任何一方迄今做出的安排、已经达成的协议或已经签发的许可证或授予特许权的有效期限。"根据这一条款，协议双方的特许行为得到彼此认可，从而继续有效。由于在共同开发区内双方均有主权权利要求，原本彼此互不承认对方的权利主张，但通过对既存权问题的规定，实际上双方隐含地承认了对方由于先于共同开发协议的行为而享有的特定权利。

（二）既存权产生的原因及其法律基础

在达成共同开发协议之前，双方均不承认对方的权利要求，因此在一方看来，另一方的权利是不存在的。而如上文所述，根据海洋法公约第83条第3款关于"在此过渡期间内，（各国应）不危害或阻碍最后（划界）协议的达成"的规定，某些单方开发行为应当是不符合公约规定的，具有违法性。争议当事国一方完全可以否定对方开发行为的效力，对对方所颁发的任何特许均不予认可，特别是如果其自身没有在该区域进行单方开发。

但如果完全否定既存特许行为的效力，可能导致共同开发协议的谈判陷入僵局。海洋石油开发在自然和技术方面的风险巨大，需要极高成本投入，石油企业经常会面对投入数千万美元资金而一无所获的局面。如果还要考虑法律和政策变动带来的风险，海洋石油开发将成为企业的畏途。为此，必须保证开发企业的特许权利能够获得有效的法律保护，否则将是对其严重的不公平。此外，如果在共同开发协议中一概废除既存的特许权，并且没有给予合适的补偿或作出相应安排，则可能构成对特许权人的财产的征收行为，从而引发特许权人与政府之间的争议，相关国家可能面临国内诉讼、国际仲裁甚至特许权人本国提出的外交保护或国际诉讼。而对于颁发特许的国家而言，这种既存权也是其自身的权利，为开发这些争议海域的油气资源，国家或者国家公司也投入了巨额资金，承担了巨大风险，不给予其合理的利益补偿显然是行不通的。由于以上两方面原因，实施了单方开发行为的国家必然在共同开发协议谈判中力争对方承认既存权，如果达不到这一目的，他们可能宁愿继续维持这种单方开发状态，因为这已经是一种既得利益。

共同开发中的既存权必须获得对方国家的认可，这种认可一般情况下会在共同开发协议中明确地或隐含地承认既存权，也可能在共同开发实施中，双方对既存权不表示反对，默示地承认其有效性。因此，既存权的法律基础是共同开发双方的合意，它可以表现为书面条约条款，也可以表现为双方默示的意思一致。

（三）对既存权的处理方式

在共同开发中，对既存权予以承认是达成协议的重要条件，但既存权涉及的油气田毕竟位于共同开发区内，另一方国家有权利要求分享该油气田产生的收益，特别是对于未在该区域进行过任何单方开发或单方开发所获收益较小的一方而言，这是其承认对方既存权的交换条件之一。对于单方开发成功的一方而言，其获得商业性油气储藏是承担了风险并付出了开发代价的，而对方以坐享其成的方式来分享利益显然是不可接受的。

在共同开发协议中，通常采取风险、费用、收益平分的方式，而对于既存权的处理则需要进行特别的安排才能做到公平、可接受，这可以分成几种情况进行讨论。首先，如果既存权所涉油气田具有商业前景或者已经实现了商业开发，既存权方和另一方就后者如何参与开发进行协商，后者应对既存权方承担的开发费用进行合理的补偿，并向开发实体进行注资，以取得相应的权益比例。其次，如果既存权方的勘探活动并没有发现商业性油气储藏，并且其特许权期限临近届满，此种情况下另一方自然无需要求参与，但如果其要求分享勘探资料和信息，则仍有必要提供补偿。再次，如果既存权方的勘探活动尚未发现商业性油气储藏，但其特许期限仍较长，此时双方应作出安排以便共同勘探该区域，后参与方应为从既存权方获得的利益提供补偿。

三、共同开发与单一地质构造问题

单一地质构造（single geological structure）是指跨越边界线的油气储藏在地质构造上属于一个统一的单元。油气的单一地质构造犹如在地表上的跨界湖泊，一国从自己一侧不断的抽取湖水，将导致对方可利用湖水的减少甚至完全消失。由于油气资源处于地下岩石缝隙中，本身是流体并有极大压力，如果一方在自己一侧钻井，在压力下油气将从油井喷涌而出，即使那些属于另一方的油气资源也可从单侧开采殆尽。

在美国法中,对单一地质构造中的油气资源采取的是“捕获规则”(rule of capture),即“一块土地的所有权人对其土地上钻井产出的油气拥有所有权,即使该部分油气可能被证明是从相邻土地中迁移而来的”。① 这种理论在美国司法实践中也得到了确认,曾有判例指出:“如果一个相邻的,甚至较远的土地的所有人在其土地上钻探,抽取了你的天然气进入他的钻井并处于他控制之下,则这些天然气不再属于你,而是他的。”② 在晚近的判例中,这一规则还被称为石油天然气工业的基石。③ 一些学者认为,地下油气资源的移动是不可预测的,无法界定财产的边界,因此捕获规则具有合理性。④ 但这一规则也遭到了猛烈批评,认为其将导致竞争性开采,对共同的油气储藏会造成浪费和不经济的利用。⑤ 有学者认为,国际法上没有明确的捕获规则优先于对共同储藏的合作利用的规定。⑥ 而对单一地质构造的油气储藏通过国家间协议进行统一开发的实践在不断增加,从而减少了竞争性的开发。⑦

事实上,在有关海洋划界条约和共同开发条约中,有不少对单一地质构造问题进行了规定。其中最早的一个例子是1965年英国和挪威的大陆架划界协议,其中第4条规定:“如果任何单一地质石油结构或油田延伸跨越分界线,并且分界线一侧的该结构或油田的一部分可以从分界线的另一侧进行开采,缔约方应……寻求达

① Robert E. Hardwicke, *The Rule of Capture and its Implications as Applied to Oil and Gas*, Texas Law Review, Vol. 13, 1933-1944, p. 393.

② Westmoreland & Cambria Natural Gas Co. v. De Witt, 18 A 724, 725 (Pa, 1889), cited in Bruce Kramerand Owen Anderson, The Rule of Capture—An Oiland Gas Perspective, Environmental Law, Vol. 35, 2005, p. 906.

③ Coastal Oil and Gas Corp. v. Garza Energy Trust, 268 SW 3d 1, 13 (Tex, 2008), cited in Terence Daintith, FindersKeepers? How the Law of Capture Shaped the World Oil Industry, RFF Press, 2010, p. 8.

④ Bruce Kramerand Owen Anderson, *The Rule of Capture—An Oiland Gas Perspective*, Environmental Law, Vol. 35, No. 4, 2005, p. 949.

⑤ Rainer Lagoni, *Oil and Gas Deposits across National Frontiers*, American Journal of International law, Vol. 73, 1979, p. 219.

⑥ David M. Ong, *Joint Development of Common Offshore Oil and Gas Deposits: Mere State Practice or Customary International law*, American Journal of International law, Vol. 93, No. 4, 1999, p. 777.

⑦ Gilian Triggs, Comment — The Timor Sea Treaty and the International Unitisation Agreement for GreaterSunrise, Australian Year Book of International Law, Vol. 23, 2004, p. 167; Ana Bastida et al., *Cross-Border Unitizationand Joint Development Agreements*, Houston Journal of International Law, Vol. 29, No. 2, 2007, p. 358.

成协议以便以最有效的方式来开采该油田……”1976年，英国和挪威就跨越分界线的弗里格气田达成共同开发协议，是大陆架划界协议中“单一地质构造条款”的具体适用。日韩东海大陆架共同开发协议第23条第1款也规定，如果跨越共同开发区外部界线或跨越开发区内任何分区界线的单一地质构造或油气田可以从分界线的另一侧全部或部分开采，则任何一方授权的开发该构造或油气田的特许权人应通过协商就最有效的开发方法达成协议。泰国马来西亚共同开发协议第3条第6款也属于单一地质构造条款：“如果任何单一的油气地质构造或油气田或任何其他类型的矿藏延伸至本备忘录第1条所规定的共同开发区界线以外，联合管理局和缔约双方中的每一方都应就……最有效的开发该构造、油气田或矿藏的方式寻求一致意见，所有因此所需的费用及由此获得的利润应公平地分摊和分享。”马来西亚越南共同开发协议第2条第2款规定：“在一油田部分位于‘划定区域’，部分位于该区域之外的马来西亚或越南大陆架的情况下，双方应就勘探和开发该油田达成相互能接受的条件。”此处虽然没有明确提及单一地质构造，但内容实际相同。我国和越南签订的北部湾划界条约中也包含单一地质构造条款，其中第7条规定：“如果任何石油天然气单一地质构造或其他矿藏跨越本协定第二条所规定的分界线，缔约双方应通过友好协商就该构造或矿藏的最有效开发以及公平分享开发收益达成协议。”

由上可见，在大陆架单一地质构造油气开发中，捕获规则并未被接受，分享收益才是通行做法。因此，在共同开发过程中，如果有一单一地质构造的油气田部分位于共同开发区内，部分位于共同开发参与国的无争议大陆架上，双方仍应就统一而有效地开发该油气田以及如何分享收益达成协议。这种做法实际上限制了相关国家对自己一侧的油气田的单方开发权利。

但需要指出的是，对单一地质构造油气田的共同开发、分享收益做法并不是否定相关国家对自己一侧无争议大陆架资源的专属权利，因为根据海洋法公约第77条第2款的规定，大陆架主权权利是专属性的，其他国家无权主张，位于无争议大陆架上的资源只能专属于一国。共同开发单一地质构造的资源只是开发方式的改变，而不能改变资源的所有权。假定某一单一地质构造的油田跨越甲国和乙国共同开发区分界线，通过勘探和评估，位于共同开发区内和位于甲国大陆架的石油储量大体相等，各占50%。在共同开发区内，双方协议按照平均分配原则来分享收益。那么双方在就该单一地质构造油田达成的开发协议中，虽然应进行统一开发，但该油田的产出收益应分配给甲国75%，而乙国只能获得25%，当然相关的成本、费用、风险也应按此比例进行分担。

四、共同开发与单方开发以及第三方权利问题

（一）共同开发与单方开发的关系

在世界范围内，有420余条潜在的海洋边界，其中160余条边界已经条约划定，其余未定边界大多存在争议，而在这些争议区域，达成共同开发协议的只有20余个。① 在一些争议区域，存在着单方开发的现象，例如南海地区这种情况较为突出。那么，在争议海域共同开发尚未或无法达成的情况下，相关国家有无进行单独开发的权利呢？在此方面，开发国需要承担哪些义务和责任？

对于那些将合作原则视为共同开发的法律基础的学者而言，他们大体倾向于认为相关国家有义务克制自己的单方开发行为。例如高尔特认为："如果国家单方行为对相关国家的矿藏或权利造成了损害，则是违法的。"② 其他学者也有不少主张这种单方行为的违法性。③ 既然损害其他争议方的单方开发行为违法，则无疑国家是负有消极义务的。但这种违法说也存在一定疑问，因为其前提是损害其他争议方的利益，而这种法律上的损害责任必须以确定的权利为条件，但是单方开发行为是在争议海域进行的，既有争议，那就意味着彼此不承认对方的权利，各方的权利处于未定状态，在此情况下认定单方开发行为违法似乎过于绝对。

笔者认为，要判定国家是否可以在争议海域实施单方开发行为，必须考察国际法有无相关规则。很显然，在海洋法公约以及其他习惯国际法中，并没有关于单方开发的禁止性规定。有学者主张合作原则是国家在争议海域行为的义务标准，尽管其承认多边条约和习惯国际法没有确立关于分享自然资源的国际合作义务，但认为可以从联合国大会决议、海洋法公约的其他条款、双边共同开发实践、国际判例等推导出合作义务的存在。④ 但这一观点仍然不具有充分的说服力，联大决议本身是没有法律拘束力的，只有其构成了习惯法才可能对各国产生约束；海洋法公约中涉及要求国家间合作的规定也必须在该条文和事项范围内进行理解，随意扩大适用范

---

① 参见萧建国：《国际海洋边界石油的共同开发》，海洋出版社2006年版，第75页。

② Ian T. Gault, Petroleum Development Offshore: Legal and Contractual Issues, in Nicky Beredjick (ed.), Petroleum Investment Policies in Developing Countries, Graham & Tortman, 1988, p. 145.

③ 参见萧建国：《国际海洋边界石油的共同开发》，海洋出版社2006年版，第100页。

④ David M. Ong, *Joint Development of Common Offshore Oil and Gas Deposits: Mere State Practice or Customary International law*, American Journal of International law, Vol. 93, No. 4, 1999, pp. 780-796.

围未见妥当；双边共同开发实践目前仍是极少数实践，不能视为普遍做法；而国际判例更是只能拘束当事国，不能从其中推导出任何国际法规则。简言之，笔者认为合作原则不能成为单方开发的障碍。但这不代表有关国家不负有在单方开发方面的任何义务，海洋法公约第 83 条第 3 款规定，“在此过渡期间内，（各国应）不危害或阻碍最后（划界）协议的达成”。根据这一规定，在划界协议达成之前的过渡期内，当事国不得采取危害划界协议达成的行为，而单方开发行为无疑属于此类行为。一旦一国在争议海域采取单方行为，势必引起另外国家的激烈反应，形成对抗局面，这对于双方通过和平方式达成划界协议显然是不利的，单方开发行为应属于被禁止的范围。因此，海洋法公约的缔约国均有义务不采取单方开发行为。

在此义务之下，还需要界定开发行为，即哪些行为应属于被禁止之列，有关国家应克制自己不实施这些行为。一些学者主张国家的克制自己行为的义务需要根据案件的具体情况而定。① 此外，高尔特指出，如可以以不存在共同开发协议为由阻止任何实际开发，将赋予一国否决权，在未达成共同开发协议的情况下，那些不影响对方国家权利的单方行为并非违反国际法。② 还有学者进一步指出，只有那些不会对其他国家权利造成不可修复性损害的单方行为才能够被允许。③ 在 1976 年希腊诉土耳其爱琴海大陆架案中，土耳其在争议海域进行了勘探活动，希腊认为这种行为侵犯了其权利，请求国际法院裁定临时措施，制止土耳其的行为。但国际法院认为，未建立永久设施或者不属于实际的占有或使用争议自然资源的勘探活动，不能成为要求法院采取临时措施的理由。④ 由此可见，国际法院将临时和过渡性的勘探行为与运用固定设施的永久性勘探行为进行了区分，前者是允许的，而后者则被禁止。由此推论，单方的永久性勘探行为被禁止，则开采资源的行为更应属于被禁止之列。

（二）共同开发与第三方权利问题

共同开发涉及的第三方分为两种情况，一是对共同开发区提出了主权权利要求的其他国家，一是对共同开发区并无主权权利要求，但对该海域具有国际法上的其

① 萧建国：《国际海洋边界石油的共同开发》，海洋出版社 2006 年版，第 100 ~ 101 页。

② Ian T. Gault, Petroleum Development Offshore: Legal and Contractual Issues, in Nicky Beredjick (ed.), Petroleum Investment Policies in Developing Countries, Graham & Tortman, 1988, p. 145.

③ Masahiro Miyoshi, *TheBasic Concept ofJoint Development ofHydrocarbon Resources on the Continental Shelf*, International Journal of Estuarine and Coastal Law, Vol. 3, 1988, pp. 10-11; Rainer Lagoni, *Interim MeasurespendingMaritimeDelimitation Agreements*, American Journal of International law, Vol. 78, No. 2, 1984, p. 357.

④ Aegean Sea Continental Shelf, ICJ Rep., 1976, p. 10.

他权利的国家，例如航行权、捕鱼权、铺设海底电缆等权利。后一情况实际上在无争议海域也会产生，与共同开发本身并无特别关联，因此在本部分不做探讨，我们只探讨前一种情况下的第三方权利。

在海洋划界中，同一海域可能会有数个国家提出权利主张，这特别容易出现在封闭或半封闭海域沿岸国之间或海岸相对的国家之间。当其中两个国家协议建立共同开发区时，其他相关国家则会认为损害了其权利和利益，例如日韩东海大陆架共同开发区与中国主张的大陆架发生重合，而越南对泰国和马来西亚共同开发区也提出过权利主张。

由于共同开发可能涉及第三方权利，从而引发共同开发参与国与第三方的矛盾，甚至阻碍共同开发区内勘探开发作业的进行，在一些案例中，参与国在协议划定共同开发区时尽量回避与第三方争议的海域，从而避免冲突，例如马来西亚和越南共同开发区划定在与第三方争议的海域之外。但也有一些共同开发的案例，参与国不顾第三方的反对，仍将争议海域划入共同开发区，例如日韩东海大陆架共同开发，中国多次强烈抗议，但仍未能阻止其将中国主张区域划入共同开发区。对于上述前一种划定共同开发区的做法，由于避开了与第三方的争议海域，实际上已经不涉及第三方权利问题，涉及第三方权利问题的仅限于后一种做法。

此种情况下，共同开发协议对于第三方的权利并不能产生法律上的改变和影响，因为根据1969年《维也纳条约法公约》第34条，“条约非经第三国同意，不为该国创设义务或权利”。第三方没有义务遵从该协议，也没有义务维护共同开发活动的进行。相反，如果第三方的权利以及所遭受共同开发活动的损害一经法律确定，共同开发参与国应承担相应的国际法责任。对于第三方而言，共同开发参与国的行为与单方开发行为并无本质区别，效果完全一样。如前文所述，根据海洋法公约第83条第3款，缔约国不得从事危害或阻碍最后划界协议的达成单方开发活动，这包括永久性的勘探活动和资源开采活动。如果共同开发参与国从事了此种活动，应对第三方承担法律责任。

五、中国与争议海域共同开发

中国海洋邻国众多，但迄今为止除与越南就北部湾达成划界协议外，其他海域划界均未完成，特别是在东海和南海区域，各方立场差异巨大，矛盾重重。1984年，邓小平在会见外宾时提出了“搁置争议、共同开发”的主张①，自此之后，这一立场成为我国解决东海和南海问题的基本政策。

① 《邓小平文选》（第三卷），人民出版社1993年版，第49、81页。

东海和南海都是半封闭海。中国和韩国、日本隔东海相望，而彼此间最大距离不足400海里，这就使得各方主张的大陆架必然存在大面积的重叠现象。而在南海，与我国发生划界争议的国家有五个，彼此主张的海域发生重合更为严重。在海洋划界无法完成的情况下，共同开发不失为一种较好的选择。事实上，1974年日本和韩国就韩国以南日本以西的东海大陆架达成共同开发协议，但其实施并不顺利，未能发现有价值的油气资源。2005年，中国、菲律宾、越南三国达成《在南海协议区联合进行海洋地震工作的协议》，对一块14万平方公里的海域进行了地震作业，不过并未达成进一步的合作协议。在2008年，中日就东海共同开发达成谅解，但其仅是框架性质，选定的共同开发区也仅占争议区域的极小一部分，并且有搁浅的趋势。总体而言，我国周边海域的共同开发尚未见成功案例，仍待突破。

（一）共同开发区域的选择

1. 共同开发区域选择与划界影响

在实际案例中，有的共同开发区域与双方的争议区域完全重合，也有的仅限于争议区域的一部分。从我国所面临的划界争议来看，争议面积较大，要使争议区域全部划为共同开发区未必容易，选择从较小的区块开始，由易入难，视合作情况而逐步扩大将是更为现实的做法。虽然根据海洋法公约以及各国缔约实践，共同开发作为临时安排并不影响日后的划界，但正如上文所述，潜在的影响仍是不可避免的，共同开发区的划定意味着承认该区域争议的存在，并且会影响到日后各方谈判的立场。

对于我国而言，在东海共同开发问题上采取从较小区块入手启动共同开发的做法是适宜的，但共同开发区的选择则不够理想。最优选择无疑是在钓鱼岛临近海域进行共同开发，这将迫使日本承认钓鱼岛争议的存在，但其难度也将是最大的。次优选择则是在东海中间线与冲绳海槽最大水深线之间的中间线（可简称为“调整中间线”）附近进行共同开发。中国对东海大陆架主张的法律基础是自然延伸原则，而日本则是等距离中间线原则，如果撇开双方的主张，而是按照公平原则，考虑划界的相关因素，包括双方相对海岸线的长度比例①、东海地质构造②、双方海岸的人口和社会发展情况③等，并考虑用单一界线划定中日大陆架和专属经济区，

① 中日相对海岸线长度分别为900公里和380公里，比例为64.3%∶35.7%，参见赵理海：《海洋法问题研究》，北京大学出版社1996年版，第79页。

② 东海大陆架系从中国大陆延伸而出，直至冲绳海槽，方从大陆板块转为海洋板块。

③ 中国大陆地区人口稠密，自古以来就以东海海洋资源为生，而日本方面系冲绳群岛，人口较少。

调整中间线应较为公平。在其附近划定共同开发区是可以接受的较好选择。

在南海地区，我国面临的划界争议更加复杂。越南对西沙群岛、中沙群岛一部分和南沙群岛都提出了主权要求，而我国则认为西沙不存在争议。菲律宾对我国中沙群岛的黄岩岛和南沙群岛提出主权要求，我国则否认黄岩岛存在争议，认为中国的主权无可争议。在与上述两国谈判共同开发问题时，它们有可能主张在西沙和中沙群岛区域进行共同开发，对此我国不应有任何立场的松动，将这两个区域排除出任何共同开发之外，以防止对未来划界造成不必要的影响。我国可以谈判共同开发的争议海域应仅限于南沙群岛海域。

2. 共同开发区域选择与第三方权利

如上文所述，共同开发如果是在第三方提出权利主张的区域进行，将不可避免地引发冲突和对抗，特别是在目前东海和南海地区局势之下。而在东海和南海，有大片海域是存在三方或更多方权利主张的。

在东海的北部偏东海域，是中日韩三国主张的大陆架重叠地带，目前已经存在日韩的共同开发区。我国与韩国属于共大陆架国家，并且在与日本划界争议中均持自然延伸观点，划界工作相对容易进行，应优先启动与韩国划界谈判。在不考虑日本主张的情况下，按照共大陆架国家划界的一般做法划定双方的海洋边界。待同韩国海洋界线确定后，再考虑双方与日本的划界主张的冲突，此时可以考虑在中韩双方与日本主张重叠区域进行共同开发。

在南海地区，南沙群岛中部区域是多国主张重叠区域，任何两国的共同开发都会引发第三方权利问题，招致其他国家的对抗。因此，在此区域进行共同开发只能在多边体系内进行，而这必然导致谈判难度大增，甚至出现我们无法掌控的局面，在目前各方缺乏足够信任和合作基础的情况下，这种多边共同开发很难实现。但从长远来看，多边共同开发是破解南沙群岛中部区域合作僵局的必由之路，应在各方双边合作成功的基础上实施。就当前阶段而言，我国可以选择在我国与其他南海国家双边争议区域进行共同开发，这主要存在于我国主张的断续线和其他国家的主张界线之间，也就是断续线内侧的狭长地带，犹如一个马蹄铁的区域。

（二）既存权问题

东海和南海的共同开发还不可避免地要涉及既存权问题。东海东北大陆架已经存在日韩共同开发区，而南海南沙海域单方开发已经进行了数十年，这两个海域都存在大量的特许和合同作业区，我国也在万安北区块特许美国克里斯通公司进行勘探。因此，要在上述海域达成共同开发，必须处理好既存权问题。

为应对这种既存权问题，最大限度地维护我国的国家利益，在目前阶段，应利用共同开发实现之前的这段时间，加大对南沙海域的勘探和开发力度，确立我国在未来共同开发中的既存权。在未来共同开发协议中，应对既存权问题进行明确的规定。由于我国是南沙海域开发的后来者，在既存权问题上利益远小于相关国家，因此应对既存权问题进行较严格限制，但同时也要符合公平原则，以便利共同开发谈判的进展。

对于对方国家特许的区块，如果其已经或即将进入商业性开采阶段，可约定对许可证进行更新，在公平补偿的基础上允许其他参与国开发实体参与开发。而对于尚未发现商业开发价值油气资源的区块，应将特许主体变更为共同开发协议规定的主体，使其他参与国从其中承担风险分享收益。

（三）单一地质构造问题

共同开发区划定之后，在实际开发中可能会发现某一地质构造延伸至非共同开发海域，对此共同开发协议应作出明确规定，以杜绝未来可能的纠纷。如果该延伸部分位于共同开发参与国的非争议海域，则该延伸部分的所有权应完全属于该国，但双方应就统一开发达成协议，根据预计的油气储藏比例来分享该单一构造开发的收益。如果该延伸部分位于其他未划入共同开发区的争议海域，则双方应另行协议将该延伸部分纳入共同开发区，按照共同开发协议规定的方式进行开发和收益分享。

在东海区域，我国和日本的争议海域位于中间线以东，目前我国开发的春晓气田距离中间线约 5 公里。日本方面认为春晓气田的开采将因虹吸效应而将中间线东侧属于日本的资源吸走，这表明日本认为春晓气田是一个跨越中间线的单一地质构造的一部分。客观而言，日本的这一担心是有一定道理的，但其要求中方停止开采的理由并不坚实。首先，日本必须提出充分的证据证明跨中间线单一地质构造的存在，因为春晓气田也可能是完全位于中间线西侧的，并未跨越中间线。日本要想证明这一点，必须贴近中间线进行大量的地质工作，这种勘探活动往往具有永久性质，而这却是不符合海洋法公约第 83 条第 3 款规定的，将导致双方关系的进一步恶化，划界矛盾更加尖锐。其次，即使日本能够证明春晓气田是跨越中间线的一个单一地质构造的一部分，仍然没有充分的法律根据来阻止中方的开发，因为中间线以东区域属于双方的争议区，其主权归属在第三方看来是不确定的，而在彼此双方看来，对方的权利都是不存在的。对于单一地质构造的资源的开发，如果该构造是跨越确定的双方分界线的，统一开发、利益分享是一种通行做法，可以认为这构成了或近于构成了一种习惯。但如果它仅仅是跨越了各方主张的分界线，由于各方权利的不确定性，统一开发、利益分享则很难说构成了习惯做法，这时只能依赖于划界协议或通过双方临时协议加以解决。因此，日本要想从春晓气田分取利益，必须通过与中国的特别协议，而不可能通过解决单一地质构造的通行做法。

（四）单方开发问题

前文已经进行了讨论，在争议区域的单方开发行为大多情况下是不符合海洋法公约的规定的，具有非法性。因此，日韩在东海的共同开发、南海周边国家进行的单方开发都是不符合公约规定的，不能约束中国，也不能损害中国所享有的合法权利。

在邓小平1984年“搁置争议，共同开发”观点发表之后，我国领导人和外交部门负责人在多个对外场合都明确提及这一政策主张，也在不同时期得到了相关国家的认可。但时隔近30年，我国与南海周边国家不仅没有达成任何的共同开发协议，反而因为主权争议而陷入愈加严重的纷争和对抗。之所以在南沙群岛海域无法达成共同开发协议，与该地区单方开发盛行有紧密关系。越南、印尼、马来西亚、文莱、菲律宾等国距离南沙海域比我国更近，易于开发接近于其海岸的大陆架油气资源，而这些开发有不少都位于我国断续线之内海域。在过去30年中，由于种种原因，我国没有在南沙海域进行有效的管理和控制，不能够对其他国家的单方开发行为加以有效的制止，使其承担风险，付出代价。在其仅凭单方开发行为即可获益并且无风险的情况下，自然没有动力去寻求共同开发。因此，如果我们要在南沙海域共同开发问题上取得进展，就必须开始自己的单方开发，以此来促动共同开发的推进。

从国际法角度来看，单方开发行为大多属于违反海洋法公约的行为，如果进行油气开发更是如此。那么，我国如在南沙海域进行单方开发是否也属于违法行为呢？笔者认为，我国的单方开发行为应属于国际法上的反措施（countermeasure），是一种国际法允许的自力救济措施，被解除了违法性。

在国际法上，因其他国家不法行为而受损害的国家采取的自力救济行为常被称为报复（reprisal），但这一用语与战争法有紧密的联系，常指采取武力自助行为。自1978年美国-法国航空服务协定仲裁案①后，反措施一词逐渐被广泛接受，被用来指代那些非武力的对抗性措施。2001年国际法委员会《国家责任条款草案》也引入了反措施概念，对其进行了较为细致的规定。根据当时国际法委员会会员贺其治先生的理解，反措施是是受害国为回应责任国的不法行为而采取的不然就构成违背受害国的国际义务的措施，以促使责任国停止其不法行为和赔偿由此而造成的损失。② 反措施不是针对责任国的惩罚性措施，而是为恢复受害国和责任国之间的法

① Case Concerning Air Service Agreement of 27 March 1946 (United States v. France), International Law Report, Vol. 54, 1979, p. 304.

② 参见贺其治：《国家责任法及案例浅析》，法律出版社2003年版，第305页。

律关系，促使责任国停止不法行为。① 因此，反措施是临时性的，不得违反某些特定义务，同时必须遵循相称性（proportionality）原则，并对责任国进行通知并提出谈判建议。②

如果我国在南沙海域实施单方开发行为，其目的在于迫使相关国家响应共同开发建议，最终达到恢复双方在南沙海域的正常法律关系。单方开发由于仅为推动共同开发，因此其是临时性的，并采取对等做法，也不存在违反国际法上特定义务③的情况。我国应同时对相关国家进行通知并提出共同开发的建议。笔者认为这种单方开发行为不具有任何违法性，将成为维护我国南沙海域利益，推动共同开发实践的必要手段。

Basic Issues in Joint Development of Neighboring Sea of China

Abstract: China has territorial disputes with most neighboring sea countries for which China has proposed "delay the dispute and explore jointly". However joint development can not be achieved solely by good faith. Given the complexity of disputes over the sea adjacent to China, basic issues have to be clarified. Under Article 83 of the Convention on the Law of the Sea, joint development is a temporary arrangement which should not affect the finalboundary. However in fact joint development will have major influence on delimitation. Joint development is based on the treaty of relevant states and the will of the relevant states. Joint development has to consider the privilege granted to the exploration entity which is vested interest of the relevant state. Integrated continental shelf oil stock requires the shared interest principle, which is violated by the joint development. Reasonable requirement of relevant states must be considered. Unilateral or permanent development excluding a disputing state is inconsistent with the UN Convention on the Law of the Sea and illegal, but there is an exception of unilateral action as a countermeasure.

Key words: Convention on the Law of the Sea; joint development; vested right; Single geological structure; unilateral development

---

① 参见国际法委员会《国家责任条款草案》第 49 条第 1 款，see Yearbook of the International Law Commission, 2001, Vol. II, Part Two, p. 130.

② 分别参见《国家责任条款草案》第 49 条第 2 款，第 50 条，第 51 条和第 52 条第 1 款。

③ 包括不使用武力、保护基本人权、国际强行法等义务。

二、专论

当代法律选择多元方法的并存与融合

□　杜新丽*

内容摘要　法律冲突问题的解决方法自古至今不外乎单边、多边、意思自治等几种方法，每种都不能绝对主宰法律选择问题。法则区别说的单边主义占支配地位的时代，实体法方法与意思自治方法就占有一席之地，而且多边主义方法也已萌芽；多边主义占据优势的时期也并未排除意思自治方法；美国冲突法革命时期单边方法的回归并未从根本上动摇多边主义方法的地位，尤其在大陆法系国家，多边主义仍然在一定程度上维持着它的影响；目前更是一个以多种方法相互并存、相互融通为基本特征的时代。

关 键 词　法律冲突；法律选择方法；国家主权；冲突规则

目　　次

---

* 中国政法大学教授、博士生导师，北京人。

国际私法的理论发展史就是寻找法律选择方法的历史。国际私法中选择法律的各种方法常常以不同的方式组合在一起，来解决某个特定的法律冲突问题。这些方法之所以能够并存与综合，是因为每种方法都有其他方法无可代替的优点，亦有自身不能克服的弊端与缺陷。事实上，“方法的综合”也是国际私法渐趋成熟的表现。

一、法律选择方法兼容的时代基础

在目前全球化的背景下，单边①与多边②方法之间的关系不再如过去那样对抗，而是和平共存互为补充。没有任何一个国际私法体系宣称方法的单一性，现代法律理念已经明确意识到没有任何单一的方法是恰当的，并且没有任何单一的方法能解决所有国际私法问题。因此在法律选择方法上的折中主义和多元化日渐凸现。

（一）法律选择的精神——交织兼容的普遍主义与特殊主义

普遍主义与特殊主义是国际私法法律选择中的两大基本精神，在国际私法的历史发展长河中，两大精神交替产生作用，给法律选择以支撑。当今世界，全球经济、政治一体化势头强劲，国际私法趋同化问题被一提再提，③ 已为界内学人耳熟能详。而国际私法适应现代国际社会关系新走向而在基本精神上也呈现出转换态势。④ 国际私法的特殊主义与普遍主义不但存在鲜明的对立，而且这种对立关系又充满了辨证统一。特殊主义与主权观念唇齿相依，只要国际社会是主权者的社会，主权者的意志差异性必然成为实践法律冲突一致解决的瓶颈。但人类社会追求和谐

---

① 单边主义方法是国际私法中选择准据法的一种方法，其占据支配地位的历史时期最为长久，也是第一次比较全面、系统地形成了国际私法的法律选择方法。单边主义方法径直把注意力集中到相互冲突的实体规则的具体内容，力图从规则的性质和隐含的法律目的或政策中推断出它们原本的适用范围，并从基础上进行法律选择。

② 多边主义方法，即通过不同的连结点，将各类国际民商事法律关系“场所化”抑或“分配到”固定国家或地区的法域之中，最后适用该特定国家或地区的法律。这里所说的连结点，被认为是能够反映法律关系的固有性质，或者能够决定权利的产生地点的因素，它们一般都归结为空间地理意义上的法律事实。其中主要的连结点是住所、物之所在地、行为地、法院地等。

③ 参见邓晓俊、李健男：《国际私法的趋同化及其障碍——兼评〈市场经济与当代国际私法趋同化问题研究〉》，载《中国法学》1995 年第 1 期，第 112 页。

④ 参见李双元：《走向 21 世纪的国际私法》（下卷），法律出版社 1999 年版，第 413 ~ 421 页。

共荣的趋势已成风尚，片面强调主权观念的特殊主义的局限性日益彰显，向普遍主义的转换成为时代的要求。普遍主义衍生的法律选择方法更能反映对当事人利益的重视。在当代社会，因为两种基本精神的共存而决定了多种法律选择方法的共存。

全球化对国家的影响集中在对国家主权的冲击，即绝对主权理论风光不再。全球化势头强劲，锐不可当，各个民族国家的发展都被纳入到了国际化、世界性的轨道。全球化对国家绝对主权学说提出挑战已成为不争的事实。一方面，全球化给各国带来空前机遇；另一方面，全球化也制约着各国的发展，极大地影响着全球政治经济文化关系。那种将国家利益仅局限在强调维护自身安全、经济与政治利益的做法，已背离国际社会发展的现实与趋势。① 由此，全球化趋势下的国际关系需要国际社会的合作，尊重国际社会的共同价值，为此各个主权国家只有让渡部分主权方能使自己及时融入国际社会，顺应潮流才能免于落后以便实现更大的国家利益。构筑一个和谐的国际社会是全世界各国人民的共同追求。

同时，随着国家职能的转变与发展，各国都极为关注国内经济的发展，经济利益成为各主权者决策取向的核心目标。追求经济高速发展的政策取向成为推动主权者站在互位协调的高度来解决国际民商法律冲突的动因。国际与国内经济因素的交流效益的实现以交流规则与方法为中介，这种中介规则就是国际私法的冲突规范与法律选择方法。为了减少交流成本，主权者及相关当事人在做法律选择时必须考虑民商事交流规则的特性，因为立足国际私法的特殊主义过于保守，封闭的规则与方法易于引起相关主权者及属民在选择准据法时的抵触，势必增大成本支出和丧失交流机会。因此，主权者经济效益的渴求必然推动各主权者减少民商法律的对抗与冲突。基于这种考虑而进行的法律选择，既有普遍主义的精神，又反映了特殊主义的需求。

随着市场经济体制日益普遍化与市场竞争与协作的国际化的深入，各主权者为充分保护和发展自身利益，十分重视集团化、地域化与专门化合作组织的建立，如欧洲共同体内部贸易市场规则的一体化；东盟自由贸易区的建立；知识产权保护制度的协调等，这些国际性组织的蓬勃兴起，促进了各主权者对特殊主义的削弱和向普遍主义的发展。但要看到这种区域协调和对话的动力来自于主权国家对自身发展效益的追求，普遍主义中蕴涵着对特殊利益的追求。

面对普遍主义在当代的历史必然性与特殊主义的现实合理性，在法律选择中片面强调哪一个（单边方法或者多边方法）的做法都是不可取的；应当在悖论中把握两者的关系，在矛盾中恰当确定两者的地位。法律选择应以体现两种精神为要

① 参见杨宏山：《干涉主权、绝对主权与限制主权》，载《世界经济与政治》2000年第3期，第21页。

义。在充分认识普遍主义与特殊主义并存的前提下，应当倡导交织兼容的普遍主义与特殊主义。这种观点的要义就是既区别于理想的全球主义①，又不同于传统的特殊主义②，是对两者的扬弃，它的基本内容是：

第一，顺应全球化趋势，在全球政治的框架内，研究国际关系中各种行为体的交互作用。伴随经济的一体化、跨国组织的大量涌现及其作用的日益增强，普遍主义的历史指向无可置疑，全球化的大趋势不可抵挡。尽管国家还是国际社会的主角，但毕竟有很多事情已为它所不及，国家的行为要受制于众多的非国家行为体，特别是有权威的国际组织。所以，当代国际关系已远非国家间的关系，必须在全球政治的框架内，研究各种国际关系行为体的交互作用。

第二，认同主权的相对性，在此基础上探究全球化时代主权的要旨与表现形态。国际法的传统观念，国家主权是绝对的，它不可分担、不能避免、不受干预，但随着全球化的发展，主权的绝对性正逐步让位于主权的相对性。但是，主权毕竟是主权，它有质的规定性，其不可或缺的作用也不容否认。这就要求必须更加深入地探究主权的本质，分清什么是主权中不可变更的要素与功能，什么又是可以变通或赋予新意义的要素与功能。对于前者，这种不可变更的本质要素是国际私法进行法律选择时必须保障的，那么现代的单边主义方法就有了用武之地。后者可变通的要素则可以让位于其他更重要的利益，包括当事人利益、集团利益、或者他国利益等。可见这种特殊主义中包含了普遍主义的成分。

第三，当代民族国家仍然是人类社会生活的支点，追求与维护正当的国家利益仍是各国对外交往的基本目标。国家是组织、管理社会生活最有效的工具，它的功能与权威至今尚没有任何东西可以替代。国家利益是一国处理对外关系的基石，也是当代国际关系产生、发展、变化的主要原因。尽管人类共同利益在国际关系中的分量愈来愈重，但围绕国家利益的冲突、对话与合作，仍具有更基础的意义。因此，追求、维护正当的国家利益就成为各国对外战略的基本目标之一，任何急于全面超越国家主义的观点与行为都是违背现实的。国家主权是国家独立、自尊的象

① 理想的普遍主义在揭示国家主义的负面作用，批判绝对主义的主权观，论证人类相互依存的合理性和全球社会的大趋势等方面，显示了理论的深刻性，富有启发意义。但是，简单、武断地宣布国家过时论、主权过时论，又表现出理论的不成熟与片面性，从政治实践上看，很难行得通。

② 传统的特殊主义充分肯定了国家在当代人类生活中不可或缺的作用，强调了主权的神圣性，这不仅在理论上有其合理性，更重要的是反映并照顾到发展中国家的现实。然而，其理论与实践上的偏颇、短视、功利化同样需要明确。无论是西方现实主义的权力政治论与权力利益论，还是发展中国家坚持的绝对主义主权观，都夸大了国家的作用。这种理论对国际机制与全球合作的怀疑甚至排斥，则反映了理论上的短视。

征。只要国家存在，那么体现国家本质特征的主权就不会消失。所以，相互尊重主权是国际关系的基本准则，维护主权尊严则是各国、各民族的共同情感与行为规范。正是这一切构成了国家主义的合理内核，确立了国家在当代人类社会中的历史地位。

普遍主义与特殊主义的交织与并存构建了这个时代的国际法制基础，也决定了法律选择方法的多样性。

（二）国际私法中的两种价值取向决定了多种方法的共存

从价值取向上而言，国际私法的传统理论侧重于追求国际私法的“形式正义”，即依据形式意义上的标准，将案件均衡地分配到不同的法律体系中，而忽视各法律体系相关实体规则的内容，认为内容对法律关系不具有决定意义，甚至可以忽略不计，只有做到形式的正确和符合逻辑，才能维护多元法律体系之间的平等及促进国际判决的一致。现代理论则侧重于追求国际私法的“实质正义”，即多边案件应适用那些能够用来促进国家利益、社会利益的法律，或能够给案件的实体结果带来公正的法律，而多边案件（法律关系）在不同法律体系之间的分配及多元法律体系之间的平等问题则是次要的，不具有决定意义，甚至可以发生偏离或出现某种程度的逻辑混乱。当代国际私法试图综合国际私法对两种正义的要求，在对竞相适用的法律按照空间联系紧密程度作形式判断的同时，也对竞相适用的法律按其内容进行价值判断，二者不偏不倚。要进行形式判断，便须继续保持多边主义方法，要进行价值判断，便须采纳单边主义方法、实体法方法与意思自治方法。传统理论与现代理论的妥协、合成与融通，其实质就是国际私法四种基本法律选择方法的妥协、合成与融通。

当代国际私法不需要研究与探讨新的法律选择方法或理论，其主要的任务是在保持与发扬四种基本方法每一种的固有优点的同时，竭力克服它们之间的抵触给整个体系带来的不利影响，以保持四种方法在同一个法律体系中的“生态平衡”。

（三）国际社会的多极化决定了法律选择多种方法的并存

关于四种方法演进背后的历史根源，实际上都与资本主义的不同发展阶段相照应，自14、15世纪伊始，特别是18世纪工业革命以后至20世纪是资本主义的自由竞争阶段，要求国际协调的呼声与日俱增，最终在自由资本主义发展处于巅峰的19世纪诞生了国际私法史上最具理想主义色彩的法律关系本座说，并由此奠定了多边主义的时代，在国际上判决的一致与确定被提到了历史上前所未有的高度。20世纪初资本主义国家向垄断阶段过渡带来了国家对经济与社会生活的大量干预以及对本国利益的更多关注，从而引发了单边主义的回潮与直接适用的法的大量出现。

与此同时，国际经济交往的纵深发展与各国单边主义的回潮也推动了国际统一实体法的日渐成熟。目前国际社会的多极化特点需要法律选择方法的多样性。

以欧洲为例，在欧洲统一化进程中，英国的反对声音此起彼伏，① 这固然与英国国内政治息息相关；反映在法律领域，英国的普通法体系亦使其在欧盟国际私法统一化运动中显得格外瞩目。譬如，Brussels II *bis*②、the Maintenance Regulation③、Rome III④ 以及正在讨论中的 Rome IV⑤ 构成了离婚案件的法律适用框架，其中关于识别的运用极其适合民法法系传统下的裁决作出程序，但是其中涉及离婚、扶养或婚姻财产的识别问题在英格兰和威尔士、苏格兰以及北爱尔兰三个不同法律系统中的运用则稍显不足，特别是欧盟规则未能很好地考量婚姻的公共层面和离婚救济作为在具有灵活性和一致性的国内家庭法体系下的一个程序问题。⑥ 尽管已经摒弃了传统上通过成员国之间磋商谈判订立国际私法条约的方式而由欧盟以规则抑或指令等较为直接的立法方式，欧盟统一国际私法的推进仍荆棘载途，特别是要恰当调整好法院正义、国际私法与欧洲统一的关系。⑦ 在德国、法国等主要欧盟强国逐步寻求欧盟政治与经济一体化的当下，英国在区域整合中存在显得突兀——作为欧盟成员，却非欧元区成员；当前欧债危机的治理，更显现此种交叉并存的二元治理结

① See *e.g.*, Paul Anthony Taylor, Aleksandra Niedzwiecki, Matthias Rath and August Kowalczyk, the nazi roots of the 'Brussels EU', 2010, available at: http://www.relay-of-life.org/nazi-roots/chapter.html, visited on 06/12/2012.

② COUNCIL REGULATION (EC) No 2201/2003of 27 November 2003concerning jurisdiction and the recognition and enforcement of judgments in matrimonialmatters and the matters of parental responsibility, repealing Regulation (EC) No 1347/2000, Official Journal of the European Union, L 338/1.

③ COUNCIL REGULATION (EC) No 4/2009of 18 December 2008on jurisdiction, applicable law, recognition and enforcement of decisions and cooperation in mattersrelating to maintenance obligations, Official Journal of the European Union, L 7/1.

④ COUNCIL REGULATION (EU) No 1259/2010 of 20 December 2010 implementing enhanced cooperation in the area of the law applicable to divorce and legal separation, Official Journal of the European Union 29.12.2010.

⑤ Commission Green Paper of 17 July 2006 on conflict of laws in matters concerning matrimonial property regimes, including the question of jurisdiction and mutual recognition, COM (2006) 400.

⑥ See Maebh Harding, The Harmonisation of Private International Law in Europe: Taking the Character out of Family Law? Journal of Private International Law, Vol. 7, Issue 1 (April 2011), pp. 203-230.

⑦ Paolo Bertoli, The Court of Justice, European Integrationand Private International Law, Yearbook of Private International Law, Vol. VIII - 2006, p. 375.

构问题。事实上，不仅欧洲，整个国际社会、世界政治格局的多极化趋势都在发展，在这样的背景下，法律选择方法将无从固守在某一个方法上。

（四）学说之间的相通为多种方法的兼容与共存提供了可能

国际私法的各种理论虽然各自的立足点与体系均有差异，但其各自内容中表现出的相通之处为法律选择多种方法的共存提供了可能。例如政府利益分析说作为一种单边方法，注重的是所属州公共利益的体现，认为法律冲突的解决就是如何实现各州公共利益的问题，柯里曾说，法官不能超越立法者，妄自断定内外州法律的优劣，而只能就本州法律的效力作出判定，选择法律的依据是实体法规则背后的利益，属于单边主义的方法。而“较好法”说①主张法律冲突的解决应以求得个案的公正为目标，注重的是案件本身，是客观存在的法律关系，是从法律关系入手决定法律的选择，所使用的是一种多边主义的方法，但两类学说在司法实践中，在某些场合，的确存在着共同之处，因为有时实现法律上的公共利益（如对消费者、受雇人、残疾人等“弱者”的保护）与个案的公平解决是一致的。有些美国现代冲突法学说把实现公共利益与求得个案在实体法上的公正均作为解决法律冲突的基本政策。其中，有的学说对二者之一有所侧重，如莱佛拉尔的“较好法说”只把公共利益的实现作为决定法律选择的一项较为次要的考虑因素，而以适用较好的法律规则公平地解决纠纷为要义。有的学说则对两项目标未分主次，如冯·梅伦与丘特曼的“功能分析说”（Functional Analysis）等。正因为学说之间的这种相通，为当代社会多种法律选择方法的并存提供了可能。

二、两大法系法律选择方法的兼容

（一）采用不同方法的背景

两大法系在法律选择方法上所走的演进之路不同。欧洲大陆国家注重国际私法的专门化立法，其方法隐含在规则当中。就方法论而言，更注重法律确定性与可预

① “较好法说”即“较好法律的方法”，由美国学者莱佛拉尔（Leflar）提出。1966年Leflar在《纽约大学法律评论》第51卷上发表论文，提出了法律选择的五点考虑：（1）结果的可预见性；（2）州际和国际秩序的维持；（3）司法任务的简单化；（4）法院地政府利益的优先；（5）适用较好的法律规范。他并不热衷于建立理论体系，而是试图找出对选择法律起作用的因素，以便给法官以指导。

见性的追求，以国际私法的法典化模式来体现法律的安全价值。① 美国的法律选择方法逐步从分析法学转向实用主义法学。实用主义强调法律适用的不确定性，以及法官在法律适用上的灵活性。深受实用主义影响的美国在冲突法上表现为重方法而轻规则，所以美国并不对冲突法进行法典化的制定，而只是通过美国法学会这样的学术团体以冲突法重述的方式表现其追求。冲突法重述这种特殊的方式，在追求法律开放性与灵活性的同时，体现法律的安全性价值。就整个冲突法体系而言，欧洲国家偏重于多边方法，基本是运用多边主义的方法搭建冲突规则的体系，而普通法系则偏重于单边方法。两大法系采用不同的法律选择方法并非偶然，是由其特定的法律制度乃至社会文化传统决定的。欧洲文化向来以保守为主，比较注重理性与秩序。美国文化的现实主义色彩浓厚，强调创新，追求个体的自由与法律的实质公正。这就为欧洲国家因循传统的冲突规则而美国采用现代灵活的法律选择方法提供了社会文化背景。

欧洲大陆国家多为单一制国家，且采取比较严格的移民政策，因而法律冲突相对较少，其形式一般也主要是“国际”法律冲突。欧洲国家将法律严格地区分为公法与私法，早在罗马法时期，欧洲人就将法律分为“公法”与“私法”，查士丁尼在《法学阶梯》中就指出：“法律学习分为两部分，即公法与私法。公法涉及罗马帝国的政体，私法则涉及个人利益。这里所谈的是私法，包括三部分，由自然法、万民法与市民法的基本原则所构成。”② 这种划分被认为是奠定了法学部门分类的基础。所以在欧洲人的观念中，“公法”“私法”有着严格的分野，不能将之混同。私法调整的是私人之间的法律关系，其目的是实现个人的合法利益，与国家利益、公共利益无关。所以欧洲的法学家一般不会从私法领域寻求国家或政府利益的实现。而私人利益的实现重在秩序的井然有序与逻辑关系的缜密清晰，那么在法律选择中采用多边主义方法可以很好地实现这种追求。

与欧洲国家相反，美国既是联邦制国家，又是移民国家，法律冲突尤其是州际法律冲突复杂多样，从而成为各种现代冲突法学说产生与演练的“沃土”。在法律制度方面，也与欧洲有着许多不同。（1）美国没有将法律做“公法”、“私法”划

---

① 所谓法律的安全价值是指“法律应对各种行为的法律后果加以明确预示从而使法律有可预见性，使人们在行为之前即可预料法律对自己行为的态度，不必担心来自法律突如其来的打击，从而起到防范其权力阶层人性的弱点的作用。”法的安全价值表现在国际私法上，指的就是法律的确定性、可预见性与一致性，代表了反映在明确平等、可预见的法律规则中的社会利益。因此，安全性往往与稳定性与普遍性相联系。参见徐国栋：《民法基本原则解释》，中国政法大学出版社 1992 年版，第 328 页。

② ［古罗马］查士丁尼：《法学总论——法学阶梯》，张企泰译，商务印书馆 1997 年版，第 5 ~6 页。

分的传统，所以历来不太重视公法与私法的区别，观念中也没有私法只涉及个人利益的藩篱，因此美国现代冲突法学者很容易跳出把法律冲突界定为“私法”管辖范围冲突的传统理念，把公共利益分析与结果选择等方法全面带入解决民商事法律冲突的领地。(2) 就美国的州际冲突而言，美国联邦宪法中有“最低诚信原则”条款与“正当程序原则”条款，只要不违反该两项条款，一州法院可以采用任何一种法律选择方法确定准据法，即使有扩大法院地法适用的嫌疑，其他州的法院也得予以承认。这种强制执行的要求，促进了州法官们对法律选择灵活性的追求，也纵容了法官们对各自州利益实现的膨胀考虑。而欧洲国家则没有这样得天独厚的条件，绕开僵硬冲突规则的法律选择，会招来其他国家的不认同。(3) 美国作为判例法国家，法官具有“造法”的职能，法官在审理案件的过程中，有权对法律所反映的公共利益与社会政策作出解释与评判，这种司法制度为“政策定向”法律选择方法的施展提供了平台。而欧洲大陆国家的法官则欠缺这种平台。(4) 从技术层面看，美国绝大多数州采用普通法，法律制度相似，加上实行统一的法学教育制度，信息资料查询方便，法官在采用“政策定向”单边方法选择法律时容易获得所需的外州判例及法规，也不难对这些立法所反映的公共利益与社会政策作出分析。对欧洲国家来说，“国际”法律冲突涉及多个国家、多种语言、多种文化、多种法律制度，要求法官熟悉诸多其他国家的立法与立法政策，并在此基础上以灵活的方法选择法律，是不现实的。

（二）单边方法与多边方法在两大法系的兼容

虽然两大法系因为法律文化背景与司法制度的不同，各自偏重于单边方法或多边方法，但当代社会全球化发展的趋势、国际协作的必要与频繁、交往中对最大效益的追求，都使两大法系在法律选择中不再固守于一种方法，而是相互借鉴与学习，出现了兼容、趋同之势。

1. 欧洲传统国际私法中“政策定向”方法的渗入

当美国冲突法在进行声势浩大的革命时，欧洲国家的国际私法也在进行着悄无声息①的改良，在改良中没有抛弃“规则”，而是在规则的改变上渗透了灵活的方法。欧洲传统国际私法对美国现代冲突法中单边主义的借鉴，主要表现在以下几个方面。

(1) 强制性规则的直接适用体现出了对政府利益与政策的考虑与追求。

---

① 之所以用“悄无声息”来形容，是与美国冲突法革命相比，欧洲走的路径是一种温和的改良，并没有轰轰烈烈的革命，在理论学说上没有对以往学说颠覆性的观点，不是弃“规则”而重“方法”，而是在规则之中渗透方法。

欧洲传统国际私法虽然把法律冲突界定为私法管辖范围的冲突，但不可能完全回避公共利益的实现问题。对此，欧洲国家传统上采用公共秩序保留制度。这种制度对政府利益的实现起到了一定的作用。但也因其固有的弹性特点而难以把握，几乎在实践中只要用到公共秩序保留制度，就会招致使用之后的一番争论。此外，公共秩序保留制度的使用要借助于冲突规范的指引，必须是法院国的冲突规范指引到外国法，而法官认为该外国法的适用会违背法院国的社会公共利益，就可以用该制度对外国法的适用予以排除，代之以法院国法律的适用。

晚近，欧洲国际私法除继续保留公共秩序这一保护公共利益的底线条款之外，还明确提出了强制性法律规则的直接适用问题。与公共秩序制度相比有以下特点。

首先，强制性规则适用制度中“公共利益分析”方法的成分更加明显。这些强制性规则往往根据自身的立法目的和政策明示或暗示地规定自己的适用范围，它们作为法院地法，可不经冲突规则的指引直接适用于涉外民事关系。基于这些特点，强制性法律规则又称“直接适用的法律规则”、“必须适用的法律规则”与“自我定界的法律规则”等。如 1995 年《意大利改革国际私法立法》第 17 条规定：“以下法律选择，不管是否指向外国法，不得妨碍意大利法律规则因其目标和目的而应得到适用。”欧洲共同体《关于合同性债务法律适用公约》（《罗马公约》）第 7 条第 2 款、《国际货物买卖合同法律适用公约》（《海牙公约》）第 17 条，亦属这样的立法例。有关强制性法律规则适用的此类规定，与柯里的“政府利益分析”方法类似。

其次，欧洲国际私法打破了带有“公法”属性的外国法律不能适用的传统戒律，逐步认同以公共利益分析等方法决定外国强制性法律规则的适用，即使该外国强制性法律规则不属于准据法，亦是如此。如 1989 年《瑞士联邦国际私法》第 19 条规定：“a. 依瑞士法律观念为合理且明显占优势的利益要求考虑本法所指定的法律以外的另一法律的强制性规定时，如果所涉及的情况与该另一法律有密切的联系，得考虑其强制性规定。b. 为决定前款所称的外国法的强制性规定是否应予考虑，应考虑其所要达到的目的及其适用对于作出依瑞士法律观念为适当的判决所可能产生的后果。”《罗马公约》第 7 条第 1 款①作了类似的规定。

（2）将单边方法与多边方法结合使用，引入从属性冲突规则。

---

① 1980 年《罗马国际合同义务法律适用公约》第 7 条第 1 款规定：“根据本公约适用某一国的法律时，如依其情况，与另一国有着密切的关系，则该另一国法律的强制性规定，得认为有效，但必须依该另一国的法律，亦不论何种法律适用于该合同，均必须适用此种强制性规定时为限。在考虑是否认为此种强制性规定为有效时，应注意此种规定的性质与目的，以及其适用或不适用的后果。”

欧洲国际私法一改过去的单一做法，对于某一领域的法律冲突，首先确立普遍适用的一般性的传统冲突规则，接着规定作为例外情形的“从属条款”，用以保证具有明显公共利益国家法律的适用。此类立法模式常见于侵权领域。对于侵权纠纷，欧洲许多国家采用侵权行为地法的传统冲突规则，与此同时，“从属条款”往往又规定，侵权行为人与受害人双方国籍相同或在同一国家有住所，应适用该同一国籍国的法律或同一住所地国的法律。

（3）用方法对冲突规范进行“软化”处理。

为了减少依传统冲突规则选择法律所带来的“盲目性”，增加实现实体法上公正的机会，欧洲国际私法普遍地对传统冲突规则进行了“软化”处理。

首先，广泛承认意思自治原则，允许当事人选择适用他们认为最好的法律。

其次，引入最密切联系原则及自体法理论等灵活的法律选择方法，具体情形有二：一是直接适用，在合同领域，一些国家（如英国、法国、荷兰与丹麦等国）的国际私法规定，在当事人没有选择法律的情况下，法院将直接采用自体法理论或最密切联系原则等决定法律适用；二是预备适用，对于合同纠纷，一些国家（如德国）的国际私法及某些国际公约（如《罗马公约》与《海牙公约》）首先按照各类合同的“特征履行”规定相应的固定冲突规则，作为对最密切联系原则的硬性推定。但是，如合同与其他国家有更为密切的联系，则应改用该其他国家的法律；就侵权案件，一些国家（如奥地利、葡萄牙、德国等）的国际私法也确立了最密切联系原则对硬性冲突规则的此类矫正功能。值得注意的是，我国2011年4月1日实施的《涉外民事关系法律适用法》就将最密切联系作为一般规则予以规定，其“补缺”功能十分显要，在冲突规则没有明确规定的情况下都可以适用。有的国家也将最密切联系原则作为整个国际私法的立法原则，并将该原则的矫正功能推广至各类法律冲突①。

再次，选择性冲突规则的增加。选择性多边冲突规则在两个方面有别于传统多边冲突规则：第一，选择性冲突规则明确表明自身意欲维护、促进或实现的特定实体目标，而传统多边冲突规则对任何实体价值目标都保持了中立。第二，选择性多边冲突规则中包含两个或两个以上的连结点，规则中所包含的实体目标为法官从中选择连结点指明了方向。欧洲成文法国家在美国冲突法革命的影响下，对冲突规则的功能进行了思考，并且逐渐从冲突规则应是价值中立的传统观念中解放出来，树立了冲突规则应具备实现一定的社会价值与利益之功能的观念，开始在传统规则中

① 譬如，1989年《瑞士联邦国际私法》第15条第1款规定：“如从全部情况来看，案件显然与本法指定的法律仅有很松散的联系，而与另一法律却有密切得多的联系，则本法所指定的法律即例外地不予适用。”

通过对多个连结点的选择来表达立法者的实体政策和目的，于是选择性冲突规则由点到面逐渐增多。至今，欧洲国家的立法者主要使用选择性冲突规则来实现两个方面的实体目的和政策：其一，促进诸如遗嘱、结婚、普通合同等法律行为的形式有效或实质有效；其二，促进某种身份关系的成立，譬如非婚生子女的准正、夫妻关系的确立，甚至是促进某种身份关系的解除（如离婚）。①

复次，保护性多边规则的使用。近些年，国际私法中保护性规则的发展十分引人注目。20世纪法律史“从契约到身份”的演进②影响了各国国际私法的发展。就法律选择方法而言，一种旨在尽可能使法律选择的结果有利于部分特定的法律主体，从而实现保护他们的私法利益的规则悄然出现，这就是所谓的“保护性多边冲突规则”。与选择性冲突规则和重叠性冲突规则不同的是，保护性冲突规则本身并没有特殊的、固定的规则结构，它往往存在于某类规则中或者与某类规则结合达到保护的目的。譬如，选择性冲突规则中有相当一部分规则允许特定的当事人选择对其有利的法律，它本身就含有保护性规则的特性。保护性冲突规则有时也可以利用重叠性冲突规则的形式来实现对特定当事人的保护。当然，也有些保护性规则直接表明“适用对特定当事人最为有利的法律”。我国《法律适用法》关于收养、扶养等婚姻家庭方面的规则中都有所体现。

最后，例外条款的适度使用。例外条款通常是在某条一般性冲突规则之后，另行规定的条款。例外条款的功能在于缓和规则的僵固性与机械性，以便在极其例外的情形下授权法官偏离原有的立法规则。譬如《瑞士联邦国际私法》第15条规定，“根据所有情况，如果案件与本法指定的法律的联系并不密切，却与另一个法律的联系明显地更为密切，则可作为例外，不适用本法指定的法律”。该条的立法目的显然是为了防止僵固的冲突规则可能带来的不公正，利用最强联系原则从根本上加强整部法典的灵活度，但同时却不适当地使整部法典处于不确定之中。

如前所述，当代国际私法的法律选择方法就是要在规则的确定性目标与灵活性目标之间寻求恰当的平衡点。例外条款的出现便是当代国际私法的冲突规则迈向灵

---

① 参见［美］西蒙尼德斯：《20世纪末的国际私法——进步还是退步?》，宋晓译、黄进校，载《民商法论丛》2002年第3号（总第24卷），法律出版社2002年版，第389页。

② 英国著名学者梅因（Maine）曾在其名著《古代法》中指出，人类社会的进步，从法律制度史着眼，表现为“从身份到契约”的运动过程。然而，20世纪之后，在国家权力对市场经济的干预和人权观念的影响下，法律史的演进似乎逆梅因的著名结论而动，那就是在很大程度上表现为“从契约到身份”的运动过程。人们在契约自由的基础上更加注重对特定人的保护。这一反向运动过程并不是对梅因思想的否定，而是对梅因思想的修正与完善，其实质是“矫正正义”对“分配正义”的补充与完善。参见［美］罗斯科·庞德：《普通法的精神》，唐前宏等译，法律出版社2001年版，第18～20页。

活性目标的不可或缺的一个重要方法。但是，例外条款的内含就在于授权法官可以偏离预设的成文规则，依据自己的分析来决定法律的适用。倘若法官无节制地使用例外条款，使例外条款的现实效力高于预设的一般规则，将会损及国际私法的安全价值。所以，法典中采纳例外规则必须存在合理的限度，而且应辅以严格的适用条件。

2. 美国现代冲突法中“多边方法”的使用

20 世纪 80 年代之前，相当多数的美国现代冲突法学说主张以灵活的方法解决法律冲突。这些激进的现代冲突法学说虽为各州公共利益的实现与纠纷的公平解决提供了理论上的可能性，但纯为“方法”的美国现代冲突法学说运用于司法实践往往带有很强的主观性，容易造成法官在选择法律上的擅断，致使实体法上公正的求得大打折扣。与此同时，各种灵活的现代方法都在不同程度上扩大了法院地法的适用，以致有损于内外国法的平等地位。并且新方法层出不穷，法律选择的稳定性、连续性、统一性及可预见性受到了严峻的挑战。于是美国学者通过以下两种途径向多边方法回归。

（1）将传统多边方法与现代灵活的法律选择方法相结合确定准据法。

在这方面，里斯的“最重要联系说”与《美国冲突法重述（第二次）》最具典型意义。《重述》方法的特点在于，在合同、侵权领域引入灵活的方法，通过对“最密切联系原则”的运用，将灵活的法律选择方法与传统的多边方法相结合确定准据法。而在其他领域，如人身关系与财产关系中，则沿袭了传统法律选择的多边方法对准据法作出确定。它既追求法律选择的灵活性又顾及其确定性与可预见性，其方法不仅为传统多边方法的使用留有一席之地，而且也为政府利益分析、比较损害等新方法的兼用留下了机会。① 主张现代灵活法律选择方法与传统硬性冲突规则的结合。譬如，该重述第 156 条第 2 款规定，侵权关系“通常”应适用损害发生地州的法律，但如依第 6 条规定的原则，其他州与案件有“更重要联系”的，则该其他州的法律应予适用。在美国的司法实践中，法官对法律的选择，“折中主义”的方法论占据重要地位，折射出美国对多种法律选择方法的容纳。美国法院往往根据所涉领域的不同分别采用现代或传统的方法，或者在法律冲突的具体问题上综合运用多种现代方法。

（2）在现代法律选择方法的框架内发展依照多边方法已被定型的冲突规则。

卡弗斯是此类现代冲突规则的始创者。20 世纪 60 年代，卡氏在其“结果选择”理论的基础上，进一步阐发了“优先适用原则说”，主张通过司法实践逐步总

---

① 参见王承志：《从美国冲突法重述看我国法律选择方法及冲突规则》，载《2005 年中国国际私法学会年会论文集》，第 189 页。

结出一套法律适用规则，使那些能“较好”解决纠纷的法律得以适用。20世纪80年代之后，在美国冲突法学界，不断有学者倡导各种现代冲突规则，有两个学说值得人们注意，一个是克雷默的“政策选择规则说”① 另一个是桑德勒的“选择法律的规则说”②，这些学说的共同心声是呼唤法律的规则化。

克雷默的“政策选择规则说”是在批判柯里的“政府利益分析说”的基础上提出的。克雷默认为，柯里的“政府利益分析说”突出法院地法的适用，排斥对其他州法律的选择。这是一种“零和游戏”（zero-sum game），如各州都照此行事，实际上最终谁都不可能获益，而且会助长当事人“挑选法院”的行为。“政策选择规则说”主张应寻找各州法律所体现的“共同政策”或“优先政策”，并将之具体化，制订成各种相应的冲突规则。克氏总结的这些规则，亦称“准则”（canons），共有五项③。当两州法律发生冲突时，当事人实际上并合理地信赖其中之一者，则该法律应予适用。克雷默同时指出，他提出的上述五项准则不但没有穷尽所有的法律选择规则，而且这些准则本身也不是“僵化的”教条，同任何法律选择规则一样，这些准则如被证明是不满意的，或有更好的规则出现时，自应被推翻。

桑德勒是柯里“政府利益分析说”的坚定支持者，其倡导的“选择法律的规则说”主张应以个案的方式解决法律冲突，以实现各州的公共利益和对当事人的公平。但他同时又认为，为了增加法律选择的稳定性与一致性，应对采用现代法律选择方法各州的成案（先例）进行总结，梳理出一些定型的规则，即他所称的“选择法律的规则”。值得注意的是，由于桑德勒本质上仍主张采用个案的方式解决法律冲突，因此，桑氏认为，他提出的“选择法律的规则”（rules of choice of

① See Kramer, Rethinking Choice of Law, Columbia Law Review, Vol. 90, 1990, pp. 278 ~ 345.

② See P. A. Sedler, Rules of Choice of Law versus Choice-of-law-Rules: Judicial Method in Conflicts Torts Cases, Tennessee Law Review, Vol. 44, 1977, pp. 975-1041.

③ a. 有关比较损害的准则。在两州法律发生冲突的场合，倘若不适用其中一州法律会使之实际上失效的，则该州法律应予适用。该准则取之于巴克斯特的“比较损害说”，但不同于将之作为一种泛泛原则的巴氏方法，它只适用于法官能轻易进行“损害比较”的情形。在适用上，比较损害规则应排在第一顺位，即只有在该条不能适用时，以下其他各条才能“登场”。b. 有关实体/程序的准则。在实体政策和程序政策相冲突时，反映实体政策的法律应优先适用，除非法院地程序上的利益特别强，需依不方便法院原则驳回原告的起诉。c. 有关合同案件的准则。在合同案件中，应适用当事人选择的法律解决真实冲突；若当事人没有明示选择法律的，则应适用能使合同有效的那一州的法律。d. 有关不合时宜法律的准则。发生冲突的两州法律中有一个不合时宜（如不符合制定该法的州现行法律和社会观念的），则另一州法律应予适用。e. 有关实际信赖利益的准则。

law）有别于通常的“法律选择规则”（choice-of-law rules），前者纯粹是对已有成案的总结，适用于以后事实结构与法律性质相同或相似案件的法律冲突的解决。这种做法符合普通法“遵循先例”的传统。

综上，冲突规则在美国现代冲突法中的回归途径有二：一是将传统硬性冲突规则与现代灵活法律选择方法相结合；二是将现代灵活的法律冲突解决方法定型化，从中总结出一些比较固定的法律适用规则。然而，冲突规则在美国的此次回归，并不是传统冲突规则的“卷土重来”并再次推翻现代法律选择方法，而是冲突规则找到了新的定位，即与现代法律选择方法的融合。无疑，两大国际私法体系在立法政策上的兼容，促进了多种法律选择方法的共存与融合。

总体而言，两大法系在法律选择方法上确是可相互借鉴相互兼容的。近年来欧洲国际私法的整理与编纂，① 有助于促进美国设计合理和灵活的法律选择方法规则的可能性。譬如，美国俄勒冈州2010年开始生效的新的侵权冲突法律选择法典②的制定，不仅基于自冲突法革命四十多载以来美国法院在处理侵权冲突上广泛的经验，同时亦借鉴了多个外国司法的实践。③ 而美国法院处理法律冲突案件的丰富实践，亦得以推进欧洲国际私法在一些特定规则④上的完善。欧盟的国际私法统一化运动与美国冲突法革命，之于法律选择方法的确定性与灵活性、单边主义与多边主义，在一定意义上就如天平保持平衡的两边。

三、多边方法和单边方法共生现象的现状与前景

或许是因为自古以来单边方法和多边方法之间的对抗以及持续地相互取代的关系，二者通常被认为是不能共存的。⑤ 但是，20世纪却无视这一设想。在那个世

---

① 需要指出的是，关于欧洲国际私法法典编纂的利弊仍处于争鸣中。See François Rigaux, Codification of Private International Law: Pros and Cons, Louisiana Law Review, Vol. 60, 2000, p. 1321.

② OR. REV. STAT. § § 31. 850-. 890 (2009).

③ Oregon Law Commission Work Group on Choice-of-Law for Torts, Choice-of-Law Rules for Torts from Other Jurisdictions: ASource-Book (July 28, 2008).

④ E. g., differentiating between conduct regulation and loss distributio, the scope ofthe common-domiciler ule, cross-border torts, partyautonomy. See Symeon C. Symeonides, The American Revolution and the European Evolution in Choice of Law: Reciprocal Lessons, Tul. L. Rev., Vol. 82, 2007-2008, pp. 1741, 1753-1772.

⑤ See, e. g., Friedrich K. Juenger, A Third Conflicts Restatement?, Ind. L. J., Vol. 75, 2000, pp. 403, 410 (stating that "unilateralism and multilateralism are antithetical").

纪，单边方法进入了显著的复兴时期。不过，与之前不同的是，单种方法的复兴并不必然排斥其他方法的使用。相反地，这两种方法正如下面所解释的那样，开始共享舞台，相辅相成。

在现代以公共政策为导向的方法中存在着多元化与单一化元素的融合。例如，甚至早于柯里，库克与卡弗斯就主张，法律选择的过程中应当考虑相冲突的实体法所强调的社会经济性目的。① Weintraub 教授②、Mehren 教授与 Trautman 教授③尽管公开赞同并提倡扩大州的利益，而不像柯里那样向法院地法提出几乎难以称之为诉求的诉求，但他们也都认为州的利益与法律选择是有关联的。即使是在 Leflar 的更优法律方法之中也含有片面主义的元素，正如其“影响选择的考虑”之一就是“扩大法院地的政治利益”④。最后，路易斯安那州冲突法编纂的操作原则就是“评估全部所涉及的州的相关政策的效力和相关程度”，以及适用那些“如其法律未得到适用便将会受到最严重损害的州”的法律。⑤ 甚至更多强调的是，该法典编纂对侵权法中的行为规制和损失分配规则的区分，而这些规则早已由纽约上诉法院所确立并且至今已为其他许多州所适用。

因此，正如资深评论者近来所总结的，“第二次重述引发的冲突法变革和美国许多法院所持的折中观点产生了美国最流行的方法论，就是单一化和多元化方法的奇怪的融合（[t] he prevailing methodology in the United States, emerging from the conflicts revolution in the form of the Second Restatement and the eclectic view taken by many American courts, is a curious amalgam of the unilateral and multilateral methods）”。⑥

多边与单边方法的共生现象（Symbiosis of the Multilateral and Unilateral

---

① See Walter W. Cook, The Logical and Legal Bases of the Conflict of Laws 46 (1942); David F. Cavers, A Critique of the Choice-of-Law Problem, Harv. L. Rev., Vol. 47, 1933, pp. 173, 178; David F. Cavers, The Choice of Law Process 100 (1965), p. 108.

② See Russell J. Weintraub, Commentary on the Conflict of Laws, Foundation Press, 3d ed., 1986, pp. 280, 359-361; Russell J. Weintraub, A Restatement Third of Conflict of Laws: An Idea Whose Time Has Not Come, Ind. L. J., Vol. 75, 2000, pp. 679, 683-886.

③ See Arthur T. von Mehren & Donald T. Trautman, The Law of Multi-State Problems, 1965, pp. 376-378.

④ See Robert A. Leflar et al., American Conflicts Law, Michie Company, 4th ed., 1986, pp. 277-279 & ch. 11 passim.

⑤ La. Civ. Code Ann. arts. 3515, 3519, 3537, 3542 (West 1999).

⑥ Courtland H. Peterson, American Private International Law at the End of the 20th Century: Progress or Regress?, in Symeonides, Private International Law, Symeon C. Symeonides ed., 1999, p. 430.

Methods）是当代国际私法的特征——多元化方法（pluralisme des méthodes）的表现之一。这种共生是一种衰落的征兆，还是一种成熟的迹象呢？事实是，实际上没有一个当代的冲突系统能够苛求方法的纯粹性，并且只有很少系统会追求方法的纯粹性。或许现代法学已经逐步认识到：没有一个单一的方法是完美的，没有一个单一的方法能解决所有冲突问题，并且若恰当地调和二者，这两种方法会一起产生出一个比他们单独任何一个更好的系统。

在统治了美国一个多世纪之后，斯托雷的多边方法步入了僵局，特别是在他的后继者之一——约瑟夫·比尔的手中。① 柯里的单边方法被当做一个完全的替代品，但他也钻进了自己的死胡同，特别是在真实冲突和无利益模式的范例方面。② 在这两种方法的冲突中诞生了一个相互协调并证明是比单独的多边主义抑或单边主义更切实可行的模式。在这种新的协调模式中，多边主义将继续提供任一解决冲突方法的基础和外在架构。但是，这种方法也能得益于单边主义的本质内核，即一种在选择准据法时秉持的观念：必须考虑目的，政策方针或者候选法律中蕴含的利益。若仅从因为这种观念有助于识别和理性的解决虚假冲突的方面考虑，这是一个非常有用的观念。但是，这个观念并不是万灵药。单边主义方法在真实冲突和无利益模式的范例方面会遇到相当多的困难。然而，人们或许会继续在利益分析说的限制内寻找解决冲突的原则性方法。这种做法将非常困难且没有成效。因此，甚至利益分析说的拥护者也会发现他们自己不得不超越单边主义去触碰那些首先被多边主义所秉持的要素和价值。③

而这在本质上则是第二次冲突法重述的起草者们所做的。在重述中至关重要的第六节中，当要求法庭考虑法院所在地州的利益和非法院所在地州以及其他州的利益时，运用了单边主义的基本方法。但针对选择运用哪些方法的宏大构思仍是多边的。在同一章节中同样要求法庭考虑价值和要素时秉持特有的国际化的视角，因此体现了多边的倾向，比如“各州间和国际系统的需求……保护正当的预期……毫无疑问，追求可预见性和统一的结果”。④ 这是最明显的单边主义与多边主义的融合。这是不是一个成功的融合是个见仁见智的问题，但冲突法重述的成败不取决于

---

① With respect to the discontents of multilateralism, see e. g., José E. Alvarez Multilateralism and its Discontents, European Journal of International Law, Vol. 14 (1), 2002, pp. 393-411.

② Symeon C. Symeonides, The American Choice-of-Law Revolution: Past, Present and Future, Martinus Nijhoff Publishers, 2006, p. 369.

③ See Symeon C. Symeonides, Accommodative Unilateralism as a Starting Premise in Choice of Law, H. Rasmussen-Bonne, R. Freer, W. Lüke & W. Weitnauer., (eds), *Liber Amicorum Peter Hay*. Verlag Recht und Wirtschaft GmbH, 2005, pp. 417-34.

④ Restatement (Second) of Conflict of Laws § 6 (2) (a), (d), (f) (1971).

它从这两种学派中都汲取了营养的这个事实，而是取决于在起草这个重述的特别章节时所作的特殊的抉择。

最后，在过去五十年来，州立法机关也已广泛运用了明显的单边主义和多边主义的融合。诚如前述，诸多州的成文法包含了穿插了实体规则的单边冲突规则。这种融合起因于这些成文法预设法庭会不断运用多边法律选择程序的这个现实。学者倾向于忽视这些成文法并因此忽视了这种现象。但是这种现实不会因忽视而消失，在实体法中运用单边规则将在未来增多。而这是否将是因为贸易保护主义的增强或各州间的经济竞争，抑或其他原因，则是另一个问题。事实仍将是州立法机构更加倾向于明确说明在其州内，在有一定列举的连结点的条件下，是否把将要制定的实体法适用于案件，而非起草全面的、综合的、多边法律选择规则继而步入“阴沉的沼泽”（dismal swamp）中。因此，单边主义将继续在可期的未来与我们同在。虽然学者会仍为这种现实感到遗憾，他们也许会投入更多精力说服、引导立法机构和法院去运用不那么狭隘的单边主义。① 而在欧洲，虽然在国内法抑或国际（欧洲）法中，多边主义长期占据主流地位，但是单边主义亦正在欧洲立法中扮演越来越重要的角色。②

Co-existence and Integration of Multiple Choice of Law Approaches

Abstract: Resolution of conflict of law problems has been through the unilateral approach, the multilateral approach and the party autonomy approach. None of the approaches can dominate. When the unilateral statutists dominated, the substantive approach and the party autonomy approach had their places and the multilateral approach had emerged. When the multilateral approach dominated the party autonomy was allowed meanwhile. The return of the unilateral approach during the US conflict of laws revolution did not challenge the status of the multilateral approach which survived in particular in

① Symeon C. Symeonides, The American choice-of-law revolution in the courts : today and tomorrow, Martinus Nijhoff Publisher, 2003, pp. 374-376; Symeon C. Symeonides, The American Choice-of-Law Revolution: Past, Present and Future, Martinus Nijhoff Publishers, 2006, p. 377 *et seq*.

② Giesela Rühl, Unilateralism in European Private International Law, in Jürgen Basedow, Klaus Hopt & Reinhard Zimmermann (eds), Max Planck Encyclopedia of European Private Law, Oxford University Press, 2012.

civil law countries. At present the situation is the co-existence and integration of multiple approaches.

Key words: conflict of laws, choice of law approaches, state sovereignty, conflict of law rules

论未对中国生效的国际私法条约在国内法院适用问题

□ 孙南申* 张苏锋**

内容摘要 对于中国尚未加入的国际私法条约，是否可以在国内法院处理国际民商事纠纷中予以适用，是涉外民商事审判中面临的一个理论与实践问题。由于这类条约中不少具有统一实体法性质，由当事人之间约定选择适用的现象已在涉外民商事交往中不断出现。这一法律问题的讨论将涉及：对此类条约应否予以适用、适用的法理依据、适用的现状与特征、适用的条件与限制等方面。应当对此进行具体分析，以得出结论性意见。

关 键 词 国际私法条约；非缔约国适用；意思自治；国际惯例；适用限制

目 次

---

* 复旦大学法学院教授、博士生导师，澳门科技大学特聘教授，研究方向为国际私法、国际经济法。

** 复旦大学法学院国际法专业博士研究生，研究方向为国际经济法。

近年来，随着中国对外经贸与商务关系的迅猛发展，各类涉外贸易与商务纠纷日益增多。2008—2012年，中国各级法院审结的一审涉外商事和海事海商案件已达10.6万件、涉港澳台案件6.5万件，同比分别上升64.2%和46.4%。① 对中外商事交易争议的处理，法院需要通过冲突规范确定各类案件应适用的准据法。在解决国际合同争议案件的法律冲突中，当事人意思自治往往是法院适用冲突规范的主要考量之一。实践中，当事人除了协议选择国内法外，还会选择具有商事实体法内容的国际私法条约作为准据法，其中既有中国已加入的条约，也包括中国未加入或未对中国生效的国际私法条约。后者主要体现在国内法对一些争议事项无明确规定的领域，当事人也会选择我国未加入的国际私法条约作为其合同关系的准据法。例如：1924年《统一提单的若干法律规定的国际公约》（《海牙规则》）、2009年《联合国全程或部分海上国际货物运输合同公约》（《鹿特丹规则》）、1988年《国际保付代理公约》，2001年《联合国国际贸易应收款转让公约》、1988年《国际融资租赁公约》等。

对于中国缔约或参加的国际私法条约，如《联合国国际货物销售合同公约》（CISG）等，在我国司法实践中的适用问题，国内学者已有广泛而深入的研究。② 但对于我国未加入的或未对中国生效的国际私法条约，如果争议当事人选择以其作为准据法，或中国法律对所争议无相应法律规定时，我国法院是否应当予以适用，如果有适用之必要，是否应当加以一定的条件与限制？对此类问题，国内相关立法尚无明文规定，学界对此问题也鲜有的专门研究与论述。

鉴于当事人协议选择适用此类国际私法条约已是涉外民商事交往中的现实问题，故有必要研究中国未加入的国际私法条约在涉外民商事审判中的适用问题。其现实意义在于解决涉外民商事纠纷中，尊重当事人选择适用国际私法公约的权利，在国内相关法律对特定法律问题规定尚付阙如时，扩大国际私法公约的适用范围并解决法律适用问题。其理论意义在于为国内法院适用此类国际私法条约提供法理依据，具体涉及应否予以适用、适用的法律依据、适用的性质与特征、适用的条件与限制等方面。

---

① 参见王胜俊：《最高人民法院工作报告》，2013年3月10日第十二届全国人民代表大会第一次会议。

② 参见陈治东：《论〈联合国国际货物销售合同公约〉在中国的适用——兼评我国〈民法通则〉第142条》，载《法学》2004年第10期，第109～115页；肖永平：《论国际商事惯例在我国的适用》，载《河南省政法管理干部学院学报》2003年第1期，第79～80页；廖艳嫔：《国际商事条约在我国司法实践中的适用》，载《河北法学》2011年第1期，第173～177页。

一、对所适用国际私法条约的界定

作为国际私法渊源之一，国际私法条约系指含有国际私法规范的国际条约，其中既包括旨在解决法律冲突统一冲突法条约和直接规范当事人权利义务的统一实体法条约，又包括国际民事诉讼程序条约和国际商事仲裁条约；既包括专门规定国际私法规范的条约，又包括部分内容涉及国际私法规范的条约；既包括双边条约又包括多边条约。①

为直接适用目的，本文所讨论的国际私法条约系指民商事私法领域的国际统一实体法条约，主要是指国家间所缔结的可以直接调整当事人私法关系的规范，以达到当事国在某些私法领域的法律规范统一性。就其性质而言，此类国际私法条约的内容为民商事性质，直接规定当事人的实体权利义务。只要涉外民商事案件的涉争事项属于这类国际条约的调整范围，该条约中的实体规范就有可能得到法院的适用。

国际统一实体私法的特点之一是可以直接适用，因为其调整的范围不是国家间的贸易政策关系，而是涉外民商事领域当事人的权利义务关系。这类条约通常由有关统一国际私法的专门组织准备和制定，然后由缔约国签署和批准，充分体现了各国民商法共有的一般规则，且其政治性不强，而具有较强的法律尤其是私法的专业性。②

二、适用未加入国际私法条约的理论与实践

（一）依据当事人意思自治的冲突规范予以适用

当事人意思自治是确定国际合同法律适用的首要原则。国际合同属于私法范畴，合同当事人可以自由安排他们的合同权利和义务关系。一旦发生争议，对于合同的效力、履行、解释等争议事项应适用何种法律问题，意思自治原则赋予了合同当事人选择准据法的权利，这种权利受到各国立法的普遍承认与尊重。对此，我国《涉外民事关系法律适用法》第 3 条明确规定“当事人依照法律规定可以明示选择涉外民事关系适用的法律”。该法第 41 条又进一步明确规定“当事人可以协议选

① 参见韩德培主编：《国际私法新论》，武汉大学出版社 1997 年版，第 38 页。

② 黄进：《论国际统一实体私法》，《中国国际私法与比较法年刊》（1998），法律出版社 1998 年版，第 3 页。

择合同适用的法律”。此外，我国《合同法》与《海商法》中亦有类似的规定。①

美国2001年新修订的《统一商法典》（UCC），对UCC 1—302的评论2中指出：当事人可通过指明其关系将适用于普遍认可的商事交易规则或原则，来改变UCC规定的效力。这些规则或原则包括了那些由联合国国际贸易法委员会或国际统一私法协会等国际机构颁布的规则或原则，如国际商事合同通则。②

对于当事人所选择适用的准据法是否仅限于国内法，各国法律与司法实践并未予以明确规定，但亦未限定准据法只能是国内法，或禁止将条约作为准据法加以适用。经由冲突规范指引的准据法性质上是直接规定当事人权利义务关系的实体法。不管是国内实体法，还是国际统一实体法（包括国际条约与国际惯例）均可通过冲突规范援用而作为准据法，只要该条约的内容具有民商事的私法性质即可。

由此推断，当事人所选择适用的准据法，并非限定为国内法，它既可以是国内立法，也可以包括国际民商事条约，但均须为实体法规范。据此，一旦在当事人之间事前约定以某国际私法条约为准据法，并在双方合同或协议中予以明确，根据“约定必须遵守”的原则，该条约可以对当事人产生法律效力，具有约束力，但并非出自国际条约本身，而是来自双方当事人的约定。只要该公约内容为私法性质并规范当事人权利义务，就可作为准据法予以适用。

美国司法实践中亦存在依当事人意思自治原则而适用国际私法公约的判例。在Ministry of Defence of the Islamic Republic 诉 Gould，Inc 案③中，美国第九巡回上诉法院支持了地区法院依据《纽约公约》对伊朗诉美国公司的裁决的执行管辖权，该裁决是由伊朗-美国索赔仲裁庭作出的。在该案中，美国Gould公司认为，根据公约第5条，仲裁必须按照国内仲裁法进行。由于该裁决是“国际法的结果而不是根据国内法作出的”，不符合公约规定的含义。第九巡回法院否定了这一抗辩理由。并认为公约第5条似乎既适用于依国内法作出的裁决，也适用于依当事人自己选择的法律作出的裁决。因此，有观点认为这一案件增加了美国法院尊重当事人选择非国家标准调整其争议实体问题的可能性。④

---

① 《合同法》第126条规定：“涉外合同的当事人可以选择处理合同争议所适用的法律，但法律另有规定的除外。涉外合同的当事人没有选择的，适用与合同有最密切联系的国家的法律。”《海商法》第269条规定：“合同当事人可以选择合同适用的法律，法律另有规定的除外。合同当事人没有选择的，适用与合同有最密切联系的国家的法律。”

② See Michael Joachim Bonell：*Soft Law and Party Autonomy*，Loyola Law Review，Vol. 51，2005，p. 238.

③ 887 F. 2d 1357（9th Cir. 1989），cited in David W. Rivkin：*Enforceability of Arbitral Awards Based on Lex Mercatoria*，Arbitration International，No. 1，1993，pp. 81-82.

④ Ibid，p. 84.

长期以来，中国法律对本国未加入的国际私法条约的适用问题未作明确规定，① 但司法实践中，我国法院为解决涉外民商事纠纷，一般是基于当事人意思自治的冲突规范而对其加以适用。兹以国内法院适用这类国际条约的典型案例加以说明。

1. 1993 年广东高院审理的五矿东方贸易进出口公司诉罗马尼亚班轮公司“柯兹亚”轮迟延交货纠纷案中，两份提单的背面条款中均载明：“1924 年《统一提单的若干法律规定的国际公约》的条款作为提单条款的一部分，并入提单。”法院认为：“五矿公司、班轮公司一致同意以 1924 年《统一提单的若干法律规定的国际公约》作为解决本案纠纷的法律。五矿公司与班轮公司双方适用法律的意思表示，不违反中国法律，应确认其效力。”② 因此，法院在该案中是将《海牙规则》作为当事人选择的准据法来采用。

2. 1995 年广东高院审理的德国美最时洋行诉广州远洋运输公司和招商货柜航运有限公司“强河”轮无正本提单交货纠纷案中，法院认为，“本案的时效问题应适用提单选择的海牙规则”，法院再次确认《海牙规则》属于当事人选择适用的准据法。

以上案例，法院均是基于当事人的选择而适用了未加入的国际条约，对于管辖法院，实际上相当于将其作为准据法的外国法或国际惯例而加以适用。

2012 年 12 月 28 日，最高人民法院公布了《关于适用〈中华人民共和国涉外民事关系法律适用法〉若干问题的解释》（一）（以下简称《法律适用司法解释》），并于 2013 年 1 月 7 日起施行。该《法律适用司法解释》第 9 条中规定了可通过当事人意思自治适用我国未加入的国际私法条约的原则，即“当事人在合同中援引尚未对中华人民共和国生效的国际条约的，人民法院可以根据该国际条约的内容确定当事人之间的权利义务”。

（二）将其作为国际惯例予以适用

在国际民商事纠纷案件处理实践中，不少国家对调整民商事交易关系的国际条约，如果尚未加入或对其生效，为达到解决涉争法律问题之目的，尤其是在当事人对其选择适用时，往往将其视为国际惯例，作为商事交易关系的准据法加以适用。以美国《统一商法典》为例，该法典认可了几乎所有的新惯例、目前为大多数交

---

① 这种现状一直延续到 2012 年 12 月最高人民法院出台《关于适用〈中华人民共和国涉外民事关系法律适用法〉若干问题的解释》之前。

② 该案例的具体内容可访问中国涉外商事海事审判网 http：//www. ccmt. org. cn/，2012 年 8 月 16 日访问。

易商所遵守的惯例以及那些商人们协商一致采纳的惯例，这包括美国未缔约或参加的国际私法条约。其所以然，在于其《统一商法典》的基本宗旨所规定，即：（1）使调整商业交易的法律简洁、明确并适应现代要求。（2）使商业做法能够通过习惯、行业惯例和当事人协议不断获得发展。（3）使各州调整商业交易的法律归于统一。对商事习惯做法和贸易惯例予以法律上的确认。①

在2003年12月举行的国际商会银行委员会秋季例会上，来自各国的成员经过充分讨论，作出国际商会承认2001年《联合国国际贸易应收款转让公约》的决定。② 这一决定表明许多未加入该公约的国家已将公约规则内容作为各国接受的国际惯例而在今后的贸易应收款转让交易中加以适用的态度与原则。

我国法律亦允许在一定条件下将国际惯例作为法律渊源加以适用。为此，《民法通则》第142条第3款规定："中华人民共和国法律和中华人民共和国缔结或者参加的国际条约没有规定的，可以适用国际惯例。"对于我国尚未加入的国际条约，学界在理论上一般倾向于将其视为已存在的国际惯例。其中具有代表性的观点认为："如果具体案件的当事人所属国都不是某一国际私法条约的缔约国，该条约当然不能直接适用，但当事人可以选择适用此种统一实体法条约。因为这时的国际条约可以看成是某一法律领域的国际惯例的证明。我国法律也确立了这种选择的有效性。"③

以上法律规定以我国法律对相关民商事关系没有相应法律规定，作为适用国际惯例的条件。但这一规定并未同时以案件当事人选择适用国际惯例为条件。可见，在法院适用我国未加入的国际私法条约时，无论当事人是否对此选择适用，基于该条约尚未对我国生效的事实，均应视为国际惯例予以适用为宜。

以下案例表明，我国涉外民商事审判实践中，即使在当事人未选择适用相关国际私法条约的情况下，法院也会将此类国际条约作为国际惯例加以直接适用。

1. 1993年，广州海事法院审理的重庆对外贸易进出口公司诉土耳其杰拉赫奥乌尔拉勒总运输船舶商业有限公司"娅菲丝"轮预借提单纠纷案中，法院认为："本案提单签订地在土耳其，但是，损害结果发生地在中国，应当依据中国法律和有关国际条约，以及土耳其国法律认定土耳其船舶公司签发提单的行为是否合法。根据《中华人民共和国海商法》第74条规定，参照1924年《统一提单的若干法

① 参见《美国统一商法典》，UCC1-102（2），潘琪译，中国对外经济贸易大学出版社1990年版。

② 参见王淑敏：《新型贸易融资的国际私法统一法源研究》，知识产权出版社2006年版，第209页。

③ 参见肖永平：《法理学视野下的冲突法》，高等教育出版社2008年版，第352页。

律规定的国际公约》第 3 条第 7 款的规定，并注意到《土耳其商法》第 1097 条规定，承运人在货物装船完毕后才能签发已装船提单。土耳其船舶公司违反了上述法律和国际条约的规定，在货物尚未装船时就签发了已装船提单，构成了预借提单。①

显然，广州海事法院在此案中是将该公约作为国际惯例加以适用的，因为中国至今未加入《海牙规则》，且本案当事人又未选择适用《海牙规则》，而是法院依职权主动地适用。

2. 1995 年，广东高院审理的香港民安保险有限公司诉圣文森特永航船务有限公司和中国营口海运总公司“仙人轮”货损纠纷案中，也将《海牙规则》认定为国际惯例，并在判决书中加以引用。

3. 2011 年 11 月，上海铁路运输中级法院在审理的中铁国际多式联运公司与吉微亚公司货运代理合同纠纷案中，适用了中国尚未加入的《联合国国际货物多式联运公约》中关于“多式联运”定义的规定。本案的争议焦点是中铁联运公司有无将本案所涉货物运至位于吉尔吉斯共和国境内的吉方供电局仓库的合同义务？上诉人吉微亚公司拒付运费有无正当合理的事由？这一问题涉及中铁联运公司在本案中的运输方式是否构成多式联运的问题。

关于本案的法律适用问题，双方当事人在一审时皆已确认本案系因铁路货运代理合同引起的纠纷，对此，故应该适用《合同法》有关“委托合同”的相关规定。而上诉人（吉微亚公司）在二审中认为应该适用《合同法》有关运输合同中有关“多式联运”的规定。但《合同法》有关“多式联运”的规定中，对何谓多式联运并未予以定义。对此，法院认为：根据《联合国国际货物多式联运公约》的规定，“多式联运”是指按照多式联运合同，以至少两种不同的运输方式，由多式联运经营人将货物从接管货物的地点运至指定交付货物的地点。而为履行单一方式运输合同而进行的该合同所规定的货物接运（含公路段）业务，不应视为多式联运。根据本院查明的事实，本案中铁联运公司并非以多式联运经营人而是以货运代理人的身份承接的业务，不构成多式联运，故上诉人的上诉理由并无法律和事实依据。②

本案中，上海铁路法院也是依职权主动将《国际货物多式联运公约》作为国际惯例而加以适用的。《法律适用司法解释》第 9 条中关于“当事人在合同中援引尚未对中华人民共和国生效的国际条约的，人民法院可以根据该国际条约的内容确

① 该案的具体内容可访问中国涉外商事海事审判网 http://www.ccmt.org.cn/，2012 年 8 月 16 日访问。

② 上海铁路运输中级人民法院（2011）沪铁中民终字第 17 号。

定当事人之间的权利义务”的规定，也与《民法通则》第142条第3款“适用国际惯例”的规定相符合，因为此处法院所“根据该国际条约的内容”，是我国缔结或者参加的国际条约中“没有规定的”内容。

三、适用未加入国际私法条约的特征与方式

1. 对于未加入国际私法条约，法院无论是通过意思自治的冲突规范间接适用，还是将其作为国际惯例直接适用，该条约本身对法院地所在国并无约束力。换言之，法院只是处理案件中为解决纠纷需要而进行的个案适用，而非直接履行公约义务的普遍适用。以上《法律适用司法解释》第9条中关于适用尚未对中国生效国际条约的规定也反映了这一特点，因为第9条中关于法院“可以适用”的规定表明该条约本身对法院无拘束力，如有拘束力，则会采用“应当适用”的规定。由此可知，这种适用对同类案件的处理不具普遍约束力。一般而言，条约约束力针对的是对缔约国的约束力，此即《维也纳条约法公约》第34条“条约非经第三国同意，不为该国创设义务或权利”的规定所体现的传统国际法中“公约对第三国不加损害也不予利益”的原则。非缔约国法院主动适用公约的后果只是对特定案件的当事人具有法律约束力。因此，对于同一个条约，非缔约国法院的适用，在性质上并不同于缔约国法院的适用。

2. 在缔约国法院适用的所缔结条约情况下，受国际条约约束的是缔约国本身。为履行条约义务，它可以在处理跨国交易案件中直接适用条约规定，或者采用间接适用方式时修改相应的国内法规定，以确保其不与条约规定相冲突，如有冲突，除声明保留的条款外，则应优先适用国际条约。对此，《中华人民共和国民法通则》第142条明确规定“中华人民共和国缔结或者参加的国际条约同中华人民共和国的民事法律有不同规定的，适用国际条约的规定，但中华人民共和国声明保留的条款除外。”比较典型的情况就是，中国法院在处理涉外买卖合同纠纷案件时，适用中国所加入的1980年《联合国国际货物销售合同公约》① 作为处理案件的法律依据，以履行其所承担的国际条约义务。在“美国联合企业有限公司与中国山东省对外贸易总公司烟台公司购销合同纠纷上诉案”② 中，最高人民法院认为：“中国和美国都是《联合国国际货物销售合同公约》缔约国，双方当事人在合同中没有选择法律，应自动适用《联合国国际货物销售合同公约》。”

---

① 中国于1980年维也纳外交会议上签署了该公约，并于1986年递交了核准书，公约于1988年1月1日起对我国生效。

② 最高人民法院（1998）经终字第358号。

3. 对于国际私法条约，实践中存在着两种不同的适用方式：直接适用国际条约；通过冲突规范（意思自治）间接适用国际条约。前者主要指缔约国对私法条约的适用，后者主要指非缔约国对私法条约的适用。本文讨论的主要是后者。国际私法条约的间接适用有两种含义，一种是通过冲突规范适用国际条约，这是只是形式上的间接适用，但在内容上仍是直接适用；二是通过修订符合公约内容规定的国内立法，从而间接适用了国际条约，这不仅是形式上，而且在内容上均是间接适用。一般而言，第二种方式是缔约国对公法领域的条约所采用的适用方式。对于私法领域的条约，则既可直接适用，亦可间接适用，但缔约国往往采用以直接适用为主，间接适用（在形式与内容上）为辅的方式履行条约义务。

四、适用此类条约的条件与限制

对于我国已加入的国际私法条约，除我国声明保留的条款外，一般应在我国法院得到优先适用，尽管在适用形式上也可采用间接适用的方式，法律上并不存在对其适用加以条件与限制的问题。但作为非缔约国适用相关的国际私法条约，则不同于作为缔约国的适用情况。根据我国现行的法律原则与以上的法律分析，适用此类条约应受制于以下条件与限制。

（一）当事人协议选择适用国际条约

当事人的协议选择是适用我国未加入的国际私法条约的基本条件。因为“如果我国不是某一国际条约的缔约国，该条约不能优先直接适用。当中国法院审理这一类案件时，必须首先适用中国法中相应的冲突规范”。① 此处的相应冲突规范应为涉外合同领域的意思自治原则。换言之，必须经过当事人明示选择特定国际私法条约作为其国际商业合同的准据法。此即我国《涉外民事关系法律适用法》第 3 条所规定的“当事人依照法律规定可以明示选择涉外民事关系适用的法律”。《最高人民法院关于审理涉外民事或商事合同纠纷案件法律适用若干问题的规定》第 3 条也规定：“当事人选择或者变更选择合同争议应适用的法律，应当以明示的方式进行。”由此可知，我国法律规定当事人选择其准据法的法定方式是协议选择。此外，上述《法律适用司法解释》第 9 条有关适用尚未对中国生效的国际条约的规定，则点明了当事人的这种选择适用必须明示，因为该条中采用了“当事人在合同中援引”的用语。

① 参见肖永平：《法理学视野下的冲突法》，高等教育出版社 2008 年版，第 352 页。

（二）拟适用的条约已经生效

一般而言，当事人选择适用的国际私法条约应当是已经生效的国际条约，尽管该条约并未对中国生效。虽然我国是非缔约国，但该条约客观上已在国际上生效。例如上文所引用的我国法院适用《海牙规则》的案例即属此类情况。从法理上看，一个尚未生效的条约对当事人也不应产生拘束力。不过，例外的情况可能也会发生：对于一项尚未在国际上生效的公约，如果该公约的内容已被各国视为国际惯例而在实践中得以运用。例如，由55个国家于1988年5月在加拿大渥太华签订的《国际融资租赁公约》，该开放性公约目前因批准国不足而尚未生效。① 中国虽参加了公约文本的起草审议工作，但是最终亦未加入该公约。虽然该公约目前尚未生效，但其内容已作为国际惯例而被普遍使用。

（三）国内法律对争议问题没有相应法律规定

如果当事人并未选择国际私法条约作为其准据法，而中国又非该条约的缔约国，但法院在审理涉外民商事案件时，因国内法律对所涉争事项没有相应法律规定，而需借鉴该民商事公约并将其作为国际惯例加以适用时，国内法律对此案争议问题无相应法律规定，便成为适用该国际私法条约的前提条件。换言之，在国内法已有相应规定的情况下就失去了适用该条约的必要性。这也是我国法院适用国际惯例的条件，即《中华人民共和国民法通则》第142条第3款规定的“中华人民共和国法律和中华人民共和国缔结或者参加的国际条约没有规定的，可以适用国际惯例”。此时法院主动适用国际私法条约的情况，应主要针对国际民商事案件中的侵权纠纷或侵权与违约竞合的纠纷案件。

（四）适用的结果不能违反我国强制性法律规定或社会公共利益

由于法律适用的对象是未对中国生效的国际私法条约，而非中国已加入的国际条约，因此无论是作为当事人准据法的适用，还是法院的主动适用，其先决条件是适用该条约不得违反国内法的强制性规定或社会公共利益，因为此时被适用的条约的法律地位相当于外国法律或国际惯例。其法理依据来自我国相关法律对此的明确规定，即：《中华人民共和国涉外民事关系法律适用法》第4条“中华人民共和国

① 该公约明确规定了融资租赁两个合同（买卖合同、租赁合同），三方当事人（供应商、出租人、承租人）的关系以及各方当事人的权利义务。由于多数发展中国家认为出租人作为设备所有人应承担对设备的责任，而英、美、日等国代表认为出租人只是资金融通的角色，不应承担任何其他责任。这一根本性的分歧导致许多国家未批准加入该公约。

法律对涉外民事关系有强制性规定的，直接适用该强制性规定。”第 5 条“外国法律的适用将损害中华人民共和国社会公共利益的，适用中华人民共和国法律”。《最高人民法院关于审理涉外民事或商事合同纠纷案件法律适用若干问题的规定》第 6 条“当事人规避中华人民共和国法律、行政法规的强制性规定的行为，不发生适用外国法律的效力，该合同争议应当适用中华人民共和国法律”。第 7 条“适用外国法律违反中华人民共和国社会公共利益的，该外国法律不予适用，而应当适用中华人民共和国法律”。

在中国司法实践的“中银香港公司诉宏业公司等担保合同纠纷案”① 中，最高人民法院认为：“本案为担保合同纠纷，所涉担保系内地的公司作为担保人，为香港公司的外币借款进行担保，该担保属于对外担保。当事人虽然在担保契约中约定适用香港的法律，但由于香港特别行政区与我国内地分属于不同的法域，根据最高人民法院《关于贯彻执行〈中华人民共和国民法通则〉若干问题的意见》第 194 条规定所确立的原则，涉外合同当事人选择法律适用时，不得规避我国强制性或者禁止性法律规范。我国内地对于对外担保有强制性的规定，本案担保契约如果适用香港法律，显然规避了上述强制性规定，故本案当事人关于担保契约适用香港法律的约定不发生法律效力，本案纠纷应适用我国内地的法律作为准据法。”一般而言，以上强制性法律规定主要指我国法律中的有关对外贸进出口管理、外汇金融管理、工商行政管理等方面的审批制度与规定。

《法律适用司法解释》第 9 条则进一步明确了适用尚未对中国生效的国际条约不得违反我国社会公共利益与强制性法律规定的原则，即“当事人在合同中援引尚未对中华人民共和国生效的国际条约的，人民法院可以根据该国际条约的内容确定当事人之间的权利义务，但违反中华人民共和国社会公共利益或中华人民共和国法律、行政法规强制性规定的除外”。

五、结论

1. 国际私法条约仅对缔约国有约束力，适用于缔约国的当事人所形成的特定法律关系，但国际私法条约亦是各缔约国共同制定的“法律”。既然各国都承认当事人有权选择适用的法律，就有理由认为其所选择的法律除了一国的国内法外，还可包括某一国际条约。在各国国内法允许当事人选择解决争议法律的情况下，一个合乎逻辑的结论是该“法律”可以包括国际条约，除非适用该条约的结果会违反国内法的强制性规范或社会公共利益。

① 参见《最高人民法院公报》2004 年第 7 期。

2. 在适用的方式上，对已加入国际私法条约的适用主要是法院直接适用；而对中国未加入该类条约的适用有两种方式：一是通过冲突规范，即当事人意思自治方式的间接适用；二是由法院加以直接适用，即在中国法律对涉争问题无相应规定情况下，将其作为国际惯例予以适用。

3. 在双方当事人选择适用的情况下，由于适用的公约尚未对中国生效，因此既可将其视为对外国法的适用，亦可将其作为客观存在的国际惯例的适用。在当事人并未选择适用国际私法条约的情况下，如因我国法律对涉争事项无相应规定，则可将该类条约视为国际惯例予以直接适用，但必须是所争议的法律问题在该私法条约的调整范围之内。

Analysis on the Application by Chinese Courts of Private International Law Treaties to which China is not a Contracting State

Abstract: Whether private international law treaties to which China is not a contracting state can be applied by Chinese courts in dealing with international civil and commercial cases is a theoretical and practical problem existing in judicial trials in China. As there exist many substantive-norms in the aforesaid treaties, andparties are likely to choose such treaties as their governing laws in their business transactions. The discussion of the legal issue refers to the possibility of such application and its legal basis, reality, feature, conditions and restrictionsetc. . The concrete analyses should be made so as to draw a conclusion.

Key words: Private International Law Treaties; application by Non-Contracting States; Party Autonomy; International Customs; Restrictions on the Application.

金融衍生品交易中"观望权"现象研究*

□ 李仁真 杨 毅**

内容摘要 "观望权"是指金融衍生品交易一方当对手方发生破产等违约事件时，为了避险或套利在"瑕疵资产"与"终止净额结算"制度之间进行选择，从而发生的一种观望事态发展、使待履行交易处于停滞状态的现象。"观望权"现象的存在给金融衍生品交易带来了极大的不确定性，而英美法院在相关案件中所持的不同态度又使交易主协议的域外效力面临巨大的法律风险。"观望权"在本质上是当事人的一种制度选择行为，它通常因交易主协议本身的制度缺陷及其法律漏洞而引起。解决由此引发的法律问题应从完善主协议入手，包括对先决条件设置存续期间，避免"无限度"的拒绝履行，同时通过补充协议澄清主协议文本的含义，以弥补法律漏洞并加强制度衔接。

关键词 "观望权"；金融衍生品交易；瑕疵资产；终止净额结算；制度选择

目 次

* 2010 年度教育部人文社会科学重点研究基地重大项目"国际金融法律秩序变革研究"（项目批准号：11JJD820009）。

** 李仁真（1956—），女，湖北松滋人，武汉大学国际法研究所教授，博士生导师。
杨毅（1986—），男，内蒙古包头人，武汉大学国际法研究所硕士研究生。

（二）以补充协议对主协议加以修改和完善

金融衍生品作为一种重要的金融工具，具有管理风险、获取收益的功能。金融衍生品交易具有高流通性和高风险性的特点，交易双方所面临的风险敞口会随着交易的进行而时刻发生变化。2008年“金融海啸”席卷全球，包括雷曼兄弟在内的大批金融机构相继破产倒闭，大量待履行的金融衍生品留待各国破产程序来处理，于是便出现一个新的现象——“观望权”（the Power to Wait and See）①。通俗地讲，“观望权”是指当场外金融衍生品交易中的一方发生破产违约时，对手方所发生的一种“等等看”的现象。它通常因金融衍生品交易主协议本身的制度缺陷及其规则含糊不清而引起的。当雷曼兄弟等金融机构的破产接管人就“观望权”所涉的“支付请求权”向法院提起诉讼时，英美两国法院对“观望权”的态度却存在着巨大的差异。这就给金融衍生品交易主协议的确定性蒙上了一层厚厚的阴影，因而引起国际社会对“观望权”问题的关注。本文结合国际最新实践，首先论述“观望权”的含义及其产生的制度背景，然后梳理相关法院案例所提出的问题并进行法律分析，进而提出解决“观望权”问题的法律路径和对策措施，以期为完善中国金融衍生品交易制度和相关国际法律实践提供理论参考。

一、“观望权”的含义及其产生的制度背景

“观望权”一词，是国际私法统一协会（UNIDROIT）的金融工具净额结算原则与规则工作组②在2011年会议文件中提出的一个描述性概念，其字面意义是“等等看的权力”。从严格意义上讲，“观望权”并不是一项法定的正当权力，而是指金融衍生品交易的一方当对手方发生破产等违约事件时，为了避险或套利而进行相关制度选择，从而发生的一种观望事态发展、使待履行交易处于停滞状态的现象。

“观望权”现象的产生，关涉金融衍生品交易主协议所特有的三项基础性制度，即单一协议（Single Agreement）、瑕疵资产（Flawed Assets）与终止净额结算（Close-out Netting）。它作为交易当事人的一种制度选择行为，对于交易主协议的瑕疵资产制度与终止净额结算制度的有效衔接提出了严峻挑战。

---

① Cf. International Institute for the Unification of Private Law, *the Report of UNIDROIT Study LXXVIII C-Doc.* 4, p. 14, parp. 75, under http://www.unidroit.org/english/documents/2011/study78c/s-78c-04-e.pdf.

② UNIDROIT Study Group on Principles and Rules on the Netting of Financial Instruments.

依“瑕疵资产”制度，金融衍生产品的交易一方履行交易项下支付或交付义务必须满足一定的前提条件，其中之一就是交易对手方未发生或未持续存在主协议项下约定的任何违约事件或潜在违约事件。① 而依“终止净额结算”制度，当发生违约事件或终止事件而导致主协议项下届时续存的所有交易或受影响的交易被提前终止时，交易双方根据约定方式，只对双方在主协议项下全部被终止交易的互有盈亏头寸进行计算和轧差，确定一个单向的净支付义务。② 目前，无论是国际上通行的 ISDA 主协议，③ 还是中国银行间市场适用的 NAFMII 主协议，④ 均存在类似的规定，即：如果交易一方自身或其监管部门启动针对该方的接管、破产、清算等行政或司法程序，就构成主协议项下约定的违约事件之一；当违约事件发生时，守约方拥有启动终止净额结算制度的权利。

然而，在金融衍生品交易实践中也可能会出现这样一种情形：当交易一方发生破产违约事件时，破产违约一方是主协议项下所有续存交易经轧差后的实值一方，而守约一方则是提前终止净额的支付方，也就是说，依受影响交易的公允市场价值计算，守约方应向违约方履行净支付义务。在这种情况下，守约方占据着有利的地位，为了谋求自身利益或减少风险损失，就可能会选择不按照终止净额结算制度去提前终止双方在主协议项下的所有待履行交易，而是转而根据瑕疵资产制度，以交易对手存在违约事件为由而拒绝履行支付义务；而此时，违约方及其破产清算人根据主协议的规定却没有任何权利启动或要求交易对手启动终止净额结算制度。这种现象就是所谓的“观望权”，指的是守约方在事实上拥有的一种观望事态发展，使金融衍生产品交易履行处于停滞状态的“权力”。

二、“观望权”相关案例及提出的法律问题

世界上首例对“观望权”现象作出回应的法院判例是澳大利亚 Enron 案。2004 年，在 Enron Australia v TXU Electricity Ltd (2005) 53 ACSR 295 一案的判决中，澳大利亚法院认为，在交易一方发生破产违约事件的情况下，守约方有权利用 ISDA

---

① 关于瑕疵资产的规定，见 ISDA 主协议的 Section 2 (a) (iii)；NAFMII 主协议的第四条第（三）款。

② 关于终止净额的规定，见 ISDA 主协议的 Section 6 (e)；NAFMII 主协议的第六条第（八）款。

③ 指国际掉期与衍生交易协会（International Swaps and Derivatives Association）制定的主协议，现行的是 2002 年主协议，现已成为国际上通行的行业惯例。

④ 指中国人民银行授权中国银行间市场交易商协会公布的《中国银行间市场金融衍生产品交易主协议（2009 年版）》。

主协议中瑕疵资产制度以“无限度”（indefinite）的拒绝履行支付义务。同时，该法院还认为，依 ISDA 主协议中的终止净额结算制度，提前终止合约仅仅是守约方的一项权利而并非一项义务，也就是说，守约方有权选择不去这么做。该案是 2008 年全球金融危机爆发之前出现的唯一涉及“观望权”现象的法院案例，当时并没有引起国际社会的足够关注。美国次贷危机爆发之后，随着雷曼兄弟等大型金融机构的破产倒闭，美英两国法院相继受理了多起有影响的相关诉讼案件。① 不同法院对“观望权”现象表示出的不同态度，反映出金融衍生品 ISDA 主协议的法律不确定性风险，因而立即引起学术界和实务界的关注。

（一）美国 Metavante 案

2008 年雷曼兄弟破产后，美国纽约州破产法院就 Metavante Corporation v. Lehman Brothers Special Financing, Inc. ② 一案于 2009 年作出裁判。与前述澳大利亚 Enron 案不同，纽约州破产法院认为，守约方在这种情况下不得利用 ISDA 主协议中瑕疵资产制度“无限度”（indefinite）地拒绝履行支付义务，同时还认为，守约方有义务在启动终止净额结算以提前终止主协议项下届时全部存续的交易与继续照常履行合约之间作出选择。该法院明确指出，尽管 ISDA 主协议中并没有规定守约方在交易对手破产时必须立即行使其提前终止权，但是，如果守约方在一定的“合理期限”内没有及时采取行动的话（依本案裁判，这个合理的期限应为不超过一年），那么法院就会认为这种不作为已经构成了对其权利的默示放弃，守约方将因此丧失其提前终止权，必须继续履行合约。

（二）英国 Marine 案

在美国 Metavante 案不久，英国最高法院也在 Marine Trade SA v. Pioneer Freight Futures Co Ltd & Armada Singapore Pte Ltd [2009] EWHC 2656（Comm）一案中表明了自己对“观望权”的态度。英国最高法院在守约方能否利用 ISDA 主协议中的瑕疵资产制度对违约方“无限度”地拒绝履行支付义务这个问题上，得出了与前述澳大利亚 Enron 案一致的结论，但是二者的理由却大相径庭。该法院认为，根据 ISDA 主协议关于交易双方在同笔交易项下支付义务适用支付净额的规定，虽然违约方在交易项下的应支付款项已经满足履行条件，但是，同笔交易项下与其进行轧差计算的守约方的应支付款项却并没有满足 ISDA 主协议中第三条第（一）款第 3

---

① 因为英国法和美国纽约州法是国际上通行的 ISDA 主协议的两大准据法。

② *In re Lehman Brothers Holdings Inc.*, Case No. 08 - BK - 13555 (JMP) (Bankr. S. D. N. Y. September 15, 2009).

项规定的履约前提条件，这就意味着缺乏与违约方应支付款项进行轧差的对象，因此，在这种情况下根本就没有产生应由守约方履行的支付义务。这一解释表明，英国最高法院认为瑕疵资产制度针对的是“轧差前的各方应付款项”，而非“轧差后的应付净额”。这种观点非常出乎市场的意料。

（三）英国 Lomas 案

到了 2010 年，同样是由雷曼兄弟破产而引发一起诉讼案件被提交到了英国最高法院。在 Lomas v JFB Firth Rixson，［2010］EWHC 3372（Ch）案件的裁判中，英国最高法院延续了其以往的态度，认为在交易一方出现破产违约的情况下，守约方有权利用瑕疵资产制度“无限度”地拒绝履行支付义务。但与 Marine 案不同，英国最高法院在该案中认为，ISDA 主协议中瑕疵资产制度针对的是“轧差后的应付净额”，因此，如果在约定的到期日（即非提前终止情况下的交易终止日）之前其先决条件得以满足（即违约不再存在）的话，那么应恢复支付“应付净额”；如果先决条件在约定的到期日仍没有得到满足，那么被中止的支付义务就将失效，从而无需再去进行支付。英国最高法院的这一立场同样引发了金融衍生品市场的不安。

分析上述案例，可以看出，“观望权”现象提出了若干值得研究的法律问题，其中主要有四：其一，守约方在对方发生破产的情况下利用瑕疵资产制度拒绝履行交易项下的到期支付义务是不是“无限度的”？其二，守约方在终止净额结算制度下享有的提前终止权如在一定期限内未行使，是否会产生权利丧失的效果？其三，守约方在这种情况下拒绝履行交易项下支付义务的理由是什么？是因为应当履行的义务被停止了，还是因为根本就不存在应当履行的义务？其四，如何处理主协议约定的到期日（Termination Date）与先决条件之间的关系？

上述问题如不能得到妥善解决，很可能引发法律不确定性风险。这种法律不确定性风险的存在，不仅意味着交易各方通过金融衍生品进行“镜像”交易以对冲基础金融产品风险的目的可能无法实现，而且意味着金融衍生品交易主协议下风险缓释机制的效果可能难以保证。在跨境破产背景下，各国法院对“观望权”问题的不同理解还可能导致破产判决无法得到跨境执行。由于各国金融衍生品交易所使用的交易合约文本从总体上说是高度相似的，因而在交易实践中出现的法律问题也可能是基本相同的。然而，由于金融衍生品交易主协议的解释及其效力取决于各国的相关法律规定，各国交易者所使用的主协议的准据法是不同的，因而就产生了同样的问题在不同国家处理结果不同的现象。鉴于此，我们认为，有必要以英美等国的相关案件为样本，分析“观望权”现象引发的法律问题，以警示可能发生的法律风险。

三、“观望权”现象的法律分析

“观望权”现象是金融衍生品交易实践所提出的一个崭新课题。目前，对于其涵义、性质及所涉法律问题及其后果，理论界与实务界正在研讨之中，尚未形成一致的看法。

笔者认为，“观望权”在本质上是金融衍生品交易当事人的一种制度选择行为。“观望权”一词，生动形象地描绘出当金融衍生品交易一方发生破产等违约事件时，守约方当事人利用主协议中瑕疵资产制度和终止净额结算制度之间衔接的漏洞，“无限度”地使合约履行处于不确定状态的情形。就其字面意义而言，“观望权”即“且观事态发展，等等再做决定”，似乎是颇合乎人之常情的，但在实际上，守约方当事人早已作出了决定，那就是：如果事态发展对守约方而言继续恶化，即作为合约虚值一方的应付额度进一步扩大，则守约方必然会继续诉诸瑕疵资产制度以先决条件未满足而拒绝履行。现有案件中的守约方也都是这么做的；如果事态有幸朝着有利于守约方的方向发展，即守约方转而成为合约实值的一方，则守约方可以凭借各国破产法对金融合约适用的“避风港规则”①，通过终止净额结算制度行使提前终止权，以应付净额成为违约方的债权人，甚至通过衍生品合约上的履约保障安排使自己优先于一般破产债权人受偿。

就法律性质而言，“观望权”并不一定属于违法行为。它作为守约方利用交易主协议相关制度的差异而选择制度的行为，虽然违背制度设计的初衷，具有增加交易主协议不确定性风险等不利法律影响，② 但并非应定性为“违法行为”加以打击，而应当通过完善相关制度从而压缩挑选的空间来加以防范。从一定意义上讲，当事人的这种行为是结构性的，只要存在制度间隙或法律漏洞，就会产生制度选择；追求利益最大化是金融企业的经营目标，当金融衍生品交易一方发生破产等违约事件时，守约方既然面临在瑕疵资产制度或终止净额结算制度之间进行选择的“机会”，自然会产生挑选于己有利的制度适用而规避于己不利的制度适用的动机和行为。应当看到，交易市场存在着这种可供交易主体进行制度挑选的空间，也就意味着市场存在着“监管滞后”（regulation lap）。这是有必要对现有法律制度进行

---

① “避风港规则”源于美国破产法典对金融合约的特别保护。根据该规则，金融合约不受破产程序对履行合约自动中止的影响。

② *Cf.* Santiago Carbo-Valverde, Edward J. Kane, Francisco Rodriguez-Fernandez, “Evidence of Regulatory Arbitrage in Cross-Border Mergers of Banks in the EU”, NBER Working Paper No. 15447, Issued in October 2009.

完善的一种先兆,① 但并不意味着现有法律制度必然遭到了破坏。当然，从破产法的角度而言，"观望权"现象的存在将会减少破产财产应有的数量，损害一般债权人的利益和公共利益，必须采用相应的法律措施加以解决。

针对前述"观望权"案件所反映的法律不确定性问题，笔者认为，在采取相应的法律措施之前，有必须基于金融衍生品交易的行业惯例和相关法律的精神，从理论上对有关的制度、规则和观点进行去粗取精、去伪存真。为此，我们得出以下几点认识：

第一，在交易一方发生破产等违约事件的情况下，守约方的确有权利用主协议中的瑕疵资产制度拒绝履行其所承担的支付义务，但这种拒绝履行是否可以"无限度"，那就另当别论了。应当指出，ISDA 主协议中的"瑕疵资产制度"在 NAFMII 主协议中称为"支付净额制度"，即交易项下一方对另一方的支付请求权是一种"有瑕疵的"不确定的权利，只有在满足一定条件的前提下，这种请求权才得以行使。"瑕疵资产制度"源于国际银团贷款协议中的先决条件，其作用在于确保每一笔贷款发放前，所有法律事项和财务事项都已得到妥善处理，并且履约保障也已到位,② 其制度设计的目的在于确保交易双方都可以通过履行合约来满足各自的预期需要，或者可以通过都不履行合约来避免一方遭受不公平的损失（如单方履约而对方却无力履行义务)。很显然，瑕疵资产制度设计的主要目的在于更好地保护守约方的权利，通过震慑交易一方可能出现的违约，显著降低守约方的风险敞口，以避免守约方遭受更大的损失。从目的解释的角度来看，如果守约方处于虚值一方而"无限度的"拒绝履行支付义务，则不符合瑕疵资产制度设计的初衷。

第二，在交易一方发生破产等违约事件的情况下，利用主协议中的终止净额结算制度行使提前终止权，应当是守约方的一项权利而非一项义务。终止净额结算制度作为金融衍生品交易中常用的一种信用风险缓释技术，其功能在于降低交易对手的信用风险敞口，从而降低金融衍生品市场的系统性风险。正是由于其具有降低信用风险方面的作用，巴塞尔委员会长期以来一直推荐各国市场参与者有条件地使用终止净额结算③。在 2008 年金融危机后，金融稳定理事会（FSB）亦推荐各国监管当局在对问题金融机构的跨境处置中，承认各国交易者在实践中所使用的终止净

---

① *Cf.* Silber, W. L., "The Process of Financial Innovation", *The American Economic Review* Vol. 73, No. 2, pp. 89-95

② 菲利普·伍德：《国际金融的法律与实务》，姜丽勇、许懿达译，法律出版社 2011 年版，第 124 ~ 126 页。

③ Cf. Basel Committee on Banking Supervision, *Report and Recommendations of the Cross-border Bank Resolution Group*, March 2010, Recommendation 8, pp. 35-38.

额结算的有效性。① 迄今为止，尚没有市场参与者提出要对实施终止净额结算施加硬性的时限要求。既然积极行使提前终止权可以降低风险，而未积极行使此项权利也不会造成风险的增加，那么，行使提前终止权就应当被视为守约方的一项权利而非一项义务，即使守约方没有及时行使其提前终止权，也不能因此而丧失此项权利。我们欣喜地看到，这一问题在 NAFMII 主协议（2009 年版）中已经得到了相应的处理。该主协议第十五条规定了“不放弃权利”条款，约定交易一方未行使、迟延行使或部分行使本协议项下的任何权利，都不应当被视为放弃该权利。

第三，在交易一方发生破产等违约事件的情况下，守约方能否拒绝履行交易项下的支付义务，应当结合主协议的核心制度安排进行综合考量。众所周知，在金融衍生品交易主协议的核心制度安排中，除了“瑕疵资产”和“终止净额结算”以外，还有“单一协议”制度。单一协议制度是 ISDA 协议的最基础性的制度安排，即 ISDA 协议呈伞状结构，交易双方达成的主协议、附件和所有交易确认书②，一起构成“单一而完整的协议”③。基于这一安排，签署主协议的交易双方之间只存在一个合同法律关系，如果交易一方在其中任一交易下违约，则可能导致交易双方整个主协议项下的所有交易被提前终止，进行终止净额结算。单一协议制度的核心作用，在于加强终止净额结算的有效性，防止交易一方出现破产事件时，其破产管理人对于待履行的交易进行“挑肥拣瘦”，只是有选择性地（cherry picking）履行那些对破产债务人有利的交易。由此可见，要避免主协议涵盖的任何交易被剥离出单一协议之外，主协议下的支付义务不应当被理解为“数个对向性的支付总额的义务进行抵消后得到的一个单向支付净额”的义务，而应当理解为“以对账面金额进行轧差计算得出的净额为标的”的一个支付义务。因此，瑕疵资产制度并没有对已存在的支付或交付义务产生“暂停”的效果，也没有赋予交易方“拒绝”履行已存在的支付或交付义务的权利，相反，它应当被理解为在先决条件没有得到满足或者说先决条件阻止支付或交付义务产生的效力没有消失的情况下，根本就没有支付或交付的义务产生。

第四，“到期日”与“先决条件”所针对的是在没有发生提前终止的情况下主协议项下交易的不同方面，应当对其适用及其效力作合理解释。从文义解释的角度

---

① Cf. Financial Stability Board, *The Key Attributes of Effective Resolution Regimes for Financial Institutions*, p. 10, published on 4 Nov. 2011。

② 《中国银行间市场金融衍生品交易主协议（2009 年版）》中称之为“主协议”、“补充文件”和“交易有效约定”。

③ 如 ISDA 主协议第 1（c）款明确规定：所有交易的进行乃基于本主协议以及所有确认书构成双方之间的单一协议这一事实，否则双方不会进行任何交易。

看，“到期日”所处理的是在没有发生提前终止的情况下主协议项下的交易何时终结的问题，而不是主协议中先决条件的效力何时到期的问题，而“先决条件”所制约的是支付或交付义务产生，它的效力不应当是“无限度的”，如果约定的先决条件得以满足，或者先决条件阻止支付或交付义务产生的效力消失，则支付或交付义务就理应产生。就因果关系来看，交易下的义务只有先“产生”了才能终结，没有产生就无所谓终结。交易双方订立合同的目的就是为了履行合同，如果到了到期日其先决条件的效力仍然存在，则依然不产生支付或交付义务；如果先决条件失效时已经超过了主协议约定的到期日，那么仍然能够产生主协议下的支付或交付义务。

四、解决“观望权”问题的法律路径

综上所述，“观望权”现象是在金融衍生品交易一方发生破产等违约事件的情况下，守约方当事人在交易主协议的瑕疵资产制度和终止净额结算制度之间进行逆向制度选择的结果。这种现象的存在，给场外衍生品交易及其主协议的效力带来了极大的不确定性，对主协议的核心风险管理制度之间的关系提出了现实挑战。解决“观望权”引发的法律问题应当从修改和完善主协议及其制度入手，通过补充协议澄清主协议文本的应有之意，弥补其制度缺陷和法律漏洞，包括对先决条件设置存续期间，避免“无限度”的拒绝履行所造成的不确定性风险。

（一）对先决条件设置存续期间

对先决条件设置存续期间，存在着固定期间（fixed time-limitation）与可变期间（flexible time-limitation）的模式选择。顾名思义，固定期间是固定而不可展期的，其好处在于激励相对人迅速行事，且提供了清晰的法律确定性；不足之处在于缺乏灵活性，如果主协议下的金融衍生品交易数量庞大，性质复杂，则可能面临时间紧迫而不足以作出周密决定的问题，甚至导致短期内仓促决定而可能引发资产价值“大幅缩水”，进而造成资本市场动荡。

与固定期间不同，采用可变期间的方法就是在条文中规定守约方应当以一种“商业上合理”的方式（in a commercially reasonable manner）而采取行动，至于“合理”与否则由法院或监管当局来审查判断。相比之下，这种并不规定硬性的时限而只作出“合理性”要求的方法，虽然具备了充分的灵活性，但却可能带来较大的法律不确定性。从ISDA所创设的衍生品交易主协议中三大风险管理制度的关系和主协议本身的宗旨来看，主协议及其风险管理制度的核心功能之一，就是要使有清偿力的交易方在其交易对手破产时，能够及时且妥善地处置与破产违约方有关的金融资产，避免其本身具有价值且会随市场行情在短期内剧烈波动的金融资产，经过漫长的破产程序而价值急剧缩水，进而避免或尽量减小守约方受到拖累以及由于违约方破产而导致金融市场上的“连锁反应”。

上述两种模式虽然各有利弊，但是后一种模式将“合理性”的判断权交给法院或监管当局行使，显然弊端更大。因为，无论是法院还是监管当局，作出“合理性”认定以及基于这种认定进行法律责任分配，必须通过一定的法律程序，特别是法院的破产程序以及与破产相关的诉讼程序一般都很漫长，从选定破产接管人到收集证据、确定诉讼的被告，再到提起诉讼，是一个旷日持久的过程，待到法院最终作出裁判时，这种“迟来的正义”已经“非正义”了。因此，应当采取规定硬性的存续期间的方法对部分先决条件的效力进行规制。

针对“观望权”所引发的不确定性问题，ISDA在广泛征询会员意见的基础上于2011年4月发布了有关的建议函，其中对先决条件的存续期间设置提出了如下建议：第一，明确由于违约或预期违约事件，交易一方有权根据ISDA主协议第二条第（一）款第3项在一段确定的期间内暂停支付或交付。第二，规定这个期间始于守约方因为先决条件没有满足而第一次拒绝支付或交付之日，止于起始日后90天和或180天，此期间结束之日称为“条件终结日”（Condition End Date）。第三，明示守约方在先决条件满足时或到达条件终结日时有义务履行应付的支付或交付义务，即使主协议约定的到期日已经过期。

（二）以补充协议对主协议加以修改和完善

就中国资本市场上使用的“NAFMII主协议（2009年版）”而言，本文认为，对“观望权”问题的处理可以采取“补充协议”① 的方式进行。通过补充协议，一方面解释或澄清主协议条文的应有之义；另一方面弥补主协议规定的制度缺陷，以便从源头上防止和避免“观望权”问题的产生。

基于本文的上述分析，补充协议至少应当明确以下内容：第一，在交易一方破产违约的情况下，守约方的拒绝履行不应当是“无限度的”。第二，瑕疵资产制度并没有对已经存在的支付或交付义务产生“暂停”的效果，也没有赋予交易方“拒绝”履行已经存在的支付或交付义务的权利。之所以守约方能够根据瑕疵资产制度拒绝履行支付或交付义务，是因为根本就没有支付或交付的义务产生。第三，先决条件不再制约支付或交付义务的产生时，支付或交付义务就理应产生，即使超过了到期日。

---

① 根据NAFMII主协议第一条第（二）款的规定，“补充协议”与“主协议”不一致的，“补充协议”有优先效力。

为了有效弥补 NAFMII 主协议的制度缺陷，同时加强其跨境效力，制定补充协议应当以 ISDA 发布的建议为模板进行。因为 ISDA 主协议是国际上采用最为广泛的金融衍生品交易的行业惯例，即便是那些不采用 ISDA 主协议的国家也以 ISDA 主协议为模板制作了本国版本。以 ISDA 发布的建议为模板制定补充协议，表明我国与其他各法域在对主协议条文理解上存在高度一致性。如此一来，有利于 NAFMII 主协议的跨境效力，确保主协议项下的交易不会因为各法域理解上的差异而被剥离于主协议之外，进而减少法律风险。

具体而言，为了避免“观望权”问题带来的法律不确定性风险，市场交易者可以在 NAFMII 主协议的“补充协议”中，作出如下约定：第一，违约事件发生且持续存在，而守约方又没有指定提前终止日的，主协议第四条第（三）款第 1 项规定的履约前提条件自条件终止日起（包括当日）不再约束交易一方按交易有效约定的内容履行支付或交付义务①；第二，条件终止日指履约前提条件失效日期，始于守约方因履约前提条件没有满足而第一次拒绝支付或交付之日后的第 90 个或第 180 个营业日（营业日的定义与准则参照《中国银行间金融衍生品交易定义文件（2009 年版）》的相关规定）；第三，违约事件或潜在违约事件曾经发生但后来消失的，且在违约事件存在期间守约方没有指定提前终止日的，视为满足主协议第四条第（三）款第 1 项规定，已经经过的条件终止日计算期间自违约事件或潜在违约事件消失之日终止；第四，到期日不影响根据上述第一项或第三项规定交易一方按交易有效约定的内容履行支付或交付义务；第五，交易一方按交易有效约定的内容履行支付义务须采取主协议第四条第（四）款和/或第（五）款的履行方式。

“The Power to Wait and See” in the Transaction of Financial Derivatives

Abstract: The power to wait and seeis the non-defaulting party, opting for the flawed asset or the close-out netting, suspends performance and waits to see the evolution in respect of executortransactions for the purpose of avoiding certain risks or escaping obligations, in the event of the occurrence of any default of the other party. The power to wait and see, originated from the regulation gap and ambiguity of the documentation, has caused vast uncertainty over the effectiveness and the intended meaning of the ISDA

① “主协议”第四条第（三）款第 1 项并不在“主协议”第二十三条所规定的“禁止修改与补充”的范围之内，故可以通过“补充协议”进行修改与补充。

Master Agreement in a cross-border context as a result of different judgments in the US and UK courts. The author proposes to solve this problem by specifying the period of the condition precedent to avoiding indefinite suspension, and by supplementing the ISDA Master Agreement with supplementary agreements.

Key Words: the power to wait and see; derivative transactions; flawed asset provision; close-out netting provision; option

再论我国的“不方便法院”原则

□ 涂广建*

内容摘要 “不方便法院”是英美法系法院在受理案件过程中普遍运用的原则，而在大陆法系，该原则却极少被接受。由于我国基本继承了大陆法系的传统，该原则原本也不被我国法律所采纳。但是，近二十年来，该原则却逐渐被我国法学界所关注，并且在我国法院涉外审判实践中，事实上已得到了适用。我国的一些学者对此已有所论述。本文作者通过系统研究我国法院对该原则的适用情况得出：相对于英美来讲，该原则在我国仅仅是得到了限制性地适用，这与我国司法系统构成现状和涉外管辖权体系相符。展望未来，“不方便法院”原则应当被我国法律所吸收，最高院可以制定出更多针对该原则的适用细则。

关 键 词 涉外管辖权不方便法院

目　　次

* 澳门大学法学院副教授，博士生导师，剑桥大学克莱尔堂终身学者。

一、引言

“不方便法院”是一项在英美法系国家很流行的原则,① 它是用来适调国际民商事司法管辖权的有效工具。② 通过这个原则，即使本地法院对案件享有司法管辖权，当域外的某一法院审理该案件明显更加方便或者本地法院审理该案件明显不方便时，法官享有可以拒绝管辖该案件的自由裁量权。③ 但在一些大陆法系国家，这个原则甚至被认为有违宪法，通常不被采用。④ 然而，事实上在这些国家通常却都存在该原则的一些替代性规则，尤其是在婚姻、家庭法领域。⑤ 我国整体上继承了大陆法系的传统，法律并不接受“不方便法院”原则。⑥ 但是自20世纪90年代以来，该原则却越来越受到我国学者的关注。虽然没有被法律所正式接纳，在司法实践中，该原则已被最高人民法院及一些下级人民法院所适用。本文冀希探讨“不方便法院”原则在我国是如何萌芽和生长起来的，通过系统性考察我国“不方便法院”原则的适用情况，并通过与其他国家的版本相比较，希望能更好地展现我国的实情并为该原则将来在我国的发展提出一些建设性的意见。

二、我国司法实践中的“不方便法院”原则

如上文所说，虽然“不方便法院”原则在我国没有得到法律法规的正式确认，

① See James J. Fawcett, General Report, in: James J. Fawcett (ed.), *Declining Jurisdiction in Private International Law*, Oxford University Press, 2005.

② See Arthur T von Mehren, Theory and Practice of Adjudicatory Authority in Private International Law: A Comparative Study of the Doctrine, Policies and Practices of Common-and Civil-Law Systems, 295 Collected Courses of the Hague Academy of International Law (2002), p. 306.

③ See James J. Fawcett, General Report, in: James J. Fawcett (ed.), *Declining Jurisdiction in Private International Law*, Oxford University Press, 2005, p. 2, 10. 但在美国，法官可以在没有确定有管辖权的情况下就适用该原则，see Tu guangjian, *Forum Non Conveniens in the Federal Court of the United States—an Update*, Netherlands International Law Review, Vol. 54, 2007, pp. 529-537.

④ See James J. Fawcett, General Report, in: James J. Fawcett (ed.), *Declining Jurisdiction in Private International Law*, Oxford University Press, 2005, pp. 21-27.

⑤ See James J. Fawcett, General Report, in: James J. Fawcett (ed.), *Declining Jurisdiction in Private International Law*, Oxford University Press, 2005, pp. 21-27. 本文将聚焦于该原则在一般民商事案件中的适用，而不研究其在婚姻家庭案件中的适用。

⑥ 王振民：《论中国的大陆法传统及其未来的变革》，载《中国法学前沿》2006年第1期，第72，78页。本文只研究“不方便法院原则”在中国大陆地区的情况，如非必须，中国香港、澳门、台湾的情况将不做涉及。

但是最高人民法院和一些下级人民法院在实践中却已经接受了该原则。从公布的判例对该原则的态度可以考察其在我国的适用情况。我国法院针对该原则的司法实践基本上可以以2005年《最高人民法院关于印发〈第二次全国涉外商事海事审判工作会议纪要〉的通知》(最高人民法院2005年通知)① 的发布为时间点分为前后两个阶段。

(一) 最高人民法院2005年通知发布之前的司法实践

1. 两大“萌芽”判例

在我国,公认的第一个适用“不方便法院”原则的案件是1993年东鹏贸易公司诉东亚银行信用证纠纷案。② 在这个案件中,被告东亚银行和原告东鹏贸易公司都位于香港,注册地和营业地也都在香港,东亚银行在中国大陆广东省深圳市有一个分支代表机构。③ 东鹏贸易公司向东亚银行申请开立了受益人为一家美国公司的信用证。之后,东鹏贸易公司发现收益人有欺诈行为,它要求东亚银行拒绝支付。但是东亚银行拒绝了东鹏贸易公司的请求并对收益人支付了款项。④ 按照当时《民事诉讼法》第241条的规定,因合同纠纷或者其他财产权益纠纷,对在中华人民共和国领域内没有住所的被告提起的诉讼,如果被告在中华人民共和国领域内设有代表机构,可以由代表机构所在地的人民法院管辖。于是,东鹏贸易公司于1993年向深圳市中级人民法院提起了对东亚银行的诉讼。但是东亚银行向法院提出了管辖权异议。东亚银行认为,该案应该适用“不方便法院原则”,由香港的法院管辖。⑤ 东亚银行的请求被深圳市中级人民法院驳回,东亚银行于是向广东省高级人民法院提起了上诉。广东省高级人民法院二审驳回了东亚银行的上诉,维持了中院

---

① 见最高人民法院2005年通知第11条。

② 详见广东省高级人民法院(1995)粤法经二监字第3号民事裁定书;施适、滕梅:《“不方便法院”原则在中国的发展现状》,载《法律适用》2003年第7期,第61~62页;奚晓明:《“不方便法院制度的几点思考”》,载《法学研究》2002年第1期,第83页。

③ 详见广东省高级人民法院(1995)粤法经二监字第3号民事裁定书;施适,滕梅:《“不方便法院”原则在中国的发展现状》,载《法律适用》2003年第7期,第61~62页;奚晓明:《“不方便法院制度的几点思考”》,载《法学研究》2002年第1期,第83页。

④ 详见广东省高级人民法院(1995)粤法经二监字第3号民事裁定书;施适,滕梅:《“不方便法院”原则在中国的发展现状》,载《法律适用》2003年第7期,第61~62页;奚晓明:《“不方便法院制度的几点思考”》,载《法学研究》2002年第1期,第83页。

⑤ 详见广东省高级人民法院(1995)粤法经二监字第3号民事裁定书;施适,滕梅:《“不方便法院”原则在中国的发展现状》,载《法律适用》2003年第7期,第61~62页;奚晓明:《“不方便法院制度的几点思考”》,载《法学研究》2002年第1期,第83页。

一审裁定。但是，东亚银行并没有轻易放弃，并成功地请求了广东省高级人民法院发起审判监督程序并在1995年对此管辖权异议进行再审。在再审过程中，广东省高级人民法院向最高人民法院咨询意见，最高人民法院作出批复：

"本案双方当事人已经明确约定服从香港法院的非专属性管辖，且本案双方当事人均为香港法人，其纠纷的产生也与内地无关，从方便诉讼的原则出发，该案应按当事人的约定，由香港法院管辖"。

据此，广东省高级人民法院裁定驳回了原告的起诉。①

同一年，最高人民法院自己直接处理了一起有关"不方便法院"原则适用的案件——佳华国际有限公司与锐享有限公司诉永侨企业有限公司与中侨国货投资有限公司股东权益纠纷案。② 这四个诉讼主体都是注册并位于香港的公司，佳华、锐享和永侨是中侨国货投资有限公司的股东。永侨在广东省有一个分支代表机构，中侨在广东省有房地产方面的实体投资。根据当时《民事诉讼法》第241条的规定，如果被告在中华人民共和国领域内设有代表机构或者被告在中华人民共和国领域内有可供扣押的财产，可以由代表机构住所地或可供扣押财产所在地的人民法院行使管辖权受理案件。佳华和锐享向广东省高级人民法院提起了对永侨和中侨的诉讼。他们认为永侨是中侨的大股东，利用了自己的优势地位操纵了中侨的经营，佳华和锐享作为小股东的利益被中侨所侵犯。虽然永侨和中侨对管辖权提出异议，但是广东省高级人民法院坚持自己对该案件有管辖权因为永侨在广东省设有代表机构并且中侨在该法院辖区内有可供扣押的财产。永侨和中侨将该案件上诉至最高人民法院。最高人民法院认为两个原告和被告都是香港公司，这三个公司投资的中侨也是在香港注册。对于这个以香港为据点的公司和不同股东的纠纷，注册地法院应该享有专属管辖权，原审法院不在该公司的注册登记所在地，仅以上诉人在法院地有代表机构、有可供扣押的财产为由受理该案件是不适当的。③ 因此，撤销了广东省高级人民法院的裁定，驳回了两原告对两被告的起诉：

"两被上诉人与上诉人永侨企业有限公司均为香港公司，三方共同成立的中侨国际投资有限公司，亦为在香港登记注册的法人，对于该香港公司内部股东之间的股东权益纠纷应由该公司登记所在地的法院专属管辖，仅以上诉人在广东省有代表机构或有可供扣押财产为由受理案件不当。"④

---

① 详见广东省高级人民法院（1995）粤法经二监字第3号民事裁定书。

② 详见最高人民法院（1995）经终字138号民事裁定书。

③ 详见最高人民法院（1995）经终字138号民事裁定书。

④ 详见最高人民法院（1995）经终字138号民事裁定书；施适，滕梅：《"不方便法院"原则在中国的发展现状》，载《法律适用》2003年第7期，第62页。

这起案件的情况可能与东鹏贸易公司诉东亚银行信用证纠纷案有些不同，因为本案中牵涉到了所谓的“境外法院的专属管辖权”。① 但无论是我国的国内立法还是参与的国际条约都没有此类专属管辖的规定。② 很难理解为什么不被自己认同但可能存在的境外法院的专属管辖权会对我国法院作出放弃自己的管辖权的决定产生影响。

尽管在这两起案件中，广东省高级人民法院和最高人民法院都没有明确表明他们是运用了“不方便法院”原则从而放弃了管辖权。但是从批复和判决书中可以看出，这两家法院在作出决定时实际上就是吸纳了“不方便法院”原则的精神。③

2. 几个其他案例

1999 年，广东省高级人民法院受理了另外两起事实模型极其相似的有关“不方便法院”的案件：住友银行公司诉新华房地产有限公司贷款合同纠纷案④和圆流有限责任公司诉新中房地产有限公司贷款合同纠纷案。⑤ 这两起案件都是源于两个香港公司之间的借贷合同。在该两起案件中，都有非排他性的协议管辖条款赋予香港法院管辖权，同时有选择适用香港法作为准据法的条款，⑥ 此外，在这两起案件中，都有中国大陆的法人作为借款的保证人。在前一案件中，保证人是广东发展银行，而在后者，保证人是广东发展银行江门分行，唯一的不同点是在前一案件中，保证人广东发展银行为借款人新华房地产有限公司向贷款人住友银行发出了一份备用信用证。两起案件中，当由借款人凭贷款合同在大陆法院诉贷款人时，广东省高级人民法院认为案件符合“被告在中华人民共和国领域内有可供扣押的财产”的情形⑦因为从贷款人可能通过保证人得到在中国大陆的“潜在财产”的事实可以就认为被告在中国大陆有可以用于被扣押的财产。此外，两起案件中，贷款人都对

① 详见最高人民法院（1995）经终字 138 号民事裁定书；施适，滕梅：《“不方便法院”原则在中国的发展现状》，载《法律适用》2003 年第 7 期，第 62 页。

② 当时施行的 1991 年《民事诉讼法》第 34、244 条，2012 年民事诉讼法修改后，关于专属管辖的规定没有变，见第 33、34 条。中国没有在任何已签署的双边或多边条约中同意此类专属管辖权的规定。

③ 详见最高人民法院（1995）经终字 138 号民事裁定书；施适、滕梅：《“不方便法院”原则在中国的发展现状》，载《法律适用》2003 年第 7 期，第 62 页。

④ 见最高人民法院（1999）经终字第 194 号民事裁定书。

⑤ 见最高人民法院（1999）经终字第 317 号民事裁定书。

⑥ 见最高人民法院（1999）经终字第 194 号民事裁定书、最高人民法院（1999）经终字第 317 号民事裁定书。

⑦ 当时施行的 1991 年《民事诉讼法》第 243 条，2012 年民事诉讼法修改后，相关规定没有改变，见第 265 条。

广东省高级人民法院的管辖权表示了质疑，并上诉至最高人民法院，最高人民法院都否决了广东省高级人民法院的裁决。① 在住友银行公司诉新华房地产有限公司贷款合同纠纷一案中，最高人民法院否决广东省高级人民法院裁决时说：

“由于本案双方当事人均系在香港注册成立的法人，该融资贷款协议的签订地、履行地均在香港，当事人又选择香港法作为融资贷款协议的准据法，从方便诉讼的原则考虑，本案由香港特别行政区法院管辖更为适宜，广东省高级人民法院不宜受理本案。”②

这一段判词在圆流有限责任公司诉新中房地产有限公司贷款合同纠纷案中基本被重新引述，只有用词上的些微调整。③ 但是，在这两起案件中，最高人民法院并没有详述是否仅凭案件中被告有可能从位于中国大陆的保证人那里获得潜在的财产就可认为符合“被告在中国领域内有可供扣押的财产”的情形。换句话说，最高人民法院并没有仔细考虑广东省高级人民法院在这种条件下原本对这两起案件到底有没有管辖权。从全案看，似乎最高院已经默示了广东高院的管辖权，只是认为广东高院不方便审理此案罢了。④

然而，最高人民法院的态度仿佛在国华商业银行香港分行诉汕头宏业（集团）股份有限公司担保合同纠纷案⑤中发生了转变。在该案中，宏业公司和新业公司为达利丰集团有限公司（下简称达利丰公司）从国华银行取得授信额度贷款，向其出具了不可撤销担保契约。后来，达利丰公司因拖欠香港汇丰银行的其他欠款被申请清盘。为此，国华银行向广东省高级人民法院提起诉讼，请求判令两名担保人宏业公司和新业公司对达丰利公司拖欠其欠款承担连带赔偿责任，并承担诉讼费用。⑥ 也许是考虑到最高人民法院此前的两个判例，广东省高级人民法院驳回了原告的起诉，说：

“国华银行分别与宏业公司、新业公司在《不可撤销担保契约》第 20 条约定：‘香港法律为本担保契约之适用法律，同时，香港法庭对本担保契约项下一切争议

---

① 当时施行的 1991 年《民事诉讼法》第 243 条，2012 年民事诉讼法修改后，相关规定没有改变，见第 265 条。

② 当时施行的 1991 年《民事诉讼法》第 243 条，2012 年民事诉讼法修改后，相关规定没有改变，见第 265 条。

③ 当时施行的 1991 年《民事诉讼法》第 243 条，2012 年民事诉讼法修改后，相关规定没有改变，见第 265 条。

④ 施适，滕梅：《“不方便法院”原则在中国的发展现状》，载《法律适用》2003 年第 7 期，第 62 页。

⑤ 最高人民法院（2000）经终字第 177 号。

⑥ 最高人民法院（2000）经终字第 177 号。

拥有非专属管辖权。’依据该约定，该纠纷的处理应适用香港特别行政区的法律，鉴于该契约所依从的主合同的签订地、履行地均在香港……而且，国华银行与宏业公司、新业公司均约定了接受香港法院的专属管辖。因此，依照本案当事人的约定和方便诉讼的原则。国华公司与宏业公司、新业公司的担保契约纠纷，由香港特别行政区的法院管辖更为合适。”①

国华公司不服该裁定，向最高院提起上诉，请求裁定本案应由广东省高级人民法院管辖，声称因为从有利于执行针对两名大陆被告的判决的角度出发，内地法院的管辖是最适宜的。最高人民法院支持了国华公司的请求，并且说：

“……（根据双方签订的约定），双方选择的处理纠纷的法律是香港特别行政区的法律。香港法庭对本担保契约项下一切争议拥有非专属管辖权，因此，香港法院的管辖权不具有排他性。只要当事人向有管辖权的其他法院起诉，该法院可以依法享有管辖权。广东省高级人民法院作为被告住所地的法院，对本案纠纷享有管辖权（依据《民事诉讼法》第22条）……宏业公司和新业公司均为内地公司，其财产也在内地，内地法院受理本案更便于案件的审理和执行。②

最高人民法院的此项裁定在后来的一些地方法院的实践中得到了跟从。在郭叶律师行诉厦门华洋彩印公司代理合同纠纷管辖权异议案中，被告华洋彩印公司聘任了原告郭叶律师行，约定由原告担任被告公司在香港上市的保荐人和承销商的律师，向保荐人和承销商提供法律服务。③ 之后，被告由于上市失败而拒绝支付法律服务费用。结果，郭叶律师行于2003年6月23日向香港法院提起诉讼，接着又于2003年7月7日向中国福建省厦门市中级人民法院提起诉讼状告华洋彩印公司。④虽然被告承认厦门市中级人民法院对本案的管辖权，但同时认为厦门市中级人民法院审理本案存在着诸多不便，是该案件的“不方便法院”因为原告郭叶律师行提供的证据自身已显示出内容多为虚假，这些假证全部在香港伪造；郭叶律师行极有可能涉嫌触犯香港刑律；且该案在香港有重大影响，香港媒体此前均有报道；涉案合同约定了适用香港法律；况且，原告郭叶律师行已经就本案在香港法院提起过诉讼，如果内地法院再受理，就成为平行诉讼。因此，在被告看来，本案的“方便法院”是香港法院，厦门市中级人民法院应将本案移交香港法院管辖。⑤ 另一方面，原告郭叶律师行坚持该案件应由厦门市中级人民法院继续审理，因为厦门市符

① 最高人民法院（2000）经终字第177号。

② 最高人民法院（2000）经终字第177号。

③ 《最高人民法院公报》，2004年卷，第397页。

④ 《最高人民法院公报》，2004年卷，第397页。

⑤ 《最高人民法院公报》，2004年卷，第397页。

合是被告住所地或注册地之一的要求，厦门市中级人民法院对本案享有法定管辖权。原告认为，被告住所地法院是最方便法院；如果本案在香港起诉，判决将因被告在香港境内没有财产而无法得到执行。① 厦门市中级人民法院经审理，于2003年8月13日作出裁定：

“本案被告华洋彩印公司提出的管辖权异议，涉及国际民事诉讼中平行诉讼和不方便法院的问题……香港法院是否受理同一诉讼，不是内地法院能否受理的前提……根据《民事诉讼法》第二十四条规定，本案被告华洋彩印公司的住所地在厦门，原告郭叶律师行以华洋彩印公司为被告，在厦门市中级人民法院提起的代理合同纠纷诉讼，厦门市中级人民法院有权管辖。本案合同履行地在香港，双方当事人在合同上约定了适用香港法律并有香港法院行使非排他性的管辖权，香港法院当然也有权管辖……若由香港法院审理本案，一旦判决华洋彩印公司承担义务，由于华洋彩印公司的住所和财产均在内地，当事人只有在内地重新诉讼，才有可能使生效判决得到执行（香港的判决在大陆不能得到执行）。为避免当事人重复诉讼，及时有效地保障当事人的合法权益，本案由厦门市中级人民法院审理最为合适，厦门市中级人民法院不能以自身是不方便法院为由拒绝行使管辖权。”②

在国华商业银行香港分行诉汕头宏业（集团）股份有限公司担保合同纠纷案中被提及的被告住所地和判决能否被执行成为了厦门中级人民法院坚决行使管辖权的两个决定性因素。③ 这个案件同样能反映出我国法院对域外存在的平行诉讼的不理睬态度。

另一起有趣的案例是朴尚根等八原告诉被告烟台韩亚照明有限公司（以下简称韩亚照明公司）与被告田林镇民间借贷纠纷案。案中八名原告和被告田林镇都来自韩国，而另一名被告韩亚照明公司是由田林镇投资注册于中国山东省烟台市的一家外资企业。④ 原、被告之间的纠纷系源于该八名原告投资注册由被告田林镇运营的韩国（株）AUTORAMS公司，后该公司因经营管理不善停业。八名原告在我国找到田林镇，迫使其返还投资款，使其非自愿地签署了欠款证明和支付保函，承诺将由两名被告返还投资款。之后，被告没有依约还款，结果八名原告诉至青岛中级人民法院。关于本案的管辖权，该法院认为：

“被告韩亚照明公司的住所地在山东省烟台市……本案以被告所在地在本辖区内为由，依法对本案取得管辖权，并且，该院根据《民事诉讼法》第二十二条的

---

① 《最高人民法院公报》，2004年卷，第397页。

② 《最高人民法院公报》，2004年卷，第397页。

③ 本文二（一）2. 几个其他案例中第7自然段及其相关脚注。

④ 山东省青岛市中级人民法院（2005）青民初字第23号。

规定‘同一诉讼的几个被告住所地、经常居住地在两个以上人民法院辖区的，各该人民法院都有管辖权’，依法对被告田林镇亦享有管辖权。”①

两名被告认为此案在中韩两国间存在“平行管辖”问题，该案（由于“不方便法院”原则）不应由中国法院管辖。青岛市中级人民法院认为，

“即使韩国法院已受理了被告辩称的上述案件，则除非被告能够举证证明该案件与本案系同一诉讼且该诉讼应有韩国法院的专属管辖，否则该情形构成国际民商事诉讼中的‘平行管辖’问题，如何解决这一问题，中、韩两国签署的双边司法协助协定对此没有作出规定，两国间亦没有共同参加或签署的关于解决‘平行诉讼’问题的国际公约或任何形式的互惠关系可以援引，故即使韩国法院受理了二被告所称的诉讼，该诉讼亦不影响本院对本案进行审理并对案件争议作出裁判。故对二被告的上述抗辩意见，本院不予采纳。”②

同郭叶律师行案相比，本案中，青岛市中级人民法院拒绝被告的管辖权异议仅仅是因为其中一名被告的住所地在中国。③ 其中对于域外法院专属管辖权的态度折射了最高人民法院在之前案件中的意见。④ 并且，青岛市中级人民法院的判词再一次展示了我国法院对域外平行诉讼不予考虑的坚定立场。⑤

（二）最高人民法院 2005 年通知对“不方便法院”原则的公开声明

经过我国法院对“不方便法院”原则十几年的实践，2005 年 12 月 26 日最高人民法院在它公布的《最高人民法院关于印发〈第二次全国涉外商事海事审判工作会议纪要〉的通知》（最高人民法院 2005 年通知）中对该原则做了系统分析和公开声明，该通知的第 11 条说道：

“我国法院在审理涉外商事纠纷案件过程中，如发现案件存在不方便管辖的因素，可以根据‘不方便法院’原则裁定驳回原告的起诉。‘不方便法院’原则的适用应符合下列条件：（1）被告提出适用‘不方便法院’原则的请求，或者提出管辖异议而受诉法院认为可以考虑适用‘不方便法院’原则；（2）受理案件的我国法院对案件享有管辖权；（3）当事人之间不存在选择我国法院管辖的协议；（4）案件不属于我国法院专属管辖；（5）案件不涉及我国公民、法人或者其他组织的

---

① 山东省青岛市中级人民法院（2005）青民初字第 23 号。

② 山东省青岛市中级人民法院（2005）青民初字第 23 号。

③ 比较郭叶律师行案与国华商业银行案，见本文二（一）2. 几个其他案例中第 9 自然段脚注及相关脚注和本文二（一）2. 几个其他案例中第 7 自然段及其相关脚注。

④ 本文二（一）1. 两大“萌芽”判例中第 5 自然段及其相关脚注。

⑤ 本文二（一）2. 几个其他案例中第 9 自然段及其相关脚注。

利益；（6）案件争议发生的主要事实不在我国境内且不适用我国法律，我国法院若受理案件在认定事实和适用法律方面存在重大困难；（7）外国法院对案件享有管辖权且审理该案件更加方便。”①

在进一步讨论前，我们首先应该对最高人民法院2005年通知的法律效力予以明确。按该通知序言所说，该通知，当然包括该通知的第11条，都应由地方各级人民法院遵守执行，因此该通知应当具有法律约束力。② 但是需要注意的是，这只是一次重要会议记录的通知，而根据最高人民法院自己的相关规定，这种通知并不属于司法解释范畴，因此，它似乎不应当具有法律约束力。③ 但不管怎样，地方各级人民法院又必须要遵守这份通知。所以，我们可以认为，该通知的效力应该处于中间地带，即主要是具有示范效应，提供权威指导作用。

一旦该通知及其中的关于“不方便法院”原则的条文的法律效力得到了明确，接下来要探讨的就是这份通知到底有没有对“不方便法院”原则提出什么新的意见。从上文所引用的条文可见，第1、2、7点是关于适用“不方便法院”原则的一般性普遍接受的前提条件，④ 第3、4点表明如果我国法院对一起案件享有专属管辖权时或者当事人协议选择了我国法院，该原则就不能被适用。第5点强调了适用该原则时案件必须与我国没有多少联系，而第6点涉及受理案件的真正方便性的问题例如查明事实和适用准据法是否方便。如果我们按这条检验前述案件，似乎它们都能满足上述7点。但综观该条，它仅仅是公开承认了“不方便法院”原则，只能为未来的适用提供些许帮助，却不能为该原则适用的一些具体细节性问题提供答案，这些还有待未来的司法判例予以填充。所以，如果要真正理解中国版的“不方便法院”原则，还得要把该通知的第11条和实践中的判例结合起来，尤其是最高人民法院的判例。

（三）最高人民法院2005年通知发布之后的司法实践

1. 最高人民法院判例

---

① 最高人民法院2005年通知第11条。

② 最高人民法院2005年通知序言。

③ 根据最高人民法院的规定，有法律约束力的司法解释的形式分为“解释”、“规定”、“批复”和“决定”四种，《最高人民法院关于司法解释工作的规定》第5、6条。Liu nanping, *An Ignored Source of Chinese Law: The Gazette of the Supreme People's Court*, Connecticut Journal of International Law, Vol. 5, 1989, p. 271.

④ 这些条件也同样适用于英国的“不方便法院”原则。James J. Fawcett, General Report, in: James J. Fawcett (ed.), Declining Jurisdiction in Private International Law Oxford University Press, 2005, pp. 11-16.

2006年，最高人民法院的另一起案件涉及“不方便法院”原则，即深圳市能源集团有限公司诉朱兰庭财产权益纠纷管辖权异议案。该案中，香港市民朱兰庭向深圳能源（香港）国际有限公司（下称深圳能源（香港））售出其对香港一家公司的股权。深圳能源（香港）是深圳能源集团在香港注册设立的子公司。① 深圳能源（香港）和朱兰庭在合同中约定适用香港法律，接受由香港法院行使的司法管辖权。② 然而2005年，朱兰庭向广东省高级人民法院起诉了母公司深圳能源集团请求判决该股权转让行为无效。因为该案被广东省高院界定为合同争议且其被告深圳能源集团在广东省注册，住所地在广东，所以广东省高院认为它依法享有管辖权。深圳能源集团向最高人民法院上诉提出管辖权异议，要求本案应根据“不方便法院”原则由香港法院管辖，因为双方当事人，朱兰庭和深圳能源（香港）都在香港，合同标的物是一家香港公司的股权，合同已明确约定股权转让事宜适用香港法律，且双方业已协议接受香港法院的司法管辖。尽管最高人民法院发现该股权转让合同实际上是深圳市能源集团有限公司通过其子公司深圳能源（香港）与朱兰庭所完成所以深圳能源集团应该是合格的被告，但是最高人民法院却否认了朱兰庭和深圳能源集团之间的合同关系。最高院最终支持了广东高院的管辖权却说仅仅是因为被告深圳能源集团住所地在广东。③ 不管该案案由为何，从这个案件似乎可以看出，当因被告住所地在我国而获得管辖权时，就算案件与我国没什么其他多少联系，我国法院也不太可能适用“不方便法院”原则裁定驳回原告的起诉。

但在于2011年裁决的另一起案件中，最高院却再次运用了“不方便法院”原则，回应并确认了以前的一些做法。在国际油污赔偿基金诉三星重工业株式会社和三星物产株式会社一案中，因其中一名被告即三星重工在我国境内有可供扣押和执行的财产（在我国境内有投资），据此，我国宁波市海事法院认为自己有管辖权，受理了案件。在管辖权异议遭到拒绝后，两被告上诉至浙江省高级人民法院。因为本案所涉的主要事实发生在韩国，案件的准据法也应当是韩国法，且当事人并未达成选择我国法院管辖的协议，案件也不属我国法院专属管辖的范畴，浙江高院参照2005年通知运用了“不方便法院”原则撤销了宁波海事法院的一审管辖权异议不成立的裁定。该做法最终得到了最高院的认同。④ 由此可见，依照民诉法第241条（2012年修改后为第265条）所包含的“过度”管辖权规则取得管辖权后，如果案

---

① 最高人民法院（2006）民四终字第3号。

② 最高人民法院（2006）民四终字第3号。

③ 最高人民法院（2006）民四终字第3号。

④ 最高人民法院（2011）民申字第400号；最高人民法院民四庭，《最高人民法院海事海商审判综述（2010年至2011年）》，载《武大国际法评论》第15卷第2期，第25~27页。

件跟我国的实际联系不大，且准据法为外国法时，我国法院应当适用“不方便法院”原则将案件送往国外。

2. 一些地方法院的判例

在最高人民法院2005年通知之后，我国下级法院参照该通知，运用“不方便法院”原则作出了一些裁决。但是，不同地区的法院对相同或类似的案件所作的裁决却相当迥异。

在溥光纤维株式会社诉蔡在渊债务纠纷一案中，韩国公民蔡在渊在山东省青岛市投资了一家公司，溥光纤维株式会社是在韩国注册并位于韩国的一家公司。① 溥光纤维株式会社和H. K International Ltd. 在韩国签订了一份买卖合同，而H. K International Ltd. 是由蔡在渊实际运营的。由于H. K International Ltd. 的违约，蔡在渊被要求写了一份付款保证，结果却没有遵守承诺还款。溥光纤维株式会社向青岛市中级人民法院起诉了蔡在渊，因为蔡在渊在青岛投资了一家公司，这可视为蔡在渊在中国有可供扣押的财产。② 蔡在渊请求适用“不方便法院”原则，认为该案件应当由韩国法院管辖，因为当事人双方都来自韩国，该案件的主要事实发生在韩国，准据法应该是韩国法。但他的请求并没有得到青岛市中级人民法院的支持。青岛市中级人民法院引用了最高人民法院2005年通知的第11条全文后说：

“‘不方便法院原则’的适用是为了更加方便地审理案件……也不应成为被告蔡在渊故意逃避享有管辖权的法院行使司法管辖权的工具。根据蔡在渊经常居住地在中国，且曾在中国投资置业的事实，不存在‘我国法院若受理案件在认定事实和适用法律方面存在重大困难’的情形，因此，本案根本无适用‘不方便法院原则’的必要。”③

之后，蔡在渊上诉至山东省高级人民法院，山东高院在系统阅读案卷后说：

“原审法院依据溥光纤维株式会社的诉请，以蔡在渊在中国境内具有可供扣押的财产为由取得管辖权并无不当，对于‘不方便法院’原则的抗辩……本院不予支持。”④

相反地，在另外一些极类似的案件中，江苏省高级人民法院却得出了截然不同的结论。在艾肯化工株式会社诉宇岩涂料株式会社和内奥特钢株式会社票据追索权纠纷案中，所有当事人都是韩国公司。⑤ 宇岩涂料、内奥特钢与艾肯化工之间有多

① 见山东省高级人民法院（2009）鲁民四终字第15号。

② 见山东省高级人民法院（2009）鲁民四终字第15号。

③ 见山东省高级人民法院（2009）鲁民四终字第15号。

④ 见山东省高级人民法院（2009）鲁民四终字第15号。

⑤ 见江苏省高级人民法院（2010）苏商外终字第0026号。

年的业务关系，艾肯化工向宇岩涂料提供化学用品，宇岩涂料制成涂料后再提供给内奥特钢适用。内奥特钢将货款以信用票据的形式开给宇岩涂料，宇岩涂料再背书转让给艾肯化工用于支付货款。在 2007 年 8 月，艾肯化工持 6 份信用票据向银行提示付款时被拒付。交涉无果后，因宇岩涂料和内奥特钢都在江苏省苏州市有投资，艾肯化工是故诉至苏州市中级人民法院。① 该院受理了这起案件，因为“根据《中华人民共和国民事诉讼法》第 241 条之规定，一审法院作为可供扣押财产所在地法院对本案有管辖权”。但是在内奥特钢、宇岩涂料提出管辖权异议之后，苏州市中级人民法院驳回了艾肯化工的起诉，该院认为：

“我国立法尚未明确规定‘不方便法院’原则，但司法实践中没有排斥该原则的适用。就本案而言，首先，一审法院非协议管辖法院和专属管辖法院……；其次，一审法院受理该案在认定事实和适用法律上存在重大困难……；本案不涉及我国公民、法人或者其他组织的利益。韩国有管辖权的法院处理本案不会损害我国公民、法人或者其他组织的利益。综上，根据‘不方便法院’原则，艾肯化工对宇岩涂料、内奥特钢的起诉，予以驳回。”②

艾肯化工不服该裁定，向江苏省高级人民法院提起上诉。江苏省高级人民法院引用了最高人民法院 2005 年通知第 11 条的全文后，再次强调了一审法院裁定依据“不方便法院”原则驳回起诉的原因，总结说道：

“本案中，虽然宇岩涂料、内奥特钢在苏州有可供扣押的财产，一审法院作为可供扣押财产所在地人民法院对本案有管辖权，但是本案可以适用‘不方便法院’原则。”③

在另外两起极其相似的案件中，苏州市中级人民法院和江苏省高级人民法院作出了相同的裁决，以“不方便法院”原则驳回了原告的起诉。④

从山东省高级人民法院和江苏省高级人民的不同处理方法，我们可以看出，虽然最高人民法院 2005 年通知提供了“不方便法院”原则适用的一些指导意见，但是，为了该原则能在全国范围内得到统一适用，最高人民法院应该出台更详细的司法解释。蔡在渊案表明我国一些法院不会轻易放弃他们的国际管辖权，而江苏省高级人民法院在适用“不方便法院”原则方面的做法也很有可能会被其他的法院所

---

① 见江苏省高级人民法院（2010）苏商外终字第 0026 号。

② 江苏省高级人民法院（2010）苏商外终字第 0026 号。

③ 江苏省高级人民法院（2010）苏商外终字第 0026 号。

④ 汉城工业株式会社诉宇岩涂料株式会社票据追索权纠纷案，江苏省高级人民法院（2010）苏商外种字第 0027 号；大浩化工株式会社诉宇岩涂料株式会社买卖合同纠纷案，江苏省高级人民法院（2010）苏商外种字第 0053 号。

效仿。正如江苏省高级人民法院在判决中所说的一样，对于那些与我国关系很不密切的案件，我国法院或许真不应该行使管辖权。

三、分析与讨论

（一）我国“不方便法院”原则的性质

我国继承了大陆法法系传统的国际管辖权制度，不像英美法系国家那样通常有着比较开放，较为宽泛，甚至“粗糙”的管辖权规则。① 整体上讲，我国的管辖权规则前后连贯，构成一个相对比较封闭的体系。它们属于经过“事前”精心设定，力图涵盖现实生活全部的法律规范。通过这些规则几乎总能给案件找到合适的“方便”的法院。② 因此，在英美法系中赋予法官能修饰和调整那些较为宽泛、甚至粗糙管辖权规则的自由裁量权，在像我国这样的大陆法系国家中就显得没有必要。③ 这也许就是我国法官在管辖权事项上没有被授予一般性的自由裁量权的真正原因。在管辖权方面不赋予法官一般性的自由裁量权也符合我国司法机关的人事结构。与英美法系国家的法官相比，我国法官是一些从大学走出的“毕业生”而不是有着丰富的司法实践经验的“法学家”。④ 甚至可以说，他们仅仅是像普通的公务员，被立法机关的条文所约束并且要严格准确地遵守这些事先制订好的规则。⑤ 所以，很自然，为了法律的稳定性价值，我国法官没有被授予太多的自由裁量权。⑥ 反观英美那种给与法官很大自由裁量权的“不方便法院”原则，它在我国

---

① See James J. Fawcett, General Report, in: James J. Fawcett (ed.), *Declining Jurisdiction in Private International Law*, Oxford University Press, 2005, pp. 19-21. 典型的英国传统的管辖权制度可见于 Geoffrey C. Cheshire, Peter M. North and James J. Fawcett, *Private International Law* , Oxford University Press, 2008, pp. 352-424.

② See Tu guangjian, *A Study on A Global Jurisdiction and Judgments Convention*, Sweet & Maxwell, 2009, pp. 114-118.

③ See Tu guangjian, *A Study on A Global Jurisdiction and Judgments Convention*, Sweet & Maxwell, 2009, pp. 114-118.

④ William Tetley, *Mixed Jurisdictions: Common Law v. Civil Law (Codified and Un-codified)*, Louisiana Law Review, Vol. 60, 2000, p. 677, p. 705.

⑤ Konstantinos D. Kerameus, *A Civilian Lawyer Looks at Common Law Procedure*, Louisiana Law Review, Vol, 47, 1987, pp. 493-494; Tu guangjian, *A Study on A Global Jurisdiction and Judgments Convention*, Sweet & Maxwell, 2009, pp. 15-116.

⑥ See James J. Fawcett, General Report, in: James J. Fawcett (ed.), *Declining Jurisdiction in Private International Law*, Oxford University Press, 2005, p. 23.

是不可能也不应该被接受的。①

但是，现实生活中却有另外一面值得我们关注，在我国的管辖权体系内，并不是每一条管辖权规则都设计得恰如其分。比如，《民事诉讼法》第265条（2012年修订前为第241条）就并不能尽如人意；甚至，那些所谓的公认的通常是好的管辖权规则像“原告就被告”有时也可能在一些特定的案件中并不合适、造成不公的结果。② 因此，完全摒弃法官的自由裁量权与现实是不相符的，也是不科学的。事实上，正如前文所述，我国一些法院的司法实践已经就处理涉外管辖权纠纷案件接纳了一定程度的自由裁量权。为了与司法实践的需求相适应，最高人民法院明智地接受并公布了我国版本的“不方便法院”原则。本文的第二部分充分展现了我国法院为了缓解管辖权规则的过于僵硬，避免造成不适当的管辖运用中国版的“不方便法院”原则的种种情形。

然而，不像英国式的“不方便法院”原则是为了比较不同的可候选法院为每个个案找到所谓“最自然”的法院，③ 我国的“不方便法院”原则的运用是为了打发掉那些跟我们国家没有太多联系的案件从而节约司法资源、保护当事人的合法权益。最高人民法院2005年通知第11条确认了该原则适用的严格性品格。的确，从本文第二部分引述的案例可以发现，只有属于《民事诉讼法》第265条（2012年修订前为第241条）所规定的“过度”管辖权的出现以及案件与我国几乎没有多少联系的时候，我国法院才会适用“不方便法院”原则。

因此，从以上分析可以看出，我国的“不方便法院”原则只能给予法官相当有限的自由裁量权，我国法官只有在我国法院明显不适当或不方便管辖时才可以适用“不方便法院”原则拒绝管辖。④ 甚至可以说，严格地讲，我国的“不方便法

---

① 不方便法院原则在英国的适用情况参见 Paul R. Beaumont, Great Britain, in: James J. Fawcett (ed.), *Declining Jurisdiction in Private International Law*, Oxford University Press, 2005, p. 207. 不方便法院原则在美国的适用情况可见于 Louis F. Del Duca & George A. Zaphiriou, United States of America, James J. Fawcett, General Report, in: James J. Fawcett (ed.), *Declining Jurisdiction in Private International Law*, Oxford University Press, 2005, p. 401.

② Paul R. Beaumont, *A United Kingdom Perspective on the Proposed Hague Judgments Convention*, Brooklyn Journal of International Law, Vol. 40, 1998, pp. 75-76.

③ Spiliada Maritime Corp. v. Cansulex Ltd. [1987] AC 460, 476; James J. Fawcett, General Report, in: James J. Fawcett (ed.), *Declining Jurisdiction in Private International Law*, Oxford University Press, 2005, pp. 11-12. Adrian Briggs, *Forum non Conveniens-the Last Word?*, Lloyd's Maritime and Commercial Law Quarterly, 1987, p. 1.

④ “不方便法院”原则在其他大陆法系国家的适用情况参见 James J. Fawcett, General Report, in: James J. Fawcett (ed.), *Declining Jurisdiction in Private International Law*, Oxford University Press, 2005, pp. 24-27.

院”原则并不是真正的“不方便法院”原则（像英、美所采取的模式），而只是“不方便法院”原则的一种替代品，只是我国学者习惯性地采用了相同的术语罢了。①

（二）“不方便法院”原则在我国的具体适用

考察完我国“不方便法院”原则的本质后，我们必须进一步考虑其在我国的具体适用。除了我国法院必须先有管辖权这样普遍性的必要条件外，还必须有被告提出申请，以及有可供被告选择的他国法院。② 通常认为，在我国，一起案件因“不方便法院”原则而被驳回起诉，该案件就已经被撤销而不是中止（或推迟）诉讼，③ 附带条件适用“不方便法院”原则驳回起诉在我国尚未发展成熟。④ 从前述案例中，我们似乎可以勾勒出该原则在我国适用的一些相关细则：

1. 专属管辖

一个国家之所以要求对某些案件实施专属管辖权通常是因为它想对与这些案件相关的国家或国民利益给予特殊保障。⑤ 专属管辖权一般只能在与国家主权相关或者牵涉到国家的巨大利益的情形下得到合理行使。⑥ 在我国，普遍认为放弃专属管辖权意味着违反公共利益与不当放弃司法主权。⑦ 根据最高人民法院2005年通知第11条第4点，如果我国法院对案件享有专属管辖权，无论存在其他什么因素，

---

① “不方便法院”原则在其他大陆法系国家的适用情况参见 James J. Fawcett, General Report, in: James J. Fawcett (ed.), *Declining Jurisdiction in Private International Law*, Oxford University Press, 2005, pp. 24-27.

② 最高人民法院2005年通知第11条。

③ 这可由最高人民法院2005年通知第11条第一句使用了“驳回”一词而推测出来，见最高人民法院2005年通知第11条。学者也持相同观点，参见奚晓明：《“不方便法院制度的几点思考”》，载《法学研究》2002年第1期，第92页。英国的有关情况可见于 Paul R. Beaumont, Great Britain, in: James J. Fawcett (ed.), *Declining Jurisdiction in Private International Law*, Oxford University Press, 2005, pp. 209-212.

④ 参见奚晓明：《“不方便法院制度的几点思考”》，载《法学研究》2002年第1期，第92页。美国的有关情况可见于 In re Union Carbide Corp Gas Plant Disaster at Bhopal, India in Dec, 1984, 634 F Supp 842 (SDNY 1986); 809 F2d 195 (2d Cir 1987); John Bies, *Conditioning Forum Non Conveniens*, University of Chicago Law Review, Vol. 67, 2000, p. 489.

⑤ 参见奚晓明：《“不方便法院制度的几点思考”》，载《法学研究》2002年第1期，第88～89页。

⑥ 同上。

⑦ 参见奚晓明：《“不方便法院制度的几点思考”》，载《法学研究》2002年第1期，第89页。

都不能适用“不方便法院”原则驳回原告起诉。① 因此，当案件符合《民事诉讼法》第33条和第266条（2012年修订前为第34条和第244条）时，我国法院就不能适用“不方便法院”原则驳回原告起诉。事实上，在我国司法实践中也未曾出现过这样的案例。

然而，如果我国法院对案件有管辖权但按照我国法律并非专属管辖权，而外国法院对此案件依照其本国法或甚至是我国法律享有专属管辖权，那又该如何处理呢？我国法院应不应该依据“不方便法院”原则驳回原告起诉呢？我们从最高人民法院2005年通知中找不到答案。但是从“佳华国际有限公司、锐享有限公司诉永侨企业有限公司与中侨国货投资有限公司股东权益纠纷”一案似乎可以看出我国法院在此情形下会尊重域外法院的专属司法管辖权，倾向于把案件交由有关的域外法院进行管辖。② 进一步假定，如果我国法院和外国法院同时对一个案件各自依本国法律享有专属管辖权，又该如何处理呢？虽然现在还没有相关的案例报道，但可以预见我国法院在此情况下是不会适用“不方便法院”原则驳回原告起诉的。

2. 协议管辖

根据最高人民法院2005年通知第11条第3点，如果当事人之间存在选择我国法院管辖的协议，我国法院不得适用“不方便法院”原则而不行使管辖权。③ 也就是说，如果我国法院因《民事诉讼法》第34条（2012年修订前为第25条和第242条）获得管辖权，就不可以适用“不方便法院”原则。

但是，在国际商业贸易中通常有两种选择法院的管辖协议，即专属的管辖协议和非专属的管辖协议。④ 《民事诉讼法》第34条（2012年修订前为第25条和第242条）以及最高人民法院2005年通知第11条没有对这两种协议加以区分。应该可以肯定，我国法院不会在当事人之间存在选择我国法院专有管辖协议的情况下适用“不方便法院”原则。虽然没有案件佐证，但是从《民事诉讼法》第34条（2012年修订前为第25条和第242条）以及最高人民法院2005年通知第11条推断，我国法院在当事人之间存在选择我国法院的非专属管辖协议的情况下也不会适

---

① 最高人民法院2005年通知第11条。

② 本文二（一）1. 两大“萌芽”判例中第5自然段及其相关脚注。

③ 最高人民法院2005年通知第11条。

④ James J. Fawcett, *Non-Exclusive Jurisdiction Agreements in Private International Law*, Lloyd's Maritime and Commercial Law Quarterly, 2001, pp. 234-235; Edwin Peel, *Exclusive Jurisdiction Agreements: Purity and Pragmatism in the Conflicts of Laws*, Lloyd's Maritime and Commercial Law Quarterly, 1998, pp. 182-183.

用“不方便法院”原则。①

而另一方面，我国的司法实践显示，如果当事人之间存在选择外国法院的专属管辖协议，我国法院将会“适用不方便法院”原则拒绝管辖该案件。② 但“国华商业银行香港分行诉汕头宏业（集团）股份有限公司担保合同纠纷”一案表明，我国法院仍然可能会对当事人之间存在选择外国法院的非专属管辖协议的案件行使管辖权，而不适用“不方便法院”原则。③

3. 平行诉讼

学界普遍认为，为了避免相互冲突的判决，一个国家承认和执行外国判决的规则越开放，就越急需有效解决平行诉讼的问题，反之亦然。④ 我国对承认和执行外国判决的规定十分严格，如果我国和相关国家之间没有合作协议或互惠关系，一般就不会承认和执行该国的判决。⑤ 因此，我国对平行诉讼只有一条相当刻板的规定：即使一起案件被国外法院受理，中国法院仍然可以对该案件行使管辖权；外国法院平行诉讼对我国法院没有多少影响。⑥

从本文第二部分的案例中我们可以看出，我国对国外平行诉讼的态度是漠不关

① 一些其他国家的相关情况可见 See James J. Fawcett, General Report, in: James J. Fawcett (ed.), *Declining Jurisdiction in Private International Law*, Oxford University Press, 2005, pp. 57-58.

② 例见于渣打银行苏州分行诉佘春泰及常熟星宇新兴建材有限公司金融借款合同纠纷一案（2010）苏商外终字第0052号；另参见最高人民法院2005年通知第8条的规定：“……但主合同或者担保合同当事人订有仲裁协议或者管辖协议，约定纠纷由仲裁机构仲裁或者外国法院排他性管辖的，人民法院对订有此类协议的主合同纠纷或者担保合同纠纷不享有管辖权。”

③ 见最高人民法院（2000）经终字第177号；以及最高人民法院2005年通知第12条的规定“涉外商事纠纷案件的当事人协议约定外国法院对其争议享有非排他性管辖权时，可以认定该协议并没有排除其他国家有管辖权法院的管辖权。如果一方当事人向我国法院提起诉讼，我国法院依照《中华人民共和国民事诉讼法》的有关规定对案件享有管辖权的，可以受理”。一些其他国家的相关情况可参见 James J. Fawcett, General Report, in: James J. Fawcett (ed.), *Declining Jurisdiction in Private International Law*, Oxford University Press, 2005, pp. 47-51.

④ See James J. Fawcett, General Report, in: James J. Fawcett (ed.), *Declining Jurisdiction in Private International Law*, Oxford University Press, 2005, pp. 27-28.

⑤ 《民事诉讼法》第281条和第282条（2012年修订前为第265条和第266条）。

⑥ 《最高人民法院最高人民法院关于适用〈中华人民共和国民事诉讼法〉若干问题的意见》第306条，“中华人民共和国人民法院和外国法院都有管辖权的案件，一方当事人向外国法院起诉，而另一方当事人向中华人民共和国人民法院起诉的，人民法院可予受理……”；以及最高人民法院2005年通知第10条规定“我国法院和外国法院都享有管辖权的涉外商事纠纷案件，一方当事人向外国法院起诉且被受理后又就同一争议向我国法院提起诉讼，或者对方当事人就同一争议向我国法院提起诉讼的，外国法院是否已经受理案件或者作出判决，不影响我国法院行使管辖权，但是否受理，由我国法院根据案件具体情况决定……”

心的。① 就适用"不方便法院"原则而言，在我国，国外平行诉讼并没有像在其他国家那样具有"相当的分量"。②

但是，值得进一步思考的是，当一起案件已经被外国法院受理，而该国与我国之间存在承认和执行判决的条约，根据该条约，较早受理案件的法院的判决应该得到承认和执行，在此情形下，决定是否适用"不方便法院"原则时，我国法院会不会或者说应不应该重视这样的外国法院的平行诉讼呢?③ 同《最高人民法院关于适用〈中华人民共和国民事诉讼法〉若干问题的意见》相比，最高人民法院 2005 年通知第 10 条多出的语句值得予以重视：

"我国法院和外国法院都享有管辖权的涉外商事纠纷案件，一方当事人向外国法院起诉且被受理后又就同一争议向我国法院提起诉讼，或者对方当事人就同一争议向我国法院提起诉讼的……但是否受理，由我国法院根据案件具体情况决定……"④

可以看出，在上述假设情形下，我国法院可以根据最高人民法院 2005 年通知里新的规定明显授予的自由裁量权将外国平行诉讼作为适用"不方便法院"原则的重要因素纳入考量范围。

4. 准据法

准据法一直被看做是影响适用"不方便法院"原则的重要因素。⑤ 如果法院地法就是准据法，那么该法院就省却了寻找和适用不熟悉的外国法律的诸多麻烦。因而，当本地法是案件应当适用的实体法时，从诉讼成本和判决准确度的角度考虑，本地法院就不太可能会适用"不方便法院"原则。⑥ 相反地，本地法院自然

---

① 《最高人民法院公报》，2004 年卷，第 397 页；山东省青岛市中级人民法院（2005）青民初字第 23 号。

② See James J. Fawcett, General Report, in: James J. Fawcett (ed.), *Declining Jurisdiction in Private International Law*, Oxford University Press, 2005, p. 29; Paul R. Beaumont, Great Britain, in: James J. Fawcett (ed.), *Declining Jurisdiction in Private International Law*, Oxford University Press, 2005, pp. 214-217.

③ See James J. Fawcett, General Report, in: James J. Fawcett (ed.), *Declining Jurisdiction in Private International Law*, Oxford University Press, 2005, pp. 36-38. 截至目前，我国已经与不同国家签订了超过 30 个关于承认和执行民商事判决的双边条约。

④ 《最高人民法院最高人民法院关于适用〈中华人民共和国民事诉讼法〉若干问题的意见》第 306 条；以及最高人民法院 2005 年通知第 10 条。

⑤ Paul R. Beaumont, Great Britain, in: James J. Fawcett (ed.), *Declining Jurisdiction in Private International Law*, Oxford University Press, 2005, pp. 212-214.

⑥ Tu guangjian, *A Study on A Global Jurisdiction and Judgments Convention*, Sweet & Maxwell, 2009, p. 154.

也就更加倾向于拒绝管辖那些准据法应为外国法的案件以避免寻找和适用外国法的困难。

最高人民法院2005年通知中第11条第6点就格外强调准据法这一要素。这个要素在之前引述的案件中也已被特别提及。① 虽然这个要素相当重要，但它并不能是决定性的。但是，可以预见的是，当我国实体法是案件的准据法时，我国法院很难对此案适用“不方便法院”原则。

5. 当事人的身份

在我国适用“不方便法院”原则时，虽然原告的来源地这个因素并没有引起太大的重视,② 被告在中国有住所地却成为了在一系列案件中我国法院不适用“不方便法院”原则的关键性因素，即使这些案件与我国没有多少其他的实质性联系。③ 可以预见，如果被告是住所地位于我国的法人或自然人，我国法院也很难对这样的案件适用“不方便法院”原则。④

四、结语

历史地看，我国对司法主权问题相当敏感。⑤ 在国际私法案件中，我国曾试图尽可能地行使国际管辖权，以保不失去任何“神圣”的国家主权。⑥ 自从“不方便法院”原则的风潮从英国吹到我国香港地区,⑦ 其境内法引进的英式的“不方便法院”原则激发了香港方当事人自20世纪90年代以来在我国大陆法院的诉讼中

---

① 《最高人民法院公报》，2004年卷，第397页。

② 在美国适用“不方便法院”时，同外国原告在美国法院起诉的案件相比，美国原告在美国的起诉相对较难因该原则的适用而被驳回，见 Piper v. Reyno 454 US 235，1981，p. 256.

③ 本文二（三）1. 最高人民法院判例中第一自然段及其相关脚注，第二自然段及其相关脚注，及（三）2. 一些地方法院的判例中第二自然段第一句脚注及其相关正文。

④ 本文二（三）1. 最高人民法院判例中第一自然段及其相关脚注，第二自然段及其相关脚注，及（三）2. 一些地方法院的判例中第二自然段第一句脚注及其相关正文。英国的相关情况参见 Harrods（Buenos Aires）Ltd.，Re（1991）3 WLR 397（CA）。

⑤ 参见奚晓明：《“不方便法院制度的几点思考”》，载《法学研究》2002年第1期，第84～85页。施适，滕梅：《“不方便法院”原则在中国的发展现状》，载《法律适用》，2003年第7期，第61页。

⑥ 参见奚晓明：《“不方便法院制度的几点思考”》，载《法学研究》2002年第1期，第84～85页。施适，滕梅：《“不方便法院”原则在中国的发展现状》，载《法律适用》，2003年第7期，第61页。

⑦ James J. Fawcett，General Report，in：James J. Fawcett（ed.），*Declining Jurisdiction in Private International Law*，Oxford University Press，2005，p. 12.

不断援引该原则，从而也促使我国法院开始在实践中发展出了自己的“不方便法院”原则。以在海牙国际私法会议谈判全球性的涉外管辖权和判决承认与执行公约为契机，其间“不方便法院”成为其中一个热门议题，① 我国的学者们进一步认真讨论了该原则能否正式被我国所接纳。②

虽然我国的立法并未正式认可“不方便法院”原则，但是司法实践和学术研究推动了它的诞生。③ 毋庸置疑，我国接受这一原则是积极的，受到了大家的欢迎。这一原则将把与我国没有实质联系的诉讼打发掉，方便了当事人的诉讼，同时可以节约我国的司法资源，进一步也有利于我国和相关国家就涉外民事诉讼展开合作。但是，通过对我国“不方便法院”原则的系统研究发现，我国版本同美、英的相比是属于极其受限的一种。它甚至只能说成是“不方便法院”原则的替代品而非真正的“不方便法院”原则。然而，它符合我国的法律传统和司法现状。尽管最高人民法院2005年通知已经将该原则系统化，近年的法院判例也确认了适用不方便法院原则的一些基本要素，但许多细节问题仍然有待研究。展望未来，在我国必须由法律或最高人民法院的司法解释正式确认该原则。届时，我国的“不方便法院”原则的性质应当予以强调，“不方便法院”原则的适用细则也必须得到进一步具体完善。

The Doctrine of Forum Non Conveniens in China—Revisited

Abstract: Forum non conveniens is a popular doctrine in common law jurisdictions but it is generally rejected in civil law countries. Historically China is a country with civil law tradition and Chinese law accordingly does not recognize this doctrine. Nevertheless, this doctrine has gradually attracted more and more academic attention and been de facto applied by some Chinese courts in the past decades. A systematic survey of Chinese courts' practice, however, demonstrates that compared with those in the US and UK, the Chinese version of this doctrine is quite a limited one, which is compatible with the

① Tu guangjian, *A Study on A Global Jurisdiction and Judgments Convention*, Sweet & Maxwell, 2009, pp. 8-9.

② 胡振杰：《“不方便法院”说比较研究》，载《法学研究》2002年第4期，第138、153页；施适，滕梅：《“不方便法院”原则在中国的发展现状》，载《法律适用》2003年第7期，第62~63页。

③ 我国国际私法学会起草的《中华人民共和国国际私法示范法》第51条，其中规定了“不方便法院”原则。

Chinese jurisdictional background and judicial reality. Looking to the future, this doctrine should be formallyrecognized in Chinese law and more details on its application have to be worked out.

Key Words: international jurisdiction; forum non conveniens; China

《联合国国际货物销售合同公约》对于香港的适用

——实践分歧、法律分析与政策选择*

□ 王彦志**

内容摘要 香港回归之后是否适用 CISG 是一个具有重要现实意义的法律问题。中国政府致函联合国秘书长的《照会》并没有解决这一问题。在实践中，CISG 已经并将继续被以不同方式适用于香港当事人与其他法域当事人之间的货物销售合同。中国政府迄今并没有根据 CISG 第 93 条作出正式有效的声明，因此，CISG 应该适用于香港。但是，学说和判例对于 CISG 是否适用于香港却存在着严重分歧和不一致性。这损害了涉港国际货物销售合同法律规则的统一，也不利于香港对外贸易的繁荣与发展。中国中央政府应该征询香港政府意见，根据 CISG 第 93 条提交符合条件的正式声明，明确 CISG 是否适用于香港。根据香港在世界贸易中的地位和香港贸易伙伴在 CISG 中的地位，香港应该同意适用 CISG。基于中国大陆与香港之间贸易关系的重要地位和法律的不统一，中国大陆与香港之间也应该创造性地达成法律安排以适用 CISG。

关 键 词 《联合国国际货物销售合同公约》；中国；香港特别行政区；条约适用；条约解释

目 次

---

* 本文系作者主持的中国博士后科学基金第五十批面上资助项目（2011M500680）的阶段性研究成果。

** 吉林舒兰人，经济学博士，厦门大学法学博士后科研流动站研究人员、吉林大学法学院副教授。主要研究方向为国际经济法。

1997年7月1日中国政府对香港正式恢复行使主权之后，通过《中英联合声明》、《香港特别行政区基本法》（以下简称香港《基本法》）和中国政府《照会》①，中国政府为条约适用于香港特别行政区（以下简称香港）的问题提供了务实的②、天才的③解决。但是，1980年《联合国国际货物销售合同公约》（以下简称CISG）是否适用于香港，却仍然存在着理论争议和实践上的不确定性，仍然是一个需要研究和解决的问题。④

迄今，越来越多的诉讼和仲裁涉及营业地位于内地与香港、香港与CISG其他缔约国之间的货物买卖合同争议。在这些案件中，对于CISG是否适用于香港的问题，法院和仲裁庭的裁判已经出现了明显的不一致，学说也存在着明显的分歧。“看起来特别不幸的是，目前香港和澳门在CISG下的法律地位即便往好里说也是不明确的。”⑤ 这种不确定性不利于当事人的交易安定和香港的贸易繁荣。为此，本文拟对CISG适用于香港的现状予以经验实证，对其所涉争议作出法律分析，进而对其未来应对提出政策建议。

一、《联合国国际货物销售合同公约》适用于香港的问题缘起

在1997年7月1日回归中国政府之前，香港长期处于英国治下，香港的条约

① 具体包括《中华人民共和国常驻联合国代表秦华孙大使就多边国际条约适用于香港特别行政区事项致联合国秘书长的照会》、《一九九七年七月一日起适用于香港特别行政区的多边国际条约清单》、《中国政府为香港特别行政区适用有关多边国际条约所作的声明和保留》，载《中华人民共和国国务院公报》1997年第39号（总第891号），1998年1月16日，第1688～1717页。

② See Roda Mushkat, *Hong Kong and Succession of Treaties*, 46 Int'l & Comp. L. Q. 181 (1997).

③ See Anthony Aust, *Modern Treaty Law and Practice*, *2nd ed.*, Cambridge: Cambridge University Press, 386-391 (2007).

④ 张玉卿编著：《国际货物买卖统一法：〈联合国国际货物销售合同公约释义〉》（第三版），中国商务出版社2009年版，第566页。

⑤ Ulrich G. Schroeter, *The Status of Hong Kong and Macao under the United Nations Convention on Contracts for the International Sale of Goods*, 16 Pace Int'l L. Rev. 307, 309 (2004).

缔结和适用地位也由英国政府负责决定。由于英国不是 CISG 缔约国，香港在 CISG 适用上的法律地位是明确的。就 CISG 本身的效力而言，香港不属于 CISG 缔约方的领土适用范围。因此，营业地分别位于香港和 CISG 缔约国乃至非缔约国的当事人之间的货物买卖合同不能基于第 1 条第 1 款 a 项适用 CISG，只能通过当事人对于 CISG 的并入、第 1 条第 1 款 b 项或者仲裁庭的法律选择适用 CISG。

在香港回归中国政府之后，考虑到香港的繁荣和稳定，中国政府对于条约在香港适用问题的解决采取了“一国两制”框架下香港高度自治的基本政策。对于条约在香港的适用，香港《基本法》第 153 条做了原则规定：中国缔结的国际协议，中央政府可根据香港的情况和需要，在征询香港政府的意见后，决定是否适用于香港；中国尚未参加但已适用于香港的国际协议仍可继续适用，中央政府根据需要授权或协助香港政府作出适当安排，使其他有关国际协议适用于香港。中国政府《照会》对此做了具体安排，《照会》附件一列明了中国政府是当事方并自 1997 年 7 月 1 日起适用于香港的条约清单，所列条约包括其有关修订、议定书、保留和声明自 1997 年 7 月 1 日起适用于香港所需的手续，中国政府已另行办理；对于未列入附件清单的、中国是当事方或将成为当事方的其他条约，如决定适用于香港，中国政府将另行办理有关手续；为避免疑问，对属于外交、国防类或根据条约的性质和规定必须适用于国家全部领土的条约，中国政府无需办理有关手续。

据此安排，CISG 没有出现在中国政府《照会》附件一所列适用于香港的条约清单上。这似乎意味着，香港不属于 CISG 缔约国中国的领土适用范围。根据这种理解，营业地分别位于香港和 CISG 其他缔约国的当事人之间的货物买卖合同，不能基于第 1 条第 1 款 a 项适用 CISG。对于涉及一方当事人营业地位于香港的国际货物买卖合同案件，如果受案法院或者仲裁庭依据冲突法或仲裁规则指向适用香港法，那么，应该适用香港的普通法和《货物买卖条例》。仅就“一国两制”的宪法性基本国策和中国政府《照会》的具体安排而言，这个结论看起来似乎是没有争议的。

但是，问题在于，CISG 对缔约国的领土适用范围及其声明方式做了独特的规定和处理。根据 CISG 第 93 条，CISG 并不必然适用于缔约国全部领土单位，而是允许缔约国通知公约保管人声明或声明修改本公约适用于该国全部领土单位或仅适用于其中的一个或数个领土单位，但是，此种声明应明确地说明适用本公约的领土单位，如果缔约国没有作出此种明确声明，则本公约适用于该国所有领土单位。那么，中国政府《照会》的一揽子式声明方式和内容是否符合 CISG 第 93 条规定要求的声明方式和内容呢？正是在这个问题上截然相反的理解，导致了对于 CISG 是否适用于香港的重大学说争议和判例分歧。

二、《联合国国际货物销售合同公约》适用于香港的实践分歧

香港在国际贸易和国际仲裁中具有重要地位。一方或者双方当事人营业地位于香港的涉外货物买卖合同争议大量存在。根据在佩斯大学CISG数据库检索的结果，截至2010年底，一方或者双方当事人营业地位于香港的货物买卖合同案件法院（不包括香港法院）判决和仲裁裁决案件数量约67件，其中，中国法院判决14件，中国仲裁机构裁决34件，外国法院判决17件，外国仲裁机构裁决2件。① 此外，在2003—2006年，中国国际经济贸易仲裁委员会（CIETAC）受理的一方或者双方当事人营业地位于香港的涉外货物买卖合同争议仲裁案件大约8件。② 另据不完全检索，香港法院受理的一方当事人营业地位于香港而另一方当事人营业地位于CISG缔约国或者双方当事人营业地均位于CISG缔约国的货物买卖合同判决案件大约5件。③ 这些案件都涉及至少一方当事人营业地位于香港的涉外货物买卖合同争议的法律适用问题，且都直接或者间接涉及CISG是否适用于香港的问题，进而绝大多数案件都提及或者适用了CISG。

在香港法院受理的5件涉外货物买卖合同争议案件中，1件是内地和香港当事人之间的争议，1件是香港买卖双方但涉及内地法或香港法适用的争议，3件是香港与美国当事人之间的争议。其中，3件争议的合同明确约定适用美国州本地法而明确排除了CISG，1件争议的当事人同意适用香港法，1件争议的法官认为适用大陆法或者香港法并不影响案件结果。这5件案件的判决表明，香港法院认为，香港不属于CISG缔约国领土适用范围，CISG不适用于香港，除非当事人明示或者默示同意适用CISG，否则，香港法院将会根据其冲突法适用有关法域的本地法。例如，在*Beyond the Network*案中，当事人特别强调适用纽约州法律并且排除适用CISG，法官指出，除非当事人明示或者默示同意适用CISG，否则，CISG在国际货物买卖合同争议中将不被适用。④ 析其原因，可能包括：英国不是CISG缔约国，香港在

---

① See Pace Law School Institute of International Commercial Law, CISG Database, http://www.cisg.law.pace.edu/ (last visited Febrary 20, 2011).

② 中国国际经济贸易仲裁委员会编：《中国国际经济贸易仲裁裁决书选编（2003-2006）》（上）（货物买卖及建筑工程、房地产纠纷），法律出版社2009年版。

③ See Hong Kong Judiciary, http://legalref.judiciary.gov.hk/lrs/common/ju/judgment.jsp (last visited Febrary 21, 2011).

④ See Beyond the Network, Ltd v. Vectone Ltd, HCA002826/2004, Date of Judgment: 13 December 2005.

回归之前不属于CISG缔约国范围；中国虽是CISG缔约方，但是，中国没有明确表示CISG适用于香港；在"一国两制"框架下，香港具有高度自治的地位，并不当然适用中国中央政府缔结的国际公约；就香港自身而言，CISG是否适用，首先是立法机构的权限，法院无权自行决定是否适用CISG。

由于其通常并不公开或者编选仲裁裁决书，香港国际仲裁中心（HKIAC）受理的涉外货物买卖合同争议案件中适用CISG的情况无法得知。不过，提及或者适用CISG的案件大概不会很多。在香港或者伦敦仲裁的国际货物买卖合同，绝大多数都会选择英国法作为准据法，而不会选择CISG。① 这主要是商业原因导致的，买卖合同当事人基于法律选择的路径依赖或者交易实力的不对称，宁愿选择英国法而不愿选择CISG。这也可能与律师和仲裁员的法律专业知识偏好有关，因为香港的律师和仲裁员可能更熟悉英国法和香港法，更愿建议当事人选择适用英国法或香港法，或者基于HKIAC仲裁规则认为英国法或者香港法是与争端具有最密切联系的法律规则（2008年《香港国际仲裁中心机构仲裁规则》第31.1条）。不过，随着香港回归，香港当事人与中国大陆当事人做贸易的情形越来越多，HKIAC受理的涉及香港当事人与大陆当事人之间商事争议的案件也越来越多，由于大陆当事人对于CISG的偏好和对香港普通法的陌生，当事人可能会越来越多地在合同中或者在仲裁中选择适用CISG。

在中国内地法院受理的14件涉港货物买卖合同争议案件中，绝大多数涉及营业地分别位于香港和中国内地的当事人之间的争议（10件），还有一些案件涉及营业地分别位于香港和中国以外其他缔约国或非缔约国（包括瑞士、新加坡和日本）当事人之间的争议（4件）。其中，1件案件当事人在合同中约定了准据法，其他案件当事人在合同中并没有明确约定准据法（13件）。在这些案件中，受案法院分别根据当事人明示或者（庭审中）默示选择适用了中国内地法（4件），根据最密切联系原则适用了中国内地法（4件），或者根据当事人（庭审中）默示选择或最密切联系原则等适用了CISG或者（基于《民法通则》第142条）中国内地法与CISG（6件）。总体而言，除1件误将香港理解为CISG适

① 参见杨良宜：《国际货物买卖》，中国政法大学出版社1999年版，第475页。

用范围外，① 中国法院一般认为，除非当事人明示或模式选择 CISG，否则，CISG 不能适用于香港，因为香港目前不属于 CISG 缔约方或者不属于 CISG 缔约国中国的领土适用范围。②③

中国国际经济贸易仲裁委员会（CIETAC）受理的42件案件中，绝大多数都是营业地分别位于香港和中国内地的当事人之间的争议案件（36件），3件是香港当事人之间的争议案件，另外3件是香港当事人与美国、日本和台湾当事人之间的争议案件。其中，有的在合同中约定适用中国内地法（4件），有的在合同中约定适用 CISG 或者 CISG 与国内法参照、补充、并列、附条件选择适用或者将 CISG 第 II、III 部分并入合同予以适用（11件），其余则没有约定准据法（27件）。当事人在合同中约定中国内地法为准据法，仲裁庭认为适用中国内地本地法而不适用 CISG（4件）。当事人在合同中约定适用 CISG 或者适用包括 CISG 在内的法律，仲裁庭支持了当事人的约定（11件）。双方当事人在仲裁中都援引了 CISG，仲裁庭认定适用 CISG（11件）。一方当事人援引 CISG，仲裁庭依据最密切联系原则适用了中国内地法（3件）。在其余案件中，仲裁庭分别依据最密切联系原则等适用中国法的同时，适用或者参照适用了 CISG（10件），④ 或者适用了中国内地本地法而没有适用 CISG（3件）。总体而言，中国内地仲裁机构（仲裁庭）更愿意适用或者参照适用 CISG。绝大多数仲裁庭则根据当事人合同约定、当事人在仲裁中达成协议或者依据最密切联系原则等适用了

---

① 这起案件是香港买方原告与瑞士卖方被告之间的钢材买卖合同争议，一审新疆维吾尔自治区高级法院适用了 CISG，二审最高法院作出纠正适用了中国《涉外经济合同法》。不过，除非误认为英国属于 CISG 缔约国，否则，即便假设香港属于 CISG 适用范围，一审法院适用法律仍然错误，因为本案合同缔结时间是在1996年1月15日，而香港是在1997年7月1日回归中国，因此，适用 CISG 违反了 CISG 本身的时际法规定（CISG 第100条）。

② 在2007年7月1日和11月2日分别在北京和香港两地举行的“法官与比较法和国际法研讨会”上，中国最高法院法官奚向阳明确认为，中国缔结或者参加的条约并不是全部都适用于香港，当然中央政府可以照会联合国秘书长，声明条约适用于或者扩展适用于香港，中央政府未声明 CISG 适用于香港，因此，CISG 原则上不适用于涉及香港当事人的买卖合同纠纷。参见奚向阳：《涉外商事审判中国际条约的适用——以联合国国际货物销售合同公约为例》，http：//www. hku. hk/ccpl/pub/conferences/documents/xi-xiangyang. pdf（最后访问时间：2011年3月10日）。

③ 在一起香港卖方与被告大陆买方之间电视和网络产品买卖合同争议的上诉审案件中，湖北高级法院认为：当事人在订购合同中未约定选择哪一法律作为解决纠纷的准据法，故应根据最密切联系原则来确定准据法，即应适用卖方营业所所在地或买方营业所所在地的法律，由于香港是我国的一个特别行政区，法律制度不一样，没有缔结或参加 CISG，故本案不能适用该公约，本案与中国内地联系最密切，因此，应适用中国《合同法》。

④ 在其中的1件争议中，仲裁庭将 CISG 第36条作为“普遍采纳的国际贸易惯例”适用。

CISG 或者包括 CISG 在内的法律。但是，对于当事人约定适用中国法，仲裁庭一般认为只是中国内地本地法而非 CISG。对于香港是否属于 CISG 缔约国中国领土适用范围，有的仲裁庭明确认为不属于，① 有的仲裁庭虽然没有明确认识但却似乎默示地认为香港属于 CISG 缔约国中国领土适用范围。②

在外国法院受理的 17 件案件中，争讼交易发生在香港回归中国之前的 2 件案件（美国 1 件、意大利 1 件）③ 不涉及香港是否属于中国作为 CISG 缔约方领土适用范围的问题，其他 15 件分别涉及营业地分别位于香港与美国（6 件）、奥地利（4 件）、比利时（2 件）、法国（1 件）和澳大利亚（1 件）等 CISG 缔约国之间当事人的国际货物买卖合同争议。在 6 件案件中，除奥地利最高法院（*Tantalum* 案）认为应该考虑买方提出的 CISG 不适用于香港的请求外，④ 法国上诉法院、法国最高法院（*Logicom* 案）、美国佐治亚州联邦地区法院（*Innotex* 案）（援引 *Logicom* 案）、澳大利亚（南澳地区）联邦法院（*Hannaford* 案）（援引 *Logicom* 案）都认为中国政府《照会》相当于 CISG 第 93 条所要求的领土适用声明，该通知所列适用于香港的公约并不包含 CISG，因此，CISG 不适用于香港。在 9 件案件中，比利时地方法院（*Index Syndicate* 案）⑤ 和奥地利地方初审法院和上诉法院（*Tantalum*

---

① 在 1 件香港和大陆当事人之间约定并列适用中国法和 CISG 的案件中，仲裁庭在适用当事人选择的中国《涉外经济合同法》和 CISG 的同时，特别强调，香港 1997 年回归以后具有独立法律体系，大陆与香港之间属于进出口交易，因此，应该适用涉外经济合同法，但是，中国政府并没有声明 CISG 也适用于香港，因此，营业地分别位于香港与其他国家的当事人之间的买卖合同并不能自动适用 CISG，但是，当事人选择适用 CISG 并不违反中国法，而且 CISG 的规定比中国法更加详细，因此，CISG 适用。

② 在 1 件涉及香港当事人和日本当事人的争议案件中，仲裁庭认定，尽管本案合同属于国际货物买卖合同，但由于日本不是 CISG 缔约国，因此，不适用 CISG，仲裁庭认为可以适用中国法律，并在裁决中适用了《合同法》。在此，仲裁庭只是强调日本当时不是 CISG 缔约方，而没有强调香港是否适用 CISG，仲裁庭似乎认为，如果日本是 CISG 缔约国，那么，就应该适用 CISG，这意味着将香港视为 CISG 缔约国中国的适用范围了。

③ United States 6 August 1997 Federal District Court [New York] (Kahn Lucas v. Lark International); Italy 20 March 1998 Appellate Court Milan (Italdecor v. Yiu's Industries).

④ Austria 17 December 2003 Supreme Court (Tantalum powder case); Austria 9 July 2004 District Court Innsbruck (Powdered tantulum case); Austria 1 February 2005 Appellate Court Innsbruck (Powdered tantulum case); Austria 31 August 2005 Supreme Court (Tantalum case).

⑤ Belgium 18 January 2001 District Court Turnhout (Index Syndicate Ltd. v. NV Carta Mundi); Belgium 14 February 2002 Appellate Court Antwerpen (NV Carta Mundi v. Index Syndicate Ltd).

案)① 没有提及中国政府照会，直接认定香港属于中国作为 CISG 缔约方的领土适用范围，认为 CISG 应该适用于香港，美国伊利诺伊州联邦地区法院（*CNA* 案)② 和美国阿肯色州东区联邦地区法院（*Electrocraft* 案）（援引 CAN 案)③ 都专门且详细地反驳了法国法院的 *Logicom* 案判决，认为中国政府《照会》不符合 CISG 第 93 条要求，香港属于 CISG 缔约方中国的领土适用范围，从而适用了 CISG。总体而言，受案外国法院都直接处理并且大多专门或详细分析了 CISG 是否适用于香港的问题，但却得出了截然相反的结论。

国外仲裁机构一般并不公开仲裁裁决，所以，公开可得的涉港国际货物买卖合同争议国外仲裁案件极其少见。在德国仲裁庭受理的德国买方与香港卖方之间一项排他性交货和经销的总体合同争议案件（2 件）中，德国仲裁庭依据德国国际私法规则适用德国法，进而根据 CISG 第 1 条第 1 款 b 项适用了 CISG。④ 但是，就国外仲裁机构仲裁的 CISG 案件而言，一般很难获知仲裁庭如何看待香港是否属于 CISG 缔约国领土适用范围的问题。这是因为，与缔约国法院相比，缔约国仲裁机构属于民间性质，仲裁庭没有义务直接适用 CISG，而多基于当事人选择、仲裁法或仲裁规则规定的冲突法规则或者直接自行选择适当的实体法律规则裁判案件。⑤ 在实践中，国外仲裁庭经常根据 CISG 第 1 条第 1 款 b 项间接适用 CISG，而不是依据第 1 条第 1 款 a 项直接适用 CISG。⑥ 只有国外仲裁庭在 1997 年香港回归以后受理涉及一方营业地位于香港而且当事人约定香港法作为准据法的情形下，才能看出国外仲

---

① District Court (Landesgericht) Innsbruck, judgment GZ 12 Cg 32/02i-22 of 6 February 2003) and of 1 R 90/03z-27 of 3 June 2003; Court of Appeal (Oberlandesgericht) Innsbruck, judgment GZ 1 R 90/03z-27 of 3 June 2003.

② United States 3 September 2008 Federal District Court [Illinois] (CNA Int'l, Inc. v. Guangdong Kelon Electronical Holdings et al.); United States 10 April 2009 Federal District Court [Illinois] (CNA Int'l, Inc. v. Guangdong Kelon Electronical Holdings et al.) [Jury trial of a CISG proceeding].

③ United States 23 December 2009 Federal District Court [Arkansas] (Electrocraft Arkansas, Inc. v. Electric Motors, Ltd et al_); United States 2 April 2010 Federal District Court [Arkansas] (Electrocraft Arkansas, Inc. v. Super Electric Motors, Ltd et al.); United States 19 August 2010 Federal District Court [Arkansas] (Electrocraft Arkansas, Inc. v. Super Electric Motors, Ltd and Raymond O' Gara, Individually.

④ Germany 21 March 1996 Hamburg Arbitration proceeding (Chinese goods case); Germany 21 June 1996 Hamburg Arbitration proceeding (Chinese goods case).

⑤ Ingeborg Schwenzer (ed.), *Schlechtriem & Schwenzer: Commentary on the UN Convention on the International Sale of Goods (CISG)*, 3rd ed., Oxford: Oxford University Press, 22-24 (2010).

⑥ 杜涛：《CISG 之仲裁适用问题》，载《东方法学》2009 年第 3 期，第 88 ~ 101 页。

裁庭是否认为 CISG 直接适用于香港。

总之，从 CISG 是否适用于香港的裁判实践来看，香港、中国内地乃至外国的法院和仲裁庭已经间接或者直接涉及或者分析了中国政府《照会》的效力、CISG 第 93 条的解释和香港是否属于 CISG 缔约方中国领土适用范围的问题。然而，不幸的是，就这个问题的解释和解决而言，不同国家甚至同一国家不同法域的裁判机构已经产生了严重分歧，作出了两种截然相反的解释和明显不一致的裁判。这两种截然相反的解释和裁判各自又已都有后续裁判机构作为说服性的先例予以援引。考虑到香港在国际贸易中的重要地位，这种状况对于当事人的交易预期、CISG 的统一解释和国际贸易的法律协调提出了挑战。

三、《联合国国际货物销售合同公约》适用于香港的法律分析

从根本上来说，CISG 是否适用于香港所引起的解释争议与裁判分歧，是香港问题独特的历史背景、解决方式和 CISG 独特的领土适用方式交织作用的产物。CISG 是否适用于香港，必须基于现行有效的实在法规则予以解释和解决。

首先，一般条约法对 CISG 适用于香港问题的解决虽然相关但意义不大，CISG 第 93 条是解释和解决 CISG 是否适用于香港的直接的和根本的依据。

CISG 不同于国际公法条约，它是一项私法性质的国际商事条约，但一般条约法与 CISG 仍然是相关的，尤其是涉及 CISG 对于缔约国之间效力关系方面更是如此。

1969 年《维也纳条约法公约》第 29 条规定："除条约表示不同意思，或另经确定外，条约对每一当事国之拘束力及于其全部领土。"中国已经加入该公约，而且该公约也已于 1997 年 10 月 3 日对中国生效。据此，除非条约本身另有不同意思或者当事国另行确定不同意思，否则，条约适用于当事国全部领土。① 这表明，对于条约的领土适用范围，当事国的意思自治优先，适用于全部领土则是剩余规则或称缺省规则。② 在这种情况下，条约当事国就可以在签署或批准时明确表示该条约是否扩展适用于某些特定领土，还可以在日后通过外交照会致函条约保管人将该批

---

① 不过，"这一条是否应解释为只适用于缔结条约时国家的领土，因而不包括以后取得的领土，是有疑问的"。参见［英］詹宁斯、瓦茨修订：《奥本海国际法》（第一卷）（第一分册），王铁崖等译，中国大百科全书出版社 1995 年版，第 233 页，注 230；杜涛：《CISG 之仲裁适用问题》，载《东方法学》2009 年第 3 期，第 100 页。

② 朱文奇、李强：《国际条约法》，中国人民大学出版社 2008 年版，第 171 页。

准扩展适用于其他特定领土。① 在实践中，少数国家通过单边声明将其特定领土排除于某条约适用范围之外，并且得到该条约其他当事国默许，就被认为是“另经确定了”“不同意思”。例如，中国在香港、澳门回归之后就采取过这种实践。② 不过，在许多情况下，一旦其必要的国内法手续得以完成，这些国家随后已将条约扩展适用到这些特定领土。③ 但是，CISG 第 93 条明确规定了领土适用条款，因此除非缔约国明确声明 CISG 不适用于其某些特定领土，否则，CISG 将适用于其全部领土。CISG 第 93 条的规定实际上是《维也纳条约法公约》第 29 条在 CISG 上的具体化，在此，只需依据 CISG 第 93 条即可。

1978 年《关于国家在条约方面的继承的维也纳公约》第 15 条规定，虽非一国领土的一部分但其国际关系由该国负责的任何领土，成为另一国领土的一部分时，继承国的条约自国家继承日期起，对国家继承所涉领土生效，但从条约可知或另经确定该条约对该领土的适用不合条约的目的和宗旨或者根本改变条约的实施条件时，不在此限。该公约于 1996 年 11 月 6 日生效，目前生效的当事国有 22 个。中国虽然尚未加入该公约，但是，该公约第 15 条体现的“移动边界原则”（moving-boundary principle）被认为是构成了为数不多的习惯法原则之一，④ 尽管对此仍然存在争议。⑤ 与该公约的规定不同，中国政府对条约适用于香港的问题采取了独特务实的解决方式。不过，该公约在此并不适用，因为 CISG 本身对于其领土适用范围已经作了明确的规定。据此，CISG 是否适用于香港，应该通过 CISG 本身的规定予以解决，而不必诉诸存有争议的习惯国际法。

CISG 第 93 条对此作了详细规定：（1）如果缔约国具有两个或两个以上的领土单位，而依照该国宪法规定、各领土单位对本公约所规定的事项适用不同的法律制

---

① Anthony Aust, *Modern Treaty Law and Practice*, *2nd ed.*, Cambridge: Cambridge University Press, 205 (2007).

② Palitha T. B. Kohona, *Some Notable Developments in the Practice of the UN Secretary-General as Depositary of Multilateral Treaties: Reservations and Declarations*, 99 Am. J. Int'l L. 433, 445-446 (2005).

③ Palitha T. B. Kohona, *Some Notable Developments in the Practice of the UN Secretary-General as Depositary of Multilateral Treaties: Reservations and Declarations*, 99 Am. J. Int'l L. 433, 446 (2005).

④ ［英］詹宁斯、瓦茨修订：《奥本海国际法》（第一卷）（第一分册），王铁崖等译，中国大百科全书出版社 1995 年版，第 233 页，注 230；Anthony Aust, *Modern Treaty Law and Practice*, *2nd ed.*, Cambridge: Cambridge University Press, 368-372 (2007); Malcolm N. Shaw, *International Law*, *6th ed.*, Cambridge: Cambridge University Press, 974 (2008).

⑤ 杜涛：《CISG 之仲裁适用问题》，载《东方法学》2009 年第 3 期。Ulrich G. Schroeter, *The Status of Hong Kong and Macao under the United Nations Convention on Contracts for the International Sale of Goods*, 16 Pace Int'l L. Rev. 307, 319 (2004).

度，则该国得在签署、批准、接受、核准或加入时声明本公约适用于该国全部领土单位或仅适用于其中的一个或数个领土单位，并且可以随时提出另一声明来修改其所作的声明；（2）此种声明应通知保管人，并且明确地说明适用本公约的领土单位；（3）如果根据本条作出的声明，本公约适用于缔约国的一个或数个但不是全部领土单位，而且另一方当事人的营业地位于该缔约国内，则为本公约的目的，该营业地除非位于本公约适用的领土单位内，否则视为不在缔约国内；（4）如果缔约国没有按照本条第（1）款作出声明，则本公约适用于该国所有领土单位。

其次，根据 CISG 第 93 条，中国政府迄今并未提交符合第 93 条规定要求的领土适用声明，因此，CISG 适用于香港。

CISG 第 93 条通常被称为“联邦（国家）条款”，是在一些联邦国家尤其加拿大和澳大利亚请求下订入的，其内容借鉴了 1974 年《国际销售货物时效期间公约》第 31 条的规定。然而，第 1 款的表述本身却并没有局限于联邦国家，而只是强调一国在其宪法下具有适用不同法律制度的不同领土单位。因此，这里的不同“领土单位”的文字表述足够中性，以至于不限于狭义的联邦国家。① 而且，从其立法史和目的来看，主要是为了让一些虽对其某些领土单位无权要求其加入 CISG，但仍然可以就其他领土单位加入 CISG。② 若想作出此种声明，不仅需要具有不同领土单位，而且要求这些不同领土单位必须是在其宪法体制下适用不同的法律制度。③ 在中国《宪法》（第 31 条）和香港《基本法》体制下，中国中央政府与香港之间并不是联邦国家体制，而是独特的“一国两制”体制。香港是一个适用不同法律制度的特别行政区，在货物买卖法方面，香港实施的是不同于中国内地的不同的法律制度。因此，香港符合第 1 款规定的声明条件。

不过，第 1 款将声明时间限定在“签署、批准、接受、核准或加入时”，并且只有在此时点上作出声明的当事国才可以事后随时作出修改声明。这意味着，一个国家只有在其首次成为当事国时才能够作出此种声明，而不能在此以后作出此种声明。④ 这种规定使得一个国家在其首次成为当事国时如果没有作出此种声明，那么，它就失去了随后作出声明的机会，CISG 就将适用于其全部领土单位。这当然

① Fritz Enderlein& Dietrich Maskow, *International Sales Law*, New York: Oceana Publication, 375 (1992).

② Ulrich G. Schroeter, *The Status of Hong Kong and Macao under the United Nations Convention on Contracts for the International Sale of Goods*, 16 *Pace Int'l L. Rev.* 307, 321 (2004).

③ Malcolm Evans, *Article* 93, in C. M. Bianca & Michael Joachim Bonell (eds.), *Commentary on the International Sales Law*: *The* 1980 *Vienna Sales Convention*, Giuffrè: Milan, 646-647 (1987).

④ Fritz Enderlein& Dietrich Maskow, *International Sales Law*, New York: Oceana Publication, 375 (1992).

有助于 CISG 的广泛适用和国际贸易的法律统一。但是，这个条款的表述明显存在漏洞，因为它没有考虑到国家继承中的条约继承问题，也无法预见到香港回归等所提出的特殊问题。

当然，这个问题可以通过条约继承的国际法得以解决。不过，《关于国家在条约方面的继承的维也纳公约》的当事国仍然有限，而“移动边界原则”作为一项习惯国际法原则的地位仍然存有争议。条约继承尤其多边条约继承往往比较复杂，经常涉及政治上的敏感性，而且具有不确定性和争议性。①

因此，最好还是回到 CISG 上来解决问题。不过，CISG 是一个只有国家才可以成为当事方的条约，尽管香港可以单独缔结有关国际协议，但却不可以单独加入 CISG。第 1 款声明时间的限定又禁止了中国政府事后通过声明使得 CISG 适用于香港。这显然不符合 CISG 的初衷。为此，有学者认为，可以通过 CISG 第 7 条第 2 款来扩张解释第 93 条，因为，根据 CISG 第 93 条第 1 款，有争议地，可以认为存在着一项 CISG 第 7 条第 2 款意义上的一般原则，即应该允许一个当事国对事后成为其组成部分的领土单位作出声明，从而，中国应该被认为在香港回归之后有机会作出此种声明。② *CNA* 案美国伊州联邦地区法院采取了稍有不同的解释方式。*CNA* 案法官主张，对 CISG 第 93 条第 1 款第 2 小段做严格字面解释将使得中国不可能作出此种声明，但是，第 1 款第 3 小段既然允许当事国在随后任何时候作出修改声明，那么，就可以认为此款规定也允许中国对其事后恢复行使主权的领土单位作出此种声明。不过，对于第 1 款声明时间的限定可以做另外一种扩张解释，即结合 CISG 的目的和宗旨进行解释，从而使得当事国也有机会对事后成为其组成部分的领土单位作出第 1 款意义上的声明。根据《维也纳条约法公约》及其体现的条约解释的习惯规则，这种扩张解释符合 CISG 的目的和宗旨，即统一国际货物销售合同的法律规则、减少国际贸易的法律障碍、促进国际贸易的发展。

那么，中国政府是否作出了第 93 条所要求的领土单位适用声明呢？根据第 93 条，此种声明的内容是“本公约适用于该国全部领土单位或仅适用于其中的一个或数个领土单位”，而且，此种声明应通知保管人并且“明确地”“说明适用本公约的领土单位”。在此，公约第 93 条第 2 款的表述非常地清楚无误。中国政府《照会》通知了 CISG 保管人（联合国秘书长），列明了适用于香港的公约清单，而且该适用清单并未列出 CISG。但是，CISG 要求当事国必须“明确地说明”适用

① Anthony Aust, *Modern Treaty Law and Practice*, 2nd ed., Cambridge: Cambridge University Press, 369 (2007).

② Ulrich G. Schroeter, *The Status of Hong Kong and Macao under the United Nations Convention on Contracts for the International Sale of Goods*, 16 *Pace Int'l L. Rev.* 307, 323-324 (2004).

"本公约"的领土单位，中国政府《照会》并没有"明确地说明"香港是否"适用于CISG"。因此，根据对CISG第93条第1款和第2款所做严格字面解释，中国政府《照会》并不符合CISG所规定的声明要求，中国政府并没有作出此种声明。①

反之，中国政府《照会》并没有说未予列明的公约必然不适用于香港，而是提到，"未列入本照会上述附件的、中华人民共和国是当事方或将成为当事方的其他条约，如决定将适用于香港特别行政区，中华人民共和国政府将另行办理有关手续。为避免疑问，对属于外交、国防类或根据条约的性质和规定必须适用于国家全部领土的条约，中华人民共和国政府无需办理有关手续。"在此，"另行办理有关手续"起码包括根据其他将予适用的公约（包括CISG）本身的要求办理有关手续，但是，迄今中国政府并没有办理有关手续。进而，根据其第93条规定，可以认为，CISG是一种附有条件的、"无须办理有关手续"的、"根据条约的性质和规定必须适用于国家全部领土的条约"，因为，只要没有作出相反声明，CISG就将适用于当事国全部领土，而且，这又符合CISG的目的和宗旨。重要的是，对CISG第93条第1款和第2款声明内容的要求做严格字面解释，也符合CISG的目的和宗旨的要求，因为CISG第93条对声明内容的规定，是为了使得当事国之间非常明确对于特定领土单位是否适用CISG，如果不符合此种声明内容要求，就将被认定为适用CISG，这又符合了CISG对于国际贸易的法律统一的目的和宗旨。这种结合目的与宗旨做通常含义的解释方式已为*CNA*案法院判决所采纳，并为*Electrocraft*案法院判决所重申。至于香港律政司官网适用于香港特别行政区的公约列表上没有列出CISG，并不能作为中国政府声明内容的有效证明，因为，根据CISG，作出声明的主体是当事国而非当事国的特定领土单位。

进而，根据第93条第4款，"如果缔约国没有按照本条第（1）款作出声明，则本公约适用于该国所有领土单位"。② 第93条的规定被认为不是很清楚，③ 而且

---

① 杜涛：《CISG之仲裁适用问题》，载《东方法学》2009年第3期，第100页。

② 不过，这里确实存在着一个问题，即尽管按照CISG本身的规定，香港回归之后属于缔约国中国的领土适用范围，但是，香港法院却不能自行直接适用CISG，因为香港对于条约适用采用二元论体制，因此，必须经由香港立法机构予以采纳或者转化之后，香港法院才可以适用CISG。但是，对于香港（基于"一国两制"的考虑也包括中国大陆）以外其他法域的裁判机构而言，则可以认定香港属于CISG适用范围并直接予以适用。

③ Ingeborg Schwenzer (ed.), *Schlechtriem & Schwenzer: Commentary on the UN Convention on the International Sale of Goods (CISG)*, *3rd ed.*, Oxford: Oxford University Press, 1185 (2010).

被认为是与《条约法公约》第 29 条和习惯国际法不符因而是多余的。① 在谈判第 93 条时，德国代表曾建议修改第 1 款表述，即只有适用于部分领土单位时才需要声明而适用于全部领土单位时则不需要声明，对此，加拿大代表认为尽管德国的建议有一定道理，但是，《条约法公约》第 29 条已经解决了这个问题，而且，为了联邦国家能够履行国内法手续，应该允许其声明本公约适用于全部领土单位。② 不过，即使第 1 款表述不很清楚，但是，第 4 款的字面表述非常明确，即如果没有按照第 1 款作出声明，则本公约将适用于该国所有领土单位。

比较而言，法国最高法院 *Logicom* 案判决并没有结合 CISG 本身、《条约法公约》及其体现的条约解释习惯规则作出解释和推理，而只是简单地认为中国政府《照会》"等同于"（equivalent）CISG 第 93 条所规定的手续，但"等同于"显然不等于"直接就是"；美国法院 *Innotex* 案判决则承认中国政府还没有正式（formally）作出 CISG 第 93 条下的声明，而是认为中国政府《照会》"暗示"（indicating）中国政府不打算扩展 CISG 适用于香港，但 CISG 要求正式声明，而且"暗示"显然不符合 CISG 所要求的"明确地说明"；澳大利亚法院 *Hannaford* 案判决虽然肯定地认为香港不能依据 CISG 第 1 条第 1 款 a 项适用 CISG，但其理由却是因为中国政府迄今尚未采取必要的步骤使得香港成为 CISG 缔约国，但"尚未采取必要的步骤"的后果恰恰是 CISG 应该得以适用。因此，这些法院判决都是难以令人信服的。与此类似，中国内地和香港法域裁判机构已有少数案件明确认为香港不属于 CISG 适用范围，而且，一般认为中国内地主流学说也持香港不属于 CISG 适用范围的观点。③ 但是，绝大多数主张香港不属于 CISG 适用范围的学说或者观点本身其实并没有对此问题进行深入的法律分析，④ 尤其是并没有根据 CISG 自身的规定做严格的国际法分析，而是基于中国国内法上的"一国两制"或者中国政府《照会》简单得出了结论。这些观点是不能令人信服的。实际上，许多学者并未明

① Fritz Enderlein& Dietrich Maskow, *International Sales Law*, New York: Oceana Publication, 376 (1992).

② Official Records of the United Nations Conference on Contracts for the International Sale of Goods, Vienna 10 March-11 April 1980, *A/CONF.* 97/19, New York: United Nations, 446 (1991).

③ Li Wei, *The Interpretation of the CISG in China*, in André Janssen& Olaf Meyer (eds.), *CISG Methodology*, Munich: Sellier, 345 (2009).

④ 例如 Michael Bridge 把英国和香港都列为尚未参加 CISG 缔约国行列的法域，但是，他却并没有对其观点给出任何分析。See Michael Bridge, *A Law for International Sale of Goods*, 37 Hong Kong L. J. 17 (2007).

确否定香港属于 CISG 适用范围，而是认为这一问题的答案并不明确。① 需要指出的是，有些裁判机构和学者认为 CISG 之所以不适用于香港，是因为 CISG 自动扩展适用于香港将违反“一国两制”。其实，这是一种颠倒的法律思维方式，因为，任何一个国家都不得以国内法作为其不遵守国际法的抗辩。何况，CISG 第 93 条要解决的就是一个国家具有多个不同法律制度独立领土单位的情形，香港问题并不例外。

总之，从条约的通常含义，根据上下文语境，结合条约的目的和宗旨，对 CISG 进行善意解释，可以认为，中国并没有严格按照 CISG 第 93 条的规定就香港这一特定领土单位作出声明，据此，CISG 应该适用于香港。② 这是从 CISG 第 93 条规定本身的法律分析得出的结论。不过，应该承认，在实践中，只要中国中央政府还没有正式严格按照 CISG 第 93 条规定的要求作出声明之前，中国大陆和香港的法院一般都会基于国内法和“一国两制”（而非国际法）的考虑，认定 CISG 不适用于香港。但是，其他法域的法院却不会这么考虑，它们会主要基于 CISG（国际法）本身的要求来分析这个问题，现状也正是如此。③

四、《联合国国际货物销售合同公约》适用于香港的政策选择

中国政府就条约适用于香港问题的一揽子式创造性解决虽然灵活务实，但却忽视了一些条约例如 CISG 等自身的性质、规定和要求，导致了不确定性。在 CISG 是否适用于香港的问题上，有些学说和判例也同样忽视了 CISG 第 93 条本身的规定

① 例如，杨帆、张玉卿、肖永平等学者都倾向于持此观点。参见杨帆：《中国对 CISG 的保留及该公约在 CIETAC 仲裁中的适用》，载《武汉大学国际法评论》2008 年第 8 卷，第 320 页；张玉卿编著：《国际货物买卖统一法：〈联合国国际货物销售合同公约释义〉》（第三版），中国商务出版社 2009 年版，第 566 页；Fan Yang, *Hong Kong's Adoption of the CISG: Why Do We Need It, and Now?*, June 2010 Hong Kong Lawyer 10, 10-18 (2010); Xiao Yongping & Long Weidi, *Selected Topics on the Application of the CISG in China*, 20 Pace Int'l L. Rev. 61 (2008).

② 韩健：《CISG 在中国国际商事仲裁中的适用》，载《武大国际法评论》（2008 年卷），武汉大学出版社 2008 年版，第 277 页；Shen Jianming, *Cross-Strait Trade and Investment and the Role of Hong Kong*, 16 Wins. Int'l L. J. 661, 668 (1998); Ulrich G. Schroeter, *The Status of Hong Kong and Macao under the United Nations Convention on Contracts for the International Sale of Goods*, 16 Pace Int'l L. Rev. 307, 325 (2004); Lutz-Christian Wolff, *Hong Kong's Contract Laws: Quo Vadis?*, 6 J. Priv. Int'l L. 465, 479-480 (2010).

③ CISG: Contracting States-China (PRC), http://cisgw3.law.pace.edu/cisg/countries/cntries-China.html (last visited March 11, 2011).

和要求，导致了不一致性。法国法院的 *Logicom* 案判例违背了 CISG 第 93 条，它不但是错误的，也是危险的，它损害了法律的确定性，造成了 CISG 适用的不一致性。① 这种不统一性有违 CISG 作为国际商事条约的解释原则（第 7 条“在解释本公约时，应考虑到本公约的国际性质和促进其适用的统一”），也不合 CISG 的宗旨和目的（序言“认为采用照顾到不同的社会、经济和法律制度的国际货物销售合同统一规则，将有助于减少国际贸易的法律障碍，促进国际贸易的发展”），因此，必须予以认真对待和有效解决。所谓“解铃还须系铃人”，为了消除 CISG 适用于香港问题上的不一致性，中国政府需要对 CISG 适用于香港的问题作出审慎的政策考量和明确的政策选择。

首先，从法律形式上来说，CISG 适用于香港问题上的不一致性可以比较容易地在中国国内法“一国两制”的框架下予以解决。

根据香港《基本法》第 151 条，“香港特别行政区可在经济、贸易、金融、航运、通讯、旅游、文化、体育等领域以‘中国香港’的名义，单独地同世界各国、各地区及有关国际组织保持和发展关系，签订和履行有关协议”。这是《基本法》法定授权香港享有的单独缔约能力和缔约权，在这些事项范围内，香港有权直接以自己的名义(“中国香港”) 自行谈判和签订有关国际协定，而无须另外寻求中央政府的协助或者授权。② 鉴于这种措辞的一般性，香港可以在诸如投资保护、避免双重征税、社会保障、知识产权关税合作事项“等领域”缔结条约，而且，既可以缔结双边条约，也可以缔结多边条约。③ 香港已经在投资保护、避免双重征税、海关合作、科技资讯等事项上缔结了许多国际协议。国际货物买卖合同显然也属于经济、贸易的范畴。但是，CISG 不向非国家实体开放，而只能以国家名义缔结和参加，因此，香港无法自行参加 CISG。不过，根据香港《基本法》第 153 条，“中华人民共和国缔结的国际协议，中央人民政府可根据香港特别行政区的情况和需要，在征询香港特别行政区政府的意见后，决定是否适用于香港特别行政区”。中国是 CISG 的缔约国，因此，中央政府可以根据香港的情况和需要，征询香港政府的意见，决定是否将 CISG 适用于香港，并依据 CISG 第 93 条提出符合条件的正式声明。从而，结束在 CISG 是否适用于香港问题上的纷争和不一致性，为国际贸易当事人、国际货物销售合同争议的裁判者提供法律上的确定性、可预测性和

---

① Ingeborg Schwenzer (ed.), *Schlechtriem & Schwenzer: Commentary on the UN Convention on the International Sale of Goods (CISG)*, *3rd ed.*, Oxford: Oxford University Press, 1185 (2010).

② 朱文奇、李强:《国际条约法》，中国人民大学出版社 2008 年版，第 177 页。

③ Anthony Aust, *Modern Treaty Law and Practice*, *2nd ed.*, Cambridge: Cambridge University Press, 69 (2007).

一致性。

其次，就实质选择而言，香港政府应该选择将 CISG 扩展适用于香港。

一般认为，香港之所以不希望 CISG 扩展适用于香港，是因为香港货物买卖法是承继了英国货物买卖法的传统，英国不加入 CISG 的理由在某种意义上也就是香港不希望适用 CISG 的理由。① 英国政府虽然采取了一些努力措施，但迄今仍然没有加入 CISG。② 然而，英国不加入 CISG 的理由本身大多并不充分。长期来看，英国不太可能仍然游离于 70 多个已经加入 CISG 的国际贸易共同体之外。③ 英国不加入 CISG 也许并不在于英国法更完善确定，因为许多受其影响的法域已经修改了它们从英国承继的商法，④ 而且澳大利亚、加拿大、美国等普通法国家也积极加入了 CISG，⑤ CISG 并非完全不适合于初级商品买卖，⑥ 而且 CISG 允许当事人排除它的适用。其实，英国不加入 CISG 的真正原因也许更多在于法律界和产业界对于 CISG 不是很感兴趣甚或反对加入 CISG 等公共选择的理由，⑦ 而这又可能是因为它们对于适用英国法形成了路径依赖、现状偏好或者具有特殊利益。

英国不加入 CISG 的理由对于香港来说并不是很有说服力。香港货物买卖法虽

---

① Fan Yang, *Hong Kong's Adoption of the CISG: Why Do We Need It, and Now?*, June 2010 Hong Kong Lawyer 10-18 (2010); Michael Bridge, *A Law for International Sale of Goods*, 37 Hong Kong L. J. 17 (2007).

② 英国政府长期对加入 CISG 抱持冷淡态度，迟迟不愿加入 CISG。一般认为，这是因为，英国认为自己的货物买卖法更好，而且更有利于维护其长期的国际商业、国际商法和国际仲裁的中心地位；英国商业界和法律界对于 CISG 不太感兴趣，不加入 CISG 不会消极影响英国的对外贸易往来，因此，加入 CISG 的问题始终没有成为商业和立法的优先关注事项；CISG 的一些规定具有更大的不确定性，CISG 的规定（尤其关于根本违约和风险转移的规定）不适合于初级商品交易，国际货物买卖法律的改变在短期内总是损害了法律的确定性和连续性。参见杨良宜：《国际货物买卖》，中国政法大学出版社 1999 年版，第 474 ~ 475 页；Sally Moss, *Why the United Kingdom Has Not Ratified the CISG*, 25 J. L. & Com. 483-485 (2005); Michael Bridge, *A Law for International Sales*, 37 Hong Kong L. J. 17-40 (2007).

③ Michael Bridge, *The International Sale of Goods: Law and Practice*, *2nd ed.*, Oxford: Oxford University Press 5-6 (2007).

④ Roy Goode, *Insularity or Leadership The Role of the United Kingdom in the Harmonisation of Commercial Law*, 50 Int'l & Comp. L. Q. 751, 757 (2001).

⑤ John Linarelli, *The Economics of Uniform Laws and Uniform Lawmaking*, 48 Wayne L. Rev. 1387, 1429 (2002).

⑥ Lachmi Singh and Benjamin Leisinger, *A Law for International Sale of Goods: A Reply to MichaelBridge*, 20Pace Int'l L. Rev. 161-189 (2008).

⑦ John Linarelli, *The Economics of Uniform Laws and Uniform Lawmaking*, 48 Wayne L. Rev. 1387, 1429-1442 (2002).

然承继了英国法，但是，回归中国之后，香港的贸易范围越来越广，香港对外贸易合同纠纷也越来越多地适用其他贸易伙伴国家的法律，而非香港自己的货物买卖法。也许，香港没有决定适用CISG，是因为没有意识到CISG的重要性，因而没有将其提到优先的立法议程。① 但更可能的是，从自己法域的法律转向国际统一的法律总是会有改变现状所带来的变动和成本。但是，香港是重要的国际贸易中心，为了便利和促进香港国际贸易的繁荣和发展，加入统一的国际货物销售法律体制具有重要意义。2009年，香港商品贸易出口额位居世界第11位，商品进口贸易额位居世界第9位。② 2010年1至12月份，香港对外贸易总额63958.59亿港元，前20位贸易伙伴占据了香港对外贸易总额的93.1%，而且，其主要贸易伙伴多已加入CISG，包括中国大陆（48.9%）、美国（8%）、日本（6.8%）、新加坡（4.5%）、韩国（2.9%）、德国（2.2%）、瑞士（1.1%）、法国（1.0%）、意大利（1.0%）、荷兰（1.0%）、澳大利亚（0.8%）、比利时（0.6%），占其贸易总额的77.7%，而尚不适用或尚未加入CISG的有中国台湾（4.6%）、印度（2.3%）、泰国（1.7%）、马来西亚（1.7%）、英国（1.6%）、菲律宾（0.9%）、越南（0.8%）、印度尼西亚（0.7%），占其贸易总额的15.4%。③ 就主要贸易伙伴关系而言，香港扩展适用CISG显然有助于增强其对外贸易的法律确定性和统一性。

对于绝大多数亚洲国家和地区贸易伙伴来说，其经济处于转型之中，或者其法律仍在健全之中，但是，货物买卖法的复杂多样性不利于这一地区的贸易发展。④ 晚近韩国和日本的加入已经扩大了这一地区贸易商法的协调和统一，香港扩展适用CISG将会进一步推动这一进程。实际上，绝大多数亚洲国家和地区尚未加入CISG同样并没有令人信服的政策理由。例如，印度不加入的原因据说只是因为需要改变自己长期实施的1930年货物买卖法的原则。⑤ 而泰国只有国内民商法典，没有适合于国际货物买卖的法律，政府设立了专门委员会，起草商事货物买卖法案，适用于国内和国际商事货物买卖，委员会考虑CISG的条款内容，但也赞成加入CISG，

① Fan Yang, *Hong Kong's Adoption of the CISG: Why Do We Need It, and Now?*, June 2010 Hong Kong Lawyer 10-18 (2010).

② WTO, *World Trade Report* 2010: *Trade in Natural Resources*, Geneva, WTO, 30 (2010).

③ Hong Kong's Principal Trading Partners in 2010, http://www.tid.gov.hk/english/trade_relations/mainland/trade.html (last visited March 12, 2011).

④ Hiroo Sono, *Japan's Accession to the CISG: The Asia Factor*, 20 Pace Int'l L. Rev. 105, 110 (2008).

⑤ Ankit Mishra, *CISG and India*, http://indianlegalspace.blogspot.com/2010/05/cisg-and-india.html (last visited March 12, 2011).

它的障碍据说在于将 CISG 翻译成泰国语，以及民商不分导致的诉讼时效过长。① 随着韩国、日本的加入以及亚洲经济体的对外贸易和法制建设的发展，亚洲地区的贸易商法也将越来越多地趋于协调或统一。目前，东亚国家和地区的民商法学者已经开始借鉴欧洲统一私法的经验，推进东亚统一私法运动，着手达成东亚统一合同法原则。② 可以预见，在这一过程中，CISG 将会发挥重要的作用。而且，东亚统一合同法原则主要是非约束性的统一示范法，而 CISG 本身就是约束性的统一国际法，因此，CISG 作为统一法的地位其实更重要，它的统一效果也更明显。

总之，消极地说，如果当事人认为 CISG 不适合其特定具体交易合同，完全可以自由地明确排除 CISG 的适用，加入 CISG 并不会给当事人带来实质的额外负担；积极地说，加入 CISG，将会促进香港与不同政治、经济和法律制度贸易伙伴之间买卖法的统一，减少香港与其贸易伙伴之间国际贸易当事人的事前实体交易成本和事后争端解决成本，从而有助于促进香港对外贸易的繁荣与发展。③

最后，就中国内地与香港之间关系而言，也同样有必要创造性地作出适用 CISG 的法律安排。即使香港决定扩展适用 CISG，其与中国大陆之间的货物买卖关系仍然不能适用 CISG，因为 CISG 适用于营业地位于不同缔约国之间当事人的国际货物买卖合同，而香港与中国内地当事人属于营业地位于同一缔约国。一个类似的实例是，因为英国和中国都是《纽约公约》缔约国，所以，回归之前，香港与中国大陆之间适用《纽约公约》处理相互之间仲裁裁决的承认与执行问题，但是，回归之后，这一公约就不再适用了，而是得通过另行安排来解决这个问题了。④ 在香港扩展适用 CISG 后，这意味着，营业地位于香港和中国内地当事人之间的货物买卖合同将根据中国区际国际私法来解决。在现实中，中国内地是香港最大的贸易伙伴。因此，香港扩展适用 CISG 后，亟待解决香港当事人与中国内地当事人之间货物买卖合同的法律适用问题。以北京市高级法院“日本管材中心株式会社与北京庄胜房地产开发有限公司买卖合同纠纷案”为例，该案当事人在合同中约定适用香港法和香港法院管辖，日本公司在香港法院起诉并胜诉，但因当时大陆与香港

---

① Tithiphan Chuerboonchai, *International Sales Law: the CISG and Thailand*, Presented in "*Celebrating Success: 25 Years United Nations Convention on Contracts for the International Sale of Goods*" (Collation of Papers at UNCITRAL— SIAC Conference 22-23 September 2005, Singapore), published and copyright by the Singapore International Arbitration Centre at 178-185.

② 陈霄：《专家就东亚私法统一达成共识：中国法难独善其身》，载《法制日报》2009 年 10 月 22 日第八版。

③ Fan Yang, *Hong Kong's Adoption of the CISG: Why Do We Need It, and Now?*, June 2010 Hong Kong Lawyer 10-18 (2010).

④ 朱文奇、李强：《国际条约法》，中国人民大学出版社 2008 年版，第 176 页。

之间缺乏相互承认与执行法院判决的依据，所以，日本公司不得不向北京市法院重新起诉，因为北京公司对香港大律师出具的香港法内容证明提出异议，北京市法院则以无法查证香港法为理由，适用了中国大陆的法律，最终判日本公司败诉。在本案中，中国内地与香港货物买卖法不统一，严重损害了法律的确定性和可预见性。

那么，如何协调和统一中国内地和香港的货物买卖法呢？中国内地和香港各自都有自己独立的冲突法和货物买卖实体法，而且，要想实现冲突法或者货物买卖法的统一难度很大。但是，如果能够在香港与内地之间创造性地达成适用 CISG 的独特法律安排，不但对中国内地与香港贸易当事人带来便利，而且，就其涉及内地法律和香港法律适用而言，也将对其他国家和地区的贸易当事人带来方便。因此，中央政府与香港政府之间应该创造性地达成一项法律安排，明确规定营业地分别位于中国内地和香港的当事人之间的货物买卖合同适用 CISG。

结　　语

CISG 已经并将继续被以不同方式适用于香港当事人与其他法域当事人之间的货物买卖合同。中国迄今并没有根据 CISG 第 93 条作出正式有效的声明，因此，CISG 应该适用于香港。但是，学说和判例对于 CISG 是否适用于香港却存在着严重分歧。这损害了涉港国际货物买卖法律的确定性和统一性，不利于涉港当事人之间的国际货物贸易往来。为了实现涉外国际货物买卖合同法律适用的确定性和统一性，中央政府应该征询香港政府的意见，作出严格符合 CISG 第 93 条规定要求的声明，明确 CISG 在香港适用与否的法律地位。为了便利香港对外贸易的繁荣与发展，香港应该同意适用 CISG，并由中央政府向联合国秘书长作出将 CISG 适用于香港的声明。中国内地与香港之间也应该作出创造性的安排，使得营业地分别位于中国内地和香港当事人之间的货物买卖合同也适用 CISG。

The Application of CISG to the Hong Kong SAR

——Practice Divergence, Legal Analysis and Policy Option

Abstract: It is a very important problem whether CISG will apply to Hong Kong SAR after its return. The Chinese note of 20 June 1997 to the UN Secretary General doesn't effectively clarify and settle this problem. In practice, CISG has been applied to sale of goods contracts between parties one of which has its place of business in Hong Kong SAR in various ways. Under CISG §93, China has not made such strictly effective declaration until now, and CISG should apply to Hong Kong SAR. However, there arise serious differences and obvious inconsistency among doctrines and cases in different jurisdictions or even in the same jurisdiction. Such divergence has done harm to the unification of international sale of goods law, and it also harmful to the prosperity and development of Hong Kong SAR's foreign trade. After consulting Hong Kong SAR government, Chinese government should make unambiguous declaration strictly conforming to CISG §93, expressing its intentwhether CISG should apply to Hong Kong SAR. Considering Hong Kong plays a very important pole in world trade and most of its trade partners have become the Parties to CISG, it is wise for China to extend the application CISG to Hong Kong SAR. In addition, due to more and more increasing trade relations and legal differences between Mainland China and Hong Kong SAR, Central Chinese government and Hong Kong SAR government should make creative arrangement so that CISG can apply to Hong Kong SAR.

Key words: CISG; Hong Kong SAR; China; Treaty Application; Treaty Interpretation

论当代侵权冲突法的价值定位与发展走向

□ 许　凯*

内容摘要　侵权冲突法是国际私法中古老但又充满生机的领域，现代意义上的侵权冲突法以追求实质正义价值为主要目标，但这并非侵权冲突法价值定位之全部。进入新世纪后，欧美侵权冲突立法的突破性进展表明当代侵权冲突法达到了一个全新高度。因此，全面、系统地分析当代侵权冲突法的未来走向具有很强的理论与现实意义，这主要包括四个方面：侵权冲突立法的成文化与趋同化；实质正义价值的追求与限制；三种法律选择方法的对立统一；法律选择确定性和灵活性的平衡。

关 键 词　当代侵权冲突法立法方式价值定位法律选择方法发展走向

目　　次

* 法学博士，华东政法大学科学研究院助理研究员。

一、前言

20 世纪是国际私法立法与理论研究特别活跃的时期，而对于侵权冲突法问题的思考又成为其中重点攻克的议题。现代侵权冲突法的最大特点在于其不再安于仅仅对冲突正义（Conflict Justice）的价值追求，而开始将法律选择的触角伸向实质正义（Material Justice）的方向。亦即，现代侵权冲突的法律选择过程不再以找到准据法所在的国家为终点，它要求法官继续前行以审核准据法之内容，并判断它的适用能否真正能够达到实质正义之结果。在追求这一价值取向的道路上，美国现代的国际私法学者以法律现实主义为理论导向，提出了许多令人耳目一新的观点。相较于美国冲突法革命中提出的众多重构性方案，欧洲国际私法的法典化运动则更多采用了以限制、调校侵权行为地规则为中心的改良主义路线。此外，现代侵权冲突法的发展为当代侵权冲突法奠定基础的同时，也提出了进一步的期望。在 21 世纪之初，一直前进的国际私法车轮并没有放缓速度，以美国和欧盟为代表的侵权冲突立法成为推动这一车轮的最强动力。但是，这一历史的车轮究竟会驶向何方，当代侵权冲突法是否在追求实质正义的价值取向上更近一层，未来的侵权冲突法会不会有新的深化和改进？对当代侵权冲突法发展走向的分析与展望不仅有利于把握国际私法的总体动向，也可以对中国当代侵权冲突法立法体系的合理性与科学性提供一项检验标准。因此，笔者不揣浅陋，拟在本文中从四个维度对当代侵权冲突法的价值取向与发展走向作出剖析。

二、侵权冲突立法的成文化与趋同化

国际私法的传统理论认为：法律选择的首要目标应该是追求国际一致性（International Uniformity）。这一理念的最早倡导者是萨维尼（Friedrich Karlvon Savigny），他主张法律选择过程应当尽量保证国际或州际判决的统一，而不论案件在何地被提起。这一观点在传统的侵权冲突法中得到了体现，侵权行为地法规则代表了一种中立和平等对待内外国法律及当事人的普遍主义理念。尽管其有时会受到来自法院地法的限制，但侵权行为地法规则强调国际一致性的理念却为 20 世纪初绝大多数国家的国际私法所肯定。然而，到了 20 世纪中叶，美国冲突法革命的兴起对于国际一致性理念提出了挑战，柯里（Brainerd Currie）、艾伦茨维格（Albert A. Ehrenzweig）等学者积极鼓吹国家利益和州利益的重要性，而《第二次冲突法重述》也把“法院地的相关政策”列入到第 6 条的法律选择因素之内。这样，在侵权冲突法领域，法官不再坚守以往的侵权行为地法规则，转而以各种新理论为指导寻找与案件最有联系州之法律。在这一时期，美国侵权冲突法处于一种无固定规则可循和推崇法院地法的状况。与此同时，欧洲侵权冲突法也出现了一种国家主义倾向，除了部分国家仍保留着法院地法的限制因素外，① 体现法院地法或外国法单边利益的“直接适用的法”被广泛地规定在各国的国际私法之中。正如西蒙尼德斯教授（Symeon C. Symeonides）所言：对国际一致性的倡导者来说，20 世纪的历程只会令他们感到失望。②

虽然在 20 世纪国际一致性的目标是一种对国际私法应然状态的美好理想，但当代侵权冲突法的发展似乎修正了这一观念。21 世纪初，两大法系在侵权冲突法方面的差异进一步缩小，英美法系国家开始效仿大陆法系法典化的方式编撰自身的成文法，而大陆法系在立法中也开始汲取美国国际私法的精华。更值得注意的是，以欧盟为代表的国际私法统一化进程已经取得了不小的成绩。③ 这些最新立法进展表明当代侵权冲突法趋同化的趋势，也说明国际统一性目标将取代国际一致性目标，成为当代侵权冲突法的努力方向。

（一）两大法系侵权冲突法的成文化

成文法之于国际私法的作用，除了其一贯具有的普遍性和稳定性的优点外，还可以起到统一国内冲突法之功能。在 20 世纪的最后 30 年里，已有数十个国家纷纷制定了成文的国际私法法规。当然这些国家大多为大陆法系国家，其本身就有成文法之传统，其现代国际私法立法行动又被称为国际私法的法典化。但当代国际私法的现状表明，这一成文化趋势已经从大陆法系国家向英美法系国家蔓延，也从欧洲

---

① 如瑞士 1987 年《国际私法典》第 135 条第 2 款：因产品瑕疵或有瑕疵的产品说明而提出的请求应适用外国法律时，则在瑞士判付给受害人的赔偿金，不得超出依照瑞士法律应对此种损害所判付的赔偿额度。

② ［美］西蒙尼德斯：《20 世纪末的国际私法——进步还是退步?》，宋晓译，黄进校，载《民商法论丛（第 24 卷）》，金桥文化出版（香港）有限公司 2002 年版，第 418 页。

③ 2007 年欧盟《非合同之债法律适用条例》（简称：罗马规则Ⅱ）：*Regulation on the Law Applicable to Non-contractual Obligations*（Rome Ⅱ）代表着欧盟国际私法的最新成果，其标志着非国家层面上对侵权冲突法的统一立法。

国家扩展至世界各国。1995 年英国《国际私法（杂项规定）法》不仅用以调整国际性的侵权冲突，也对国家内部的区际侵权冲突法进行了统一。① 在澳大利亚，该国法律改革委员会启动了冲突法规则的改革项目，并且于 1992 年公布了一部冲突法的草案。② 甚至一些非洲国家，为了推动经济自由化的发展，在 20 世纪 90 年代也进行了有关国际私法不同方面的立法活动。③ 在北美，拥有大陆法系传统的美国路易斯安娜州和加拿大魁北克省率先发起了国际私法的编撰活动，波多黎各自由联邦也在 1991 年颁布了一部国际私法法规。④

成文法对于当代侵权冲突法的意义可以体现在两个方面。第一，其意味着侵权冲突法的规则体系已经形成，可以成为单一法律或法规所规范之对象。传统的侵权冲突法由于调整对象并未细化，因而关于侵权法律选择之冲突规范总是单一而缺乏层次感，在那时侵权冲突法只不过是各国民法典或法律适用法中的几个条文而已。但经过发展，侵权冲突已经进行分类，包括一般侵权行为的法律冲突和特殊侵权行为的法律冲突，并且后者的数量与日俱增。另外，在一般的法律选择问题之外，还衍生出许多新问题，比如分割方法的适用、竞合情况的处理等。调整对象横向和纵向的扩大使得当代侵权冲突法的体系逐渐形成，已经具备了单独规范成文法的条件，2010 年美国俄勒冈州《侵权冲突法律选择法》就是这种单行立法的典型。⑤ 第二，对英美法系国家而言，成文法方法有助于统一解决本国内部的区际侵权法律冲突。这些国家内部往往存在着多法域并存的情况，这些法域之间的侵权法律冲突需要由联邦层面的立法予以统一，例如英国以 1995 年《国际私法（杂项规定）法》解决了这一问题。但在美国，由于各州在国际私法立法上均享有独立的权限，因此实现统一的州际侵权冲突法恐怕还有一定的困难，但 1993 年美国法学会《混

---

① See Kiesty J Hood, *Conflict of Laws within the UK*, Oxford University Press, 2007, pp. 162-164.

② See Peter Nygh, *Choice of Law in Torts in Australia*, *in Petar Sarcevic*, Yearbook of Private International Law, Volume II, ed. by Paul Volken, Kluwer Law International, 2000, pp. 70-71.

③ 参见 Richard Erimpong Oppong：《非洲国际私法：历史、现状与未来》，朱伟东译，载《民商法论丛（第 43 卷）》，法律出版社 2009 年版，第 282 ~ 284 页。

④ See Symeon C. Symeonides, *Revising Pueto Rico's Conflicts Law*, Columbia Journal of Transnational Law, Vol. 28, No. 2, 1990, pp. 413-447.

⑤ 2010 年 1 月 1 日，美国俄勒冈州《侵权冲突法律选择法》（以下简称：《侵权冲突法》）正式生效，其条文体现于俄勒冈州制定法汇编的第 31. 850-31. 890 条，共计 14 条。该法的实施证明了俄勒冈州在冲突法领域制定成文法的倾向，也表明该州在美国当代国际私法变革中起到的表率作用。

合诉讼规程最终草案》已经作出了有益的尝试。①

（二）侵权冲突法的间接趋同化

法律趋同化理论是由我国著名的国际私法学者李双元教授提出，所谓法律趋同化是指不同国家的法律，随着国际交往日益发展的需要，逐渐相互吸收、相互渗透、从而趋于接近甚至趋于一致的现象。② 这种趋同化现象可以从两个方面概括：一方面，各国在国内法律的创制和运作过程中越来越多地涵纳国际社会的普遍实践或国际惯例；另一方面，则是越来越多的国家积极参与国际法律的统一活动。前一种表现称之为实现法律趋同的间接形式或途径，而后一种表现称之为实现法律趋同的直接形式或途径。③ 笔者赞同这一观点并将趋同化理论适用于侵权冲突法的发展趋势研究。

侵权冲突法的间接趋同化，指世界各国在制定本国侵权冲突法的过程中吸取、借鉴其他国家以及国际社会的立法经验，导致各国侵权冲突法更加趋于一致的过程。在侵权冲突法领域，这一间接趋同化趋势主要表现为两大法系国际私法的融合。其中，大陆法系对英美法系的影响主要在于立法形式，而英美法系则更多在方法论上对大陆法系的国际私法改革起借鉴作用。比如，英国式的侵权自体法理论和美国《第二次冲突法重述》中对侵权冲突采用的最密切联系原则已经为几乎所有欧洲国际私法立法所接受，并且许多国家依据这一原则发展出补充性规则和例外规则。再如，柯里的政府利益分析说本身与大陆法系国家成文化的立法传统格格不入，但其重视利益的分析方式为传统侵权冲突规范注入了一股活力，保护弱者利益原则的出现即是明证。

当然“法律趋同化”这一概念本身内涵着承认各国法律制度差异性或多样性的逻辑前提。④ 以上种种例子并不是说明当代各国的侵权冲突法已经达到或必将达

---

① 1993年5月13日，美国法学会正是批准了《混合诉讼规程最终草案》，并将其提交美国国会以期能够正式成为联邦法律。制定《规程》的初衷在于通过一种协调、中立的立场调整美国国内出现的混合诉讼情况，因而其所适用的对象十分有限，主要是关于美国联邦法院系统内部、州法院系统与联邦法院系统之间以及州法院系统内部混合诉讼的移送及相关的诉讼合并的一套标准。

② 李双元等：《21世纪国际社会法律发展基本走势的展望》，载《湖南师范大学社会科学学报》1995年第1期，第7～8页。

③ 参见李双元、李新天：《当代国际社会法律趋同化的哲学考察》，载《武汉大学学报（哲学社会科学版）》1998年第3期，第24页。

④ 李双元、于喜富：《法律趋同化：成因、内涵及其在“公法”领域的表现》，载《法制与社会发展》1997年第1期，第51页。

到一致的程度。在当代侵权冲突法中，欧洲各国在产品责任冲突规范的设置上采用“阶梯式”的方式为美国学者多为诟病，而美国国际私法中已经司空见惯的分割适用法律方法至今仍然为大陆法系立法所不采。即便在美国国内，各州在采取何种侵权法律选择方式的问题上依旧不统一，而学者们对于如何制定《第三次冲突法重述》也莫衷一是。但此种不一致情况正是趋同化的题中之意，也符合冲突法整体之螺旋式上升的趋势。因为在缺少国际条约的领域，国际私法仍然只是一国国内法，想要用它去解决紧张又充满差异的法律冲突，就必须协调各国的国际私法法律体系。①

（三）侵权冲突法的直接趋同化

趋同化的直接方式是指国际或区域性统一实体法和冲突法的制定。这种方式建立在长期的比较法研究基础之上，必须对每个国家的文化、道德、经济、政治以及社会结构有着充分的了解，并基于这种了解观察各国法律规则的变动。只有在比较研究的基础上，才可以了解某一法律领域是否存在统一的可能。至于侵权冲突法领域，可以认为这种统一化的趋势不仅是可能的，也是必要的。正如美国学者梅勒（Arthur T. von Mehren）所言：“如果说在过去的两千年中，大陆法系和普通法系的国际私法保留着各自独立的传统的话，那么在第三个千年中，这两大法系必将相互渗透并最终形成一个新的法律体系。”②

但可能性是否能够转化为现实，需要进一步探讨。在国际立法层面，侵权冲突实体法的制定几乎处于空白状况。以制定统一冲突法为己任的海牙国际私法会议，除了在20世纪70年代通过了《交通事故法律适用公约》和《产品责任法律适用公约》之外，就再无建树。与之相反，欧盟国际私法所焕发出的生机在当代引领着侵权冲突法的统一化进程。欧盟2007年通过的《罗马条例Ⅱ》被学者们称为侵权冲突法的“欧洲化”或“欧洲式的冲突法革命”，其代表着欧盟范围内一种全新的冲突法立法方式。③ 更值得一提的是，在欧共体中早已开始了关于欧洲民法法典化的起草活动，2008年底《欧盟民法共同参照框架草案》（Draft Common Frame of

---

① See Kurt Siehr, *Coordination of Legal Systems in Private International Law*, in Intercontinental Cooperation Through Private International Law—Essays in Memory of Peter E. Nygh, ed. by Talia Einhorn, Kurt Siehr, T. M. C. Asser Press, 2004, pp. 325-337.

② Arthur T. von Mehren, Adjudicatory Authority in Private International Law—A Comparative Study, Martinus Nijhoff Publishers, 2007, p. 353.

③ See Joban Meeusen, *Rome II: A True Piece of Community Law*, in The Rome II Regulation on the Law Applicable to Non-Contractual Obligations, ed. by John Ahern, William Binchy, Martinus Nijhoff Publishers, 2009, p. 9.

Reference）也就是学界所谓的"欧盟民法典草案"提交至欧盟讨论和审议，该草案是在欧盟委员会（European Commission）2003 年颁布的官方文件倡导下，由西方各国数百名法学家历时 5 年汇集的成果，可谓是当今国际最为先进的民法典之一。① 这份草案共计 10 编，其中"侵权损害赔偿"单独成编，这意味着如果这一草案能够最终通过，其可能成为区际侵权统一实体法的代表。当然，由于欧盟法律性质的独特性，其侵权冲突法的统一化方式是否能代表当代侵权冲突法之发展方法，还有待继续观察。但欧洲共同体于 2007 年 4 月 3 日，作为一个有国际法律人格且有对外权力的区域性经济一体化组织正式以自己的名义成为海牙国际私法会议的成员，这也许是将欧洲经验推广至全球的一种信号。

三、实质正义价值定位的远景与限度

正义是任何法律制度均期望追求的目标，然而关于正义的概念和分类历来众说纷纭。正如博登海默（Edgar Bodenheimer）所言："正义具有一张普洛透斯似的脸，变幻无常、随时可呈不同形状并具有极不相同的面貌。"② 在国际私法的视野里，对正义关注的焦点在于形式正义或冲突正义与实质正义价值的争论。形式正义又称抽象正义，它不管制度是否正义，只关心制度的实现，因而是一种表面的正义。③ 在冲突法的规范体系中，传统以立法管辖权为中心的冲突规范代表着形式正义或冲突正义，如侵权行为地法规则。实质正义虽然与形式正义并没有明显矛盾，但它更关注法律制度的实现效果，这在冲突法中表现为对于法律选择结果的注重。从侵权冲突法的发展历程来看，其价值取向正是从形式正义向实质正义的不断演进和变动，这一趋势在当代仍没有停止。尽管实质正义价值受实体法的影响，但冲突法永远不可能取代实体法并完成实体法所承载的任务，因而对于实质正义的需求应有其限度，这种限度主要体现在冲突规则的编排之上。

（一）实质正义对冲突正义的侵蚀

冲突法上实质正义的出现远比冲突正义要早，在法则区分说早期，意大利注释法学派学者阿尔克里斯（Magister Aldricus）在考虑法律适用问题时就提出：选择

---

① 付俊伟：《现代欧盟私法的发展方向：人权保障与社会正义》，载《中共中央党校学报》2009 年第 6 期，第 74 页。

② ［美］博登海默：《法律学、法哲学与法律方法》，邓正来译，中国政法大学出版社 1999 年版，第 252 页。

③ 苏晓宏：《法律学基本问题》，法律出版社 2006 年版，第 36 页。

较好的和较为有用的那个法律。① 但其后这一思想在长达数个世纪的时间里一直处于冲突法的边缘地带，这一时期侵权冲突法一直由侵权行为地法占据主导地位，即便有时会出现法院地法的考虑，但总体上其还是一种立法管辖权的分配思路。直到20世纪美国冲突法革命的兴起，实质正义价值才获得了新生，并且很快在侵权冲突法领域对法律选择规则的设定和方法的启用产生了影响。

在当代侵权冲突法中，这种实质正义对冲突正义的侵蚀现象还在继续。在美国由于不必遵循预先制定的法律选择规则，因此对侵权法律冲突的处理更多建立在个案基础之上，这使得法官更有机会接近实质正义。路易斯安娜州和俄勒冈州的《侵权冲突法》所体现的比较损害方法、《第三次冲突法重述》讨论中学者们对莱弗拉尔（Robert A. Leflar）较好法律方法的推崇、温特劳伯（Russell J. Weintraub）有利于原告的侵权规则②以及荣格（Friedrich K. Juenger）提倡的“与当代产品责任标准最相一致的判决规则”，③ 这些当代立法和学说观点都表明了美国侵权冲突法对于实质正义的接受。在欧洲，对于特定侵权行为受害人予以保护的思想早在20世纪后半叶就影响了各国的国际私法立法，有些国家的立法指令法院选择对受害人最为有利的法律，④ 但更多国家的国际私法规定了受害人有权选择行为实施地法或损害结果发生地法。⑤ 在2007年《罗马条例Ⅱ》的规则中，尽管没有在一般冲突规范中规定有利于受害人的条款，但这并不表明条例在该方面没有考虑。条例以例外规则的方式体现了对处于弱势地位当事人利益的关注，其在一般侵权规则中引入“更密切联系”例外条款以保护弱方当事人免于遭受一般法律选择规则带来的不利后果，⑥ 对事前意思自治选择准据法附加“商业活动”的限制以保护一般

① 李建忠：《古代国际私法溯源——从古希腊、古罗马社会到法则理论的荷兰学派》，法律出版社2011年版，第150~151页。

② See Russell J. Weintraub, 2009 Supplement to Commentary on The Conflict of Laws, 15th ed., Foundation Press, 2009, pp. 37-49.

③ See Friedrich K. Juenger, *What Now?*, Ohio State Law Journal, Vol. 46, No. 3, 1985, p. 521.

④ 如1979年匈牙利《国际私法》第32条第1款及第2款的规定：除本法另有相反规定外，在合同关系以外所造成的损害，适用侵权行为或不行为发生的时间和地点的法律。如果损害发生地法对受害者更加有利，以该法作为准据法。

⑤ 如意大利、荷兰、波兰、瑞士、前南斯拉夫等国。

⑥ 《罗马条例Ⅱ》第4条第3款：如果从案件各种事实来看，侵权/不法行为明显与本条第1、2款以外的国家有更密切联系的，则适用该另一国家的法律。与另一国家的更密切联系，可能是建立在先前存在于当事人之间且与侵权/不法行为密切相关的某种关系之上，如合同关系。

消费者的利益，① 公共秩序、强制性规则以及安全和行为规则的规定也可以反映其允许法官在实践中考虑实质正义的因素。② 总之，当代侵权冲突法中对实质正义价值的追求更加迫切，且已经取得了不少引人瞩目的成果。但是，这些成就决不是说明实质正义已经完全取代了形式正义而成为侵权冲突法价值之全部，原因在于实质正义的目标追求存在一定限度。

（二）侵权实体法对冲突法的影响

冲突法之所以会对实质正义的价值取向产生兴趣，是因为其跳出了传统冲突法选择一国法律体系的边界而进入到对该国家侵权实体法内容适当性的考量之中。克格尔（Gerhard Kegel）教授在分析美国现代国际私法理论的过程中，对这一问题有着深刻的论述："他们（指美国冲突法学者，笔者注）认为，'盲目'地确定适用哪一法律而不首先明确相关实体法规则的内容是很不正常的；对实体法规则的分析能决定他们的空间适用范围，这既包括他们自己的实体法规则也包括外国的实体法规则；实体法与冲突法并不像在传统国际私法中一样相对独立存在，冲突法其实是实体法的一个方面。冲突法因此进入了实体法的'黑洞"。"

其实，在侵权冲突法的历史发展中，一直受到来自侵权实体法的影响。在早期侵权冲突法的著述中，由于当时的侵权法尚未从刑法中分离，因此魏希特（Carl Georg von Wächte）强调法院地法的适用性，而萨维尼则直接把法院地法视为了侵权法律关系的"本座"。直到侵权法成为近代民法的重要分支，其惩罚性功能渐渐消退并为损害填补功能所取代，此时侵权行为地法在侵权冲突法上才正式确立了主导地位。在现代，侵权法类型化的倾向十分明显，各种特殊侵权行为在各国的侵权实体法中享有独立规范的地位，并且侵权实体法对特殊侵权行为往往采用无过错的归责原则以体现对受害人的保护。正是基于这些实体法的影响，现代侵权冲突法不仅相应地采用类型化方式扩展了调整对象，而且开始追求实质正义。那么，当代侵

---

① 《罗马条例Ⅱ》第14条第1款为当事人事先意思自治选择侵权冲突准据法设置了两项条件：第一，这种法律选择必须是当事人自由协议（Freely Negotiated）的结果，否则这种选择将不会产生确立准据法的效果；第二，事先协议的当事人必须均从事商业活动（Pursuing a Commercial Activity），这说明了该条只能适用于当事人双方均为商主体的情况。

② 《罗马条例Ⅱ》第16条：若法院地法有强制适用性，则本条例不应限制其适用，无论依据本条例应适用何法。

第17条：在考察被请求承担责任人的行为时，只要是适当的就应当考虑适用导致损害发生之时当地现行有效的安全和行为规则。

第26条：本条例规定适用的任何国家的法律规则，只有在这种适用与法院地国的公共政策显然不符时，才可以拒绝适用。

权实体法又有哪些功能性变化呢？有学者认为，当代侵权行为法的基本功能仍是损害填补，但随着严格责任和责任保险的发展，损害分散将取代损害移转成为这一基本功能的主要实现方式。① 法国学者维内教授也认为：法国侵权法的显著特点在于，非常重视保护受害人的利益，赔偿受害人的损失成为侵权法的主要考虑。② 可见，对受害人利益的保护已经成为当代各国侵权实体法的共同目标，那么这一新目标是否可以与侵权冲突法再次产生碰撞呢？当代侵权冲突法是不是也会朝着保护受害人利益的方向继续追求实质正义呢？

笔者认为，尽管侵权冲突法会受到来自实体法的影响，但其对于实质正义的追求仍应当是有限度的。原因在于冲突法作为一个独立的法部门具有自身独特的调整对象和调整方法，这两项因素是其区别于实体法的本质特征。国际私法致力于寻找空间意义上最好的解决方法，而实体法却致力于寻找实质意义上的最好解决方法。③ 所以，对空间意义上相互冲突的法律按照一定规律进行选择乃是冲突法之本质特征，这种选择本身并不应该带有对于选择结果的任何偏好。虽然当代侵权冲突法受到“保护弱者利益”等原则的影响，要求法官在进行准据法选择的过程中适当考虑侵权受害人的实质利益，但这并不能反映侵权冲突法价值定位之全部。假如冲突法完全站在了追求实质正义的角度去思考问题，那么其实际上就与实体法的功能混同了，这样的话，冲突法就会演变为实体法的附属品，其独立存在的意义也就不复存在。因此，当代侵权冲突法应当首先满足冲突正义的价值需求，对实质正义的考虑也必须在冲突正义的框架内被考虑，这是一种有限制的考虑过程，其限制的程度体现在各种规则的组合之中。

（三）管辖权选择规则、内容定向规则与结果定向规则的共存

基于以上论述，当代侵权冲突法应是一个复杂而多元的混合规则体系，其是管辖权选择规则、内容定向规则和结果定向规则的复合体。管辖权选择规则代表着对于冲突正义的朴实追求，侵权行为地规则和共同属人法规则是其代表，它是侵权冲突法的基础性规则。至于内容定向规则与结果定向规则，大多数情况下可以混用，因为结果定向规则与内容定向规则均追求实质正义的结果，适用上有相同效果，两

---

① 参见尹志强：《侵权行为法的社会功能》，载《政法论坛》2007年第5期，第153～156页。

② 参见石佳友：《当代侵权法的挑战及其应对——“侵权法改革国际论坛”综述》，载《法律适用》2008年第8期，第21页。

③ See Gerhard Kegel, *Paternal Home and Dream Home: TraditionalConflict of Laws and the American Reformers*, American Journal of Comparative Law, Vol. 27, No. 4, 1979, pp. 616-617.

种规则也有重叠之处。但笔者认为对两者进行分类探讨仍具有意义，因为两者反映了当代侵权冲突法对实质正义不同程度的要求。从立法者角度来看，制定内容定向规则的目的是让法官在作出法律选择之前考虑冲突法律规范的实际内容，但未必会对这种考虑提出一种判断标准，因而有可能不会产生决定结果的效果。而在结果导向规则，立法者不仅提出了对实体法考察的要求还将取舍标准直接反映在冲突规范之中，以体现对实质正义的明确指向，是对实质正义的更高程度的追求。当然，这三种规则并不是简单地叠加，他们是一种互相影响、互相作用的关系，在一定条件下还可以相互转化。

以最密切联系原则为例，其作为一种灵活开放性的连接点取代传统冲突规范中僵固的、封闭的连接点。在侵权冲突法中，如果仅将这一规则作为基本原则，其实质还是一种管辖权选择的规则。① 但如果将一些价值考量因素规定于其中，其便有可能演变为内容导向规则。② 另外，假如这一原则变为更密切联系例外规则，则其还可以变化为结果导向规则，因为当受害人的利益因适用一般规则可能出现损害时，法官可以援用这一例外规则对其进行保护。③ 再以当事人选择准据法的规则为例，允许一方当事人在争议发生前或争议发生后选择准据法的规则，是结果定向规则，同时也必然是内容定向规则。但允许双方当事人进行选择的规则就未必如此了，因为它的目的在于尊重当事人选择并为诉讼提供便利，而并非是获得一个实体的结果，因此并不能称其为结果导向规则。但与之相反，对于当事人选择自由的限

---

① 如奥地利1978年《关于国际私法的联邦法》第1条：1. 与外国有连结的事实，在私法上，依照与该事实有最强联系的法律体系判定。2. 本联邦法中关于适用法律的特别规定，应被视为该原则的体现。

② 如美国《第二次冲突法重述》第6条：

1. 法院，除受宪法约束外，应遵循本州关于法律选择的立法规定。

2. 在无此种规定时，与适用于选择法律的规则有关的因素包括：

（1）州际及国际体制的需要；

（2）法院地的相关政策；

（3）其他利害关系州的相关政策以及在决定特定问题时这些州的有关利益；

（4）对正当期望的保护；

（5）特定领域法律所依据的政策；

（6）结果的确定性、可预见性和一致性；

（7）将予适用的法律易于确定和适用。

③ 如《罗马条例Ⅱ》第4条第3款：如果从案件各种事实来看，侵权/不法行为明显与本条第1、2款以外的国家有更密切联系的，则适用该另一国家的法律。与另一国家的更密切联系，可能是建立在先前存在于当事人之间且与侵权/不法行为密切相关的某种关系之上，如合同关系。

制却可能是结果导向的，因为其中可能隐含着对于弱方当事人保护的考虑。

内容定向或结果定向规则还可以体现在某些以法院地为连接点的单边法律选择规则之中,① 以公共秩序保留为代表的传统例外规则和以强制性规则为代表的现代例外规则也是其重要表现形式。这些规则均代表着当代侵权冲突法对于实质正义的价值追求，但它们不可能完全代替立法管辖权规则。因为当代国际私法立法者面临的挑战不在于如何消除立法管辖权选择规则，而在于如何将它们与内容定向规则结合起来，两套规则最终能够产生一个合理的体系。②

四、法律选择方法的多样性与混合性

在冲突法的整个发展过程中，侵权冲突法律选择的思想始终围绕着三种方法进行，即创制多边统一实体法规则的实体法方法；分析可能适用法律规则的适用范围，并在此基础上进行选择的单边方法；对相互冲突法律规则进行选择的多边方法。③ 实体法方法是一种解决法律冲突最为直接而有效的手段，其不涉及对相互冲突法律规则的取舍，但却很难得到实施。后两种方法都是典型的冲突法方法，只不过多边方法注重分析法律关系的性质，而单边方法重视分析可能适用实体法的具体内容。在侵权冲突法的发展史中，这三种方法分别在不同的时期占据着主导地位，但到了现代已经呈现出混合使用的态势。当代的侵权冲突法仍将以多边方法为主要手段，但单边方法在不同的国家内均有一定程度的回归，而实体方法在现在看来仍有一定的实现难度。

（一）多边方法的主导地位

多边方法尽管已经为当代冲突法所全面接受，但其在侵权冲突法中的运用则要远远晚于其他两种方法。大多数学者都赞同，萨维尼提出的法律关系本座说是多边方法的起源。该说摒弃自然法的观点，强调应从涉外民商事关系入手，根据涉外民商事关系本身的性质而非法律规则的性质来确定法律选择和法律适用问题，使国际私法终于得以摆脱法则区分说几百年以来形成的桎梏，在方法论上实现了根本性的

---

① 如瑞士 1987 年《国际私法典》第 135 条第 2 款：因产品瑕疵或有瑕疵的产品说明而提出的请求应适用外国法律时，则在瑞士判付给受害人的赔偿金，不得超出依照瑞士法律应对此种损害所判付的赔偿额度。

② ［美］西蒙尼德斯：《20 世纪末的国际私法——进步还是退步?》，宋晓译，黄进校，载《民商法论丛（第 24 卷）》，金桥文化出版（香港）有限公司 2002 年版，第 384 ~ 385 页。

③ See Friedrich K. Juenger, *A Page of History*, Mercer Law Review, Vol. 35, No. 2, 1984, pp. 450-460.

变革。① 这个结论在多数情况下是正确的，但惟独对侵权冲突法是不适当的。因为萨维尼在考虑侵权法律关系本座时，并没有站在普遍主义的角度，而是径直将侵权法列入了法院地公共秩序的范畴，并以法院地作为其“本座”。因而，对于多边方法在侵权冲突法中的运用，恐怕还得以戴西的既得权理论为本源，而以美国《第一次冲突法重述》为其最全面实践。

多边方法从20世纪初就一直处于一种决定性优势地位，这种地位在大陆法系的侵权冲突法中表现得尤其明显，原因在于这些国家的立法范式仍然遵循着萨维尼的法律关系本座说。这种趋势在当代欧盟的法律框架中愈发得到强化，由于欧盟法之基础在于成员国平等和真诚合作的原则，故在统一冲突法的过程中多边方法可以很好地体现各成员国的利益并且实现联盟范围内的判决一致性目标。因此，仔细分析《罗马条例Ⅱ》就可以发现，大多数法律选择规则都以多边方法为基础。当然，这并不是说单边方法已经完全放弃了侵权冲突法这一阵地，相反地，其在当代的回归趋势十分明显。

（二）单边方法的辅助地位

单边方法是历史上最先出现的冲突法方法，早在公元12世纪，意大利和法国的法则区分说的学者就开始关于法律冲突的讨论，而他们认为冲突法实质上是一个对相互冲突的法则进行解释的问题。② 这种单边方法意在通过对实体法规则内容的解析确定其适用范围，而侵权行为法被归入了混合法则之中，这也是侵权行为地法规则最先的理论依据。当魏希特推翻了法则区分说机械的分类方式后，却保持了在侵权冲突问题上适用法院地法的单边方法，并且这一方法也没有被萨维尼的法律关系本座说所排斥。所以，法院地法作为单边主义在侵权冲突法中的体现，一直被保留至今。

当然，单边方法在侵权冲突法中的表现远不止于单边冲突规范一种。在20世纪50年代的美国，柯里教授在总结、批判库克、卡弗斯等人的学说之后，提出了一种彻底的单边主义法律选择方法，即政府利益分析说。他主张废除传统的法律选择规则，直接审查涉及案件的各州是否存在对于适用本州法律的“利益”，而这一“利益”的存在与否应当通过对各州法律具体内容的分析，并探讨这些法律背后的政策或目的是否在被适用时得到了实现。柯里还将法律冲突分为虚假冲突、真实冲突和消极冲突三种类型，并认为只要法院所在州存在法律适用的利益，法院就应该

---

① 邓杰：《国际私法总论》，知识产权出版社2005年版，第49页。

② See David P. Currie, Herma Hill Kay, Larry Kramer&Kermit Roosevelt, *Conflict of Laws (Cases—Comments—Questions)*, 8th ed., West Publishing Co., 2010, pp. 2-3.

适用本州的法律。① 这一学说对现代美国冲突法理论与实践产生了十分重大的影响，但却很少有州法院全盘接受柯里的理论。在当代的美国侵权冲突法中，柯里的理论仍然发挥着作用，主要表现在三个方面：（1）各州对于侵权冲突争议之解决存在利益，因此在解决法律冲突时，上述利益必须和其他因素一起加以考虑；②（2）当出现虚假冲突的情况下，应该直接适用有利益州或国家的法律；③（3）在出现真实冲突的情形下，不应该直接适用法院地法，而是应当比较何州或何国法律的政策因得不到适用而受得损失为最小。④ 这三个方面的特点说明，当代美国侵权冲突法采用了单边方法和多边方法的混合，并且在单边方法的使用上不再将法院地法放在绝对优先的地位。

在其他国家里，单边方法的回归相对较为缓慢。除了前述已经提到的以法院地作为连接点的单边冲突规范外，强制性规则的适用在更大范围内得到认可。早在弗朗西斯卡基斯提出“直接适用的法”理论之前，萨维尼就已经暗示了强制性规范的存在，而当现代福利国家产生之后，许多国家都明文规定了强制性规则的适用。⑤《罗马条例Ⅱ》第16条也规定了强制性规则的适用，⑥ 尽管其没有像一些晚近国际国内立法一样对外国的强制性规则予以考虑，⑦ 但可以预见的是，这一问题肯定会在将来修订时被提及。

（三）实体法方法的前景

在国际私法尚处于萌芽阶段时，实体法方法就已经被用来解决法律冲突问题了。罗马的外事裁判官曾使用过这一方法，他们解决多边争议的法律来自于裁判特

---

① 参见邓正来：《美国现代国际私法流派》，中国政法大学出版社2006年版，第92~98页。

② 如1993年美国法学会《混合诉讼规程最终草案》第6.01条（b）项：法院选择法律时，应当考量以下各项因素，以保证与该案件相关各州的政策利益均可得到促进。（1）损害结果发生地；（2）导致损害结果发生的行为实施地；（3）原被告的惯常居住地或主要营业地。

③ 此点为《第三次冲突法重述》制定的讨论过程中各家之共识。

④ 如1992年《路易斯安那州民法典》第3515条、2010年俄勒冈州《侵权冲突法律选择法》第9条。

⑤ See Kerstin Ann—Susann Schäfer, *Application of Mandatory Rules in the Privare International Law of Contracts*, Peter Lang GmbH, 2010, pp. 22-26.

⑥ 《罗马条例Ⅱ》第16条：若法院地法有强制适用性，则本条例不应限制其适用，无论依据本条例应适用何法。

⑦ 如《罗马规则I》第9条；瑞士1987年《国际私法典》第19条。

定案件的实体规则，或者从所涉国家的法律中推导出实体规则。① 这些规则实际就是罗马的万民法，但其在罗马帝国灭亡后就消失了，并且在现代的国际私法中再也寻觅不到。实体方法的渊源在现代成文国际私法体系中更多地表现为国际统一实体法条约（在多法域国家中，也可以指称国内的统一实体法），但也有学者提出不同的观点。比如，西蒙尼德斯教授认为分割方法创制了一种所涉各国法律中均不存在的混合实体规则，目的在于解决庭审案件，因而其不自觉地接近了实体方法。②

遗憾的是，在当代侵权冲突法中，以统一实体法条约为代表的实体方法基本没有什么发挥空间。笔者以为，导致这一后果的有两个原因：第一，相比起统一冲突法，统一实体法显然没有得到国际社会的重视，很少有国际组织从事统一侵权实体法的工作。无论是海牙国际私法会议，还是美洲国家组织，都没有把统一实体法作为工作的重心。③ 第二，与合同法相较，各国在侵权法方面的差异要大得多，并且这些制度有不少都和一国的历史、政治、经济等因素紧密相关。在当代国际经济与贸易的发展中，侵权法能起到的只有“止损”功能，因此并不能在很大程度上引起各国协调一致的兴趣。虽然欧盟的出现使得统一侵权实体法有可能在这一超国家组织中诞生，但这种模式可否得到推广值得质疑。所以，在将来很长时间内，实体方法仍然不能在国际层面成为侵权冲突法的调整方法，以多边方法为主、单边方法为辅的混合冲突法方式将继续成为当代侵权冲突法的主旋律。

五、法律选择确定性与灵活性的平衡

法律规则的确定性和灵活性是一对永恒矛盾。早在两千三百多年前，亚里斯多德（Aristotle）在讨论分配正义与矫正正义这一问题时，就已经描述了这对矛盾的存在。④ 在国际私法范围里，这组矛盾同样十分突出，确定性要求法律选择规则具有可预见性和一致性，而灵活性则认为个案公正更值得注重。在当代侵权冲突法规则中，各国都致力于追求法律选择确定性和灵活性的平衡，只不过在美国灵活性似乎更占优势，而在欧洲天平则更向确定性一面倾斜。

---

① See Friedrich K. Juenger, *Choice of Law and Multistate Justice*, Special ed., Transnational Publishers, 2005, pp. 6-8.

② ［美］西蒙尼德斯：《20世纪末的国际私法——进步还是退步?》，宋晓译，黄进校，载《民商法论丛（第24卷）》，金桥文化出版（香港）有限公司2002年版，第375页。

③ See Kurt H. Nadelmann, *Conflict of Laws: International and Interstate* (*Selected Essays*), Martinus Nijhoff Publishers, 1972, p. 87.

④ 参见［古希腊］亚里斯多德：《尼各马可伦理学》，廖申白译注，商务印书馆2003年版，第134～151页。

（一）灵活性大于确定性的美国方法

美国在历史上曾经形成了一套具有极强确定性的法律选择规范体系，比尔在1934年的《第一次冲突法重述》明确将“不法行为地法”作为调整侵权冲突的唯一准据法，并且被当时的司法实践奉若神明。但这一极具确定性的法律选择规则由于过于僵硬和机械，迫使法院不得不采用识别、公共秩序保留、反致等手段追求个案中的灵活处理。终于，这种确定性规则成为了美国冲突法革命的批判对象，并且革命之目的并不意在对其进行小修小补，而是主张直接以方法为导向废弃原有的体系。卡弗斯教授在其1933年《法律选择问题批判》一文中，对于适用侵权行为地法等传统的法律选择规则进行了讥讽，他提醒人们应对全部的现行冲突规则进行反思甚至抛弃它们，并将研究的重心放在对案件事实和判决结果之上。① 而柯里教授以一句“要是没有冲突规则或许会更好”发出了美国现代冲突法对灵活性规则需求的最强音。② 此后，各种以“方法”为标签的学说纷纷得到各州法院的认同，尽管这些方法各不相同，考虑的角度也有差异，但对开放性、灵活性的要求却是共同的。从那时候开始，美国冲突法看上去像是“一千零一个案件的神话故事，对每一个案件的判决仿佛都是唯一的、初次露面的”。③

但是，个案分析方法也产生了许多危险，因而在《第二次冲突法重述》的制定过程中，规则还是被置于了方法之前。在司法实践中，纽约州上诉法院针对有关乘客法则的侵权冲突案件，提出了著名的“纽梅尔规则”（Neumeier Rules）。而当代美国侵权冲突法的成文化更加证明了确定性规则在某些领域中的回归，在1999年对《第三次冲突法重述》的讨论过程中，要求增加法律选择确定性的声音也不绝于耳。但上述这些事实并不足以证明确定性已经盖过了灵活性成为美国侵权冲突法主流的做法，各种新规则既没有回到《第一次冲突法重述》的老路上去，也与大陆法系国家国际私法中的规则有所差异，其特征表现为三个方面：（1）它们往往是针对具体争议的规则，例如行为规范、损害分配、惩罚性损害赔偿等争议，而不是对于侵权行为这一整体作出的；（2）它们往往不调整全部的侵权行为类型，除了在产品责任问题上的规则以外，其他特殊侵权的法

① 参见［美］卡弗斯：《法律选择问题批判》，宋晓译，宋连斌校，载《民商法论丛（第27卷）》，金桥文化出版（香港）有限公司2003年版，第418～458页。

② See Brainerd Currie, *Noteson Methodsand ObjectivesinThe Conflict of Laws*, Duke Law Journal, Vol. 1959, No. 2, 1959, p. 177.

③ See P. John Kozyris, *Interest Analysis Facing Its Critics-And, Incidentally, What Should Be Done About Choice of Law for Products Liability*, Ohio State Law Journal, Vol. 46, No. 3, 1985, pp. 578-580.

律冲突问题一般仍留待开放性原则调整；（3）在绝大多数新规则中，例外条款的出现是必不可少的。①

另外，当代美国司法实践中所常用的分割方法也可以证明上述结论。将分割方法运用于侵权冲突中，本身是抱有一种改善传统单一规则不合目的性的想法，其目标亦在于使得侵权冲突案件的处理结果更趋于合理。然而，在这种方法具体的使用中，现在比较统一的观点是：以属地性连接点决定行为规范的争议，以属人性连接点决定损失分配的争议。② 但无论是属地性还是属人性连接点，其代表的都是一种客观且具有确定性的规则，因此这是一种在方法外衣下的法律适用规则。

（二）确定性大于灵活性的欧洲规则

从20世纪中叶开始，欧洲国际私法学者也开始对因过于追求判决结果的一致性与可预见性而流于机械、僵硬与硬性的传统国际私法发动非难，认为国际私法应追求具体案例之判决公平与正义，使“具体妥当性”之法理实现。③ 但无论在侵权冲突法的立法还是司法上，欧洲国际私法从未放弃法律选择规则的确定性理念而采取美国式的开放式公式，其仅仅在既有体系的基础上进行修补和完善。为了在坚持规则的前提下尽量体现法律选择的灵活性，在当代欧洲各国以及欧盟侵权冲突法的立法中使用了许多软化工具，这些工具主要包括以下三种：

1. 含有选择性连接点的规则

在传统侵权冲突规范中，往往只有侵权行为地这个单一连接点，几乎没有给法官预留自由裁量的空间，而重叠适用侵权行为地法和法院地法的冲突规范更加剧了判定侵权行为成立的难度。在当代欧洲国际私法中，法院地法对侵权行为地法的限制已经逐渐消亡，更有一些国家规定了当事人或法院可以选择适用行为实施地法或损害结果发生地法。④ 除了采用选择性适用的冲突法规范外，这种规则在当代的另一种表现是将各种有条件的选择性适用规则予以集中规定，比如《罗马条例Ⅱ》

① See Symeon C. Symeonides, *Exception Clauses in American Conflicts Law*, American Journal of Comparative Law, Vol. 42, No. 1, 1994, pp. 835-859.

② See Symeon C. Symeonides, *The American Choice-of Law Revolution: Past, Present and Future*, Martinus Nijhoff Publishers, 2006, pp. 388-389.

③ 赖来焜：《基础国际私法学》，台湾三民书局2004年版，第221页。

④ 如意大利、荷兰、波兰、瑞士、前南斯拉夫等国。

对产品责任法律冲突采用的“连接点梯子”方式。① 此种含有选择性连接点的规则把法官的自由裁量权限制在一个可控的范围内，同时考虑案件当事人的预期和利益，是具有一定灵活性的法律选择规则之一。

2. 含有弹性连接点的规则

另一种更能体现灵活性目标的是以最密切联系为代表的弹性连接点规则，这种连接点相较于选择性连接点，无疑赋予了法官更大的自由裁量权。在时间维度上，最密切联系原则的思想渊源可以追溯到萨维尼的“法律关系本座说”。萨维尼理论中对法律关系本座的确定其实隐含着一个前提，即本座之所在国法律即是与法律关系最具重要关联的法律，而这种隐含前提是每一个持有国际主义立场的学者与立法者制定冲突法规则的基点。另外，以方法意义为视角，在侵权冲突领域的最密切联系原则应当比规则上的意义更加广泛，这种方法其实代表更多的是对传统僵固、机械冲突规范的一种修正，故并不是只有在法律条款中出现“最密切联系”等字眼时才可将其归入其中。比如，尽管《罗马条例Ⅱ》没有在侵权法律选择的一般规则中列入最密切联系地这一连接点，但却以另一种例外规则的表现方式帮助法官摆脱损害结果发生地法的限制。②

3. 含有主观性连接点的规则

允许当事人合意选择侵权冲突的准据法，可以防止硬性管辖权选择规则对当事人利益可能带来的损害，同时提高法官的选法效率。国际私法上当事人意思自治原则（Principle of the Autonomy of the Parties）是法国学者杜摩林（Dumoilin）从民法上契约自由之原则引申而来，是指允许当事人通过自由意志选择相互之间国际民商事法律关系的准据法。这一原则最初仅适用于合同冲突法领域，但随着现代国际私法的发展，这一原则开始跳出原有的合同冲突法领域而在其他方面发挥作用，比如

① 《罗马条例Ⅱ》第5条第1款：在无损于本条例第4（2）条的前提下，适用于产品损害责任之非合同之债的法律应当是：

（a）当损害发生时，受害人在损害结果发生地拥有惯常居所，若产品的销售地也是该国，则适用该国法；如不存在以上情形，或者

（b）适用取得产品地国法，如果产品销售地也是该国；如不存在以上情形，或者

（c）适用损害结果发生地国法，如果产品销售地也是该国。

若被请求承担责任人不能合理地预见产品或同类产品在何国销售，而依照前项（a）、（b）、（c）销售地国法应予适用，则应适用被请求承担责任人之惯常居所地国法。

② 《罗马条例Ⅱ》第4条第3款：如果从案件各种事实来看，侵权/不法行为明显与本条第1、2款以外的国家有更密切联系的，则适用该另一国家的法律。与另一国家的更密切联系，可能是建立在先前存在于当事人之间且与侵权/不法行为密切相关的某种关系之上，如合同关系。

用于处理某些物权、继承等法律冲突。至于侵权冲突领域，现代不少大陆法系国家的国际私法立法都明文允许当事人通过意思自治选择侵权冲突的准据法，这种意思自治原则的扩张适用成为大陆法系国家现代侵权冲突立法的一大特色。当代侵权冲突法在这一规则上的发展趋势更为明显，即在不违反第三人利益、不涉及法律规避、不对一方当事人形成不公平结果的情况下，当事人合意的时间范围由侵权行为发生后向侵权行为发生前推进，而其合意方式也由明示方式向有限制的推定方式扩展。①

六、结语

毫无疑问，要想对当代任何一个法律部门的发展趋势做出论断都是困难的，甚至可能是失败的。但笔者亦认为，冲突法的发展与演进具有一定的规律可循，通过本文以上对于侵权冲突法既存历史的剖析与梳理，能够为侵权冲突法在未来的发展趋势提供一定的立法基础与理论支撑。因此，在本文最后，笔者拟对于当代侵权冲突法的价值定位与发展走向提出以下几点展望。

首先，实质正义是未来侵权冲突法主要追求的价值取向，但在冲突法方法的范围里，这种追求应当具有一定的限制，其应当包含在冲突正义的框架之中，反映在管辖权选择规则、内容定向规则与结果定向规则的并存体系之内。其次，欧洲和美国作为侵权冲突法发展之前沿阵地，两者在立法方式、法律选择方法以及法律选择确定性和灵活性等众多问题上的分歧仍将存在，但成文化的立法方式在英美国家已有星星之火，而欧洲对于美国式方法也不再嗤之以鼻。所以这些分歧不会越来越大，而是会以逐渐趋同的方式演变。再次，在侵权法律选择的方法问题上，多边方法的主导地位在短时间内不会发生改变，侵权行为地规则和最密切联系方法还将成

---

① 如《罗马条例Ⅱ》第 14 条：

1. 当事人得合意选择适用于非合同之债之法律：

（a）通过于导致损害之时间发生后订立协议的方式；或者

（b）若当事各方均正从事商业活动，也可以通过于导致损害之事件发生前自由达成协议的方式。

这一选择应当明示或从案件情况来看是有合理确定性的暗示，并不得损害第三人的权利。

2. 当导致损害之事件发生时，若案件之所有要素均位于法律被选择国家之外的另一国家，则当事人之选择不得损害该另一国那些不能由当事人协议予以减损的法律的适用。

3. 当导致损害之事件发生时，若案件之所有要素均位于一个或多个成员国内，如共同体法在法院所在的成员国实施适度且不能由当事人协议予以减损，则当事人选择的成员国之外的国家的法律不得损害该共同体法之适用。

为这一方法的主要代表。单边方法的辅助地位会随着国家对经济生活的干预程度的变化而变化，但法院地法这一传统的连接点已经式微。又次，要想从根本上解决问题，实体方法还有很长的路要走，欧盟在统一侵权实体法和冲突法上的努力和成就值得其他国家和国际组织予以借鉴。最后，从总体上看，侵权冲突法会随着侵权实体法的细化性发展而继续在外延上得到扩展，因而其仍将成为当地国际私法中重点关注的课题之一。

The Values and Future Direction of Contemporary Law of the Conflict of Laws on Torts

Abstract: In the field of international private law, the law of the conflict of laws on torts is an ancient but vibrant system. In modern law of the conflict of laws on torts, substantive justice has been pursued which is one value amongst others. In the new century, the development of European and American law of the conflict of laws on torts brings it to a new height. Hence, the research on the values and future direction of the law of the conflict of laws on torts not only contributes to the theoretical development, but also is helpful to practical means. It includes four aspects: the codification and convergence of the legislations, the pursuit and limitation of the material justice, the concurrence of three choice of laws approaches and the balance between legal certainty and flexibility.

Key words: Contemporary law of the conflict of laws on torts; Legislation mood; Values analysis; Approach of choice of laws; Future direction

论国际法自足制度的垂直效力和水平效力*

□　陈喜峰**

内容摘要　国际法自足制度具有垂直效力和水平效力。前者主要指自足制度严格限制成员国根据一般国际责任法所可能采取的反措施，后者主要指自足制度严格限制外部国际法在自足制度争端解决中的法律适用。国际强行法规范和《联合国宪章》第103条可以通过一般国际法对自足制度施加影响，具有对自足制度的间接效力。考察国际法自足制度的双重效力，有助于分析不同国际法制度之间可能的冲突和后果问题。凭借垂直效力和水平效力，国际法自足制度在不成体系的国际法中形成了一种制度性等级，确立了其相对于外部国际法的优先适用次序。国际法自足制度的未来发展，应注意有效性和正当性之间的平衡。

关 键 词　国际法自足制度；垂直效力；水平效力

目　　次

* 司法部2008年法治与法学理论研究中青年项目“WTO宪政研究”阶段成果（项目编号：08SFB3034）。本文与《国际法的自足制度之研究》（载《政法论坛》2009年第2期）、《国际法自足制度：在不成体系和社会宪政之间》（载《国外社会科学》2009年第4期）是针对国际法自足制度的系列研究，分别侧重于概念建构、法理基础和实证分析。本文侧重于实证分析并对前述两文的若干论点给出了进一步论证。

** 湖北麻城人，厦门大学法学院副教授、博士、博士后，主要从事国际法学研究。

一、引言

现代国际法形成了各种各样的国际法制度。由于国际组织和管制性制度的迅速发展，某些以条约作为法律基础的国际法制度，自身可以确立其成为一种自治或自足的法律秩序。① 就本文而言，国际法自足制度是指就某些国际法的次级体系或特别制度而言，在其实施、国际责任的追究和争端解决方面完全排除或严格限制其他国际法的原则、规则和制度的法律适用。

国际法制度是否自足以及其自足的程度，标志着其宪法化的程度。宪法被认为是法律体系内一套确定其他规范的法律规范性而本身无需得到其他体系的规范确定的规范，宪法因此是自足的。② 以此反论，自足的国际法制度也具有了宪法的面向。与国家宪法的自足性相比，目前具有不成体系特征的国际法很难说是一种完整自足的规范体系。③ 不过，国际法领域的宪法化可以是多面向和多层次的，在某些国际法部门、在区域都可能发生。例如，国际人权法、人道法、外交法、WTO 法以及欧盟法等，经常被称为国际法的自足制度。④ 本文对这类实例进行考察，辨明

① Andreas Hasenclever et al., *Integrating Theories of International Regimes*, *Review of International Studies*, Vol. 26, No. 1, 2000, p. 3.

② 在德语中，"Verfassung"（constitution）可以指政治统一体和秩序的整体状态，也可以指一个完整自足的规范体系（System von Normen）。[德] 卡尔·施密特：《宪法学说》，刘锋译，上海人民出版社 2005 年版，第 1 页，第 184 页。

③ 德国公法学者施密特认为：国际法秩序尚不能被理解为一个完整自足的规范体系，而必须理解成某种存在性的东西。国际法共同体并非协议，也不以协议为基础。国际法共同体没有特殊意义上的宪法，而是政治多元形态即众多政治统一体的并存状态的反映。[德] 卡尔·施密特：《宪法学说》，刘锋译，上海人民出版社 2005 年版，第 381 页。

④ 国外学者诺特曼列出的可能成为自足制度的候选对象包括：外交豁免、人权条约、欧盟、WTO、环境条约、不扩散条约、争端解决机制以及国际组织的组织文件。M. Noortmann, *Enforcing International Law – from Self-help to Self-contained regimes*, Ashgate Publishing Limited, 2005, p. 141.

其“自足”的成因和程度，旨在阐明垂直效力和水平效力的实践表现。在此基础上，本文提出，国际法自足制度与外部国际法特别是与其他国际法自足制度之间的关系，类似于民族国家法律体系之间的关系在国际层面一种粗糙的复制。国际法自足制度具有相对于其成员国或缔约国的垂直效力（vertical effect），即完全禁止或者严格限制成员国或缔约国的“自助”行为，特别是其在自足制度内根据一般国际责任法所可能采取的反措施。具有相对于外部的国际法规范的水平效力（horizontal effect），即完全排除或严格限制其在自足制度内争端解决中的法律适用，特别是与之相冲突的其他自足制度不得适用。前者使国家不得单方面确定相对当事方是否违法并采取反措施；后者使自足制度之外的其他国际法规范不得适用于自足制度之内。另外，除非明确规定，国际强行法规范和《联合国宪章》第103条通常在自足制度内没有直接效力，但可以通过一般国际法对自足制度施加影响，可以视为是对自足制度的“间接效力”。

二、国际法自足制度的垂直效力

国际法自足制度相对于其成员国或缔约国的垂直效力，主要涉及自足制度与一般国际责任法的关系。从实践来看，该垂直效力具体表现为：由于其义务的性质和结构，或者由于明确规定了详尽的施行反措施或者其他实施措施的规则和程序，以至于完全禁止或者严格限制成员国或缔约国诉诸一般国际责任法的所谓单边反措施或对等反措施。

国际法自足制度的垂直效力，在《国家对国际不法行为的责任条款草案》（以下简称《国家责任条款草案》）第50条中得到了一定的确认。该草案第50条具体规定了若干不得因反措施而妨碍其履行的义务，对受害国要求继续尊重它与责任国关系中的这类义务，不得因责任国违背相关义务而排除任何不遵守这类义务的行为的不法性。① 从国际法自足制度的实例来看，根据其“规则的理由”，所具有垂直效力的法理依据并不相同：

---

① 根据《国家对国际不法行为的责任条款草案》第50条“不受反措施影响的义务”的规定，第50条第1款指明四类不得受反措施影响的义务：“（1）《联合国宪章》中规定的不得使用武力或以武力相威胁的义务，（2）保护基本人权的义务，（3）禁止报复的人道主义性质的义务，和（4）依一般国际法强制性规范承担的其他义务”。第2款规定“采取反措施的国家仍应履行其下列义务：（1）实行它与责任国之间任何可适用的现行解决争端程序；（2）尊重外交或领事人员、馆舍、档案和文件之不可侵犯性”。

（一）因包含国际强行法规范：国际人权法和人道法

保护基本人权的义务、禁止报复的人道主义性质的义务都涉及到国际强行法，进而关联到国际人权法、人道法等国际法自足制度。

从国际人权法来看，首先，国际人权条约确认了某些人权，即使在战争时期或其他公共紧急状态下也不得减损，诸如生存的权利、禁止酷刑及不人道处罚或待遇、奴隶及奴役等。这类人权以及人权法所包含的其他强行法义务，当然也不得因其遭到违反而采取对等反措施。第二，人权义务在性质上具有非互惠性，并被认为属于一种客观制度。例如欧洲人权法院在北爱尔兰案中指出："与其他类型的条约不同，欧洲人权公约包含的不仅仅是缔约国之间的互惠安排。依托并超出相互的双边承诺的网络，公约创立了受益于集体执行的客观义务。"① 因此，即使是不属于人权条约所禁止克减的人权义务，一般也不能作为反措施的内容。第三，人权条约在结构上主要针对的是国家与其国民之间的关系，目的在于使缔约国承担尊重其管辖范围内任何个人的人权的义务。因此，以违反自身的人权义务作为针对他国违法行为的反措施，通常是不可理解的：这意味着国家侵害自己管辖范围内的国民。最后，人权法中已经包含了较为成熟的监督和实施程序，诸如定期或不定期的缔约国报告制度、缔约国或个人的申诉制度、独立机构的核查制度以及提出改进遵守的建议和指导等。正如国际法院在尼加拉瓜案中指出："在人权由国际公约所保障时，这种保障的形式，是公约本身规定的诸如监督或保证尊重人权之类的安排。人权条约机制在有效运行的范围内，排除了一般国家责任法的规则。"②

从国际人道法来看，首先，在人道法中一般禁止针对个人的报复行为，特别是依照 1929 年《海牙公约》、1949 年《日内瓦公约》及 1977 年第一号附加议定书，对指定的几类受保护者禁止实行报复，这些禁令得到广泛接受。③ 第二，根据日内瓦四公约和《第一附加协议书》共同第 1 条的规定，所有国家都负有在"任何情况下""保证尊重"这些规定的义务。该条款现在被一致理解为任何情况特别是包括"在其他国家违反规定的情况"。国际法协会在 1934 年的一项决议中宣称，一个国家在采取反措施时必须避免采取一切有违人道主义原则和公共良知要求的严厉

① Ireland v. UK, European Court of Human Rights, Judgement of 18 January 1978, Official Publications of the ECHJ, Series A. 25, para. 239.

② Military and Paramilitary Activities in and against Nicaragua (Nicaragua v. United States of America), Merits, ICJ Reports, 1986, p. 134.

③ K. J. Partsch, "Reprisals", Encyclopedia of Public Inter-national Law, R. Bernhardt, ed., Vol. 4, 1986, pp. 203-204.

措施。在“Naulilaa”一案的仲裁中，仲裁庭宣布一项合法的反措施必须“受到人道主义要求和国家间关系适用的善意规则的限制”。因此，反措施不得影响“禁止报复的人道性质方面的义务”。① 第三，即使是违反不禁止报复的国际人道法的行为，也只能作为应对违反人道法行为的反措施而得以合法化。换言之，违反不禁止报复的人道法的行为，不得作为应对人道法之外其他义务的反措施。最后，近年来随着普遍管辖权的践行和国际刑事法院的成立，对武装冲突中可能涉及的灭绝种族罪、反人类罪和战争罪等施加了有力的规制，使违反人道法的行为得到有效的惩治。

一并来看，由于涉及到国际强行法规范及其义务的性质与结构，以及相应的制度和机构的保障，国际人权法和人道法的垂直效力相当充分。显然，由于国际强行法的特殊性质，一项在两国之间即使通过缔约也不能减免的强制性规范，也不能由反措施这样的单方面行动加以减损。

（二）因作为反措施的一种适用条件：外交法

在1980年国际法院的德黑兰人质案中，国际法院强调“外交法本身即规定了必要的手段，防范和处罚外交或领事使团成员进行非法活动”，并指出，“即使是对派遣国的国际不法行为施加反措施，也不能说侵犯外交和领事豁免权是正当的”。国际法院指出，接受国不得采取对等行为而违反外交豁免的规定，只能采用外交法中规定的救济措施。法院假定这些救济措施“完全有效”。② 在该案中，国际法院将外交法确定为一种自足制度，其依据是外交法为处理不法行为而设立其自己“内部”制度的方式。

为了保持国家间必需的联系即发挥最低程度的外交职能，外交法规定可以采取影响外交或领事特权的措施，但不得妨害外交或领事人员、馆舍、档案和文件的不可侵犯性。外交法所禁止的反措施，其范围限于旨在保障外交人员、馆舍、档案和文件实际安全和不可侵犯包括管辖豁免的那些义务，在任何情况下，包括武装冲突都是一样的。③ 与此同时，针对外交人员滥用其权利的行为，外交法提供了自身的特别的救济措施，诸如宣布外交官为不受欢迎的人、终止或暂停外交关系、召回大

---

① 《维也纳条约法公约》第60（5）条排除一国因实质违反行为而暂停或终止任何条约规定，“只要该条约规定涉及载于各人道主义性质条约中对个人的保护，尤其是关于禁止对此类条约保护的人进行任何形式报复的规定”。维也纳会议以88票赞成、0票反对、7票弃权的表决结果通过补充这一条款。

② United States Diplomatic and Consular Staff in Tehran, ICJ Reports, 1980, p. 38, para. 83.

③ 参见《维也纳外交关系公约》第22、24、29、44、45条。

使等。因此，外交法也体现出一定程度的垂直效力。

但是，相对于国际人权法和人道法的垂直效力来说，外交法的垂直效力是不充分的：首先，与国际人权法、人道法不同，外交关系及其外交法具有典型的互惠性。① 在国家责任条款草案中，最终将外交法的义务和争端解决义务作为反措施的一种适用条件，而没有列举在第 50 条第 1 款中。国家责任条款草案第 50 条第 1 款与第 2 款有根本区别。第 1 款规定的内容本身具有绝对的强制性，是对反措施对象的内在限制。而第 2 款规定“采取反措施的国家仍应“尊重外交或领事人员、馆舍、档案和文件之不可侵犯性”，是施行反措施的外在条件。第二，第 50 条第 2 款的规定，不足以证明外交法已经规定了详尽的次级规则，以及排除了一般国家责任规则的适用。实际上，《维也纳外交关系公约》的绝大多数规定属于初级规则，也未包括反措施等规定。第三，外交法主要限定了接受国针对外交人员的救济措施类型，而对派遣国针对接受国违反外交法的行为应如何应对却付之阙如。例如，就上述德黑兰人质案而言，作为派遣国的美国，在接受国未能尊重其外交人员的特权与豁免时，只要符合外交法的规定，则诉诸一般国际责任法的自助性反措施看来不可避免。② 最后，可能的解释是将国家责任条款草案第 50 条第 2 款作为第 51 条相称性原则的一种体现。按照这种解释，反措施如果影响到外交豁免不容侵犯或者争端解决条款，则被视为是不相称的。但是，这样一来，在具体个案中，在进行“法益衡量”时，外交豁免或者争端解决之类的利益就可能为其他更重要的利益所权衡，第 50 条第 2 款的规定就是可以反驳的。③ 总之，外交法无疑是一种较为成熟的国际法特别制度，但其自足的程度相对较低。

（三）因自身实施和国际责任制度的有效性：WTO 法和欧盟法

WTO 法具有自足制度的垂直效力，其主要原因是 WTO《争端解决规则和程序的谅解》（DSU）已经规定了颇为充分、详尽的反措施规则，即 DSU 对“中止减让或其他义务”亦即贸易报复的法律发展。在关贸总协定时期，被诉方不仅对成立专家小组、选择专家小组成员和专家小组报告的最终通过具有否决权，而且对于投

① C. Wickremasinghe, *Immunities Enjoyed by Officials of States and International Organizations*, in International Law, Oxford University Press, 2003, p. 391.

② Math Noortmann, Enforcing international law: from self-help to self-contained regimes, Ashgate Publishing Limited, 2005, p. 140.

③ BrunoSimma and Dirk Pulkowski, Of Planets and the Universe: Self-contained Regimes in International Law, European Journal of International Law, Vol. 17, 2006, p. 483.

诉方请求授权报复，被诉方也具有否决权。① 因此，在投诉方授权报复的请求为被诉方否决的情况下，关贸总协定缔约方的确具有单边报复的可能性和必要性。而DSU对WTO成员的报复权及其行使作出重大改进，WTO成员在反制其他成员不遵守WTO的裁定和建议而采取贸易报复之前，必须经过仲裁程序和取得WTO争端解决机构的授权。不仅报复的水平由DSU第22条第6款仲裁员决定，而且WTO争端解决机构的正式授权（DSU第22条第5、6和7款）和对报复的监督（DSU第22条第8、9款）缺一不可。因此，受害成员采取的报复措施必须接受WTO的授权、监视和监督，受害成员只有在WTO争端解决机构授予报复权后才能实施，正是这种授权才使贸易报复合法化。总之，DSU对一般国际责任法的适用进行严格限制，特别是禁止WTO成员所谓根据一般国际责任法的单边反措施，这种制度建构的有效性保证了WTO法的垂直效力。

欧盟法具有更加完备的实施和国际责任制度，单边反措施同样没有施行的空间。如欧洲法院指出，欧共体条约所创立的新法律秩序，不容考虑互惠。成员国不得在任何情况下，根据其本身的权威，单边采取旨在阻止其他成员国不遵守本条约规则的反制性措施（corrective measures）或者贸易保护措施。根据欧盟法，欧共体成员国未能遵守欧洲法院的判决时，甚至可能被施加以罚金。欧洲法院于2000年7月第一次作出这种裁定，因未实施有关治污的指令，希腊被处以每天24600欧元的罚金。

如上所述，就国际法自足制度的垂直效力而言：国际人权法、人道法、WTO法和欧盟法，具有较为充分的垂直效力，其规则的理由有所不同。根据《国家责任条款草案》第49条的规定，反措施限于暂不履行对责任国采取措施的一国的国际义务，目的在于促使一国际不法行为的责任国履行其义务。一般国际法中的反措施是一种各行其是的制度，采取国可能借之维护自己的权利和恢复与责任国被国际不法行为中断的法律关系，但结果是减少了采取国的现存条约义务。自足制度对单边反措施加以限制，无疑限制了成员国"选择遵守国际法"的情况。自足制度的垂直效力，因为禁止或者限制成员国的单边反措施，使一般国际责任法中以国家对国家为主的"水平"运行转变为一种成员国依赖于自足制度进行的"垂直"求偿。这减弱了通常以普通条约为基础的国际法制度的互惠性，从而使其建构的法律秩序具有了"自足性"。

① John H. Jackson, The World Trade Organization: Constitution and Jurisprudence, Royal Institute of International Affairs, 1998, p. 95.

三、国际法自足制度的水平效力

国际法自足制度相对于其他的外部的国际法规范的水平效力，主要涉及国际法自足制度与一般国际法中的初级规则以及不同国际法自足制度相互之间的关系。从实践来看，该水平效力具体表现为：严格限制一般国际法在自足制度内争端解决中的法律适用，完全排除与自足制度相冲突的其他自足制度适用于自足制度的司法性国际争端解决。在国际制度和机构依据职权解释相关条约时，也可能考虑其他所谓外部的国际法规范。但是，就总体而言，这类国际制度和机构都是受限于各自的权限范围而独立运行，特别是其争端解决机构，一般都明确规定有限的管辖权和适用法。①

（一）涉及国际人权法和国际人道法的国际司法实践

涉及国际人权法的司法机构经常参考一般国际法的有关规则和原则，其内容不仅涉及条约解释，而且涉及国家地位、管辖权和豁免权等事宜。例如，在一系列案件中，欧洲人权法院阐明了《欧洲人权公约》中各项权利和国家豁免权之间的关系，承认国家豁免权对《欧洲人权公约》第6条第1款规定的诉讼权的效力。该法院特别指出："不能脱离实际解释《欧洲人权公约》。法庭必须铭记《欧洲人权公约》作为人权条约的特殊性质，必须考虑到国际法的有关规则。应尽可能依照国际法其他规则，包括关于授予国家豁免权的规则来解释《欧洲人权公约》，因为《欧洲人权公约》是国际法的一部分。"② 美洲人权法院则利用其广泛的咨询管辖权，不仅解释其他人权文件例如《欧洲人权公约》，而且解释1963年《维也纳领事关系公约》等。该法院在1988年发表的意见中明确提到国际法中的国家连续性原则，根据该原则，尽管政府更换，但国家责任继续存在。③ 因此，一般国际法中的初级规则，似乎在国际法自足制度内经常被援引。

就此而论，应界定国际法中"法律适用"（application）的内涵，并与法律解释、法律推理相区别。法律适用通常是指司法机构在职权范围内，依照法定程序，具体应用法律审理案件的专门活动。严格地说，所谓"适用"在国际争端解决中，

① 本部分中，外交法因没有形成专门的国际司法机构，故略去不论。

② Al-Adsani诉联合王国，2001年11月21日的判决，《欧洲人权法院案例汇编》，2001年，第100页，第55段。

③ Velásquez Rodríquez案，1988年7月29日的判决，《美洲人权年鉴》，1998年，第990页，第184段。

其本意只能是两个方面，一是在国际争端解决中直接援引作为起诉依据；二是作为国际争端解决机构裁判的直接依据。而国际法在法律解释、法律推理环节中起到一定的作用，只是一种广义上的“适用”。对此，据巴特尔指出，“适用”是指在确定诉请的实质问题、解释适用协定和认定事实证据时提供直接根据。① 以此反观上述人权机构的司法实践，无疑多属于一种法律解释和推理，并非直接适用。不仅如此，欧洲人权法院曾经指出，欧洲人权公约不仅是主权国家之间的条约，更是欧洲公共秩序的宪法文件。② 按照这种宪法释义，欧洲人权法院在对公约的解释和适用上经常偏离可适用的一般国际法。在1999年的Waite诉德国案中，欧洲人权法院指出，成员国不能赋予国际组织以诉讼程序的豁免，如果这种豁免将危及公约所保障的基本人权。在该案中，欧洲人权法院没有过多提及国际组织的豁免规则，而是关注国家保护基本人权的责任，指出这一责任不受任何处理相冲突条约之间关系的条约法规则影响。③ 原联合国人权委员会在第24号一般性评论意见中也认为，《维也纳条约法公约》的规定不宜用于解决人权条约的保留问题。此类条约，特别是该公约，并非国与国之间相互义务交换的一个网络。它们关系着个人的权利赋予问题，国与国之间对等的原则不适用。此外，涉及国际人道法的一些国际司法机构，例如国际刑事法院和经过联合国安理会决议建立的国际刑事法庭，尽管认同“视情况适用可予适用的条约及国际法原则和规则”，但都要服从于相关规约的优先性之下。④

根本上，国际人权法和国际人道法相应的司法机构，尽管不排除一般国际法或其他国际法规范作为法律解释和推理中的参照，却因为其所涉强行法和义务的性质，通常无需忧虑制度外的国际法规范是否会影响到其优先性和有效性。

（二）欧盟与WTO争端解决实践

与欧盟法相应的欧洲法院，早已经在司法实践中确立了欧共体法特别是基础条约的优先效力和直接效力。典型的例证是《欧洲人权公约》在欧洲法院司法活动中的法律地位问题。即使随着2009年12月《里斯本条约》生效，《欧洲人权公约》成为可以在欧洲法院适用的一种正式法律渊源，但其法律地位仍不应高于欧共体基础条约。从根本上看，欧洲一体化已经深刻地改变了欧盟成员国之间法律关

---

① Lorand Bartels, Applicable Law in WTO Dispute Settlement Proceedings, Journal of World Trade, 2001, Vol. 35, p. 501.

② Loizidou v. Turkey, 15318/89, ECHR, March 1995, para. 75.

③ Waite and Kennedy V. German, 26083/94, ECHR, February 1999.

④ 例如《国际刑事法院罗马规约》第21条给出了这种等级次序的规定。

系的性质。正如欧洲法院指出，创始条约不仅仅是国际协定，它们具有欧盟的某种“宪法性质”；它们已经在成员国之间建立起特殊类型的法律秩序，因此，不一定要按照解释和适用“普通”协定的方式来解释和适用这些协定。①

如上所述，完全排除或严格限制其他外部国际法规范的适用，是绝大多数国际法自足制度水平效力的一般情况。相比之下，WTO 法既不具有国际人权法、人道法那样的“制度优越性”，WTO 争端解决机制也不能与欧洲法院的司法权限相提并论，其法律适用问题较为复杂。

从 WTO 争端解决实践来看，涉及外部国际法的适用情况诸如：第一，DSU 第 3 条第 2 款明确规定，WTO 争端解决机制应适用“国际公法关于解释的习惯规则”，而 WTO 争端解决经常援引《维也纳条约法公约》第 31 条等“解释条款”。鉴于《维也纳条约法公约》本身也是 WTO 协定之外的一项条约，其“适用”是否可以作为其他国际条约适用于 WTO 争端解决的例证？第二，WTO 争端解决实践援引过《维也纳条约法公约》的其他规定，诸如不溯既往、条约的继承、修订、错误、终止和暂停施行②等，这类规定都事关条约的订立或适用。第三，专家小组和上诉机构已经适用过一般国际法的原则和规则，诸如国际法上的代表、法律利益、自裁管辖权、举证责任、法庭之友的可接受性以及司法经济等。③ WTO 裁判机构也援引过国家责任规则，例如巴西飞机出口融资计划案第 22 条第 6 款仲裁裁决。第四，在 WTO 争端解决实践中，还“适用”过属于特别国际法的条约。例如，在 1998 年虾龟案中，上诉机构认为应根据最新发展情况来解释“可用竭自然资源”的概念，参考了 1992 年《里约宣言》、《生物多样性公约》和《联合国海洋法公约》等，最终作出的解释是“自然资源”应包括所有生物和非生物自然资源。

对此，笔者认为：首先，应当注意到，上诉机构屡次在报告中提到《维也纳条约法公约》时，其上下文经常有“作为国际公法关于解释的习惯规则的编撰，《维也纳条约法公约》……”的措辞。这种措辞揭示，上诉机构并没有明确表明所“适用”的规则是《维也纳条约法公约》的条约规则。相反，与其说上诉机构适用的是《维也纳条约法公约》关于解释的条约规范，毋宁说适用的是经过《维也纳

① Parti écologiste “Les Verts” 诉欧洲议会，1986 年 4 月 23 日的判决，欧洲法院，第 294/83 号案例，第 1365 页，第 23 段。

② Canada-Terms of Patent Protection, WT/DS170/AB/R, 2000, paras. 71-74.

③ European Communities-Regime for the Importation, Sale and Distribution of Bananas, WT/DS27/ARB, 1999, paras. 6, 16.

条约法公约》所编撰的关于解释的习惯规范。① 因为《维也纳条约法公约》所编撰的国际法的解释规则，本身具有习惯规范和条约规范两种渊源形式。从法理上看，上诉机构提到的《维也纳条约法公约》，应作为解释的习惯国际法规则的一种证据，换言之，此时《维也纳条约法公约》起到“证明”关于解释的习惯国际法规则的作用。在此意义上，《维也纳条约法公约》仍然没有直接适用于 WTO 争端解决机制，此时是习惯规范适用于 WTO 争端解决，只不过这类规范同时条约规范的形式。②

其次，对于上述第二个问题和第三个问题，应当承认，WTO 争端解决实践的确适用过这类外部国际法规范，而 WTO 协定并未明文规定。不过，所适用的这类规范具有两个共同特征，即都属于一般国际法和都是国际法的次级规则，诸如争端解决规则、条约法规则和国家责任规则。尽管这类一般国际法也可能取得了条约规范的形式，但仍然是通过一般习惯国际法和一般法律原则的方式适用于 WTO 争端解决。例如，国际法委员会曾经指出：“当条约规定不清楚或不确定，或者当条约所用措辞在习惯国际法中有公认的含义、并因此可认为缔约方有意诉诸该种含义时，习惯和一般原则的重要性便显示出来。习惯国际法规则和一般法律原则的重要意义是在国际法律秩序的运行方面起到了系统性或立宪性的作用。”③ 显然，国际法委员会这里指的是具有一般国际法的性质的习惯或一般法律原则。无论从法律逻辑还是立法技术上说，DSU 都不可能也无需对这类规范作出详尽规定。总体上看，WTO 争端解决实践所“适用”的外部国际法，主要是一般国际法中的次级规则。

再次，即使是一般国际法中的次级规则，也并非全部都在争端解决实践中适用，这取决于 WTO 裁判人员的自由裁量，以及其适用的结果不能违反 DSU 和 WTO 法所规定的要求，即不得增加或减少 WTO 成员的权利和义务。WTO 专家小组的确曾经指出：“只要没有冲突或不一致的情况或在某个 WTO 适用协定中表示的适用情况不同，国际法习惯规则适用于 WTO 条约及其形成的过程。”④ 显然，即使这段裁定是合理的，也包含了“没有冲突或前后不一的情况或在某个 WTO 适用

① 与之殊途同归的是条约规范其后演变为习惯规范的问题，正如李浩培先生对此的经典论述：“并不是条约成为习惯，而是习惯附着于条约而产生。”

② 这一结论有助于应对由于 WTO 成员并非全部是《维也纳条约法公约》的缔约方所产生的有违条约相对效力原则的问题。

③ Report of the Study Group on Fragmentation of International Law: Difficulties Arising from the Diversification and Expansion of International Law, U. N. Doc. A/CN. 4/L. 628, 2002, p. 237.

④ Korea-Measures Affecting Government Procurement, WT/DS163/R, 1 May 2000, paras. 7, 96.

协定中表示的适用情况不同”这一严格的条件。

最后，WTO 法所调整的国际贸易领域，在初级规则方面 WTO 协定没有规定而存在一般国际法的情况为数极少，例如最惠国待遇也不是一项一般习惯国际法，因而一般国际法的初级规则基本上没有适用的可能。至于 WTO 争端解决机构援引过国际环境条约等其他特别国际法的初级规则，无一例外都发生在法律解释的过程中，并且是以与 WTO 现行协定不相冲突的情况下才能起到这种“解释”的有限作用，与法律适用具有明显区别。

如上所述，就国际法自足制度的水平效力而言：一般国际法中的习惯国际法规则和一般法律原则，在且仅在属于次级规则并且自足制度没有规定或者不相冲突的情况下，或者“适用”于程序问题，或者“适用”于实体问题的“法律推理”过程中。外部国际法的初级规则，在且仅在自足制度没有规定或者不相冲突的情况下，可以在“法律解释”中起到有限参照作用，而且解释的结果不得违反自足制度的现有规定。

四、双重效力视角下国际法自足制度与国际法的关系

以国际法自足制度的双重效力为视角，有助于考察国际法不成体系研究中最核心的问题之一，即不同国际法初级规则之间可能的冲突、后果及其解决。

（一）国际法自足制度与一般国际法的关系

对于一般国际法来说，国际法自足制度仍然是作为整体而言的国际法的一部分，正如常设仲裁法院在 Georges Pinson 案中所指出的：必须默认每项国际公约均得援引一般国际法原则来处理它本身无法明确解决或无法以不同方式解决的所有问题。然而在国际法不成体系的背景中，根本问题是：如果强调国际法的统一性，则其他国际法规范在自足制度没有明确减损的范围内就可以适用；如果强调自足制度的“自足性”，则除了自足制度明确规定允许的范围外其他国际法规范就不得适用。显然，前者较后者宽泛得多。与国际法不成体系研究小组的结论不同，通过本文以上对自足制度水平效力和垂直效力的考察表明，除了某些一般国际法的次级规则外，一般国际法只有被明确纳入自足制度内才能直接适用，同时没有被明确拒绝才可能在解释的意义上“提供解释性指导”。总之，包括国际责任法在内的一般国际法，并非是自动性地填补自足制度的空白，相反，其在自足制度内的适用要受到诸多条件的限制。

（二）国际法自足制度与国际强行法规范、《联合国宪章》第103条的关系

就国际强行法①而言，情况较为复杂。一方面，如果建立自足制度的主要条约违反强行法的规定，则该制度与强行法有违的部分或者整体，从国际法上说是无效的。换言之，强行法可以成为衡量自足制度有效性的一个外在标准。但是，另一方面，如果自足制度内的争端解决机构、实施和执行机构并未超出该制度所规定的权限范围，如果因为制度内成员的不当执行或者有意违反强行法，这类机构也只能就作出不涉及国际强行法的"自足的"内部裁判。换言之，至少在学理上存在自足制度判定违反强行法的行为"合法"的可能性。此时，引发的是该制度的正当性（legitimacy）而不是有效性（effectiveness）问题。

以本文前述分析为基础：第一，某些自足制度本身包含有某些国际强行法，并成为其垂直效力的成因之一。但从自足制度的水平效力即争端解决的法律适用来看，目前国际社会公认的国际强行法都属于国际法的初级规则，制度外的其他国际强行法仍然不能在自足制度内直接适用。第二，这种不适用只是一种适用意义而非效力意义的，因为自足制度的水平效力不能贬损强行法规范在国际法中效力的至上性。第三，尽管不能直接适用制度外的其他国际强行法，在自足制度内作出有违强行法的决策和裁判的制度机构，以及实施这类决策和裁判的成员国，都将根据一般国际法承担国际责任。由于自足制度的"自足性"，这种国际责任的实现途径是在自足制度之外。因此，可以说，自足制度与其他国际法规范唯一不能割断的联系是国际责任的最终承担方面。总体上看，强行法规范在自足制度内没有直接效力，但可以通过一般国际法施加影响，可以视为是对自足制度的"间接效力"。

另外，根据《联合国宪章》第103条的规定："联合国会员国在本宪章下之义务与其依任何其他国际协定所负之义务有冲突时，其在本宪章下之义务应居优先"。尽管与事关效力等级的强行法不同，宪章第103条只是适用次序的规定，但

① 国际强行法规范在国际法中尚无定论，在2001年《国家责任条款草案》的评注中，国际法委员会列举的强行法例子有禁止侵略、奴隶制和奴隶贸易、灭绝种族、种族歧视和种族隔离、酷刑、可适用于武装冲突的国际人道主义法基本规则及自决权。参见《国家责任条款草案》，第40条评注，第3段，载《大会正式记录，第五十六届会议》（A/56/10），2001年，第283页。而国际法不成体系研究小组列举的具有强行法地位的备选规范包括：（a）禁止侵略性地使用武力；（b）自卫权；（c）禁止灭绝种族；（d）禁止酷刑；（e）危害人类罪；（f）禁止奴隶制和奴隶贸易；（g）禁止海盗行为；（h）禁止种族歧视和种族隔离；（i）禁止针对平民的敌对行为（国际人道主义法基本规则）。国际法委员会第五十八届会议工作报告：《国际法不成体系：国际法多样化和扩展引起的困难》，2006年，第118页。

鉴于宪章在国际组织法和条约法乃至现代国际法中的特殊重要地位①，无疑也可以被认为具有对自足制度的间接效力。

(三）国际法自足制度与自足制度相互之间的关系

自足制度以条约为主要渊源，分属不同国际法自足制度的条约之间的关系，成为国际法自足制度相互之间关系的焦点问题。以自足制度外其他国际法义务为内容的“反措施”的有效性和合法性，以及各种自足制度争端解决结果可能的不一致，是各种自足制度所共同面临的问题。在两个自足制度的规定相冲突的情况下，例如一个自足制度允许采取反措施，而另一个自足制度则禁止采取反措施，此时自足制度的垂直效力面临的不是自足制度与成员国的关系，而是自足制度相互之间的关系。例如，不能排除责任国无视人权法中的各种程序持续违反人权义务的情况，此时能否以人权法之外并且不属于强行法的义务施行反措施？对此人权法并没有明确的规定。实践中，这种可能性是存在的。但是，如果所违反的其他条约业已构成一种自足制度，该自足制度并不明确承认人权条约及其义务的这种地位，对这类反措施的合法性（legality）判断就无所适从。

五、国际法自足制度的有效性和正当性

正如笔者已经提出，国际法自足制度是发展国际法的一种重要路径和国际法发达的阶段性标志之一，② 其双重效力无疑保证了其得以自成体系的迅猛发展，因此保证和提高了制度的有效性。诚然，这类体系复杂的制度性安排经常使国家手足无措，也使其与其他国际法制度和规范之间的关系错综复杂。在国际法自足制度相互之间乃至与其他国际法之间并没有形成正式的等级，甚至产生了制度之间的法际合法性（interlegality）问题，从而引发了正当性危机。

在现代国际法的“立法”和司法实践中，对这类问题都是“隐而不发”。其典型例证是贸易制度和环境制度法律文件之间的关系。③ 1992 年《生物多样性公约》规定“本公约不得影响任何缔约国在任何有国际协定下的权利和义务，除非行使这些权利和义务将严重破坏或威胁生物多样性”。2002 年《粮农植物遗传资源国际

---

① 1969 年《维也纳条约法公约》第 30 条（关于同一事项先后所订条约的适用）也在第 1 款确认宪章第 103 条的优先地位。

② 参见陈喜峰：《国际法的自足制度之研究》，载《政法论坛》2009 年第 2 期。

③ Anja Lindroos, “Addressing Norm Conflicts in a Fragmented Legal System: The Doctrine of Lex Specialis”, Nordic Journal of International Law, Vol. 74, 2005, pp. 30-34.

条约》序言规定，不应当把该条约解释为“以任何方式暗示其他国际条约为缔约方规定的权利和义务有了变化”，这项原则“无意在本条约和其他国际协定之间分出高下”。在2000年《生物多样性公约卡塔赫纳生物安全议定书》的谈判中，该议定书与缔约方根据涉及WTO协定而承担的义务之间的关系问题成为焦点。《生物安全议定书》在序言的最后段落宣示：“认识到贸易协定与环境协定应相辅相成，以期实现可持续发展，强调不得将本议定书解释为暗示缔约方根据任何现行国际协定所享有的权利和所承担的义务有任何改变，认为上述陈述无意使本议定书附属于其他国际协议。”因此，在国际条约的创制中，作为谈判者的国家只是承认存在着平行而且可能互相冲突的条约义务，但如何解决这种冲突及其最终后果则含糊不清。

从国际司法实践来看，在“1996年以核武器进行威胁或使用核武器的合法性”一案中，国际法院讨论了《公民权利和政治权利国际公约》与适用于武装冲突的法律之间的关系。该公约第6条第1款规定了个人生命不受任意剥夺的权利。法院指出，这项权利也适用于敌对行动，但对于是否构成任意剥夺生命行为的检验，应由适用的特别法，即适用于武装冲突的旨在规范敌对行为的法律来决定。① 从其推理看，国际法院也避免对人道法和人权法的优先性作出判断。2004年，国际法院在其关于在被占巴勒斯坦领土建造隔离墙的法律后果的咨询意见中认定，“在发生武装冲突时，人权公约提供的保护不应终止”；它还认为，尽管有一些权利是专属于国际人道法或人权法的权利，但是还有一些权利“可能是这两个国际法部门所共有的”。②

依常识，特别法优于一般法、后法优于前法等是国际法中公认的解释和解决冲突的方法，③ 都是典型的彰显法律逻辑性质的解释规则，但自足制度之间的关系并不仅仅是法律逻辑的简单行使，在各种自足制度具有不同目的和宗旨的情况下，这类规则不仅不足以阐明自足制度之间的关系，也不能机械地予以适用。

从国际法自足制度的双重效力看，首先，应区别属于同一“制度”内部之条约的规定与属于不同“制度”之条约的规定。在涉及构成条约体系或促进同样目标的条约之间的冲突关系方面，作为形成同一制度的逻辑体现，后法原则而不是特别法原则具有一定作用。而不同制度的条约之间出现冲突或重叠时，这种逻辑适用

① 以核武器进行威胁或使用核武器的合法性案，咨询意见，1996年《国际法院案例汇编》，第240页，第25段。

② 国际法院，Legal Consequences of the Construction of a Wall in the Occupied Palestinian Territory，咨询意见，2004年7月9日，第106页。

③ Lord A. D. McNair，The Law of Treaties，Oxford Press，2nd ed.，1961，pp. 393-399.

的前提不存在，因为制度的“规范性背景”发生了转换。其次，应区别制度内和制度间的争端解决。国家间涉及条约规定冲突的争端，通常应该由相关条约的缔约方通过谈判解决。然而，当无法谈判解决时，应当酌情诉诸其他现有的争端解决手段。当冲突涉及并非同一制度之条约的规定时，每一自足制度的争端解决只能以本制度的条约为准。最后，应区别自足制度成员之间双边关系可适用的国际法规则，与自足制度成员在自足制度内可适用的国际法规则。一般地说，自足制度既未使前者失去效力，也不能影响其在自足制度外的继续适用，但在涉及与自足制度有关的事项时，这类规则的适用问题必须遵循自足制度的规定。

以上区别似乎微不足道，实际上却是一种重要的视角转变。在没有制度视角的情况下，重点在于国际法正在调整的主题事项；在自足制度的背景下，重点在于成员国或缔约国的意图及其所建立的制度。前者取决于是把一个问题抽象地定性为“人权问题”、“环境问题”还是“贸易问题”，而后者指向为将一套条约整合成“条约体系”而确立的制度安排。在后一种情况下，难点在于制度本身所依赖的更广泛目标或价值观念之间的冲突。现实中，国际法自足制度各自有相对成型的法律渊源、组织机构、争端解决和国际责任追究等制度，应在两种不同的制度的整体关系中对这类问题予以综合考虑。因此，国际法自足制度之间的冲突或协调关系，不可能单一依赖于条约法的冲突解决规则，条约之间的关系以及国际责任问题只是其中的一部分，必然同时受到诸多制度因素的影响。

诚然，国际法自足制度在其法律运行中，如果完全忽视“制度外”的其他国际法规范，对其本身的正当性和可接受性将产生消极影响：它有可能使自足制度内占据强权地位的国家或国际组织不顾及自足制度的正当性，规避其他国际法规范。特别是就国际强行法而言，由于其效力的至上性和对某些基本价值的彰显，本身是国际法中具有宪法性质的规则。即使自足制度没有作出强行法规则在适用和效力方面的规定，国际强行法这类宪法性规则都可以被认为是自足制度“不成文的宪法规则”，自足制度的“立法”、“执法”和“司法”机构应当予以遵循。违反强行法的自足制度，实质上是违反了国际法的宪法性法律，自足制度的未来发展必须考虑这种“合宪性”衡量。以 WTO 法为例。一方面，WTO 争端解决机制并未详尽规定诸如举证责任之类为适用初级规则所必需的次级规则，在此方面，只能求助于一般国际法。这种援引无疑加强了 WTO 法的有效性。另一方面，其他国际法制度所提供的初级规则如果适用于 WTO 法，则很可能有损 WTO 法本身的有效性，更不用说这种适用并无 WTO 法可以依据。① 例如，与贸易有关的人权措施是指以贸

① Petros C. Mavroidis, No Outsourcing of Law? WTO Law as Practiced by WTO Courts, Vol. 102, No. 3, 2008, pp. 421-474.

易措施为手段而达到人权目标而施行的措施。这类措施例如与特定的违反人权事项（如童工）有关的进口限制措施，或者一般性地针对目标国人权状况的措施。① 一般地说，这类措施尽管可以根据GATT1994第20条所规定的一般例外寻求在WTO法中的合法性，但为了维护WTO法本身的有效性，专家小组和上诉机构通常对第20条作严格解释，并招致WTO不尊重人权、环境或社会标准的名声。② 完全不顾及代表非贸易价值的其他国际法制度和规范，WTO争端解决机制的裁判遭遇“体制外”的正当性问题：如果WTO协定的规定或者WTO成员实施WTO协定的行为与具有强行法特质的人权规定直接冲突，则无论WTO是否是自足制度，从国际法上说都将归于无效；但是，从WTO法上看，此时WTO裁判机构仍然可以仅就其与WTO协定的相符合情况作出结论，此时主要产生的是该类裁判的正当性而不是有效性问题。③

因此，明确承认一般国际法对自足制度的补充作用，可以提高自足制度的有效性；而努力使自足制度与一般国际法以及其他自足制度相互协调，减少冲突，则有助于自足制度的正当性。在国际法自足制度未来的发展中，必须注意有效性与正当性之间的平衡。

六、结论

现代国际法的发展呈现出不成体系的面向，由于国际法调整领域之间的客观差别和部门国际法的迅猛发展，国际法自足制度的产生是不可避免的现象。国际法自足制度的双重效力，不仅可以确定自足制度在实施、国际责任的追究和争端解决中的法律适用，在一定程度上也确定了自足制度与外部的国际法规范之间的等级次序关系。国际法自足制度的垂直效力，保证了其次级规则优先于一般国际法特别是一般国际责任法。国际法自足制度的水平效力，则保证其初级规则优先于一般国际法以及其他国际法自足制度。凭借垂直效力和水平效力，国际法自足制度在不成体系的国际法中形成了一种“制度性等级”；确立了自足制度相对于外部国际法规范的

---

① C. M. Vázquez, Trade Sanctions and Human Rights-Past, Present, and Future, Journal of International Economic Law, Vol. 6, 2003, pp. 797-839.

② S. Dillon, International Trade and Economic Law and the European Union, Oxford Press, 2002, p. 122.

③ 值得指出的是，WTO争端解决机制尽管可以限制外部国际法的适用，却将为此后果承担另一种国际责任。根据国际法委员会目前正在编撰的“国际组织责任条款草案”，特别是其第15条和第23条，WTO及其成员仍然可能在一般国际法的意义上承担作为国际组织的责任，甚至得到WTO争端解决机构之外其他国际司法机构的认定。

优先适用次序，并在实际上形成了自足制度的效力等级。以此，国际法自足制度相当于“屏蔽”了外部的国际法规范，从而彰显了“自足”之本意。

在国际法体系并不存在正式的规范等级尤其是“国际宪法”的情况下，可以说，在国际法中竞相林立的国际法自足制度，各自在其内部都是“最高的”。现代国际法的这一发展，堪称民族国家法律体系之间的关系在国际层面的一种粗糙的复制。如哈特所言，承认规则是社会成员藉以辨识初级规则的规则。自足制度中的次级规则具有裁判规则和承认规则的双重性质，与初级规则中的等级规范一并鉴别自足制度的渊源和效力。在国际法整体尚未宪法化的情况下，自足制度在局部先行“宪法化”了：具有自己的效力等级和充分的承认规则。在此意义上，部门国际法或特别国际法发展为国际法自足制度，是其宪法化的标志之一，这种宪法化的性质、影响和前景，则是值得进一步探讨的问题。

On the Vertical Effect and Horizontal Effect of Self-contained Regime of International Law

Abstract: Self-contained regime of international law has the vertical effect and horizontal effect. The former refers to the self-contained regime places strict restrictions on its member's ability to adopt countermeasures according to the general responsibility of the international law, while the latter refers to the self-contained regime places strict restrictions on the application of the other international law during the course of its dispute settlement. International peremptory norms and the Article 103 of UN Charter can influence the self-contained regime by means of general international law, and thus have the indirect effect to the self-contained regime. It is helpful to explore the possible conflicts and its consequences between the different regimes of international law with the dual effect of the self-contained regime. With the dual effect, the self-contained regime of international law developed a institutional hierarchy in the fragmentation of international law, and thus established the priority of the application vis-à-vis the outside international law. Attention should be paid to the balance between effectiveness and legitimacy of the self-contained regime for the future development.

Key words: self-contained regime of international law; vertical effect; horizontal effect

WTO 服务贸易国内规制纪律的法经济学分析*

□ 王　衡　郭　慧**

内容摘要　为在服务贸易自由化和成员规制权之间达到平衡，服务贸易国内规制纪律在GATS第6条和诸多区域贸易协议中均有专门规定。然而WTO国内规制谈判举步维艰，美国博彩案引发的国内规制潜在争端解决问题亦面临难题。博弈论分析方法有利于诠释国内规制谈判受阻缘由，探求国内规制纪律谈判出路；在此基础上福利经济学方法可被运用，以论证国内规制争端中GATS第6条第4款必要性测试的合理性。我国服务贸易国内规制时，应充分利用必要性测试“不造成不必要负担”标准，着眼于GATS整体结构寻找政策空间等，通过多种方式维护我国利益。

关 键 词　服务贸易；国内规制；法经济学；必要性测试

目　　次

---

* 基金项目：霍英东教育基金会资助研究课题“区域服务贸易法解释学研究”（131109）；2011年首批重庆市高等学校青年骨干教师资助计划“服务贸易法前沿问题研究”。

** 王衡，西南政法大学国际法学院教授，博士生导师，（世界）国际经济法学会常务理事。郭慧，上海市金山区人民法院法官。

一、导论

服务的无形性决定了服务贸易几乎可免受海关监管。为有效规制服务贸易，成员主要通过国内规制实施监管。为避免滥用国内规制措施，GATS 第 6 条对国内规制①进行了规定，但 GATS 本身对“国内规制”未明确定义。规制可能是成员允许或禁止私主体某些行为的程序或活动。服务贸易规制通常是为克服市场失灵而制定，克服服务外部性和信息不对称（如网络服务垄断、提供公共安全、卫生及金融系统完整性等）。鉴于贸易自由化中规制的重要性，GATS 第 6 条国内规制纪律在服务市场开放方面发挥重要作用。GATS 国内规制纪律具有双重作用，既尊重成员对服务贸易自主管制权，也对各成员不当管制设置约束机制。不难看出，GATS 第 6 条在服务贸易自由化和成员国内规制间保持着微妙平衡。然而，国内规制纪律却是 GATS 最薄弱条款之一，也是对服务贸易自由化影响最大的条款之一。WTO 成立后各成员就国内规制展开激烈讨论，在国内规制工作组（WPDR）主持下举行多次会议，但分歧较大，尚未取得实质进展。② 本文主要采取法经济学手段，力求分析国内规制问题，以期抛砖引玉。

二、服务贸易国内规制纪律谈判的博弈论分析

服务贸易国内规制纪律谈判阶段运用博弈论进行分析的优势在于，在既定博弈环境下使参与博弈的局中人可获得博弈均衡。③ 国内规制纪律谈判陷入僵局本身亦是一个均衡解。

---

① GATS 第 6 条在实践中主要包括：（1）程序上的规定；（2）规范资格要求和程序、技术标准和许可要求的授权；（3）临时适用的规则。为 GATS 第 6 条冠以“国内规制”主要指该条为各成员在具体承诺表中列入的服务部门详细规定了一般义务。参见曾炜：《GATS 第 6 条中的正当程序与良好管制探析》，载《海峡法学》2010 年第 3 期，第 95 页。

② Luis Abugattas Majluf, *Domestic Regulation and the GATS: Challenges for Developing Countries*, p. 4, available at http://ictsd.net/downloads/2008/06/dom_reg.pdf, visited on March 1, 2010.

③ 魏建：《法经济学：分析基础与分析范式》，人民出版社 2007 年版，第 198 页。

（一）分析模型及分析过程

服务贸易国内规制纪律谈判属于多重博弈，由众多子博弈构成，主要包括多方博弈和多方面博弈。具体而言，众多成员均是该谈判博弈参与方，在各成员内部有利益集团间的博弈；部分成员之间在区域层面亦有谈判议程；此外，因服务贸易部门众多、各部门内部涉及程序和实体规则众多，导致谈判议题繁多。概括而言，在国内规制纪律谈判中各成员立场可分为四类：① （1）新西兰、香港等小型开放经济体要求制定全面、严格纪律。（2）美国、欧盟立场大同小异，无意达成全面、高质量的纪律，反对经济需求测试。美国强调国会立法应该排除在外，仅愿意讨论政府制定的国内规制，且仅愿意增强规制的透明度，反对涉及具体的资质要求和程序、许可要求和程序等内容。欧盟及其成员国大力倡导规范许可程序，② 但对其他内容十分谨慎。（3）巴西等广大发展中国家成员持强硬守势，认为发展中国家成员服务监管体系相对落后，严格的国内规制纪律会侵蚀监管权，增加政府行政负担，因此纪律应强调成员监管权，仅就原则性问题达成一致。（4）印度鉴于在外包服务的进攻利益，积极主张在工程师资质要求和程序方面制定严格纪律。显而易见，处于不同发展阶段的成员对国内规制的关注点不同。③

国内规制纪律谈判过程中，各成员均提出出价（即提案），为实现自己利益最大化，常不愿让步妥协。当各成员都认为"开锁钥匙"在别人手中，结果恰恰是任何成员均不能得到最大化的利益。此时陷入典型的"囚徒困境"博弈。④ 这种困境被哈丁描述为"公用地悲剧"：个体理性行为会导致集体的非理性。囚徒博弈中不合作的根源在于未能正确处理好个体利益与集体利益的关系。由此可知，国际

---

① 商务部世贸司：WTO 服务贸易国内规制谈判概述，资料来源于：http：//sms. mofcom. gov. cn/aarticle/cbw/200710/20071005184066. html，2010 年 4 月 16 日访问。

② WTO, Communication from the European Community and its Member States, S/WPDR/W/25, 10 July 2003.

③ 张汉林，孙娜：《论"服务贸易总协定"国内规制与我国服务贸易法规的完善》，载《国际贸易（法律）》2006 年第 7 期，第 58 ~ 59 页。

④ "囚徒困境"是美国学者阿尔伯特·塔卡提出的模型，假设有两个犯罪嫌疑人共同作案后被捕，分别关押在不同的囚室里审讯。对他们而言，每个人都有两种策略，一是选择揭发对方的罪行，即"不合作"；一是选择不揭发对方的罪行，即"合作"。若两个犯罪嫌疑人"共同合作"，他们将被判 2 年；若是"共同不合作"，他们将被判 3 年；若是一个选择"合作"，一个选择"不合作"，选择"合作"的犯罪嫌疑人将被判处 4 年，选择"不合作"的犯罪嫌疑人将被判 1 年。最终，博弈的结果将是双方都选择"不合作"，即被判处 3 年。参见［美］杰弗里 . L. 哈里森，《法与经济学》（第 2 版），法律出版社 2004 年版，第 44 ~ 46 页。

法各主体之间地位平等，但在服务贸易国内规制纪律谈判中，始终存在多重“囚徒困境”：既存在WTO体制下各成员间谈判的“囚徒困境”，又存在各成员在区域（如FTAs）服务贸易国内规制纪律谈判的“囚徒困境”，甚至还存在各成员内部现存的各利益集团之间谈判的“囚徒困境”。此外，多边服务贸易国内规制谈判与区域服务贸易国内规制谈判之间也可能存在“囚徒困境”。

为便于分析，假设博弈的局中人由两个成员构成①，基于“理性经济人”理论，各成员政府在博弈过程中主要关注本国的经济和政治利益，从单个成员角度出发，过度国内规制的策略选择对其经济发展有利，② 这本质可能属于重商主义思想。过度国内规制博弈的策略组合则由实现服务贸易自由化和过度国内规制两种行为构成；该博弈中局中人可观察双方支付函数，但策略选择则需依赖自己观察和基于双方利益可能性的判断。

成员 B

合作不合作

合作

成员 A

不合作

R，R	S，T
T，S	P，P

上图③分析中，假设两个成员为成员 A 和成员 B，双方均存在“合作”与“不合作”两种策略选择。“合作”表示为实现服务贸易自由化而减少对国内规制使用，至少是合理使用；“不合作”表示把国内规制作为服务贸易保护主义手段。以现行的服务贸易国内规制水平为出发点，若成员 A 与成员 B 合作，即两国选择服务贸易自由化的策略，基于李嘉图的比较优势理论，两国将获得自由贸易的收益，两个成员均将得到奖励 R；若成员 A 与成员 B 不合作，则仍属于现行的服务贸易国内规制水平，即两个成员均无服务贸易自由化的利益，此时两个成员利益均为 P；若成员 A 合作，成员 B 不合作，假定实施合作策略的成员 A 将得到利益变动为 S，而实施不合作策略的成员 B 会得到利益变动为 T；若成员 A 不合作，成员

① 该分析和假设亦可体现多边层面与区域层面之间的博弈。

② 过度国内规制是指各成员政府倾向于过度运用规制自主权，可能间接不当影响服务贸易自由化。

③ 该模型借鉴了“中欧贸易走向及其博弈论分析”中的分析模型，参见王蕊、陈有真：《中欧贸易走向及其博弈论分析》，载《经营管理者》2009 年第 17 期，第 240 页。

B合作，那么成员A将能够向成员B出口服务贸易，而成员B不能向成员A出口服务贸易。在此种情况下，成员A将获得服务贸易出口利益，却不允许服务贸易自由国进口服务，从重商主义的观点①看，成员A所获利益将大于两国都实施自由贸易时的利润，即R。另一方面，由于成员B选择实施“合作”策略，其相当于是服务贸易自由国。然而成员B不能出口，仅能进口成员A的服务，就重商主义而言，成员B只有净损失，境况不如不合作而获得的利益，因此成员B的利益变动S小于P。通过上述分析，模型中明显可以得出：T>R>P>S。② 该模型为典型的“囚徒困境”，若只考虑一次博弈，那么存在唯一的纳什均衡解，即为（不合作，不合作）。因为从成员A的角度出发，若成员B选择“合作”，那么成员A选择“不合作”的利益最大；若成员B选择“不合作”，那么其选择“不合作”的利益最大。因此，成员A将始终选择“不合作”策略，同理，成员B也将始终选择“不合作”策略。由上述分析可知，各成员理性倾向于选择过度国内规制，因而各成员可能采取不合作态度发展经济而达到一种均衡，此时均衡属于不合作博弈均衡，即“囚徒困境”。若运用于GATS，这即是单个成员理性与全体成员理性的矛盾。非合作博弈下各成员达到的非合作的纳什均衡已证明是非效率的均衡。

综上，此处问题转变为如何走出上述“囚徒困境”。依博弈论理论，如各成员争取能够达成有约束力且可实施的协议，这个博弈就会从非合作博弈转化为合作性的博弈。由此，能保证各成员达成信守承诺的约定成为摆脱“囚徒困境”的关键。具有惩罚机制的多边贸易体制可使各成员摆脱贸易政策下的“囚徒困境”。多边贸易体制作为一个有利平台能够推动各成员的充分协商和沟通，即通过克服信息不完全，使参与贸易谈判的各方均能够知晓对方的策略选择。同时，通过设置惩罚机制，改变原策略中各成员的利益数值，走出“囚徒困境”。简言之，即在一方合作、一方不合作的情况下，对不合作方进行惩罚，使T数值降低到R数值之下，从而使得不合作方自觉选择“合作”的策略。然而，在当下的国际社会，WTO对“不合作”成员方进行惩罚的强制性机制尚处于摸索阶段。

在自由谈判中，多边贸易体制形成本身即为一个博弈过程，即一场多方构建协调机制的博弈。在构建多边贸易体制的博弈过程中，各成员不仅要考虑自身利益，

---

① 必须指明的是，这是早期重商主义的典型观点，即仅将贵金属等货币财富当成贸易的唯一利益，而不考虑消费者等国内群体因进口而引起的福利变动。然而，西方国家盛行的利益集团理论可能有助于证明该模型的适当性。利益集团对一国的经济政策具有极大的影响力。换言之，生产者集团能够对国家的经济政策施加影响力，因此，上述模型以生产者的利得和损失为出发点研究一国经济政策可能并非没有合理性。

② 该模型借鉴了“中欧贸易走向及其博弈论分析”中的分析模型，参见王蕊、陈有真：《中欧贸易走向及其博弈论分析》，载《经营管理者》2009年第17期，第240页。

还需预测其他成员可能的策略与反应，进而作出最佳策略选择。当博弈各方均不愿意单独改变策略时，就构成一个博弈均衡，当然它可能是合作也可能是非合作的均衡。若各成员利益千差万别，博弈各方不愿接受对己不利议题，从而不能就多边谈判议题达成一致，多边贸易体制的博弈将陷入困境。然而，国内规制谈判陷入僵局而毫无进展的现状，从某种程度上也是各成员理性选择的结果。这是因为虽然各成员都在积极参与国内规制纪律的谈判并向 WPDR 提出提案，但是各成员出于保留自身规制权的目的，在服务贸易发展水平不同前提下，对保留多少规制权及保留什么方面的规制权的心理预期截然不同。此处问题因而在于，各方是否能够通过多次博弈跳出不合作博弈的均衡?

假如在上述模型中，两个成员存在有限次博弈。根据有限次重复博弈的民间定理①，有限次重复博弈并不能走出原来的“囚徒困境”。对此一般采用逆推归纳法加以证明。在重复博弈的最后阶段，由于最后一次博弈是原来最开始的博弈，根据理性经济人理论，模型中的两个成员方将选择不合作的策略。继续倒推到倒数第二阶段，由于两个成员方已经知道对方下一阶段博弈的结果，因此对两成员方来说，最后两阶段的博弈策略组合得益即为本阶段的得益加下一阶段的均衡得益，根据“理性经济人”理论，博弈各方仍将选择“不合作”的策略，以期获得对自身预期的最佳利益。以此类推直至博弈的第一阶段。因此，若是有限次的重复博弈，谈判双方的结果和一次博弈是相同的，即都选择“不合作”的策略，最终形成重复有限次博弈的“囚徒困境”。

假设两个成员间存在无限次博弈，双方博弈次数为 N 且 N 是无限的或不可预期的，未来的折扣系数②是 w，并且 $0<w<1$。那么，只有满足下列条件：$R+Rw+Rw^2+\cdots+Rw^n \geqslant T+Pw+Pw^2+\cdots+Pw^n$ 即 $w \geqslant (T-R)/(T-P)$，双方的不合作状态方可能终止。该式左端表示双方长期合作的未来收益的贴现值，右端表示一次性不合作的收益加上在之后双方采取不合作策略所能获得收益的贴现阶段值。在此假设前提下，折扣系数必须大于 $(T-R)/(T-P)$。只有在此条件下，双方最终会选择永远合作，因为第一次不合作得到的好处将会被长期不合作的损失所抵消，最终是一方得到长期损失而非奖励。这可能跳出原有不合作均衡，而达到一个新的纳什均衡，从而走出困境。③

① 谢识予:《经济博弈论（第 2 版)》，复旦大学出版社 2006 年版，第 209 页。

② 折扣系数指对期望收益进行的折扣比例，折扣可能源于心理压力或者对未知变量的判断标准等。在谈判中的折扣系数源于对对方的信任及对未来变数的判断标准等。

③ 博弈的结果符合 1971 年弗里德曼提出的无限次重复博弈民间定理。参见谢识予:《经济博弈论（第 2 版)》，复旦大学出版社 2006 年版，第 216 页。

在上述分析基础上，结合现实不难得知，成员的决策一般是理性的，双方成员在国内规制谈判中不会因对某一个策略偏好而选择两败俱伤，在选择策略时双方会有反复比较过程。因此，实践中应该给予其他成员“试错”的机会，允许对方犯错后自觉加以改正，而非仅以一次错误就立即给予永久的不合作的惩罚。从博弈论角度看，制定策略时，首先需激励对方合作欲望；其次，若对方在某一阶段出现不合作的背叛，则另一方需选择惩罚背叛，同时需激励对方重新开始合作。基于此，此时的策略选择主要在于：首先，选择合作并在 n 阶段选择对方 n-1 次的选择。由此得出，若博弈双方（甚至更多方）均选择上述博弈策略，且未来谈判对双方均很重要，则恐怕没有一方可通过改变策略得到更好结果。于是，双方的收益函数为：$T+Sw+Tw^2+Sw^3+\cdots\cdots=(T+Sw)/(1-w^2)$，即 $w\geqslant(T-R)/(R-S)$ 才能保证双方不走极端。①

综上所述，只有当 w 比（T-R）/（T-P）和（T-R）/（R-S）中较大者更大时，才能保证双方采取合作策略，而不是选择背叛和极端策略。因此，只有当 w 足够大，即各成员对 WTO 机制和谈判中其他各方成员的信任指数、对谈判结果的预期指数等均较高时，才能保证双方在背叛后，经历一个足够长惩罚期之后，背叛而选择不合作的一方会由于害怕惩罚而选择进行服务贸易自由化而非过度管制。若惩罚带来的利益大于成本，博弈方通常会选择合作。然而在实际谈判过程中，各成员方考虑的因素错综复杂，加剧了解决现实问题的难度。

（二）走出谈判困境应考虑的其他因素

1. 监管权不可割舍。首先，国内规制是基于公共利益的选择。政府职责在于保护本国或本区域民众利益。传统意义上讲，政府制定各种规章应出于公共利益考量，试图弥补市场失灵（诸如外部性、信息不对称、不完全竞争以及对市场资源的不当使用等）。② 当然，规制市场也可能是基于实现非经济、社会性目标（诸如收入再分配、保护消费者、实现服务公平等）。③ 国内规制目的可能是为实现政府作为“服务者”身份需要。由于各成员情况各异，在政策目的相同的基础上所采取的措施也难免有所差异。这反映了特定社会价值体系与利益，因此国内规制纪律

---

① 王蕊、陈有真：《中欧贸易走向及其博弈论分析》，载《经营管理者》2009 年第 17 期，第 240 页。

② Carlo Gamberale and Aaditya Mattoo, *Domestic Regulations and Liberalisation of Trade in Services*, in Development, Trade, and the WTO: A Handbook, ed. by Bernard Hoekman, Aaditya Mattoo, and Philip English, World Bank, 2002, p. 290.

③ Anthony I. Ogus, Regulation: Legal Form and Economic Theory, Oxford University Press, 1994, p. 51.

制定时亦需充分考虑这一现实。此外，基于理性经济人，不排除政府可能以国内规制为名行服务贸易保护之实，这正是国内规制纪律所针对与预防的行为。

其次，国内规制是GATS承认各成员所享有的合法权力。第一，GATS前言揭示了缔约各方平衡服务贸易自由化和国内规制权的考量。GATS序言提到，成员为实现政策目标，有权对服务提供进行管理和采用新法规，① 这充分体现了对监管权的尊重。第二，就GATS而言，与货物贸易相关条款相比，此平衡可能未必完全倾向于服务贸易自由化。市场准入和国民待遇条款均以各成员具体承诺为基础；最惠国待遇条款也受制于否定清单（negative list）的影响；GATS第7条相互承认条款仅要求各成员在非歧视基础上相互承认，无需接受，也无需积极考虑国外标准，这可能较《实施卫生与植物卫生措施协定》和《技术性贸易壁垒协定》更为宽松；GATS第6条第5款a项中许可、资格要求和技术标准也可能因具体承诺的限定被削弱。② 这同样体现于《会计部门国内规制准则》之中，该文件明确表明其“只适用于对会计部门作出具体承诺的成员”。各成员对未作出开放承诺的服务部门的国内规制条款中，尚无相应的对外国服务提供者的要求。因此，未来准则很可能仅适用于已作出具体承诺的部门。

2. 具体承诺谈判将影响国内规制纪律谈判。上述两种谈判间可能存在紧张关系。一方面，在未来国内规制纪律范围未确定前，各方可能均不愿对市场准入和国民待遇作出进一步具体承诺。另一方面，各成员对国内规制能否建立普遍原则持怀疑态度，各成员不愿意进一步承诺具体服务部门市场准入，但希望其他贸易伙伴作出更多实质性承诺。③ 服务贸易委员会力求防止各成员这一想法，强调“在具体承诺谈判完成前，各成员应努力实现在GATS第6条第4款项下谈判”④。

3. 国内规制纪律条款与市场准入、国民待遇条款关系有待厘清。虽然GATS第6条属于“一般义务和纪律”组成部分，但仅有其项下第2款属于一般义务即普遍性义务。学界对第4款性质仍有争议。然而，第1、3、5、6款只适用于成员

① 《乌拉圭回合多边贸易谈判结果法律文本》，原对外贸易经济合作部国际经贸关系司译，法律出版社2000年版，第286页。

② Jan Wouters and Dominic Coppens, GATS and Domestic Regulation: Balancing the Right to Regulate and Trade Libralization, in The World Trade Organization and Trade in Services, ed. by Kern Alexander and Mads Andenas, Martinus Nijhoff Publishers, 2008, p. 260.

③ Markus Krajewski, National Regulation and Trade Liberalization in Services- The Legal Impact of the General Agreement on Trade in Services (GATS) on National Regulatory Autonomy, Kluwer Law International, 2003, p. 132.

④ Council for Trade in Services, Guidelines and Procedures for the Negotiations on Trade in Services, 28 Mar. 2001, S/LL93, para. 7.

已作出具体承诺的服务部门，即具体承诺义务。此时问题在于，此类条款与市场准入和国民待遇条款关系如何？国内规制条款与市场准入条款之间存在诸多交叉重叠和融合之处，也不乏冲突。关于我们应如何正确适用这些条款，GATS尚未给出答案，此不甚明了状态也可能限制国内规制纪律谈判。

（三）分析结论

作为多边平台，WTO通过磋商谈判和协商一致机制来制定多边规则。然而，当前WTO国内规制谈判举步维艰正是多边谈判陷入“囚徒困境”的有力例证。服务贸易自由化使全球各经济体得益，然出于对其他成员方服务贸易政策的不信任，导致各成员在国内对服务贸易进行严格规制，并未能在服务贸易自由化谈判中形成一致意见。如何使多边谈判走出“囚徒困境”？第一种方式是制定具有惩罚性的多边贸易机制，对不合作的成员方给予贸易惩罚，增加不合作的成本，使其自觉实施参与并支持服务贸易自由化谈判。但目前强制性惩罚机制尚未确立。第二种方式是通过无限次博弈走出谈判困境，此种方式更适合于当前国际社会的情形。在WTO体制内，各成员方在不同层面均有诸多谈判议题；在WTO体制外，在金融、政治和反恐等其他领域，国际社各成员均需通力合作。因此，国际社会各成员方类似于进行无限次的博弈，或至少是无法预期终点的博弈。无限次博弈走出“囚徒困境”的前提是谈判变量中的折扣系数使w比（T-R）/（T-P）和（T-R）/（R-S）中较大者更大，但是目前谈判变量太多，寻找合适折扣系数的难度加大。这亦正是服务贸易国内规制纪律陷入困境的原因之一。这同时也是区域层面的服务贸易国内规制谈判面临的难题之一。上述模型也可能适用于区域服务贸易规则谈判。譬如，以中国—东盟自由贸易区为例，《中华人民共和国政府与东南亚国家联盟成员国政府全面经济合作框架协议服务贸易协议》第5条“国内规制”条文与GATS相差无几，前述模型中相关部分可能亦适用于区域贸易谈判。①

如前所述，该模型也可能适用于区域贸易安排的谈判。区域成员间谈判与多边谈判存在谈判内容竞合的可能性。同时，作为WTO许可的最惠国待遇例外，FTAs或RTAs的谈判对WTO谈判形成示范作用，能够有力推进多边谈判进程。此外，区域贸易谈判在一定程度上比多边贸易谈判更容易达成一致意见，原因在于区域成员方数量少，分歧相对较少，区域合作范围较广泛，成员方在博弈中的遵守意愿更强，因此谈判更容易形成一致意见。当然，多边谈判也有自身独特优势，采取“一对多”的方式能够使谈判利益更多，各成员方对合作的期望更大，可能更容易

---

① 齐红丽主编：《中国—东盟自贸区法律协议条文释义》，经济管理出版社2011年版，第56～59页。

妥协。

因此，无论是多边层面亦或区域层面，我们不得不认为，国内规制纪律谈判是一场持久战和拉锯战。服务贸易国内规制纪律谈判持续多年，仍未取得实质性进展，其中还有诸多基础性问题尚未解决。目前各成员难以达成一致意见。该谈判很大程度上受到各成员服务贸易发展情况等因素影响。从 WTO 协商一致原则看，所有成员就上述工作重点达成一致意见相当困难。最可能的解决方式之一，即如上述分析所得，加大惩罚力度，健全惩罚机制，使惩罚所失利益大于所获利益，在某种程度上倒逼拉高折扣系数。此外，假设多边国内规制纪律谈判长期停滞，国内规制问题可能需留由争端解决过程。在服务贸易国内规制纪律争端解决中，必要性测试无疑是国内规制纪律困境出路的另一把钥匙。下文将继续通过福利经济学方法分析必要性测试问题。

三、必要性测试的福利经济学分析

服务贸易国内规制纪律关键之一在于 GATS 第 6 条第 4 款的必要性测试，即审查各成员采取的国内规制措施与所追求的目标之间是否具有必要性。这主要涉及合法性政策目标、必要性测试的标准和实施、替代性方案等方面。各成员尚未就必要性标准达成统一意见。关于必要性统一认定标准，国内规制谈判仍在进行。实践中，争端解决机构需要在具体案件中判定措施是否具有必要性。现有服务贸易争端中尚未出现国内规制纪律解释问题，如何认定前述必要性，仍有待观察。在 GATT 法理中，必要性测试被用于 GATT 第 20 条一般例外问题。服务贸易争端解决常借鉴货物领域做法，因此 GATT 语境下的必要性测试可能在未来对服务贸易国内规制纪律的必要性认定产生重要影响。

美国博彩案中，专家组肯定了美国联邦法律可构成保护公共道德和公共秩序的措施，但认为这些联邦法律并非必要。专家组认为，该措施以外尚有磋商等其他合理措施，美国未用尽其他措施以寻求解决。美国国内规制措施未通过必要性测试。此处必要性测试针对一般例外条款，但一般例外条款中的必要性测试对于国内规制必要性测试同样具有重要意义。从福利经济学角度看，“必要性”意味着专家组在认定成员国内规制手段是否达到了卡尔多—希克斯效益标准。卡尔多—希克斯效益标准是对帕累托最优的修正，主张资源配置的改变在使某些人福利增加的同时使另一部分人的福利减少的情况下，只要增加的福利比减少的福利多，即认为社会整体福利增加，因此这种改变具有效率。据此，该问题在于，如何认定是否具有必要性或属于“必需”？

从韩国牛肉案报告看，上诉机构认为，措施所追求的“共同利益越关键或者越重要”，为实现这些目标的措施就越容易被认为属于“必需”。① 在欧盟石棉案中，涉案措施通过了一般例外条款的必要性测试。该案中上诉机构认为，该环境措施追求的目标是通过消除、减少石棉纤维所造成的损害生命和健康的危险，以此保护人类生命健康，② 其价值属于“关键”且“重要”。同理，国内规制必要性测试的关键之一可能在于：国内规制措施是否对所追求目标具有关键和至关重要的作用，即国内规制所得到的福利能否足够抵消贸易自由化的益处。

（一）分析模型及分析过程

假设成员方 A 为 WTO 成员方，那么以该成员方 A 为典型设置一国模型进行分析。假定该成员方为实现服务贸易自由化而遵守国内规制的程度为 t，国内某产业或企业能从该国内规制中得到利润为 r，消费者因此而获得的消费者剩余为 0；该成员宁愿违背贸易自由化而选择国内规制所产生的负外部性为 n，此时该成员所追求的社会福利则为 r−n。此处“负外部性”具有两种意义：（1）被诉至 WTO 争端解决机构而受惩罚；（2）此后面临不信任风险。若该成员正确履行服务贸易法义务，其因履行该义务的所有成本为 c，由于该成员遵守了贸易自由化而带来的消费者剩余为 s，此时之前利润 r 消失，该成员社会福利变为 s−c。该成员若期望社会福利 $E(t)$ 最大化且 $E(t)$ 大于履行成本 c，则 $E(t)=t(s-c)+(1-t)(r-n)$ 且 $E(t)>c$。

当 $s-c<r-n$ 时，各成员在预料到可能面临争端情况下也会选择国内规制。这是因为此时社会福利小于履行成本，且 E（t）随着 t 递减。当 $t=0$ 时，该成员期望的社会福利才会最大，且最大值为 r−n。欧盟石棉案中，上诉机构认为法国环境措施属于“关键”且“至关重要”，构成了必要性。这似乎是认可了各成员在 $s-c<r-n$ 时所描述的状态。从经济学角度而言，若各成员衡量所得经济福利状况为 $s-c<r-n$，则其会义无反顾选择国内规制；若经济福利状况为 $s-c\geqslant r-n$，则其会选择遵守 WTO 规则而采取贸易自由化措施。同理，在经济学层面判断各成员国内规制措施是否构成“必要性”时，衡量依据亦一致。这事实上将各成员社会福利纳入 WTO 法范畴，以提高全球范围的福利水平。同时，通过必要性测试，可尽量避免各成员为发展自身福利而影响其他成员福利。应当说，必要性测试不乏科学性和合理性。

此外，另一个问题在于，如何衡量必要性测试的合法性？GATS 第 6 条第 4 款

---

① WTO, Appellate Body Report on Korea-Measures Affecting Imports of Fresh, Chilled and Frozen Beef, WT/DS/161, 169/AB/R, para 162.

② WTO, Appellate Body Report on European Communities-Measures Affecting Asbestos and Asbestos-Containing Products, WT/DS/135/AB/R, paras 170-172.

b 项设定的衡量标准在于成员所采取的服务贸易国内规制措施应当“不造成不必要的负担”，即不得比确保服务质量所必要之要求更苛刻。成本收益分析模型为全面持续评估政策变化时分析有关替代措施利弊的技术处理模型，为政府改善公共政策，减少不必要的支出，提升社会福利提供参考。① 国内规制措施制定实施将带来成本，这主要包括行政成本与执行成本。行政成本是指成员或管理机构执行规则所直接产生的成本，其资金源自管理机构收费或财政预算。执行成本则指管理机构依据国内规制所产生的所有交易费用，这不限于直接财产成本（例如，税务成本也可包含其中）。不当采取国内规制措施可能属于 GATS 第 6 项下规则谈判中所讨论的问题，即第 6 条规定国内规制应当“不超过不必要负担”。适当规制应是用最小行政和执行成本以获得尽可能积极效果。② GATS 旨在逐步实现服务贸易自由化，同时维护成员监管权。评估国内规制是否超过必要限度时，应当单独依据执行成本并考虑潜在贸易效果，而非以其是否为服务提供者提供方便为标准。

（二）分析结论

GATS 第 6 条第 4 款中规定的服务贸易国内规制的必要性测试在福利经济学中能找到其正当性和合理性。在 WTO 争端解决中，当一成员方实施服务贸易自由化而采取国内规制的程度越强，那么其带给该成员方的国内福利则越大。因此，该项服务贸易国内规制措施通过必要性测试的概率就越大。虽然服务贸易领域尚未出现国内规制必要性测试争端，然而，必要性测试在争端解决机制中的运用，可能是服务贸易国内规制纪律形成与完善的出路之一。上述出路探讨需充分发挥专家组和上诉机构功能。WTO 货物贸易纠纷中，专家组和上诉机构从条款解释与规则运用角度对必要性测试相关概念进行了总体上较为缜密的推理，这为服务贸易国内规制必要性测试争端提供了有益思路。从法经济学角度看，在服务贸易规制谈判停滞的情况下，通过 WTO 争端解决机构对必要性测试的适用具有其合理性，有利于促进各成员国内福利，不失为一种合理的选择。

四、我国服务贸易国内规制完善探讨

从前文分析看，运用法经济学分析我国服务贸易国内规制问题，具有重要的理

---

① Panagiotis Delimatsis, International Trade in Services and Domestic Regulations, Oxford University Press, 2007, p. 156.

② Luis Abugattas, *Domestic Regulation and the GATS: Challenges for Developing Countries*, p. 8. Available at http://www.ictsd.org/dlogue/2006-02-28/Dom_ Reg. pdf, visited on May 1, 2010.

论和现实意义。这有利于提高决策的准确性，客观分析相关谈判和争端解决进程。然而，法经济学分析具有一定局限性，难以进行有效价值判断。因此下文将在前述法经济学分析基础上，从法学视角探讨我国服务贸易国内规制完善问题。

我国国际贸易得到长足发展，服务贸易有待进一步发展，诸多规制法规及相关监管体系有待完善。我国服务贸易国内规制既面临压力，也具有发展前景。除前述法经济学分析结论外，我国服务贸易国内规制宜注意下列诸方面：

首先，作为主要发展中国家，我国应确保法律法规透明性，妥善运用谈判博弈，力求保持政策灵活性空间。我国服务贸易与发达国家尚存不小差距，总体上服务贸易规制政策法规尚有待进一步完善。未来政策灵活性对于促进我国服务业发展相至关重要。我国对《商业银行法》、《保险法》、《律师法》等法律法规加以修改完善，入世前后对服务贸易国内规制相关法规亦进行了梳理。例如，我国《行政许可法》，对资质与许可条件进行了严格规定。该法第13条规定之“四优先”原则可能被认为概括性太强。① 我国入世承诺贸易制度统一实施，这与国内规制相关，有利于促进服务贸易国内规制的实施。此外，多边、区域和双边国内规制纪律谈判中，一方面，对于我国处于相对竞争弱势的服务领域（如金融服务）或较敏感服务领域（如文化服务）可适度拉长谈判，获取更多调整时间；另一方面，我国应当积极推进服务贸易领域国内法治建设，为贸易向服务贸易转型和产业升级换代作充分准备。

其次，我国宜充分利用GATS必要性测试中“不造成不必要负担”标准，国内规制中可考虑将涉及经济规制的措施转为社会规制措施。此举亦与贸易规制和产业规制的一般规律与趋势一致。随着产业发展和市场成熟，经济性问题更多依靠市场解决，而政府服务贸易规制可能倚重社会规制，即重点解决由于信息不对称和外部性而产生的社会问题。日本的一些做法值得借鉴。1998年日本柯达-富士胶卷争端案涉及日本国内流通领域规制法案《大店法》废止问题。美国针对《大店法》向WTO提出申诉，指出该法违反透明度原则和市场准入原则。日本虽在该案中获胜，但《大店法》面临被废止的命运。1998年日本废止《大店法》后，从2006年开始实施新法，将大型店铺规制法律与《中心市街地法》和《都市规划法》结合，以进行街道建设名义进行规制。日本政策着眼点“由‘产业优先’转为‘居民生活优先’，规制的内

① 《行政许可法》第13条：本法第12条所列事项，通过下列方式能够予以规范的，可以不设行政许可：（1）公民、法人或者其他组织能够自主决定的；（2）市场竞争机制能够有效调节的；（3）行业组织或者中介机构能够自律管理的；（4）行政机关采用事后监督等其他行政管理方式能够解决的。

容由‘经济规制’转为‘社会规制’”。① 我国进行国内规制措施设计时可借鉴前述作法。此外，我国提交必要性测试相关提案及作出承诺时，应谨慎用语。虽然对于必要性测试是否应纳入未来纪律，毁誉参半，但 WTO 争端解决机构对必要性测试运用却日渐成熟。欧共体沙丁鱼案中，争端解决机构在解释《技术性贸易壁垒协定》第2条规定时包含了“规则-必要性测试”（rules-necessity test）这一用语，这可能暗示未来国内规制纪律中，必要性测试以“规则”形式出现的可能性大于以“例外”形式。② 假如趋势如此，应对策略值得研究。譬如，GATS 第6条第4款国内规制纪律提案中，是否需尽力避免明确使用“必要性”等词语，同时 GATT 必要性测试是否适用于服务贸易国内规制及适用中有何不同，均有待研究。

再次，我国可着眼 GATS 整体结构，寻找政策空间，关注国内规制相关条款适用与解释问题。GATS 整体结构问题已在中国电子支付案专家组报告中出现。国内规制纪律问题离不开 GATS 其他相关条款。

服务贸易国内规制难以完全脱离一般例外规则，国内规制措施可能援引一般例外条款，两者均涉及必要性测试。一般例外提案已注重从发展角度进行探讨。2006年非洲、加勒比和太平洋国家（ACP）提案建议，应当对任何将来可能适用于实现成员发展目标的规制纪律给予认真关注。这包括为确保普及基本服务和满足人类发展需求的各项国内规制；此外，这也包括为确保技术转移或者任何其他发展中成员实现发展目标而考虑的非歧视性条件。总体而言，将发展价值纳入一般例外范畴，这符合发展中国家的利益，需要各方共同努力。中美出版物与音像制品案涉及文化产品的国内规制，也涉及一般例外中公共道德保护问题。

服务贸易国内规制亦与紧急保障措施条款具有相关性。在2006年 ACP 提案中建议，应该给予发展中国家在特定情况下暂时中止适用某些纪律的机会；发展中国家在某些情况下必须确保资源合理分配和享有规制与行政灵活性；相关特定情况包括经济、社会和环境危机或者高度变化的国内改革进程。关于 GATS 紧急保障措施的讨论尚未取得实质成果，一方面，我国可运用紧急保障措施，与服务贸易国内规制形成“合力”；另一方面，我国需努力引导规则朝着有利于发展中国家方面发展。

---

① 贺平:《规制缓和中的双层博弈——以日本〈大店法〉为例》，载《日本学刊》2009年第2期，第5页。

② Mina Mashayekhi and Elisabeth Tuerk, *GATS Negotiations on Domestic Regulation: A Developing Country Perspective*, in The World Trade Organization and Trade in Services, ed. by Kern Alexander, Mads Andenas &Martinus Nijhoff Publishers, 2008, p. 281.

服务贸易国内规制纪律与相互承认条款休戚相关，有必要发挥协同效应。发展中国家最重要服务贸易出口多是通过模式四（自然人流动）。此种情形下未来国内规制纪律是否能使我国充分发挥自然人流动的优势？我国应如何做好有关准备？笔者认为，除与其他成员进行谈判外，制定相互承认协议是可行之道。通过相互承认协议，互相接受和承认一成员（东道国或母国）所要求的货物和服务规制条件与另一成员（如进口国）所要求必要条件等同。譬如，印度曾就建筑工程部门与美国、澳大利亚等作出努力，① 虽然这充满挑战，但仍是可以努力的方向之一。通过相互承认条款，可减少滥用国内规制措施的可能。

五、结论

国内规制是一成员固有权力，GATS 国内规制纪律对成员政府立法和管理行为加以监督，要求对贸易考量与非贸易考量进行平衡。国内规制的国际纪律有待进一步规范，各成员国内规制的实践及未来发展亦有待观察。多边服务贸易国内规制问题的解决有赖于规则谈判和争端解决两个层面的努力解决。

从法经济学角度看，国内规制纪律谈判中，各成员主观意愿、客观谈判阶段性目标设定与实现等因素将发挥重要作用。各成员服务贸易发展参差不齐，国内规制纪律谈判本身蕴含着诸多矛盾和不确定性因素，这些矛盾和不确定性因素包括各成员立场差异、成员内部立场差异、GATS 国内规制纪律条款与其他条款间关系、国内规制纪律项下程序规则和实体规则以及水平规则和垂直规则间关系等潜在关系。如何协调各成员国内规制纪律背后的利益恐怕是关键所在。这使得国内规制法经济学分析更具理论和现实意义。

就 WTO 服务贸易国内规制在未来的潜在争端而言，在诸多变量导致谈判僵滞状态下，适度发挥争端解决程序中专家组和上诉机构功能，促进必要性测试法发展，可能是完善服务贸易国内规制纪律的出路之一。就我国而言，宜不断调整服务贸易发展策略，深化对国内规制纪律及相关规则的理解，通过多边、区域和国内法三个层面探索符合我国利益的国内规制规则，促进我国服务贸易发展。运用博弈论、福利经济学，分析相关法律问题，有利于进一步厘清我国国内规制应有选择。

---

① Mina Mashayekhi and Elisabeth Tuerk, *GATS Negotiations on Domestic Regulation: A Developing Country Perspective*, in The World Trade Organization and Trade in Services, ed. by Kern Alexander, Mads Andenas &Martinus Nijhoff Publishers, 2008, p. 281.

Law and Economic Analysis of WTO Domestic Regulation Disciplines for Services Trade

Abstract: To reach the balances between the liberalization of trade in services and members' regulatory right, domestic regulation disciplines of trade in services are specially provided in Article VI of GATS and various other regional trade agreements. However, WTO negotiations on domestic regulation are difficult, dispute settlement of domestic regulation as shown in the US-Gambling case is also facing problems. First, the game theory could be utilized to interpret why domestic regulation negotiations have reached an impasse and to explore the possible solution. Second, welfare economics could be adopted to demonstrate the rationality of necessity-test in GATS Article VI: 4 in domestic regulation disputes. Finally, China's domestic regulation of trade in services could be further improved by utilizing the GATS provision of "not more burdensome than necessary to ensure the quality of the service", among others.

Key Words: trade in services; domestic regulation; law and economics; necessity test

晚近跨境税收情报交换规则的最新发展及对我国的回应之反思

□ 邱冬梅*

内容摘要 跨境税收情报交换的规则正在朝着国际一体化和趋同化的方向发展。在此背景下，出现了各国承担情报交换的国际义务不断扩围的趋势，纳税人以银行保密机制作为逃避税之庇护伞的时代正在一去不复返。与此同时，对纳税人正当权利的保护已成为一个重要课题。在这场税收情报交换的变革中，中国不仅是一个积极的参与者和恪守规则的遵从者，还肩负着责任和使命，即推动全球税收情报交换体系朝着有序和公平的方向发展。

关 键 词 税收情报交换银行保密纳税人权利保护

目 次

* 厦门大学法学院助理教授。

一、引言

在国际法中，税收主权是一个国家最不情愿作出让步和妥协的一块领地。当经济全球化的浪潮袭来，在贸易、投资和金融领域中形成了一系列多边性公约和商业惯例，以世贸组织和解决投资争端国际中心（简称“ICSID”）为代表的国际组织建构起了独立于国家司法主权的争端解决制度，① 国际社会法律的“趋同化”和“一体化”似乎已悄然而至。② 然而，这一进程在国际税法界却可谓是举步维艰。长期以来，学者们围绕着制定一个多边税收协定的可行性，③ 以及设立国际税收法院或国际税收组织的构想进行论证，④ 尽管如此，却始终难以将国际税法往一体化的轨道上推进一步。当下，维系着各国税权分配利益关系的是一张由三千多个双边税收协定编织而成的庞大的协定网络，协定之间条款的差异导致各国的权利和义务在国际税法下的碎片化。直到21世纪初，学者们针对“国际税法体系”究竟是真实存在的法律分支，抑或只是一个虚幻的存在，还在进行着激烈的论战。⑤

---

① 参见徐崇利：《晚近国际投资争端解决实践之评判：“全球治理”理论的引入》，载《法学家》2010年第3期，第143~153页。

② 在世纪之交，关于经济全球化下的法律“趋同化”和“一体化”是学界关注的热点问题，所谓“法律趋同化”，是指调整相同类型社会关系的法律制度和法律规范趋向一致，既包括不同国家的国内法的趋向一致，也包括国内法与国际法的趋向一致。所谓“法律一体化”是指全球范围内法律规范的相互连接，也就是国内法和国际法正在连为一体，两者之间的界限变得模糊不清。参见车丕照：《法律全球化——是现实？还是幻想?》，载《国际经济法论丛》2001年第4卷，第32页。

③ See e. g. Victor Thuronyi, *International Tax Cooperation and a Multilateral Treaty*, Brook. J. Int'l L. , Vol. 26, No. 4, 2001, p. 1641; Richard J. Vann, *A Model Tax Treaty for the Asian-Pacific Region*? Bulletin for International Fiscal Documentation, Vol. 45, No. 4, 1991, pp. 157-160; Michael Rigby, *A Critique of Double Tax Treaties as a Jurisdictional Coordination Mechanism*, Australian L. F. , Vol. 8, No. 3, 1991, p. 301.

④ See e. g. J Azzi, *Tackling Tax Treaty Tensions: Time to Think About an International Tax Court*, Bulletin for International Fiscal Documentation, Vol. 52, No. 8/9, 1998, pp. 344-357.

⑤ 在这场论战中，Michael Graetz, David Rosenbloom, Julie Roin, Mitchell Kane 等人主张并不存在一个所谓的国际税法体系，与之相对的另一阵营（包括 Hugh Ault, Reuven S. Avi-Yonah, Yariv Brauner, Paul McDaniel, Diane Ring, Richard Vann 等人）认为这一体系是存在的。关于这场论战的背景和概述，可参见 Reuven S. Avi-Yonah, *International Tax as International Law-An Analysis of the International Tax Regime*, 熊伟译：《国际法视角下的跨国征税-国际税收体系分析》，法律出版社2008年版，第1~9页。

在国际税收实体规则难以统一，国际性税收法院、全球化税收机构的设立还可望不可即的今天，各国政府之间成立跨越国界的信息管理模式成为应对全球化趋势的必然走向。① 本文提出，在跨境税收情报交换领域，国际规则的趋同化和一体化已初现端倪，它的形成以条约或协定作为法律基础，依托于特定的组织机构作为推动和监督各国实施的平台，技术语言和管理模式的统一为信息的移植和共享提供了便利。② 这种国际层面上协作必然牵动着国内规则的趋同化，不可避免地给国内法带来冲击，尤其在那些将公民的信息隐私权视为民权的一部分，或是将纳税人信息的保密机制作为吸引外资之“磁石”的国家，国内法上的每一次调整很可能是对公民法定权利的又一次进犯，或是国家经济利益的失丧或削弱。

本文论述主要分为三部分，第一部分从事实出发，介绍跨境税收情报交换领域既有的规则，从而论证规则一体化正在形成；第二部分着眼对当前情报交换规则的三个热点问题逐一做重点剖析，包括各国承担情报交换之国际义务的扩围，银行保密时代是否已终结，以及纳税人权利的保护。第三部分，聚焦点回到中国，作为发展中国家同时也是经济崛起的大国，在这场信息交换的变革时代，我国正在扮演怎样的角色以及下一步应当如何应对？

二、跨境税收情报交换现有的规则体系及其一体化趋势

按照奥本海的观点，国际法的形成应或多或少地满足以下条件：世界各国在一起构成了一个为了共同利益而结合的团体，这种共同利益使它们之间发生了广泛交往，并形成社会成员的行为规则。不仅如此，国家之间存在共同的意愿，认为国际行为规则应当由外力加以强制执行。③ 根据这一界定，国际法的形成可以解构为三个要素：第一，基于共同利益而形成的行为规则；第二，各国共同遵守的意愿；第三，这一行为规则应由外力加以强制执行。笔者认为，这三项要素在跨境情报交换领域均已出现且初具模型，不仅如此，还呈现出加速度发展的势头。为论证这一观点，这部分从双边协定、多边协定、区域性协定及国际组织的参与和执行四个方面入手，用事实说话，辅之以简要评述。

① S. A. Dean, *The Incomplete Global Market for Tax Information*, Boston College Law Review, Vol. 49, No 3, 2008, p. 672.

② Miranda Stewart, *Transnational Tax Information Exchange Networks: Steps towards a Globalized, Legitimate Tax Administration*, World tax journal, Vol. 4, No. 2, 2012, p. 153.

③ 参见［英］詹宁斯·瓦茨修订：《奥本海国际法》，第一卷（第一分册），王铁崖等译，中国大百科全书出版社1998年版，第6页。

（一）双边税收协定

1.《关于所得和财产的税收协定》中的“情报交换”条款

在经济合作发展组织（简称“OECD”）和联合国（简称“UN”）制定的“关于所得和财产的税收协定”（Double Tax Agreements on Income and on Capital，以下简称 DTAs）范本中均包含了“情报交换条款”（第 26 条）。从现行文本（即 2010 年 OECD 范本①及 2011 年 UN 范本②）规定的条款看，第 26 条在整个 DTAs 中享有“特立独行”的地位，其主要原因在于，与其他协定条款不同，情报交换条款的适用不受 DTAs 范本第 1 条（“关于协定适用的人”）和第 2 条（“关于协定适用的税种范围”）的约束，也就是说，即便被请求情报交换所涉及的居民并非缔约国双方的税收居民，情报内容也并非“所得税”或“财产税”这两类，这并不妨碍缔约国一方适用第 26 条请求情报交换，此外，该条款的适用不以 DTAs 的其他条款为前提。③ 由此可见，第 26 条实为“协定中的协定”。

2005 年，OECD 范本第 26 条及其相关注释经历了一次脱胎换骨的全面修订，④ 这次修订为如今的跨国情报交换制度奠定了基石，例如信息交换的范围不再限于“必需的”信息，而扩展为“可预见具有相关性的”信息；缔约国一方不得以某项情报与本国税收利益无关，或是信息由银行、其他金融机构、受托人等掌握为由拒绝提供信息；情报可以用在非税目的上，例如反洗钱、反腐败和反恐等涉及重大国家利益的问题等。2012 年 7 月，OECD 批准对 DTAs 中第 26 条的文本及其注释再次做出修订⑤，此次修订的目的是对已有规则的澄清及措辞上的完善，例如对“可预见的相关性”与“撒网捕鱼式”的情报搜集加以甄别；对情报用于非税目的的条件加以明确，以及允许缔约国在现有文本的基础上增加交换情报时限的条款等。

---

① OECD, Model Tax Convention on Income and on Capital and its Commentary, Paris, June 2010.

② United Nations, Model Double Taxation Convention between Developed and Developing Countries, New York, 2011.

③ OECD, Commentary para. 5, Art. 26, Model Tax Convention on Income and on Capital, Paris, June 2010.

④ 参见王裕康：《OECD 修改情报交换条款的介绍及简要评价》，载《涉外税务》2004 年第 10 期，第 31 ~ 36 页。

⑤ OECD, Update to Article 26 of the OECD Model Tax Convention and its Commentary, Approved by the OECD Council on July 12, 2012, available at http://www.oecd.org/ctp/exchangeofinformation/120718_ Article%2026-ENG_ no%20cover%20 (2) .pdf, visited on July 23, 2012.

一些值得关注的动向是，2005年OECD范本修订后，包括奥地利、瑞士、比利时、卢森堡在内的国家曾经在注释中对第26条作出保留，主要是针对银行机构持有信息应当进行交换这一要求。然而在2010年前后，这些国家均不约而同地撤销了这一保留意见；同年，以巴西、智利、泰国为代表的非OECD成员国作为观察员也撤消了对于第26条提出的保留意见。不仅如此，一些曾经被列入“不合作名单”的避税地（如安道尔、列支敦士登和摩洛哥）以及先前未作出承诺的国家（如哥斯达黎加、马来西亚、菲律宾和乌拉圭）也先后同意接受并执行OECD关于情报交换的标准。① 在2011年UN公布的最新范本和注释中，OECD范本中第26条及其注释的规定几乎是被全盘吸纳。这些发展的迹象表明，OECD建立的情报交换标准正逐步取得各国共同遵守的意愿。

2.《税收情报交换协议》

2002年4月，OECD公布了《税收情报交换协议范本》②，该范本出台的初衷是打击有害税收竞争。根据OECD在1998年1月发布的一份题为《有害税收竞争：一个正在凸显的全球问题》③ 的报告，“缺乏有效的情报交换”是判断避税地的关键因素之一，而实施有效的情报交换被视为是有效打击避税和实现税制公平竞争的重要环节。该范本起草的工作由OECD有效税收情报交换全球工作小组负责，工作组成员包括OECD成员国代表以及来自阿鲁巴、百慕大、巴林、开曼群岛、塞浦路斯、曼恩岛、马耳他、毛里求斯、荷属安的列斯、塞舌尔、圣马力诺的代表。

范本在推出后的头几年，产生的实际影响力并不大，有数据表明，到2008年为止，全球范围内各国之间签订的税收情报交换协议（Tax Information Exchange Agreements，以下简称TIEAs）仅有44个。然而，事情在2009年发生了转机，继2009年二十国集团（G20）的伦敦峰会之后，TIEAs的签订数量陡然剧增，仅在2009年订立的TIEAs就达到195个，④ 截止到2012年8月，全球范围内的TIEAs已超过700个。缔约数量的剧增与2009年前后发生的瑞银集团案⑤及列支敦士登

---

① OECD Background information Brief of 14 April 2010, Promoting Transparency and Exchange of Information for Tax Purposes, available at http: //www. oecd. org/newsroom/44431965. pdf, visited on July 23, 2012.

② OECD, Agreement on Exchange of Information on Tax Matter, 2002, available at http: //www. oecd. org/tax/harmfultaxpractices/2082215. pdf, visited on July 12, 2012.

③ OECD, Harmful Tax Competition: An Emerging Global Issue, 1998.

④ OECD Background information Brief of 14 April 2010, Promoting Transparency and Exchange of Information for Tax Purposes, available at http: //www. oecd. org/newsroom/44431965. pdf, visited on July 12, 2012.

⑤ 参见第三点第（二）部分。

税务丑闻①事件有关，但更重要的原因还在于2008年金融危机后，各国政府急需通过堵截流往海外避税地的资金以应付财政赤字的国内需求。同时，G20以及全球税务论坛的积极介入起到了进一步推动的作用。②

相比于OECD制定的DTAs范本中的“情报交换条款”，TIEAs范本所设定的门槛显得更低一些，一个突出的表现在于，DTAs范本注释中涉及情报交换的方式更加多样化，包括应请求的情报交换、自动交换、自发交换、同期税务稽查、境外税收检查或行业范围内的情报交换③。而TIEAs范本中仅涉及应请求的情报交换和境外税务检查这两种，并且境外税务检查只是作为应请求的情报交换的补充和实施方法。之所以存在这一差别的根本原因在于，TIEAs范本制定的初衷是判断某个地区或国家是否OECD所界定的“不合作区域”，对税收竞争是否构成危害，因而缔约国一方通常是避税地或离岸金融中心。对于这些国家或地区而言，从纳税人那里获得涉税情报往往很困难，因此开展自动情报交换不具备现实基础。况且大多数情况下，这些避税地只征很少的税或者根本就不征税，因此，它们对从别国那里获得情报交换并不太感兴趣。④ 但是，从另一方面看，TIEAs作为调整税收情报交换的专项协定，在规定上更为全面，如对术语的界定及费用分担的条款是DTAs中的情报交换条款所未涵盖的。有意思的是，在实践中也出现了国家在签订协定时对两个范本兼收并蓄的融合。⑤

（二）多边税收协定

1988年，OECD和欧盟理事会共同制定了《税务互助多边公约》（简称“公

① 2008年，德国税务机关从列支敦士登全球信托集团的前任雇员手中以将近38万欧元的价格买到一张载有上百个集团客户信息的CD，并基于此对国内具有逃避税嫌疑的纳税人展开调查。这张CD是该雇员在任职期间从公司非法窃取而得，除了德国客户的信息外，还记录了美国、英国、瑞士、法国、西班牙、意大利等国的客户信息。荷兰和英国先后表示有兴趣从德国税务机关手中获取这张CD。T. A. Van Kampen, L. J. de Rijke, *The Kredietbank Luxembourg and the Liechtenstein Tax Affairs: Notes on the Balance Between the Exchange of Information Between States and the Protection of Fundamental Rights*, EC Tax Review, Vol. 5, No. 5, 2008, pp. 221-232.

② Miranda Stewart, *Transnational Tax Information Exchange Networks: Steps towards a Globalized, Legitimate Tax Administration*, World tax journal, Vol. 4, No. 2, 2012, p. 161.

③ 关于不同形式的税收情报交换之定义和实施方法，参见付慧姝：《税收情报交换制度》，群众出版社2011年版，第10～30页。

④ 关于不同形式的税收情报交换之定义和实施方法，参见付慧姝：《税收情报交换制度》，群众出版社2011年版，第50页。

⑤ C. Oner, *A Different Approach to the Agreement on Exchange of Information in Tax Matters (Turkey Has Secretly Approved Model Tax Agreement)*, Intertax, Vol. 37, No. 8/9, 2009, p. 483.

约”），公约在1995年4月1日正式生效。起初该公约只向欧盟成员国和OECD成员国开放，由于成员国资格受限，再加上一些大国（例如英国）游离在外，在这一时期，公约发挥的影响力很有限。2008年，OECD、G20以及全球税务论坛倡议将这一公约作为跨国税务合作的法律基础，并提出要使发展中国家从这个多边法律框架中受益。为此，公约以议定书的方式被重新修订，一方面确保与DTAs中的情报交换条款以及TIEAs已取得的进展统一步调，另一方面向非欧盟成员国以及非OECD成员国开放签署。2011年6月1日，该议定书生效，① 在2011年11月4日的G20戛纳会议上，所有未加入公约的成员国（包括中国在内）签署了加入该公约及其议定书的意向书。截止到2012年8月为止，已有35个国家成为该公约的缔约国。②

该公约是一项综合性的多边税收协定，包括税收情报交换、税款征收协助以及文件传递服务这三大块内容。从内容上看，公约中关于情报交换的规定与OECD范本（DTAs）中第26条及其注释中的规定十分接近，例如情报交换义务适用于宽泛的税种，可采用多种实施方式，情报具有“可预见的相关性”被作为交换的门槛性条件，税务机关对信息负有保密义务等。有所不同的是，在公约的框架内，基于第24条的规定设有一个协调机构（coordinating body）以OECD的名义监督公约的执行。该协调机构由各成员国权力机关的代表组成，一方面可以建议采取有助于推动公约目标实现的措施，并作为各国交流税务协助办法和程序的平台，在必要时还可以对公约的修改提出意见；另一方面应成员国的要求，该协调机构有权对公约条款的适用和解释提供一般性的意见。除此之外，当非OECD成员国以及非欧盟成员国提出申请加入公约时，还应当获得该协调机构的一致同意。从性质上看，该协调机构并非争端解决机构，因为其提供的建议不具有法律约束力，且不能针对特定当事方成员国的争议，而只限于具有普适性的条款解释。③ 但作为监督公约执行的机构，它的存在无疑对公约在各成员国的有效实施并确保公约适用和解释上的一致性具有重要意义。

---

① Protocol amending the Convention on Mutual Administrative Assistance in Tax Matters, Effective date: June 1st, 2011.

② Achim Pross and Raffaele Russo, *The Amended Convention on Mutual Administrative Assistance in Tax Matters: A Powerful Tool to Counter Tax Avoidance and Evasion*, Bulletin for International Taxation, Vol. 66, No. 7, 2012, pp. 361-365.

③ Revised Explanatory Report to the Convention on Mutual Administrative Assistance in Tax Matters, para. 150, available at http://conventions.coe.int/Treaty/EN/Reports/Html/127-Revised.htm#chapitre5, visited on July 28, 2012.

（三）区域性协定

关于情报交换的区域性协定最早可以追溯到1972年北欧五国签订的税务行政互助协定，① 随后不久，欧盟也开始通过制定指令推动成员国之间的情报交换工作。晚近几年，南亚②、东欧③等地区先后达成了与情报交换相关的合作协议。在这些区域性框架内，无论在法律文件或是实施机制方面，欧盟的跨境信息交换体制都是最超前的。

欧盟的情报交换法律始于1977年适用于直接税领域的互助指令（77/799/EEC）④，其要求各成员国交换“一切有助于如实课税的信息”。在此后的三十多年内，该指令历经多次修改，直到2006年前后，欧盟委员会认为“在原有体系内的翻修已经无法适应当下欧盟内部市场对于税务互助的要求”，于是在2011年2月15日该指令被废止，取而代之的是2011/16/EU指令⑤，该指令将于2013年1月1日起生效。根据这一最新的指令，各成员国在情报交换领域负有更广泛的义务，且承担的职能更为明确，主要体现在几个方面：首先，可适用的税收种类相当宽泛，除了现有指令已涵盖的增值税⑥、关税⑦、消费税⑧及强制社保金之外，该指令适用于一切的直接税和其他的间接税。其次，在实施的层面，该指令指定由欧盟委员

① The Nordic Pact Multilateral Convention on Administrative Assistance in Tax Matters, 9 November 1972 (Denmark, Finland, Iceland, Norway and Sweden).

② 2005年，包括孟加拉国、不丹、马尔代夫、尼泊尔、巴基斯坦和斯里兰卡在内的南亚七国签署了所得税和共同协助协定（Income Tax and Mutual Assistance Treaty in South Asian Association for Region Cooperation），该协定于2011年4月1日生效，税收情报交换规定在第5条。

③ 2011年3月19日，塞尔维亚、黑山共和国、斯洛文尼亚以及波斯尼亚签署了区域性合作协议，打击避税和灰色经济。

④ Council Directive 77/799/EEC of 19 December 1977, OJ No. L 336 of 27 December 1977.

⑤ Council Directive 2011/16/EU of 15 February 2011 on administrative cooperation in the field of taxation and repealing Directive 77/799/EEC.

⑥ Council Regulation No. 1798/2003 of 70 October 2003 on administrative cooperation in the field of value added tax.

⑦ Council Directive 76/308/EEC of 15 March 1976 on mutual assistance for the recovery of claims resulting from operations forming part of the system of financing the European Agricultural Guidance and Guarantee Fund, and of Agricultural levies and customs duties, and in respect of value-added tax.

⑧ Administrative Cooperation in the Field of Council Regulation, No. 2073/2004 of November 20004 excise duties.

会负责的审查和评估工作，各成员国的税务机关有义务相应地设立中心联系办公室、联络部门以及负责人，以确保与其他成员国以及欧盟委员会的联络工作畅通无阻。再次，在实施情报交换的方式上，指令要求各成员国自 2014 年 1 月 1 日起针对特定类型的所得实施强制性的自动情报交换，并且在五种法定的情况下采取自发情报交换。此外，成员国还可以采取境外实地稽查、同步税务稽查、行政通知、提供反馈、分享实务经验等方式加强税务合作。最后，该指令强调运用欧盟开发的公共通信网络（Common Communication Network，CCN）作为电子数据传输的平台，并对各国税务机关在指令中的各项义务设立了明确的时限。

在欧盟情报交换体系中，另一个具有里程碑意义的事件是 2003 年 6 月颁布了利息税指令①。该指令的出台是针对欧盟成员国居民在海外设立银行账户的逃避税行为，目的在于确保取得利息的居民所在地国享有独占课税权。② 鉴于跨境资金流动的便利性和无纸化，居民所在地国能否实施课税权关键取决于其能否从利息的来源地国（即支付方所在地国）取得利息支付的信息。于是，信息交换成为了该指令的核心制度和关乎成败的基石。根据指令第 9 条的规定，利息支付机构的成员国主管当局必须在每一财政申报年度终了后 6 个月内向税收居民国税务当局提供有关利息税的信息，这些信息包括取得利息受益人的身份和居住国、支付机构的地址和名称（姓名）、受益人的存款账户以及利息的数额等。与此同时，作为确保指令顺利通过的权宜之计，该指令允许成员国在一定期限内暂缓实施自动情报交换，但必须承诺在其他成员国对欧盟范围内的跨境利息免税的情况下征收预提税。至今为止，采用这一例外条款的国家包括奥地利和卢森堡，③ 自 2011 年 7 月 1 日起，该预提税率从原来的 20% 提高至 35%，依规定其中 75% 的预提税应当转交给利息受益人所在的居民国。

如果利息税指令的实施仅限于欧盟，那么其预定的反逃避税目标势必落空，因为成员国居民可以轻而易举地将账户转移到欧盟之外的避税地或离岸金融中心达到同样的避税效果。鉴于此，欧盟也积极地展开与非欧盟成员国签谈该指令，至今为止已与瑞士、安道尔、列支敦士登、圣马力诺、摩洛哥、也门、维京群岛等国达成

① Directive 2003/48/EC of 3 June 2003 on taxation of savings income in the form of interest payments.

② 关于利息税指令的制定背景介绍，参见 Ben J. M. Terra，Peter J. Wattel，European Tax Law（Fifth ed.），Kluwer，2008，p. 303.

③ 原本比利时也对情报交换条款作出保留，但是在 2010 年 1 月 1 日开始，比利时放弃了征收预提税，并同意实施自动情报交换。

自动情报交换或是征收预提税的协议,① 此外中国香港特区、中国澳门特区和新加坡被列为欧盟下一步的谈判对象。

（四）国际组织的参与和监督执行

在过去十余年间，跨境税收情报交换经历了史无前例的快速发展，OECD 在其中扮演着先锋军和主导者的角色。从 2002 年 TIEAs 范本的制定并在抵制有害税务竞争的框架内推广 TIEAs 的缔结，到 2005 年 DTAs 范本中情报交换条款的全面修订，再到 2006 年发布《为税收目的交换情报条款实施手册》（以下简称“《实施手册》”）② 供各国在国内法层面上制定实施办法作为参鉴；从 2008 年起建立与 G20 的积极对话并取得政界领导层的广泛支持，到 2010 年修订《税务互助多边公约》并向非成员国开放，OECD 致力于建立一套国际性的情报交换标准。然而，徒法不足以自行。OECD 清楚地意识到这点，于是在 2009 年 9 月重组扩建了原本建立在 OECD 抵制有害税务竞争框架内的全球税务论坛，使之成为监督各国执行税收情报交换义务的平台。目前为止，该论坛共有 110 个成员国,③ 外加欧盟，另有包括经合组织以及联合国在内的九个国际组织作为观察员，这一阵容使之成为目前国际税法机构中成员最为广泛的组织。

全球税务论坛的一项重要工作是同行审议，即论坛的同行审议小组按照规定的十项标准，分两步骤审查各国（地区）涉及税收透明度和情报交换工作实践，第一步主要是对法律体系的审查，重点考察三方面内容，即成员国国内包括会计、银行和所有权在内的税务信息是否具有可获取性（availability）；税务机关获取该信息的渠道是否通畅并拥有足够的行政权力；以及签订 DTAs 中的情报交换条款、TIEAs 以及国内关于税收信息管理的法律是否为跨境情报交换提供了有效的法律基础；第二步则是审议税收透明度和情报交换标准在各国（地区）执行的情况，评审的结果是形成针对各国现状的改进建议，这些建议虽无强制约束力，但是通过公之于众的方式无疑会给各国造成舆论压力。这两部分的审议工作预计将在 2013 年年底全部完成。④

---

① 参见 http://ec.europa.eu/taxation_customs/taxation/personal_tax/savings_tax/legal_bases/index_en.htm，2012 年 8 月 21 日访问。

② OECD, Manual on the Implementation of Exchange of Information Provisions for Tax Purposes, 23 January 2006.

③ OECD, http://www.oecd.org/tax/transparency/membersoftheglobalforum.htm，访问日期 2012 年 8 月 13 日。

④ 关于最新审议工作的总结报告，参见 Global Forum on Transparency and Exchange of Information for Tax Purposes, Progress Report to the G20, Los Cabos, Mexico, June 2012.

推动跨境情报交换的另一股力量是G20。作为政府间开展非正式对话的组织，该集团由十一个发达国家、八个作为新兴力量代表的发展中国家以及作为一个实体的欧盟组成，① 利益代表的广泛性使之在晚近几年来地位不断凸显，以至于成为影响当今世界经济和政策走向的国际组织。② 面对2008年世界金融危机，G20做出的系列政策声明中和税收有关仅有一项，即“继续向避税地、洗钱运动和其他不合作区域开战”，③ 并且宣称“银行保密时代已经终结”。G20的介入产生的直接影响包括各国间签订TIEAs以燎原之势迅速铺开，素来以银行保密机制为由在情报交换上持强硬抵制态度的国家开始松动，多边税务互助公约在国际上取得了更广泛的认同等。

（五）评述

通说认为，1843年比利时和法国签订的税务合作双边税收协定是世界上第一个涉及情报交换的税收协定。然而，此后的一百多年间，跨境情报交换的发展一直处于静寂期。直到20世纪90年代初，几个国家税务机关之间开始建立非正式情报交换的组织，自发情报交换及同步税务稽查初现端倪，欧盟致力于推动税务协助的多边合作，这些细小的步伐酝酿着税收情报交换的后续发展，有学者将这个阶段称为“怀胎中的全球税务管理”（embryonic world tax administration）。④ 世纪之交，情报交换迎来了快速发展的新时期，其契机是OECD主导下的一场抵制有害税务竞争的国际税务运动。此后，反恐、反洗钱、金融危机，这些时代变迁中的代名词把人类的命运更加紧密地联系在一起，税收情报交换被视为应付这些全球化问题的策略之一。于是，国际税法的一体化和趋同化率先在程序规则领域迈出了具有开创性的一步。可以预见的是，伴随着全球论坛评审机制的进一步深化，各国情报交换的法律和执行体制势必将朝着OECD已建立的标准不断趋于同一；与此同时，在G20的推动下，加入《税务互助多边公约》的成员国数量还可能持续递增，这种在多边化框架内寻求整体互惠性和公共利益的立法模式很可能会逐步取代现有双边体系

---

① G20的成员国包括美国、英国、日本、法国、德国、加拿大、意大利、俄罗斯，澳大利亚、中国、巴西、阿根廷、墨西哥、韩国、印度尼西亚、印度、沙特阿拉伯、南非、土耳其和欧盟。此外，国际货币组织和世界银行也派出代表参与其中。

② Allison Christians, *Taxation in a Time of Crisis: Policy Leadership from the OECD to the G20*, Nw. J. L. & Soc. Pol'y., Vol. 5, No. 1, 2010, p. 22.

③ G20, Global Plan for Recovery and Reform: The Communique from the London Summit, London (2 April 2009), available from http://www.g8.utoronto.ca/g20, visited on August 2, 2012.

④ S. Picciotto, International Business Taxation: a Study in the Internationalization of Business Regulation, Law in Context: Weidenfeld and Nicolson, London, 1992, p. 235.

下两国基于实力较量和讨价还价的协商机制，最终使各国在国际条约下关于情报交换的权利和义务趋于统一。

三、跨境税收情报交换规则发展中的核心问题

当跨境税收情报交换规则朝着一体化方向发展过程中，涌现出一系列法律问题，如国际法义务对于一国国内立法的冲击，国家税收主权与纳税人私权之间的碰撞等。本文试选取其中的三个热点问题进行评述，即国家承担税收情报交易义务之扩围，银行保密时代是否终结以及纳税人权利的保护是否得当。

（一）国家承担税收情报交换义务的扩围

晚近几年来的一个发展趋势是，原本限制各国实施情报交换的藩篱被逐一拆除，国家承担情报交换的义务正在不断扩围，典型的表现包括：第一，现行的DTAs范本、TIEAs范本以及《税务互助多边公约》统一采用“可预见的相关性”（foreseeable relevance）作为情报交换的门槛条件，在此之前，OECD在DTAs范本中曾使用的词汇是“必需”或“相关”。OECD在措辞上的考究实质上是为了使情报交换“在最大限度内”（to the widest possible extent）获得许可。根据2012年OECD修订DTAs第26条注释的报告，“可预见的相关性”是指在请求国提出交换请求时，情报的相关性具有合理的可能性，它与“散网捕鱼式”（fishing expeditions）的情报搜集相对，后者是指请求国在缺乏明显关联性时基于猜疑提出的请求。从该报告列举的实例看，可预见的相关性范围被解释得相当宽泛，例如不要求请求国（正确地）提供纳税人的姓名和（或）住址；可以基于特定群体的某些特征和事实，要求取得一批纳税人的整体信息；基于对某个纳税人课税行为的合理怀疑，可以要求另一国提供该纳税人配偶或孩子的银行账户信息等。①

第二，在实施方式上，自动情报交换的运用更为广泛，其重要性也在日益凸显。在实践中，最经常被采纳的三种情报交换方式包括应请求的情报交换②、自发交换③和自动交换，与前两者不同的是，自动情报交换不以缔约国对方的请求作为

① 关于“可预见的相关性”和“散网捕鱼式”的情报搜集之间的区别及例证，请参见OECD, Update to Article 26 of the OECD Model Tax Convention and its Commentary, Approved by the OECD Council on July 12, 2012, paras. 5-8.

② 应请求的情报交换是指缔约国一方当局应另一缔约方当局提出的请求，提供与特定税收案件有关的税收情报的情报交换方式。

③ 自发情报交换是指缔约国一方主管当局将在税务工作中获取的、认为对缔约国另一方主管当局税收征管有益的情报主动地向缔约国另一方提供的情报交换方式。

交换情报的前提，并且不以“可预见的相关性”作为信息交换的条件。它是以缔约国之间的主管当局事先达成的协议作为依据，将有关纳税人取得的所得或财产的情报系统、批量地提供给缔约国对方。这种形式被视为是最彻底的情报交换，不仅高效省时，而且可以对纳税人形成心理上的震慑力。欧盟是实施自动情报交换的先驱，基于2003年利息税指令以及2011/16/EU指令，成员国针对欧盟境内支付的六种所得负有自动交换情报的义务，包括利息、雇佣所得、董事费、未被其他欧盟指令所涵盖的人寿保金、养老金以及由不动产取得的所得。OECD有意在欧盟的基础上对自动情报交换做进一步推广，在2012年6月在发布的一份报告中，OECD称自动情报交换在各国已经得到了更为广泛的运用，其下一步的策略是建立一个多边化的平台为有意实施自动情报交换的国家提供标准化的技术模版和信息技术的便利，为此还发布了一份详细介绍自动情报交换的实施手册。①

第三，国内税收利益不再作为国家拒绝情报交换的挡箭牌。此前，一些国家（如新加坡）曾在税收协定中做出保留，规定如果缔约国一方提供的税收情报请求和被请求国的税收利益没有关系，被请求国可以拒绝提供情报。② 对此，2005年修订后的DTAs范本第26条专门增加了第四款，规定当请求国向被请求国提出信息请求时，即使被请求国为其自身的税收目的并不需要这些信息，或者该信息与本国利益无关，被请求国均应使用其可采用的信息收集手段获得该请求的信息。根据2012年OECD修订DTAs第26条注释报告作出的解释，在请求提出时，即便被请求国税务机关收集情报的“行为能力”受到其国内法的限制（如超过了国内法上的时效），也不应当阻碍其基于国内法允许的信息搜集方式为请求国提供情报。由此看来，情报交换已经不仅仅是缔约国在“便利”的条件下提供的资源共享，它甚至要求国家在“不方便”的情况下仍然承担情报交换的义务，这貌似于承认一国税收管辖权可以“长臂”延伸到另一缔约国境内，利用另一缔约国的人力、物力资源搜集专为己用的税收情报。③

---

① OECD, Tackling Offshore Tax Evasion: The G20/OECD Continues to Make Progress, June 2012, Reported by Secretary General Gurria of the OECD; OECD, Automatic Exchange of Information: What It Is, How It Works, Benefits, What Remains to be Done, July 23, 2012, available at http://www.oecd.org/ctp/exchangeofinformation/AEOI_FINAL_with%20cover_WEB.pdf, visited on August 20, 2012.

② Tan How Teck, *Singapore: Implementing the New OECD Model Standard on Exchange of Information*, Bulletin for international taxation, Vol. 63, No. 12, 2009, p. 582.

③ 相形之下，构成一国拒绝情报交换之正当事由的范围却在不断萎缩，其主要体现在OECD规定的DTAs范本中第26条第3款的三种情形。

（二）银行保密时代终结了吗？

对于以提供国际化金融服务作为一国支柱性产业的国家而言，要踏入这场税收情报交换趋同化的大转盘，一个最大的障碍往往是国内的银行保密制度。这些国家通常国土面积不大，经济产业较为单一，主要依赖优厚的税收待遇、健全和宽松的法律制度和稳定的政治环境等作为吸引外资进入的磁石，其中严格的银行保密制度是不可或缺的要素。然而，早在1987年，OECD就注意到，这种不受限制的银行保密制度实际上造成各国政府税源的大量流失，成为滋养“黑钱”和国际逃避税的温床。① 2000年3月，在一份题为《为税收目的而改善获取银行情报》的报告中，OECD进一步指出，银行保密制度阻却了他国税务机关获取税收情报，造成纳税人之间的不公平，使得不可流动性收入比可流动性收入承担了更重的税负，而且因为税收机关的执法难度加大，还增加了纳税人的遵行成本。从国际角度看，这种银行保密机制最终造成资本流向那些离岸金融中心和避税地，从而导致与税收公平竞争相悖。② 这一报告开启了一场拉锯战，以瑞士、奥地利、卢森堡、新加坡等为代表的离岸金融中心艰难地维护国内的银行保密机制，力保国内金融服务业的竞争优势，而以美国为首的发达国家则在OECD的框架内步步紧逼，要求获取更多其居民在海外投资的信息。2002年OECD制定的TIEAs范本第5条第4款a项、2005年DTAs范本第26条新增的第5款以及2010年《税务互助多边公约》新增的第21条第4款传达着一个相同的信息，即缔约国不能仅因某一情报由银行、其他金融机构、受托人或其他被委托人所掌握而拒绝提供该情报。

将银行保密制度推到风口浪尖上的是2007年至2010年前后在国际上引发轩然大波的瑞银集团案。该案件的导火索是瑞士瑞银集团的前任雇员拉德利·伯肯菲尔德（Bradley Birkenfeld）承认犯有税收欺诈罪。2008年7月，美国国税局经南佛罗里达联邦法院许可发出传票，要求瑞银集团提供19000个其拥有的美国居民海外账户的银行记录。案件最终以庭外和解的方式得到解决，瑞银集团不仅向美国支付了7.8亿美元的罚金，而且先后提供了285个和4450个疑似通过离岸账户逃税的美

---

① OECD, Taxation and the Abuse of Bank Secrecy, Issues in International Taxation No. 1: International Tax Avoidance and Evasion: Four Related Studies, 1987, pp. 107-122.

② OECD, Improving Access to Bank Information for Tax Purposes, OECD: Paris, 2000, para. 7.

国公民名单。① 这一案件极大地撼动了瑞士近百年之久的银行保密机制。2009 年 3 月，瑞士放弃了先前在 DTAs 范本第 26 条中作出的保留意见，同意执行 OECD 的情报交换标准。随后国内出台了相关法规，详细规定执行税收协定中情报交换义务的措施。不仅如此，2011 年瑞士还分别于英国和德国另行签订在税收领域开展合作的协议（“Rubik 协议”），该协议具有与自动情报交换相近的效果。② 除了瑞士，2009 年后许多离岸金融中心和避税地在银行保密机制的问题上均有所松动，纷纷以加入 TIEAs、修订 DTAs 的情报交换条款和修改国内法等方式，表示接受并遵行 OECD 关于情报交换的标准。

与此同时，要求银行信息交换的国家在已有的基础上乘胜追击、巩固战果。以美国为例，2010 年 3 月，美国国会颁布实施了《海外账户税务法案》（简称“FATCA”），要求拥有美国客户的境外金融机构（哪怕只有一位美国客户）和美国国税局签署协议，每年提供其拥有的美国客户名单，其中，“境外金融机构”涵盖了银行、经纪人、信托公司、保险公司和投资基金等，“美国客户”既包括在美国负有纳税义务的居民，也包括由美国纳税人控制主要所有权的境外企业。如果境外金融机构拒绝签订该协议，则其从美国取得的收入将在美国缴纳 30% 的预提税。③ 为了减轻金融机构的税收遵行成本，2012 年 6 月，美国与法国、德国、意大利、西班牙和英国达成协议，同意通过政府间的自动情报交换实施 FATCA，即位于这些欧洲国家的金融机构可以将相关的信息递交给本国的税务机关，由税务机关直接与美国国税局进行情报交换。作为互惠条件，美国同意将位于其境内的外国金融机构的相关信息提供给这些缔约国的税务机关。这一政府之间自发形成的多边情报交换协议得到了 OECD 的大加赞赏和推崇。④ 综观这些最新动态，笔者以为，当下虽然断言银行保密时代已经终结还为时过早，但是有一点可以肯定：以银行保密作为逃避税和洗钱活动保护伞的时代正在逝去，国际金融服务业将迎来一个更为透明化

---

① 关于该案更详尽的描述，参见宋兴义：《瑞银集团税案——瑞士银行百年保密制度的致命打击》，载《中国税务》2009 年第 10 期，第 62～64 页；参见崔晓静：《从“瑞银集团案”看国际税收征管协调机制的走向》，载《法学》2010 年第 12 期，第 46～58 页。

② 该协议的具体内容参见：Alfonso Rivolta, *New Switzerland-Germany and Switzerland-United Kingdom Agreements: Does Anyone Offer More than Switzerland?* Bulletin for International Taxation, Vol. 66, No. 3, 2012, pp. 138-147.

③ Petra Eckl, Jonathan Sambur, *The Impact of the US Foreign Account Tax Compliance Act (FATCA) on European Entities*, European taxation, Vol. 52, No. 1, 2012, pp. 37-41.

④ OECD welcomes multilateral efforts to improve international tax compliance and transparency, July 26, 2012. http: //www. oecd. org/tax/taxoecdwelcomesmultilateraleffortstoimproveinternationaltaxcomplianceandtransparency. htm.

的竞争环境。

（三）纳税人的权利保护——一块被忽视的领地？

国家之间情报交换的客体是反映纳税人的收入、支出、投资和财产状况的涉税信息。这些信息对于纳税人的重要性不言而喻，正如一项调查表明，一个人的财务信息可以勾勒出他的详细履历，包括喜好、个性、社会地位、财富状况，甚至还有政治观点和宗教信仰。① 在一些国家，即便是在密友之间，经济收入支出状况也属于避而不谈的话题。因此，当国家机关行使公权力获取这些信息，并将信息提供给其他国家时，如何确保纳税人的权利得到充分尊重是一个绕不开的话题。

然而，从 OECD 制定的与情报交换相关的范本看，这个问题只是被轻描淡写地提及或只在有限的范围内得到含糊的认可。例如公约在第 21 条第一款关于对纳税人的保护中规定，“协定中任何规定都不影响被请求国依照法律和行政惯例对纳税人提供的保护和保障”。言下之意，对纳税人的保护是国内法调整的范畴，并不在公约的视野内。TIEAs 范本则是在第 1 条指出，“根据被请求国一方的法律和行政实践赋予纳税人的权利和保障仍然适用，但不能构成对实施有效情报交换不恰当的阻碍或造成迟延”。结合范本注释，所谓“不恰当”的迟延主要是基于情报要求的紧急程度和是否影响请求国的稽查作出判断，例如当一项情报交换十分紧急，如果根据国内法的要求对纳税人采取事前通知可能会妨碍请求国的顺利稽查，则可以构成提前通知义务的例外。但是，究竟是什么样的情况可以视为如此紧急以至于可以牺牲纳税人在国内法下的知情权呢？对此 TIEAs 范本注释也没有给出更确切的答案。在 DTAs 范本第 26 条中，对纳税人权利保护的问题被直接跳过。

另一方面，与纳税人权利紧密相关的情报交换保密条款出现了保护门槛不断降低的趋势。以 DTAs 范本中的保密性条款为例，对比 1963 年和 2005 年 OECD 发布的范本，再到 2012 年 7 月 OECD 发布的最新修改报告（见下表），不难发现该条款规定的保密义务已从过去的“绝对保密”降低到“相对保密”，具体表现在三方面：保密的标准被相对化，允许信息披露的群体被扩大化，信息使用目的被多元化。②

---

① Arthur J. Cockfield, *Protecting Taxpayer Privacy Rights Under Enhanced Cross-border Tax Information Exchange: Toward a Multilateral Taxpayer Bill of Right*, University of British Columbia Law Review, Vol. 42, No. 2, 2010, p. 421.

② Tonny Schenk-Geers, International Exchange of Information and the Protection of Taxpayers, Woulter Kluwer, 2009, pp. 135-151.

1963 年	2005 年	2012 年
任何依规定交换的情报应当给予保密，不允许透露给除了和本税收协定规定的税种查定或征收有关的人员或当局之外的任何人。	缔约国一方根据第1款收到的任何情报应视同该国国内法所得到的情报给予保密，仅应告知与第1款所述的查定、征收、执行、起诉、裁决上诉有关的人员或当局（包括法院和行政机关）或其监督机关，上述人员或当局应仅为上述目的使用该项情报，但可以在公开法庭程序或法院判决中披露有关情报。	缔约国一方根据第1款收到的任何情报应视同该国国内法所得到的情报给予保密，仅应告知与第1款所述的查定、征收、执行、起诉、裁决上诉有关的人员或当局（包括法院和行政机关）或其监督机关，上述人员或当局应仅为上述目的使用该项情报，但可以在公开法庭程序或法院判决中披露有关情报。即便如此，如果根据双方缔约国的国内法该信息可以用于其他的目的，并且得到提供信息一方缔约国的允许，那么缔约国一方可以将取得的信息移作他用。

很显然，OECD 关注的焦点在于国家的课税权是否流失以及公权力的行使是否遇到阻碍，至于私权利，则只是理想地假设各国的法律已经或者会作出妥善的保护。但是事实是，目前各国法律上对公民信息的保护水平参差不齐，在这种情况下片面地给公权力扩围，无疑会增加侵害私权利的可能性。举例而言，OECD 情报交换标准中规定，当信息的交换会泄露任何贸易、经营、工业、商业、专业秘密或者贸易过程时，缔约国一方可以拒绝提供信息。客观地说，判断一项信息是否具有上述特征，往往是纳税人而非国家权力机关拥有更强的举证能力和更为密切的利益关系。然而，由于协定中并未规定纳税人享有被通知的权利（或知情权）、介入权或要求复议的权利等，因此，很可能出现的结果是，当一国权力机关完成了信息情报交换后，纳税人才得知事关自己商业秘密的信息已经流往他国，而且可能为不确定的部门所掌握。鉴于这些潜在的风险，有学者提议，是时候应当制定一个全球性的纳税人权利法案，清楚地界定纳税人在情报交换中享有的权利。①

① A. J. Cockfield, *Protecting Taxpayer Privacy under Enhanced Cross-border Tax Information Exchange: Toward a Multilateral Taxpayer Bill of Rights*, University of British Columbia Law Review, Vol. 42, No, 2, 2010, pp. 419-471.

四、对我国应对跨境税收情报交换一体化趋势的反思

在这场税收情报交换的变革中，中国是一个积极的参与者和恪守规则的遵从者，这一点从近六年来其参与的国际情报交换活动以及国内立法的大事记中可见一斑：2006 年 5 月，作为对 OECD 发布《实施手册》的回应，国家税务总局发布了《国际税收情报交换工作规程》①；2009 年 9 月，我国被推选为透明性和情报交换全球税务论坛副主席国和指导委员会副主席，成为同行审议小组的三十个成员之一；2010 年 12 月，我国正式加入国际联合反避税信息中心（Joint International Tax Shelter Information Center，JITSIC）②，成为该组织继澳大利亚、加拿大、日本、英国、美国、韩国之后的第七个成员国；2011 年 11 月，作为 G20 成员国，我国签署了加入《税务互助多边公约》的意向书；2012 年 5 月，在刚刚结束的全球税务论坛关于透明性和情报交换第一阶段的评审中，我国成为十二个以"全优"的成绩通过审议的国家之一，该报告指出，中国的情报交换水平已经达到了"高标准"，并且在自动交换和自发交换方面已超出了国际标准。③ 在 2012 年 7 月 OECD 发布的第 26 条最新报告中，我国以 OECD 观察员的身份参与了对该条款和注释的修订。迄今为止，我国已经与包括阿根廷、巴哈马、维京群岛、百慕大、开曼群岛等九个国家签订了 TIEAs，加上近百个 DTAs 中的情报交换条款，达成的双边情报交换协议已接近 110 个，并且协定网络还在不断拓展和完善中，例如已启动与瑞士、列支敦士登、卢森堡等国重新签谈 DTAs 中情报交换条款的磋商等。

从本质上讲，国际税收情报交换之所以成为必需，是因为国界的屏障导致了政府之间的信息不对称，从而造成了监管上的灰色地带。通过情报交换建立政府之间的合作和信息的互通有无，可以使纳税人的跨境活动暴露在阳光下，让执法者更容易地看清经济活动的全貌从而实施有效监管。从这个角度看，作为吸引外资和海外投资的大国，中国加入一体化的国际情报交换体系是大势所趋。与此同时，身为发展中国家同时也是经济崛起中的大国，在取得了建构国际税法新秩序的话语权后，

---

① 国家税务总局：《国际税收情报交换工作规程》，国税发［2006］70 号文，2006 年 5 月 18 日。

② 该组织旨于通过开展双边税收协定框架下的实时信息交换，更有效地识别和遏制各种恶意税收筹划。

③ Global Forum on Transparency and Exchange of Information for Tax Purposes Peer Reviews: People's Republic of China 2012, published on 20 June 2012, paras. 286, 289, available athttp: // www. oecd-ilibrary. org/taxation/global-forum-on-transparency-and-exchange-of-information-for-tax-purposes-peer-reviews-china-2012_ 9789264178267-en, visited on July 29, 2012.

一个不能回避的问题是：如何才能推动全球税收情报交换体系朝着有序和公平的方向发展？笔者以为，应当从横向（国家之间）和纵向（国家机关与纳税人之间）两个层面来考虑这一问题。

从横向的角度看，首先应关注规则的公平性。当前的国际情报交换体系从表面上看似乎已获得国家的广泛认同，但是仔细深究不难发现，规则的形成并非各国基于平等对话之后的共识，而更像是 OECD 借助 G20 和全球税务论坛的平台，将其已制定或正在发展中的规则兜售给非 OECD 国家，从而使规则获得更广泛的承认和执行基础。正如有学者一针见血地指出，OECD 之所以热衷于需求体系外的支持，一个最重要的原因是，如果没有来自广大发展中国家的参与和支持，这张税收情报网络就会漏洞百出。① 那么，这个在 OECD 框架内孕育的规则究竟是否充分考虑广大参与国，特别是发展中国家的声音呢？曾经在 UN 召开的会议上，不少发展中国家表示要达到 OECD 制定的情报交换标准困难重重，因为 OECD 标准要求对所有税种进行情报交换，且不限于本国的居民，不仅如此，国家还要耗费资本拓展协定网络，在中央和地方层面上建立相应的执行部门，引进软件和技术，培训专门人员，修改国内有关法律，这对于税制不发达的国家，尤其是小国而言，无异于一场巨大的税制改革。② 在不考虑国家之间经济实力悬殊的情况下要求各国为实施 OECD 情报交换标准各自买单显然有不合理之处，毕竟相比于资本输入国而言，是资本输出国更为迫切地想从这场全球化的情报交换中获益，实现对本国居民在海外投资活动的课税。从这个角度看，情报交换规则的建立和实施应当把如何给发展中国家（尤其是小国）减负作为考量的因素之一。

另一个在横向层面上值得反思的问题是国际法义务与国家主权之间的关系。当今国际税收情报交换规则的形成给传统税收主权的理念带来了诸多冲击，例如允许一国税务机关到另一国进行实地稽查，通过与纳税人的访谈和查阅会计账簿等手段获取、查证税收情报；③ 要求一国税务机关在国内法未做规定，甚至是冲破国内法限制（如时效）的情况下，为另一国的课税需要实施税务稽查、搜集情报。另外，如前所述，一些国家还要修改本国涉及对公民信息保护的立法或是大刀阔斧地改革国内的银行保密制度，才能符合协定中关于情报交换的规定。面对国际税收协定的

---

① Allison Christians, *Taxation in a Time of Crisis: Policy Leadership from the OECD to the G20*, Nw. J. L. & Soc. Pol'y., Vol. 5, No. 1, 2010, p. 21.

② Tatiana Falcao, *Exchanging Information with the Developing World: A Digression on Global Forum Exchange of Information's Interaction with Developing Economies*, Intertax, Vol. 39, No. 12, 2011, p. 609.

③ 境外税务稽查在 DTAs 范本第 26 条注释、TIEAs 范本第 6 条、公约第 9 条中均有规定。

咄咄相逼，国家主权的让渡应当到什么程度？早在20世纪20年代，国际联盟在反避税的问题上曾表达过一种担心，即过快地赋予国家跨境搜集情报的权力会使国家建立一个超越国境的“财政审讯所”（fiscal inquisition）①，在全球化时代到来时，这种担心似乎不可避免地被应验了。在这一背景下，笔者认为，在国际税法领域内审时度势地反思国际法上的主权问题仍然十分必要。

从纵向的角度看，应当强调遵循正当程序的重要性以及对纳税人基本权利的尊重。近几年来，关于税务机关非法取得税收情报的事件在国际上频频曝光，例如税务机关公然购买他人窃取的情报，或是以支付高额报酬为诱饵，劝诱银行工作人员窃取情报并提供虚假身份证件协助其逃离等。② 这些丑闻的公开不仅使当局者名声扫地，也激发人们开始思考：国家的税收利益是否如此重要以至于执法者可以违反法定程序，践踏和无视公民的基本权利？事实上，一个并不复杂的逻辑是：要求公民以诚信纳税，执法者首先要秉公执法。从这个意义上说，税务机关遵循法律的程序，并且给予公民权利起码的尊重至关重要，在税收情报交换的领域，公民的基本权利应当包括在税务机关实施情报交换之前被通知的权利以及对税务机关的决定要求复议的权利。

Recent development in the exchange of information in taxation and China's response

Abstract: The rules on exchange of information in taxation is globalized and uniformed among nations. The trends include the extension of the country's obligation in the provision of information under tax treaties to the other contracting states; the decreasing likelihood of taxpayers to evade tax liability under the cover of bank secrecy and the highlight of the protection of taxpayers' due rights. China is an active player and rule compliant in this movement, and moreover takes the liability to promote the rules in the direction of fairness and in good order.

Key words: Exchange of tax information; bank secrecy; protection of taxpayers' rights

---

① League of Nations, Double Taxation and Tax Evasion, G. 216. M. 85. 1927. II, Geneva, April 1927. http://faculty.law.wayne.edu/tad/Documents/League/League_ Tech_ Experts.pdf.

② Jean-Rodolphe W. Fiechter, *Exchange of Tax Information: The End of Banking Secrecy in Switzerland and Singapore?* International Tax Journal, Vol. 36, No. 6, 2010, p. 60.

三、国际投资法专题

论中国双边投资协定的模式变迁*

□ 漆　彤** 聂晶晶***

内容摘要　过去三十余年里，中式双边投资协定先后经历了三个阶段和两次重大转型：20世纪90年代末期逐步完成第一次转型，即由最初主要强调维护东道国主权的相对保守模式向强调投资自由和投资者保护的完全自由模式转变；自2008年前后开始，中式BIT正在逐步由自由模式向更为成熟的平衡模式转变。平衡模式的中式BIT客观反映了国际投资协定的新发展和新趋势，是中国结合国际投资法领域发展趋势及自身在国际资本流动中的身份转变所作出的重要调整。平衡模式的中式BIT，其变化主要体现于：（1）注重在保护投资者权益的同时也为维护国家安全和公共利益预留出一定空间；（2）对东道国与投资者的权利义务尤其是容易产生误解的关键条款作出了更加明确具体的规定，防止仲裁庭的扩大解释，避免因为条约表述不清楚而导致投资纠纷；（3）完善ISDS条款，促进投资者与东道国投资争议的顺利解决。

关键词　双边投资协定；保守模式；自由模式；平衡模式

目　次

---

* 本文系2013年度教育部人文社会科学重点研究基地重大项目“多元平衡视野下的当代国际投资法转型与中国实践”之阶段性成果。

** 武汉大学法学院、武汉大学国际法研究所副教授、法学博士。

*** 武汉大学法学院国际经济法专业硕士生。

一、前言

在综合性和普遍性多边投资协定缺位的情况下，目前双边投资协定（Bilateral Investment Treaty，BIT）仍是国际投资法领域最为行之有效的国际法制。① 自改革开放以来，我国对外签署的 BIT 数量迅速上升，业已成为世界上签署 BIT 数量仅次于德国的国家。② 自 1982 年中国与瑞典签署第一个双边投资保护协定开始，回顾过去 30 余年的发展历程，中式 BIT 先后经历了三个阶段和两次重大转型。其中，20 世纪 90 年代后期受经济全球化和投资自由化浪潮的影响，中式 BIT 经历了第一次重大转型，即由“保守模式”趋向“自由模式”。近几年来，受上述内外因素的影响，中式 BIT 正在经历第二次重大转型，即由单一的“保守模式”或“自由模式”，迈向更加平衡的第三种模式，本文称之为“平衡模式”。结合中式 BIT 的三个发展阶段和两次重要转型，本文拟在历史分析和比较研究的基础上，着重阐述目前正在进行的第二次重大转型及其在 BIT 实体及程序规则方面的重要体现，并分析这种模式变迁的原因及意义所在，同时作出必要展望。

二、中式 BIT 的早期实践——1998 年之前的保守模式

这一时期我国整体上处于改革开放初期，市场因为之前长期的计划经济而缺乏活力，国内企业尚不具备足够的国际竞争力，因此外资政策的出台主要是服务于招商引资，而不是资本输出。为此政府制定出台了一系列引进外资、技术和管理技术

① 余劲松、吴志攀主编：《国际经济法》，北京大学出版社 2000 年版，第 259 页。

② 详细列表见：http：//www. unctad. org/sections/dite_ pcbb/docs/bits_ china. pdf，各 BIT 文本见：http：//www. unctadxi. org/templates/docsearch ______ 779. aspx。

的措施，逐步形成了以三资企业法（中外合资经营企业法、中外合作经营企业法、外资企业法）为核心的外资法体系。在进行国内层面的立法工作同时，为增强外资信心、提供更有力的投资保障，从而更好地吸引外资，中国也十分重视对外签订BIT的工作。

以1982年与瑞典签署第一个双边投资保护协定为开端，这一时期中国对外商签BIT的数量呈现快速增长趋势。以1990年中国正式签署《华盛顿公约》为界，中式BIT的早期发展大致又可进一步细分为二个小的阶段。① 第一阶段，即1982—1989年期间，中国共与23个国家签署了双边投资协定，其中17个是输出资本的发达国家，13个来自欧洲。在此阶段中国对外签署投资保护协定主要是应资本输出国（多为欧洲发达国家）的要求或建议。从1990年中国签署《华盛顿公约》到1998年7月20日中国与巴巴多斯双边投资协定的签署，可视为保守模式的第二个阶段。其间中国共与60余个国家签署了投资协定，除少数发达国家外，其他均为亚洲、非洲及拉丁美洲的发展中国家。中国商务部条法司前司长李玲曾指出，“当时中国的经济实力还较弱，不具备‘走出去’的能力，与发展中国家签署协定的主要目的是配合外交工作的需要，政治意义大于协定本身应有的作用”。②

尽管中国在这一时期对外签署的BIT为数众多，但整体态度上对给予外资强有力的实体和程序保护持相对保守的谨慎态度。在提倡促进和保护投资的同时，中国非常强调东道国享有管制外国投资的主权权力，这也是外商直接投资（Foreign Direct Investment，FDI）输入国所共有的典型政策。与之相应，这一时期的中式BIT条款比较简单，一般为13～15条，内容较为原则，仅提供了相对有限的保护，一般未规定国民待遇或虽规定有国民待遇但附加有严格限制，未规定投资者诉东道国争端解决或虽有规定但附加有严格限制。因此，这一时期的中式BIT总体上处于保守模式阶段。

以给予外国投资者的相对待遇标准而言，1982年至1998年期间的大部分中式BITs只保证给予外资最惠国待遇，绝大多数情况下均未规定国民待遇。个别与发达国家签订的BIT即便是订入了国民待遇条款，往往也设立了诸多限制条件。例如，1986年签订的中英BIT第3条第3款规定：“缔约任何一方应尽量根据其法律和法规的规定给予缔约另一方的国民或公司的投资与其给予本国国民或公司以相同

① 有学者根据中国BIT范本的演变，将中式BIT的发展划分为四代类型。从时间上来看，本文所划分三种模式中的保守模式，大致对应其中的第一代和第二代中式BIT，自由模式对应第三代BIT，平衡模式则对应第四代BIT。

② 李玲：《中国双边投资保护协定缔约实践和面临的挑战》，载《国际经济法学刊》2010年第4期，第114～129页。

的待遇。”1993年中国与斯洛文尼亚BIT以及1994年中国与冰岛BIT亦有类似条款。显然，“尽量”这一用语的最佳努力性质以及要求遵守本国法律和法规实质上降低了这类国民待遇条款的效力。1988年中日BIT第3条第2款采取了一种更强有力的国民待遇条款表述：“缔约任何一方在其境内给予缔约另一方国民和公司就投资财产、收益及与投资有关的业务活动的待遇，不应低于给予该缔约一方国民和公司的待遇。”① 然而，中日BIT议定书第三段对“不低于”用语的进一步解释对这一条款进行了限制：“关于协定第3条第2款的规定，缔约任何一方，根据有关法律和法规，为了公共秩序、国家安全或国民经济的正常发展，在实际需要时，给予缔约另一方国民和公司的差别待遇，不应视为低于该缔约一方国民和公司所享受的待遇。”② 总之，可能出于保护幼稚产业特别是保护国有企业免于同外国公司竞争等目的，这一时期的中式BIT很少包含国民待遇条款，即便它们成为协定的一部分也会被限定在特定的范围内，即允许中国政府优待本国企业而区别对待外国投资者。

除了国民待遇之外，中国对赋予外国投资者利用国际仲裁作为BIT条款争端解决工具的权利也十分谨慎。初期的中式BIT通常不包含投资者诉东道国争端解决条款（ISDS条款），但在1985年之后中国开始承认投资者诉东道国仲裁机制。就仲裁庭的选择而言，在1990年正式加入《华盛顿公约》之前，中国对外签订的BITs通常采取双方协议指定的特设仲裁庭（ad hoc）模式。基于对一方或双方加入《华盛顿公约》的预期，这一时期的中式BIT亦有约定在双方成为《公约》缔约国后提交ICSID管辖，③ 或约定在中国批准《华盛顿公约》后双方就提交ICSID中心仲裁的可能性进行协商的后续谈判条款。④ 中国批准《华盛顿公约》后，大多数BITs都规定ICSID应作为仲裁的唯一场所或至少作为选择之一，只有少数BITs继续使用临时仲裁。就同意仲裁事项而言，这一时期的中式BIT通常将范围严格限定于解决征收和国有化引发的补偿额纠纷，且往往设置有“投资者在被允许寻求诉诸跨国仲裁之前会被要求先用尽当地救济”、要求投资者在诉诸国际仲裁或国内法院之间进行选择的“岔路口条款”、“将争端提交跨国仲裁庭须经双方同意并适用东道国法律”等诸多“安全阀”限制。例如，1985年中国与丹麦BIT将同意仲裁范围限定于“涉及征收补偿数额的争议”；⑤ 又如1988年中国与新西兰BIT第

① 参见1989年中国——日本BIT，第3.2条。

② 《中华人民共和国和日本国鼓励和相互保护投资协定议定书》，第三段。

③ 参见1993年中国——西班牙BIT，第9.2.4条。

④ 参见1990年中国——马来西亚BIT及其换文。

⑤ 参见1985年中国——丹麦BIT，第8.3条。

13.3条规定："因第六条所述的征收补偿款额引起的争议，在有关的国民或公司诉诸本条第一款的程序后六个月内仍未解决，可将争议提交由双方组成的国际仲裁庭。如有关的国民或公司诉诸了本条第二款所规定的程序，本款规定不应适用。"① 从本质上看，这些限制条件降低了中国第一代BITs中投资者诉东道国争端解决条款的效力，致使它们仅具有象征意义。这些做法符合中国避免争讼的传统，同时也保留了东道国政府管制FDI的主权权力。

1990年前的中式BIT大多未承诺给予国民待遇，实行有限制的资本汇出、投资者只能将与征收补偿款额有关的争议提交专设国际仲裁庭解决。当时谈判的主要分歧为：国民待遇、汇出、征收及投资者与东道国争端解决等问题。中方当时更多地关注维护国家利益，减少协定对国内法律政策的冲击和影响。1990年后的中式BIT一方面延续了第一代BIT范本13个条款的模式②，在投资定义、待遇、征收等条款上大体仍采用了与第一代相同的表述，不过第二代在此前基础之上作出了一些改进：如开始规定国民待遇，不过附加了诸多限制，如"尽量"、"根据其法律和法规的规定"，如在1994年的中国与冰岛BIT规定"缔约任何一方应尽量根据其法律和法规的规定给予缔约另一方的投资者的投资与其给予本国投资者以相同的待遇"；③ 在争端解决机制方面，开始规定征收补偿额可提交国际仲裁庭，如1992年的中国与希腊BIT规定"如果争议涉及第四条所述的补偿款额，也可提交国际仲裁庭"，④ 并且如缔约双方均为《华盛顿公约》成员国，那么东道国和投资者之间的任何争议，在双方均同意的基础之上，可提交中心管辖。可见，1990年后的第二代BIT在第一代的基础之上有了有限的改进，但依然没有放开，对发达国家提倡的投资自由化依然心存警惕，可以说是保守模式的延续。

三、中式BIT的中期发展——1998—2007年期间的自由模式

在中式BIT的第二个发展阶段，中国开始逐渐转向积极赞成签订自由化的投资协定，支持签订对外资进行更强有力保护的实体和程序条款。1998年签署的中国与巴巴多斯双边投资协定是一个分水岭，标志着中式BIT第一次重要转型期的到

① 1988年中国与新西兰BIT，第13.3条。

② Gallagher Nora & Wenhua Shan, Chinese Investment Treaties, Policies and Practice, Oxford Press, 2009, pp. 427-431.

③ 1994年中国与冰岛BIT，第3.3条。

④ 1993年中国与希腊BIT，第10.2条。

来。它是第一份允许外国投资者不受限制地利用国际仲裁的协定。此后，中国开始对其先前约束性 BIT 政策进行大幅变革，使之朝自由化方向发展，签订了一系列包含综合性争议解决机制的 BITs。在新一代的 BITs 中，仲裁条款的范围被拓宽，其语言表述与欧洲 BITs 类似，通常为："与投资有关的所有争议。"例如，根据 2003 年中德 BIT 规定:①

第 9 条投资者与一缔约方之间争端的解决

（1）一缔约方与另一缔约方之投资者之间关于投资的任何争议应尽快在争端双方之间友好解决。

（2）如果争端自一方当事人提起后未能在 6 个月内解决，根据另一缔约方之投资者的请求，应将争端提交仲裁。

（3）争端应提交给 1965 年 3 月 18 日签订的《解决国家与他国国民间投资争端公约》（ICSID）进行仲裁，除非争端当事方同意提交给依照《联合国国际贸易法委员会仲裁规则》（UNCITRAL）或其他仲裁规则组成的临时仲裁庭。

（4）……

中国不仅将外国投资者提交仲裁的争议事项，从以前的限于"征收补偿额的争议"，扩大到"就投资产生的任何争议"，且赋予了外国投资者单方面仲裁庭提起仲裁的权利，放弃了东道国政府的"逐案审批"要求，开始全面接受国际仲裁管辖，允许投资者将所有投资争端提交国际投资仲裁。2006 年中国与巴基斯坦签订的自由贸易协定则采用了与《中国 BIT 范本第三版》相同的规定，即可提交仲裁的事项范围包括"与投资相关的任何法律争议"。迄今为止，中国对外签署的此类 BIT 已有 30 余个。②

自 1998 年以来，中式 BIT 不仅改变了其对待国际投资仲裁的谨慎态度，在待遇条款等内容上也几乎完全借鉴了主要欧洲国家的 BITs 的大部分标准条款。例如，2003 年中德 BIT、2007 年中法 BIT、2008 年中墨 BIT 均扩大了国民待遇的适用范围，取消了"依据各缔约方的法律法规"等限制条件，投资者享有完全的"准入后"国民待遇。至此，中式 BIT 之前附加于投资者保护最为重要的两个条款（投资争议解决和国民待遇）之上的限制被完全取消，因此自 1998 年至 2007 年之间可称之为中式 BIT 的自由模式阶段。

---

① 2003 年中国——德国 BIT，第 9 条。

② See Cai Congyan, *Outward Foreign Direct Investment Protection and the Effectiveness of Chinese BIT Practice*, Journal of World Investment and Trade, Vol. 7, No. 5, 2006, p. 646；亦参见石慧：《中国对外签订新式双边投资条约需要注意的问题》，载《湖南文理学院学报》2008 年第 2 期，第 27 ~ 31 页。

许多学者认为，这一阶段中国的国际投资政策发生重大转变，归因于中国从一个单纯的FDI输入国演变为逐渐开始进行海外投资的经济体，即一方面自身仍不断吸收大量的外国投资，另一方面中国正在成为一个FDI输出经济体。其次是这一时期新自由主义取代凯思斯主义成为主流，世界各国包括发展中国家也开始采取更为自由、宽松的经济政策，中国也在新自由主义浪潮影响下改变了以往保守的态度；在越发自由化的全球经济背景下，资本市场的竞争也越发激烈，种种因素使得中国参与了自由化的世界浪潮，促使了外资立法模式从保守到自由的转变。

四、中式BIT的晚近转型——平衡模式（2008年至今）

中式BIT由保守转向自由模式，虽然极大改善了中国的投资环境，然而其过于自由化的规定也为东道国埋下了许多“安全隐患”。例如，陈安教授曾指出，尽管中国处于经济转型期，但仍不断吸收大量外国投资，这种自由化的争端解决条款将不利于中国的发展，赋予投资者的任意起诉权可能会使东道国面临被诉危机；① 东道国过于偏向维护投资者利益，没有留下足够空间实现东道国规制主权。近年来，投资者根据IIAs起诉东道国的案件频频发生，为东道国的主权规制提出了严峻挑战，自由化模式下的国际投资法危机四起。在见证美国、希腊的仲裁危机之后，出于对自由模式弊端的修正，中国正在酝酿中式BIT的又一次重要转型，试图通过对条约实体和程序内容的改革寻求投资者与东道国之间的利益平衡。以2008年9月正式启动的中美投资保护协定谈判为起点，以2010中国BIT范本的修订、中日韩三边投资协定的签订、中加BIT的达成为标志，中式BIT在提高投资者待遇基础之上，开始寻求一种更为平衡的模式来调整投资者与东道国之间的关系。

下文尝试结合晚近中式BIT在投资定义、待遇标准、保护范围、例外条款、争端解决等五个方面的变化，阐述中式BIT向“平衡”模式之转型。

（一）保护范围：投资定义之全面性与严谨性

东道国只为协定中已规定的投资提供保护，因此条约中投资定义的宽泛或严格决定了东道国责任的大小。投资的定义方式主要有三种类型：基于资产的定义，它包括各种形式的投资，以及各种形式的资产；基于企业的定义常常与投资的所有权

① 陈安：《区分两类国家，实行差别互惠：再论ICSID赋予中国四大“安全阀”不宜贸然全面拆除》，载《国际经济法学刊》2007年第3期，第57～98页。

和控制权联系起来；基于交易的定义，集中于资本和相关资产跨国界流动时的投资。① 中国传统上一直是采用基于资产的定义，这种定义方式通常规定“投资”包括符合缔约各方法律法规所允许或接受的具有投资特征的资产，并附加合格投资的非穷尽列表。这种定义包含的资产范围广泛，基本上涵盖了所有类型的投资，并且这种“包括但不限于”的列举方式，使得投资的内容具有不确定性，即使没有在列表内的投资只要符合条件也可获得东道国保护。

晚近，部分新一代双边投资协定及双边投资协定范本已经摆脱了传统的以资产为基础的开放式投资定义，它们寻求保持投资定义的全面性与确保投资定义的严谨性之间的平衡。例如，在加拿大新签订的双边投资协定范本中，以资产为基础的开放式投资定义已经为一种既涵盖广泛内容又有所限定的投资定义所取代②。2006年美国乌拉圭双边投资协定采取可以涵盖投资者拥有并控制的所有资产的原则，但同时又增加了资产选择标准，即这种资产必须具有“投资的特点”，如“资本承诺、或相当于资本或其他资源的承诺、获得收益或利润的预期，或者对风险的假定”。③ 在明确排除某些类别的资产（如某些债务工具）的同时，投资的定义得以更加严谨。④

一改基于资产的定义传统，近年来中式 BIT 也开始逐步向这种兼顾全面性与严谨性的投资定义模式转变。例如，2008 年的中国与墨西哥 BIT ⑤和 2012 年的中国与加拿大 BIT⑥，均改变了传统的基于资产的定义方式，而采用了 1994 年《北美自由贸易协定》中的规定，投资指：（一）企业；（二）企业发行的股票；（三）企业发行的债券 1. 如果该企业是投资者的附属企业；或……（八）由于向缔约一方境内投入用于该境内经济活动的资本或其他资源而产生之权益，例如根据：1. 与投资者位于该缔约另一方境内之财产有关的合同，包括交钥匙合

① 詹晓宁、葛顺奇：《国际投资条约：投资和投资者的范围和定义》，载《国际经济合作》2003 年第 1 期，第 42 页。

② Canada model BIT 2004, Art1, available athttp://italaw.com/documents/Canadian2004-FIPA-model-en.pdf, visited on March 31, 2013.

③ 参见 2006 年美国——乌拉圭 BIT，第 1 条。

④ 余劲松、詹晓宁：《国际投资协定的近期发展及其对中国的影响》，载《法学家》2006 年第 3 期，第 154 ~ 160 页。

⑤ 参见 2008 年中国——墨西哥 BIT 第 1 条。

⑥ See Agreement Between the Government of Canada and the Government of the People's Republic of China for thePromotion and Reciprocal Protection of Investments, article 1, available at http://www.international.gc.ca/trade-agreements-accords-commerciaux/agr-acc/fipa-apie/china-text-chine.aspx? view=d, visited on March 31, 2013.

同或建设合同或特许经营合同，……但是，投资不包括：（九）金钱请求权，系仅源于：1. 缔约一方境内之国民或企业向缔约另一方境内之企业销售货物或提供服务的商业合同；2. 与商业交易有关的授信，如贸易融资，但不包括第（四）项所指的贷款；或（十）上述两项并不涉及（一）～（八）项所指的各项权益。

这种基于企业的定义将受保护的投资与企业紧密联系起来。这看似是为合格企业增设了条件，缩小受保护投资的范围；然而这种定义方式包含的范围仍然非常广泛，既包括企业的直接和间接投资，且投资者的有形、无形投资和合同权利也包括在内。此外，这种定义方式的列举是穷尽性的、闭合的，这就克服了传统投资定义的不确定性，在保证投资者待遇不受克减的基础之上，也减轻了东道国的责任。其次从内容上看，在传统的投资定义中，受保护的投资需“符合一国国内法律法规规定”的要求在 2012 年中国加拿大双边投资协定中已取消。“符合一国国内法律法规规定”要求被看作是一项法律上的限制①，尤其在我国企业的设立需要办理一系列手续并得到工商部门的批准登记，这一要求的取消意味着我国可能将未经合法审批成立的外资企业也纳入保护范围；此外，中加 BIT 将因贸易和商事交易有关的信用延期产生的债务与投资产生的债务区分开来，这种明确的区分可以避免投资者提起不必要的诉请。由上可见，中加 BIT 的定义条款在扩大受保护投资范围的同时，也增加了一些出于东道国利益考量的内容，但这些内容只是对既往模糊规定的一种明确并未实际损害到投资者的权利。

（二）保护标准：公平公正待遇之明确

公平公正待遇（Fair and Equitalbe Treatment，FET）是双边投资协定中的传统条款，属于绝对标准或者说最低标准，它要求东道国用一种国际社会认可的公平与公正来对待外国投资者及其投资。尽管措辞和表达形式各异，绝大多数 BITs 都规定了公平与公正待遇的内容。但因为其被认为只是一项宣告性、目的性的原则规定，早期并未引起争议和相关的司法实践。FET 真正成为问题是从北美自由贸易协定（NAFTA）在仲裁案例中对 FET 的频繁使用开始。在 NAFTA 早期案例中，投资者以东道国违反该条款为由提起仲裁，往往能够得到仲裁庭的支持，仲裁庭通过对 FET 条款的宽泛解释给东道国附加了较多的义务，典型的案例有 Metalclad 案、

① See Cai Congyan, *China-US BIT negotiations and the future of investment treaty regime: a grand bilateral bargain with multilateral implication*, Journal of International Economic Law, Vol. 9, No. 12, 2009, pp. 457-506.

S. D. Myers 案以及 Pope 案。① 基于实践中的经验和教训，NAFTA 的缔约国对该协定关于投资的第 11 章作出了解释，对有关规则予以限制。例如，为了提高公平公正待遇适用的门槛，防止因对公平公正待遇作宽泛解释而导致投资者滥诉及政府的诉累，NAFTA 缔约国于 2001 年发布的关于第 11 章的解释，将国际法的最低待遇标准限定为“外国人的习惯国际法最低待遇标准”；规定“公平和公正待遇”及“全面保护和安全”的概念不要求给予习惯国际法关于外国人最低待遇标准之外的待遇；并且，违反了协定中的其他规定或不同的国际协定，不表明违反了公平与公正待遇。②

公平与公正待遇为中式 BIT 的必备条款，但早期的中式 BIT 往往未对其解释和适用进行具体限定，这种情况在近期有所改观。例如，2012 年中国与加拿大 BIT 第 4 条要求，“任一缔约方应当根据国际法为投资者的投资提供公平与公正待遇和充分的保护和安全”，此外“‘公平与公正待遇’和‘充分保护与安全’这两个概念并不要求给予由国家实践和法律确信所确立的国际法给予外国人的的最低标准之外或额外待遇”，并且“对条约中其他条款的违反不构成对本条款的违反”。③ 首先，将国际最低待遇标准作为公平与公正待遇的门槛，可以限制其适用范围。以往公平公正待遇都以国际法为依据，或者作为一项独立的规定，由于内容过于宽泛成为最常被投资者援引的条款，被称作是“包罗所有”的国际投资法原则。新一代 BIT 作出不得超出国际最低待遇标准的规定对公平与公正待遇的内容进行限制，不过从国际实践来看，这一门槛要求仍未解决东道国的被诉危机。其次，公平与公正待遇条款的潜在危机在于其内容的模糊不清，因此一些国家开始对这一条款的具体内容加以规定，如美国 2004 年 BIT 范本就规定：公平公正待遇包括在刑事、民事以及行政司法程序中，不得拒绝给予世界主要法律制度都包括的正当程序原则所要求的司法公正的义务。④ 2011 年的中国与乌兹别克斯坦 BIT 对公平与公正待遇和充分保护与安全均作出了具体规定，“公正与公平待遇”要求缔约一方不得对缔约

---

① See Metalclad Corp. v. United Mexican States Case, No. ARB (AF) /97/1; Pope and Talbot Inc. V. Government of Canada, UNCITRAL Case, available at italaw. com/documents/PopeandTalbot-Merit. pdf, visited on March 31, 2012.

② See NAFTA Free Trade Commission, Notes of Interpretation of Certain Chapter 11 Provisions 2 (2001), available at http: //www. naftaclaims. com/Papers/July% 2031% 202001% 20NAFTA% 20FTC%20Statement. pdf, visited on March 31, 2013.

③ Agreement Between the Government of Canada and the Government of the People's Republic of China for the Promotion and Reciprocal Protection of Investments, article 4.

④ See 2004 American Model BIT, available athttp: //www. state. gov/documents/organization/117601. pdf, visited on March 31, 2012.

另一方投资者粗暴地拒绝公正审理，或实行明显的歧视性或专断性措施；“充分保护与保障”要求缔约方应采取合理及必要的治安措施以提供投资保护和保障，但在任何情况下都不意味着缔约一方应当给予投资者比该缔约国国民更优的待遇。最后，规定了公平与公正待遇的独立性。由于公平与公正待遇很容易与其他条款发生重叠，① 比如征收条款。通常在征收纠纷中，投资者都会顺带指控东道国违背公平与公正待遇条款，2012年中加 BIT 则指出对其他条款的违反不造成对本条款的违反，可以避免这种交叉指控。

（三）保护内容：间接征收之限定

晚近国际投资法对征收问题的研究重点已经从补偿标准之争转移到间接征收认定问题上。与直接征收正式转移所有权或直接没收的形式不同，间接征收指一方采取措施使投资者的投资陷于实质上无法产生收益或不能产生回报的境地，又被称为“事实征收”、“逐渐征收”等。随着国际投资自由化水平的提高，二战以后至20年代70年代市场出现的发展中国家对外资实施国有化或征收的情形，近乎绝迹，② 投资者对东道国征收的指控逐渐集中在间接征收上。由于国际投资协定中对间接征收定义不明确、认定标准不统一，经常引发投资者与东道国之间的纠纷。近年来，无论在 NAFTA 还是在 ICSID 体制内，投资者都对东道国政府基于维护环境、公共健康、经济调整等目的而采取的措施提出间接征收指控，严重威胁东道国政府维护公共利益的能力，促使人们认真对待投资者的私人权益与东道国的主权权力间的明显失衡问题，并寻求对间接征收规则进行改革。

NAFTA 第1110条第1项禁止缔约国采取“任何相当于征收之措施”，从 NAFTA 有关征收的判例来看，其问题聚焦于政府的规制行为是否属于征收行为。在 NAFTA 的 Metalclad v MEXICO 案中，仲裁庭认为墨西哥市政府基于环境审查拒绝给予原告公司垃圾填埋场经营许可的做法构成间接征收，并裁决给予原告1700万美元的损害赔偿。③ 该案所涉及的政府环境审查措施合法性曾引发各界广泛关注。显然，若对间接征收作宽泛解释，政府为公共利益进行管理的权力就会受到很大限制。因此，NAFTA 缔约国此后通过关于第11章的解释对征收规则予以限制，

---

① Alireza Falsafi, *The International Minimum Standard of Treatment of Foreign Investor's Property: A Contingent Standard*, Suffolk Transnational Law Review, Vol. 317, 2007, pp. 317-363.

② *Introduction to Regulatory Expropriation in Inter-national Law and Case Summaries*, New York University Environmental Law Journal, Vol. 11, 2002, pp. 279-314.

③ In June, 2001, Metalclad announced that Mexico agreed to pay the amount ordered by Judge Tysoe, $ 15.6 million.

美国和加拿大在嗣后的投资协定和自由贸易协定中也对此进行了修改和完善，不仅将征收限定在习惯国际法的范围，并将征收与公平公正待遇区别开来，而且对间接征收求偿予以限制，明确规定出于保护合法的公共福利目的（如公共健康、安全和环境）而采取的非歧视性的规制行为，除罕见情况外，不构成间接征收。这一规定对以后的仲裁庭把可予补偿的的征收与正当的政府规制的区分提供了指南，而且会使外国投资者关于任何种类的政府规制行为都是征收的主张变得更为困难，特别是当这种规制行为关系到环境和公共健康时。

这些国际实践为中国完善 BIT 征收规则提供了借鉴。到目前为止，中式 BIT 仅有少数对征收给予了解释，而一般都用模糊的语言表述，如中比投资协定第 4 条第 4 款的“其他类似措施”、① 中澳投资协定第 8 条第 1 款的“其他效果相同的措施”、② 中德投资协定议定书第 4 条第 1 款的“具有征收、国有化效果的其它任何措施”。③ 中式 BIT 大多规定了间接征收的四个条件，即：满足公共利益目的、非歧视、依照国内正当法律程序、给予补偿。但对何谓公共利益、何谓正当法律程序均未作出进一步解释。2006 年中国和印度保护与促进投资协定是第一个明确界定间接征收的中式 BIT，也是 2008 年之前中式 BIT 实践的唯一例外，该协定通过议定书中“关于对第五条征收的解释”，明确了间接征收是“一方为达到使投资者的投资陷于实质上无法产生收益或不能产生回报之境地，但不涉及正式移转所有权或直接没收，而有意采取的一项或一系列措施”，同时要求对间接征收的认定应当以事实为依据，个案审查，并考虑以下四个方面因素：（1）该措施或该一系列措施的经济影响，但仅仅有一方的一项或一系列措施对于投资的经济价值有负面影响这一事实不足以推断已经发生了征收或国有化；（2）该措施在范围或适用上歧视某一方或某一投资者或某一企业的程度；（3）该措施或该一系列措施违背明显、合理、以投资为依据的预期之程度；（4）该措施或该一系列措施的性质和目的，是否是为了善意的公共利益目标而采取，以及在该等措施和征收目的之间是否存在合理的联系。该条同时规定，除非在个别情况下，缔约一方采取的旨在保护公共利益的非歧视管制措施，不构成间接征收。④ 2006 年中印 BIT 对间接征收作了较为明确的规定，此后，尽管随后的中式 BIT 并未完全延续这一做法，但这一发展趋势已开始显现。例如，2008《中国与新西兰自由贸易协定》也作了类似规定，同时还

---

① 1984 年中国——比利时—卢森堡经济联盟 BIT，第 4 条。

② 1988 年中国——澳大利亚 BIT，第 8 条。

③ 2005 年中国——德国 BIT，第 4 条。

④ 《中华人民共和国政府和印度共和国政府关于促进和保护投资的协定》议定书，第 3 条。

限定了构成间接征收、政府剥夺投资者财产的行为必须是严重的或无期限的，从而对间接征收认定条件作了进一步细化，对于中式BIT的签署有很大的借鉴作用。① 上述明确间接征收概念、对判断标准加以具体化的做法，在2011年中国与乌兹别克斯坦②以及2012年中国与加拿大BIT③再次得到了体现，表明中式BIT在有关间接征收的规则上已开始逐步走向成熟，在增加规则的可操作性以有效保护投资者利益的同时，通过概念的明确、判断标准的具体化对本国公共利益给予了必要的维护。

（四）例外条款：投资者利益与东道国权益保护之平衡

传统的投资协定多侧重于保护投资者的利益，对东道国行使正当调控和管制权力关注不够，是导致国际投资条约仲裁中投资者与东道国权益保护失衡的重要原因之一。BIT的缔结往往以"促进和保护投资"为宗旨和目标，实体内容规定的主要是缔约国保护投资者及其投资的具体义务，而甚少涉及缔约国的权利和投资者的义务。当投资者与东道国发生投资争端时，因此仲裁庭在解释和适用BIT有关条款时往往侧重于强调投资者的利益保护而相对忽视东道国的权益。因此，国际投资条约仲裁实践上提出的一个重要问题是：在追寻BIT"促进和保护投资"的目标时，是否可以忽视甚至牺牲同等的甚至更为重要的目标，包括国家安全、公共健康、公共道德、环境和人权等在内的东道国权益。针对近年来国际仲裁案件的迅速增长以及不少仲裁庭裁决的公正性、合理性受到质疑等情况，越来越多的国家认识到，要平衡和协调东道国与投资者间权益保护关系，必须对BIT进行改革，增设必要的例外条款，从而使缔约国在保护投资者及其投资的同时也为维护国家安全和公共利益预留一定的空间。

条约中的例外条款也可称为"免责条款"，是缔约国设置的"安全阀"。根据此种条款，缔约国在一定条件下可以采取必要的管理措施，以维护其根本安全利益或公共利益，而不承担违反条约义务的法律责任。例外条款一般是东道国在承认自己行为违法后才会予以援引，因此它往往是一项最后的抗辩。在WTO的实践中，例外条款得到了十分广泛的运用，在GATT1994、GATS中均有详细的规定，是争端解决中最常被援引的条款。与国际贸易相比，国际投资对一国的经济、社会、文化层面影响更加深远，然而传统的双边投资协定中却大都没有规定例外条款，其部

---

① 参见2008年《中国-新西兰自由贸易协定》附件13。

② 参见2011年中国——巴基斯坦BIT，第6条。

③ See Agreement Between the Government of Canada and the Government of the People's Republic of China for the Promotion and Reciprocal Protection of Investments, article 10.

分原因可能在于：与WTO体制下强调“国家主权”相反，双边投资协定旨在实现“投资自由”。然而，在后危机时代，新自由主义对自由的极端追求受到了社会正义和公共利益等其他价值追求的挑战，双边投资协定对于非投资关切的重视程度也越来越高，例外条款已受到越来越多的重视。许多国家为了维护在敏感领域政策调控的灵活性和自主性，防止受制于国际投资协定，开始在投资协定中引入例外条款，如根本安全例外、金融审慎措施例外；或将对本国较为敏感的领域从协定适用范围中排除，如国债、金融、税收、证券投资等。这些例外条款的出现在某种程度上是对国际投资协定如何平衡投资者和东道国权益的尝试。

在条约实践上，例外条款的设置通常要考虑几个因素：（1）例外条款所设置的目标和范围，是应以维护国家安全为目的，还是也包括公共秩序、公共健康、公共道德等其他内容。（2）缔约国的措施应与所允许的目标相连接。缔约国采取例外措施对于目标来说应是“必要的”、“所要求的”或“不得不采取的”。（3）适用范围，即例外条款是适用于整个条约还是条约中的某些特定规定，① 例如，前述对间接征收的排除情形可视为征收条款本身的例外，而投资协定中的专门性例外条款，如国家安全例外、金融审慎例外则往往适用于整个投资协定，从而在更为广泛范围内强调了对东道国正当调控和管制权力的维护。

中国的传统BIT很少包含例外条款。为寻求投资者保护与东道国管制权力的平衡，修正自由模式的诸多弊端，2008年之后，例外条款开始频繁地出现在中式BIT的条文之中。中式BIT的再次转型，尤其是引入必要的例外条款，在保护投资者权益的同时也为我国维护国家安全和公共利益预留出一定空间。例如，2008年中国与哥伦比亚BIT分别就公共秩序保留（包括国家安全例外）、金融审慎例外、税收例外作了详细规定。② 而在2012年的中国与加拿大BIT中，例外条款的设置目标和范围则更为广泛，其一般例外条款下共有七项规定：除了传统的公共利益例外、重大安全例外之外，还设置了文化产业例外，协定下的规定均不适用文化产业；为维护一国金融主权，设置了货币及相关信贷政策、汇率政策例外；在对信息透明与公开强调之下，设置了信息披露的例外包括个人隐私、商业秘密以及金融机构对顾客账户信息披露的例外和竞争执法信息披露的例外；在金融危机频发的背景下，为维护国家金融安全设置了金融审慎措施例外。③

① 余劲松：《国际投资条约仲裁中投资者与东道国权益保护平衡问题研究》，载《中国法学》2011年第2期，第132～143页。

② 参见2008年中国——哥伦比亚BIT，第12、13、14条。

③ See Agreement Between the Government of Canada and the Government of the People's Republic of China for the Promotion and Reciprocal Protection of Investments, article 33.

在例外条款的援引上，中加BIT在重大安全例外等项下引入了十分重要的自行判断条款①。对于一个国家到了何种程度可以援引重大安全例外条款这一问题，实践中仲裁庭将之划分为两种情形：自行判断条款和非自行判断条款。裁庭认为只要没有“其认为必要的”（it consider necessary）文字表述，就属于非自行判断条款，从而应由仲裁庭来审查判断缔约国的措施是否必要。② 中加BIT重大安全例外条款中的“缔约方决定”（contracting party determines）、“其认为必要”（it considers）等表述，说明是否危害到国家安全的具体情形将由东道国自行判断。

就金融审慎措施例外而言，因为金融安全同样关系到一国国家安全，并且会涉及金融专业问题和保密的问题，因此美国2004年BIT范本对此采取了特殊的处理措施。2012年中加BIT同样引入了特殊的程序要求，单独规定了涉及金融审慎例外争端的解决措施，规定投资者—东道国仲裁庭不能够决定东道国的抗辩是否有效，但具体内容略有别于美国：当投资者将争端提交仲裁而被诉方以金融审慎措施作为辩护理由时，首先需要缔约双方对该事项作出一份书面报告，决定是由中心仲裁庭继续审理还是成立一个国家间的仲裁庭；然后双方的金融主管机构需要进行磋商该项抗辩是否成立；如果双方不能达成一致意见，将交由国家间仲裁庭决定，该项决定对投资者与国家间仲裁庭生效。③

（五）仲裁条款：任意扩大解释之预防

近年来，利用投资者与东道国仲裁条款（ISDS条款）起诉东道国的案件增多，尤其在经历阿根廷、美国仲裁危机后，各国对ISDS条款进行改革的呼声也越来越高。因很少在国际司法仲裁实践中被引用，我国早期签署的BIT有“睡美人”之嫌，但这种情况在最近几年有了很大的变化。目前，根据ISDS条款，由国际仲裁机构受理的中国投资者诉外国政府的案件已有四起，外国投资者诉中国的投资争端也已有一起。某种程度上来说，早期的中式BIT之所以成为“睡美人”，与保守模式下我国对待ISDS的谨慎态度有密切联系；而晚近涉及中国的投资仲裁案件增多，则与自由模式下中式BIT有关ISDS条款的规定过于宽泛有关。投资争端的国际仲裁机制是一把双刃剑：一方面它给私人投资者提供了有力的救济和保护，另一方

---

① See Agreement Between the Government of Canada and the Government of the People's Republic of China for the Promotion and Reciprocal Protection of Investments, article 33.

② 余劲松：《国际投资协定中投资者与东道国权益保护平衡问题研究》，载《中国法学》，2011年第2期，第132～143页。

③ Agreement Between the Government of Canada and the Government of the People's Republic of China for the Promotion and Reciprocal Protection of Investments, article 20.2.

面，它也会给东道国带来某些负面效应。近年来，美国、加拿大新的双边投资协定范本为完善争端解决机制采取的一些措施，对于防止私人滥诉，避免国际诉累，节省政府资源，增强政府的公共政策管理空间，具有一定的参考借鉴价值。与国际上对于投资仲裁的担心趋势相一致，中式 BIT 由自由模式向平衡模式的转型，其中的一个重要方面就在于 ISDS 条款的改革上。

自 2007 年中国与法国 BIT① 规定了投资者在提交仲裁前须用尽国内行政复议程序开始，晚近中式 BIT 陆续对 ISDS 条款作出了一系列修正。例如，就国际投资仲裁实践中将最惠国待遇适用范围延伸至争端解决程序便利的扩大解释趋势，2008 年中国与哥伦比亚 BIT、② 2012 年中日韩三边投资协定③在投资待遇中明确规定最惠国待遇不适用争端解决程序；2008 年中国与墨西哥 BIT 将 ISDS 条款的适用范围明确限定于协定第二章规定之义务。④ 2012 年中加 BIT 对 ISDS 条款作出最详细的规定，除明确规定最惠国待遇不适用程序性便利之外，主要改进有：第一，对可仲裁事项的范围作出了具体规定。中加 BIT 规定投资者只有对以下事项可提出申请：（1）东道国违反了条款第 2 条至第 7（2）条、第 9 条、第 10 至第 13 条，14（4）条或者 16 条；（2）东道国违反了第 10 条或第 12 条（征收或转移），如果一方投资者或其投资来自另一缔约方领土内的金融机构，申请人遭受了由于该违约或产生于该项违约的损失。该项规定十分具体且全面，投资者只能基于以上条款提出申请，实质上是对可仲裁事项范围作了限制。第二，设置了提起仲裁的前提条件。除了投资者在提起申请之前须用尽当地行政复议程序之外，2012 年中加 BIT 主要是增加了一些程序上的规定：如投资者须将其同意根据协定程序进行仲裁告知东道国；须经过六个月的等候期；书面通知东道国申请仲裁的意图；证明其为另一缔约国投资者身份等。投资者在满足以上程序要求后，东道国才能对提起仲裁的申请予以同意。第三，形成了一个更完善的仲裁程序机制，引进了类似国内诉讼程序中的第三人参与、合并审理、临时保护措施和最终裁决和裁决的终局和执行等程序规定。仲裁程序的不断完善是第四代 BIT 改进的重点，2012 中加 BIT 模仿了美国 BIT 的相关规定，但仍有差别，比如并未采用美国 2004 年 BIT 范本中的专家条款和仲裁过程的透明度规定。第四，设置了金融审慎措施、税收争端解决的例外。金融审慎措施和税收不同与其他投资争端，事关一国国家安全和国家主权因此不能适用普

① 参见 2007 年中国——法国 BIT，第 7 条。

② 参见 2008 年中国——哥伦比亚 BIT，第 3.3 条。

③ 参见 2012 年中日韩三边投资协定，第 4.3 款。

④ 参见 2008 年中国——墨西哥 BIT，第 13.1 条。

通投资者与东道国争端解决程序。① 金融审慎措施的例外前文已经提及，故不赘述。一国税收措施本属于一国主权行为可享受国家主权豁免，然晚近的国际投资实践表明投资者可以根据投资协定中的征收及其他条款将东道国的税收措施诉至仲裁庭。因此2012年中加BIT设立了专门的税收条款，规定投资者须将该税收措施是否与征收有关提交东道国的税收主管机关，只有在双方主管机关不能达成一致意见或没能相互磋商前提下，投资者才能将该争议提交仲裁。②

五、结论与展望

自1982年中国订立第一个双边投资协定以来，中式BIT在不断地进行发展完善，并先后经历了两次大的转型发展。在20世纪90年代末期逐步完成第一次过渡，即由最初主要强调维护东道国主权的相对保守时期，向强调投资自由和投资者保护的完全自由模式转变。为适应晚近国内外形势的发展变化，自2008年前后开始，中式BIT正在逐步向更为成熟的平衡模式转变。以2012年中加BIT为代表，平衡模式的中式BIT客观反映了国际投资协定的新发展和新趋势，不仅是对当前国际投资法领域最新发展趋势的适时调整，也更加切合我国当前在国际资本流动方向中的身份转变，表明中式BIT正在走向成熟、合理。

应当指出，从保守模式到自由模式的转变确立了中国对外国投资者的态度，在今后的条约实践中仍应以提高投资者待遇为目标；从自由模式到平衡模式的过渡，不应也不会改变BIT促进投资自由化的宗旨，而是从程序和细节上的完善，以建立一个更为合理公正、利益平衡的国际投资格局。

为实现这种平衡，中式BIT晚近出现如下明显变化：（1）注重在保护投资者权益的同时也为维护国家安全和公共利益预留出一定空间；（2）对东道国与投资者的权利义务尤其是容易产生误解的关键条款作出了更加明确具体的规定，防止仲裁庭的扩大解释，避免因为条约表述不清楚而导致投资纠纷；（3）完善ISDS条款，促进投资者与东道国投资争议的顺利解决。

当然，尽管晚近签署的中式BIT业已开始由自由模式向平衡模式的重要过渡，但在其发展完善过程中仍应注意以下问题：

（一）中国对外签署的投资协定数量庞大，涉及前后协定的衔接问题。目前为

① See Agreement Between the Government of Canada and the Government of the People's Republic of China for the Promotion and Reciprocal Protection of Investments, article 20-32.

② See Agreement Between the Government of Canada and the Government of the People's Republic of China for the Promotion and Reciprocal Protection of Investments, article 14.

止，我国仍有大量自由模式乃至保守模式下的中式 BIT 仍在有效期内，因此，要彻底完成中式 BIT 向平衡模式的过渡仍需要较长的时间。

（二）投资条约内容的复杂化，许多新的条款和内容，不仅需要接受进一步实践的检验，也涉及国内外体制的接轨。例如劳工权条款、环境保护条款等内容的订入，往往需要综合考虑国内制度配套，尤其是国内投资和法律环境的提升和完善。当然，目前中式 BIT 虽有开始订入此类条款，但大多仍仅为原则性宣示，条款的可执行程度暂时来看不高。考虑到美国等发达国家日益注重此类条款的明确化和具体化，我国仍有必要未雨绸缪，切实从国内体制改革和制度完善方面多做工作。

（三）鉴于中国在国际资本流动中的双重身份，应进一步考虑有针对性地订立不同模式的范本。当前，一个范本、一种模式“订终身”的投资保护协定已无法适应国际投资自由化的趋势，我国应在系统性和战略性思考的基础桑，针对不同的国家类型提供差异化的协定中期范本。

（四）结合中美 BIT 谈判焦点及国际投资协定的最新发展，加强对引入准入前国民待遇、透明度义务、劳工与环境条款等新型条款的利弊分析和可行性分析。

（五）引导中国投资者积极利用 BIT 中的 ISDS 条款和机制，保护海外投资利益。

On the Model Revolution of Chinese Bilateral Investment Treaties

Abstract: Over the past thirty years, the Chinese BITs has gone through three stages and two significant transformations: it gradually finished its first transition in 1990s from the comparatively conservation period when the authority of host country was the foremost, towards the complete freedom period when the investment freedom and protection of investors were highlighted; since around 2008, Chinese BITs have been turning to a more mature and balanced model step by step. The Chinese BIT under balanced model objectively reflects the new development and tendency in international investment agreements, which is the important adjustment made by China in reaction to the tendency in international investment law and the transition of its role in the global capital flow. The changes of Chinese new balanced BITs mainly focus on: 1) guarding the state's security and public interest while protecting the investors' rights and interests; 2) Clarifying the key clauses regarding the rights and obligations between the host country and investors, especially the ambiguous ones to avoid investment disputes and extensive explanation due to these clauses; 3) Improving the ISDS clause to promote the settlement of the disputes between host country and investors.

Key words: Bilateral Investment Treaties; Conservative Model; Free Model; Balanced Model

美国 BIT 的最新发展及对我国完善双边投资协定的启示

□ 张 骞*

内容摘要 2012 年 4 月 22 日，美国政府公布了 2012 年版“双边投资协定”（BIT）的示范文本，替代了原来的版本。其内容细化了规则的透明度和公众的参与、环保、劳工等反映当下国际投资规则发展趋势的规定，对进行中的中美双边投资协定谈判和未来中外投资协定的签订都会产生深远的影响。中国在引进外资的过程中，产生了诸如环境污染，劳资纠纷等环保和劳工的社会问题，如何克服这些弊端，美国 BIT 的最新发展对我国完善对外投资协定或许有一定的借鉴意义。

关 键 词 BIT；美国；中外投资协定；国际投资

目 次

* 南京大学博士后、浙江财经学院副教授、法学博士、硕士生导师。研究方向：经济法、国际经济法。

引言

双边投资协定（Bilateral Investment Treaties，BIT）是指两个国家就相互之间的投资与保护问题达成的协议。① 此类协议通常在投资东道国和资本输出国之间签订，目的在于保护和促进缔约国间的直接投资。其内容通常包括市场准入、外资待遇、资本自由转移、征收与补偿、争议解决等方面的内容。目前世界上还没有出现一个全球性的多边投资条约，双边投资协定占据了国际投资法律的主要部分。据UNCTAD《2012年世界投资报告》统计，截至2011年底，国际投资协定共计3164项协定，其中2833项为双边投资协定，331项为“其他国际投资协定”，主要包括涵盖投资条款的自由贸易协定、经济伙伴关系协定和区域协定等，从数量上看，双边协定仍占主导地位。②

在1982年、1994年和2004年三个双边投资协定版本基础上，2012年4月22日，美国政府公布了2012年版“双边投资协定”（BIT）的示范文本（以下简称“BIT范本”），替代了原来的版本。③

从美国以往的双边投资协定谈判实践来看，大多以其投资协定示范文本为谈判的基础，且态度较坚决，不大会对其示范文本的条款做大的修改，最终的结果也基本上与其示范文本差不多相同的内容。因此，对于当下中美双边投资协定谈判，我们需要对其BIT范本给予高度的关注和研究。本文通过与2004年示范文本④的对比，旨在介绍2012年版的几处实质性修改，并间以简要的分析，以期抛砖引玉，有更多的人参与该领域。

一、美国BIT范本

与旧文本相比，2012年版本继续维持了在保护投资者利益与维护政府出于公共利益采取管理措施权力之间的平衡。同时，更强调透明度和公众参与，强化了关

---

① 王传丽：《国际经济法》（第二版），高等教育出版社2008年版，第372页。

② 詹晓宁（James Zhan）领导的团队编写：UNCTAD《2012年世界投资报告》，资料来源于：http：//www. unctad-docs. org/files/UNCTAD-WIR2012-Overview-cn. pdf，2013年2月27日访问。

③ 示范文本可见链接 http：//www. ustr. gov/sites/default/files/BIT% 20text% 20for% 20ACIEP% 20Meeting. pdf，2013年2月27日访问。

④ 《美国双边投资条约范本（2004）》中文版：资料来源于：http//blog. sina. com. cn/s/blog_ 9dcb087f01013ri6. html.，2013年2月27日访问。

于劳工与环境的保护，并针对国有企业的特殊待遇和自主创新政策带来的扭曲等制订了更加严格的纪律。① 之所以会作出这样的修改，有其一定的原因：

（一）修改的背景

全球直接投资复苏势头受挫，据报道，2012 年，全球外国直接投资下降 18%，约为 1.3 万亿美元，复苏势头受挫，投资额再次回到与 2009 年低谷相当的水平。全球外国直接投资仍面临诸多严峻风险，如主要发达经济体和全球金融体系的结构性问题，可能进一步恶化的宏观经济环境以及各国对投资更多的限制等。若这些风险持续存在，外国直接投资的复苏可能进一步推迟。②

受全球大环境的影响，美国的国际投资领域也受到了较大的挫折。根据美国达特茅斯大学经济学教授 Matthew Slaughter 的研究，十年前美国利用外资额占世界总外国投资的 40%，但现在萎缩到了 17%，2011 年上半年，美国利用外资额又较上年同期下降了 12%。③

美国国务院贸易代表在 2012 年 4 月 20 日公布美国双边投资条约范本时曾做如下说明：国际投资是美国经济发展、创造就业机会和出口的重要推动力。新范本需要帮助奥巴马政府实现下述几个重要目标：美国公司将从整平的外国市场中获益；为促使美国的经济伙伴履行国际义务提供有效的机制；强化劳工和环境保护。④

BIT 范本支持美国为促进经济强劲增长而承担的战略性国际义务。它将在下述两个方面起到关键作用：当美国公司为获得生活在美国之外的全球 95% 的消费者而竞争的时时候，确保其得到有力的法律保护；促进世界范围内的善治，法治及透明度。如同其前身——2004 年双边投资条约范本——BIT 范本将继续为投资者提供强力保护，并为政府管理公共利益保留必要的能力。美国政府对双边投资条约文本做了若干重要改变以便提高透明度和公众参与，强化有关国有企业优惠待遇的纪律，包括对因某些自主创新政策所导致的扭曲加以矫正，以及加强对劳工和环境的

---

① 美国政府公布新的“双边投资协定”示范文本，资料来源于：http：//www.foods1.com/content/1614206/，2013 年 2 月 27 日访问。

② 王昭、杨京德：联合国报告称 2012 年全球直接投资复苏势头受挫，资料来源于：http：//money.163.com/13/0124/00/8LUOR6TM00253B0H.html，2013 年 2 月 28 日访问。

③ 刘洪：美国吸引外资不能口惠而实不至，资料来源于：http：//www.chinanews.com/cj/2011/10-26/3414355.shtml，2013 年 2 月 28 日访问。

④ Office of the Spokesperson：*Model Bilateral Investment Treaty*, Washington, DC, April 20, 2012, available at：http：//www.state.gov/r/pa/prs/ps/2012/04/188199.htm, visited on February 28, 2013.

保护。①

（二）新BIT范本对2004年版BIT所做的补充和修改

1. 明确了“境内（territory）”的范围

“境内”指（a）美国；（i）美国关境，包括50个州、哥伦比亚特区和波多黎各；（ii）位于美国和波多黎各的外国贸易区。（b）××国________。（c）就缔约方而言，在其领海和根据诸如《联合国海洋法公约》中规定的国际惯例在领海外行使主权和管辖权。该款比2004年版更加具体地指明了本BIT适用的范围，从而明确了涉及与本协定有关的投资争端的管辖权划分。

2. 增加了“政府授权（government authority）”的界定

根据第2条第2款注释8②的规定，为进一步明确起见，被授权的行政当局包括经立法授权、政府的命令、指令或其他行为获得权力的国有经营实体或其他自然人，还包括国有经营实体或其他自然人的行政权力授权行为。该款修改当中一个引人注目的地方是“国有经营实体”的措辞，长期以来，美国对来自社会主义国家，特别是中国的企业怀有一种“原罪”观念，他们一直怀疑中国的国企在获得信贷供应、税收优惠和政府对国企的监管等方面拥有天然的优势，导致与其竞争的本国民营企业，甚至海外投资东道国的企业处于不公平竞争的劣势地位。此款的修改用以规制国企的目的较明显，将来美国很有可能据此对中国国有企业发难。

3. 对第8条“履行要求”的修改

在缔约方履约要求中增加了优待本国国民的内容，第1款（h）项规定：（i）优先购买，使用缔约方或其国民的技术；③ 或者（ii）在其域内，特别是对技术的阻止购买或使用，或给予优惠，从而基于国籍属性，给其本国投资者、缔约方投资或技术、缔约方国民投资或技术保护。第3款（b）（c）（e）项中也增加了（h）

---

① 陆以全：美国双边投资条约新范本小型研讨会即将举行，资料来源于：http：//www. csiel. org/news_ info. asp? id=611，2013年2月28日访问。

② 新增注释8：For greater certainty，government authority that has been delegated includes a legislative grant，and a government order，directive or other action transferring to the state enterprise or other person，or authorizing the exercise by the state enterprise or other person of，governmental authority。

③ 新增注释12：For purposes of this Article，the term “technology of the Party or of persons of the Party” includes technology that is owned by the Party or persons of the Party，and technology for which the Party holds，or persons of the Party hold，an exclusive license。为澄清本条目的起见，术语“缔约方或缔约方国民的技术”包括缔约方拥有的或缔约方国民拥有的技术，和由缔约方或其国民拥有的独占使用许可。

项的内容。

自金融危机爆发以来，美国的经济状况一直萎靡不振，为了振兴经济，美国政府采取了一系列的措施，例如量化宽松的货币政策、购买美国货的贸易政策等。在经济低迷时期给本国企业以优先的扶持是美国政府的一贯做法，（h）项的增加充分暴露了美国政府试图在投资方面给予本国国民和企业以政策倾斜的意图。

4. 强调了规则的透明度和公众的参与——对第 11 条的修改

相比 2004 年版本，BIT 范本增加了对缔约方透明度的义务，在对第 11 条“透明度”修改中，新增了 4 个条款，使得该条总数达 14 项之多。

第一，新规定更加简捷，规定“双方同意，定期协商，根据本条和第 10 条、第 29 条规定的机制提高透明度”。

第二，明确了缔约方政府应注重缔约方对法规草案听取公众评议的义务。“任何中央政府行政法规的草案都须遵守本示范法的规定，按照本条第 2 段（a）予以公布，每一缔约方需：（a）在国家发行渠道的官方期刊上发布暂行条例，同时鼓励通过其他的途径予以传播；（b）在大多数情况下，法规草案应有在征集公众的评论与意见截止日前不少于 60 天的公示期；（c）公布的内容还包括法规草案的解释和依据；和（d）当法规草案成为最终法律文本时，应在官方期刊或政府网站的显著位置公布公众评议期间收集到的重大、实质性评议；并对法规草案的实质性修改部分做出解释。”

第三，明确了缔约方政府公示相关政策和法规的途径、期限，“任何中央政府通过的行政法规都须遵守本示范法的规定，每一缔约方：（a）在国家发行渠道的官方期刊上发布暂行条例，同时鼓励通过其他的途径予以传播；（b）公布的内容还包括法规草案的解释和依据”。新增的第 3、4 款实现了投资措施的讨论、制定和颁布、实施全过程的公开透明。

令人关注的是，BIT 范本新增设了一款新增“标准设定”内容——第 8 款。该款包含下列几层含义：

第一，每一缔约方应允许另一缔约方的投资者参与中央政府机构关于标准和技术规范的制定。① 每一缔约方应允许另一缔约方的投资者参与中央政府对这些措施和合格评定程序的完善，该参与者享有国民待遇。

第二，每一缔约方应建议其境内的非官方标准化组织允许另一缔约方投资者参

① 新增注释 14：A Party may satisfy this obligation by, for example, providing interested persons a reasonable opportunity to provide comments on the measure it proposes to develop and taking those comments into account in the development of the measure. 缔约方可以通过下列方式履行条约义务，例如，为利益攸关方提供合理的评议机会并在措施的发展完善过程中对这些评议加以考虑。

与该组织的标准完善。每一缔约方应建议其境内的非官方标准化组织允许另一缔约方参与这些标准的完善，以及这些组织对合格评定程序的完善，该参与者享有国民待遇。

第三，第8款（a）项和第8款（b）项不适用于：

（1）WTO《实施卫生与植物卫生措施协定》附件A定义的卫生与植物卫生措施，或者（ii）由政府机构提供的产品生产和消费的采购规范。

（2）为明确第8款（a）项和第8款（b）的规定起见，“中央政府机构”、“标准”、“技术法规”和“合格评定程序”等术语的语义与WTO《技术性贸易壁垒协定》附件1中的规定一致。“标准”、“技术法规”和“合格评定程序”术语不适用于服务的提供。

5. 强化投资对环境的影响和保护——对第12条的修改

BIT范本沿袭了《北美自由贸易协定》（NAFTA）和2004年版本中关于投资与环保的规定，但在某些方面有所突破，主要表现有：

第一，修改第1款的规定，意识到环保的法律和政策既包括其各自国内的环境法律和政策，又包括多边和双边环境条约、协定等。这为在投资过程中援引环境法律和政策提供了广泛的法源。

第二，新增第2款，申明缔约方对环保的重视，各缔约方认识到以削弱和减损国内环境法提供的环境保护来鼓励投资的做法是不明智的。因此，各缔约方应确保，它并没有放弃或以其他方式减损或者试图放弃或以其他方式减损环境法律提供的保障；① 或未能有效执行这些法律，以持续或反复的作为、不作为的方式来鼓励鼓励设立，收购，扩大其境内的投资。

第三，强调投资东道国对其境内外资的监管权。UNCTAD《2012年世界投资报告》提出了制定可持续发展投资政策的11项核心原则，其中就包括了东道国对其境内外资的监管权原则，“根据国际承诺，为了公共利益及尽量减少潜在负面影响，每个国家都有权建立外国投资准入条件，并确定外国投资的运行条件”。② BIT范本顺应了这一世界投资政策趋势，赋予缔约方承认每一缔约方在监管、执行、调查和检察等事项方面，以及决定与环境优先发展事项有关的资源分配方面享有自由

① 注释15：Paragraph 2 shall not apply where a Party waives or derogates from an environmental law pursuant to a provision in law providing for waivers or derogations. 第2款不适用于一缔约方根据环境法赋予的豁免或减损权利。

② 詹晓宁（James Zhan）领导的团队编写：UNCTAD《2012年世界投资报告》，资料来源于：http：//www.unctad-docs.org/files/UNCTAD-WIR2012-Overview-cn.pdf，2013年2月28日访问。

裁量权。相应地，缔约方了解每一缔约方是遵循着第 2 款规定的作为或不作为程序在合理地行使这些自由裁量权，或者资源的分配是出于某个善意的决定。

第四，明确了缔约方制定环保法律和政策，保护环境，或防止危害人类，动物或植物的生命或健康的途径：

（a）预防，消除或控制释放，排放或散发废弃物或环境污染物；

（b）控制环境有害物质、有毒化学品、材料和废弃物及有关信息的传播；

（c）保护野生动植物，包括濒临灭绝的物种、它们的栖息地，以及在缔约方领土内受特别保护的自然区域，但不包括与工人的安全或健康有关的任何法律或法规。

第五，细化环境规制而引发争议的解决期限与方式。在出现环境争议，一缔约方方可根据第 12. 6 条的规定就任何事项提出书面申请，与对方进行磋商。另一方收到此种请求后的 30 天之内作出回应。此后，双方应进行磋商并尽力达成双方满意的解决方案。

第六，在与环保有关的投资措施中引进公众参与的机制，根据新增第 7 款的规定，各方确认，缔约方有权采用适当的方式为公众参与本条约引发的任何事项提供机会。公众参与环保事务是国际、国内环境法的一项重要原则，但在双边投资协定中加入公众参与原则尚属美国 BIT 的首创。

6. 细化了投资与劳工的关系——对第 13 条的修改

BIT 范本由 2004 年版的 3 个条款增加到了 5 款，扩大了劳动法渊源的范围，细化了涉及劳动的投资争议的解决机制。

第一，缔约方重申遵守其作为国际劳工组织（ILO）成员的义务及在《国际劳工组织关于工作中基本原则和权利的宣言及其后续措施》中的承诺。“劳动法”是指各缔约方与国际上普遍认可的劳动权有直接关联的法律法规或法律条款。

第二，强调了投资中包含劳动者合法权益的重要性。各缔约方认识到，通过削弱或减少国内劳动法的保障以鼓励投资的做法是不恰当的。因此，各缔约方应确保，它并没有放弃或以其他方式减损；也没有试图放弃或以其他方式减损其劳动法，导致违反了第 3 款第（a）至（e）项所规定的劳动权利；或者在持续或反复的作为或不作为过程中，未能有效执行劳动，以便鼓励在其境内设立，并购，扩大或保留投资。

第三，细化了“可接受的工作条件”，如最低工资、工作时间和劳动安全与健康等方面的考量标准。

第四，规定了涉及劳动的投资争议解决期限和方式。一缔约方可根据本条规定就任何事项提出书面申请，与对方进行磋商。另一方收到此种请求后的 30 天之内作出回应。此后，双方应进行磋商并尽力达成双方满意的解决方案。

第五，各方确认，缔约方有权采用适当的方式为公众参与本条约引发的任何事项提供机会。此款保障了与劳动权益有关的投资措施的透明度，表现了美国对投资措施的重视，但同时也透露出美国对投资东道国与投资有关的劳动法律和政策透明性的担忧和追求。

7. 明确了投资金融服务方面的程序性规定——对第20条的修改

与2004年版本相比，在解决投资金融服务争议的程序方面，新版本规定的更为具体和详细。

第一，对“谨慎的原因（prudential reasons）”做了进一步的说明，“谨慎的原因”包括对安全性、合理性、完整性或单个的金融机构财务责任等的维护，也包括对支付和清算系统的财务和经营的安全性和完整性的维护。① 这为确定仲裁庭的受案范围提供了较明确的法律依据。

第二，具体明确了争议解决的期限和抗辩理由。如第20条第3款规定，应被申请方在120天的期限届满之日起30天内根据第3款（c）提出的作出联合决定的请求，或者，在120天期限届满后，没有设立仲裁庭，则在仲裁庭设立后的30天内，仲裁庭须先解决适格的金融主管机构未能根据本条第2款（c）解决的问题，然后再决定被申请方援引本条第1、2款提出的抗辩的事实依据。被申请方未能提出此项请求不损害其在仲裁的任一阶段援引本条第1、2款抗辩的权利。

第三，加大了争议解决的透明度和争议当事方的参与程度。如，缔约方不仅应当尽可能提前公布其准备施行的涉及金融服务的规范性措施，而且还要公布其目的；在最终法案得到通过时，应公布收到的利益相关方就该规范提出的书面的实质性意见。

第四，注意对投资者或国家在金融服务领域里的欺诈行为。“毫无疑问，本条约应该防止缔约方中的投资者或国家采取措施或执行，通过金融指令、以确保交易安全，符合法律法规的投资与本条约相悖，包括依法防止欺诈、虚伪或涉及金融服务合同的违约行为，上述行为涉嫌处于优势地位的国家肆意妄为和有失公平的歧视做法，以及针对依据金融指令的投资行为所实施的蒙蔽性管制。”在金融领域里防范缔约方（在美国看来主要是投资东道国）采取有碍于国际投资的措施是BIT范本新增的内容，此举绝不是无意的。在当前世界尚未完全从金融危机中恢复的境况中，许多国家纷纷采取汇率、利率和增量发行货币等金融措施来刺激本国的经济复苏与增长，不可避免的，此类措施会影响到国际投资领域，存

① 修改后的注释18 It is understood that the term “prudential reasons” includes the maintenance of the safety, soundness, integrity, or financial responsibility of individual financial institutions, as well as the maintenance of the safety and financial and operational integrity of payment and clearing systems。

在着扭曲国际投资的可能性，BIT范本的新款可谓未雨绸缪，为防范与化解此类投资纠纷打下了法律基础。

8. 其他方面的修改

删除了2004年版中的附件D“建立双边上诉机制的可能性”部分。原来版本的附件D规定，在条约生效后三年内，成员双方应当考虑是否建立一个双边上诉机构或类似机制，以审查在该上诉机构或类似机制设立后发生的仲裁中，按照第34条规定作出的仲裁裁决。美国—智利FTA和《北美自由贸易协定》（NAFTA）等美国签订的国际协定中有过类似的机制，这反映了美国在双边和区域性条约中实验后，想把这一模式固定化的意图，同时，WTO国际贸易争端解决机制中的上诉机构也为美国在国际投资领域里的争议逐步司法化树立了成功的榜样。新版BIT用肯定的语气强调了未来多边上诉机制的可能性，要求缔约方努力确保此类机制与根据双边投资协定，已经适用于投资者与政府间的投资争议，包括透明度和公众参与条款在内的条款具有可比性。“如果未来其他国际组织多边协议为国家和外国投资者之间争议的仲裁裁决提供了上诉机构，缔约方应该考虑依据本条约第34条做出的裁决是否适用上诉机制。缔约方应当依据本条约第29条的规定，力争确保上诉机制的司法程序高度透明。”只是新版BIT没有就建立投资争议解决上诉机制设立时间表，这更具有灵活性。

此外，对“对附件的解释”期限由原来的90天改为60天。

二、对中国签订双边投资协定的启示

中美两国间存在着巨量的双边投资，有着较高的依存度。2011年，中国对主要经济体投资快速增长，对美国直接投资18.11亿美元，同比增长38.5%。① 根据美国商务部的统计，美国FDI在华投资已从2007年的297亿美元跃升到2008年的539亿美元。从那时起，美国对华FDI或多或少保持在一个平稳的水平上，2010年增加到585亿美元但2011年又下滑到542亿美元。②

中国对外缔结的双边投资条约已经有约130个，除美国外，包括了中国所有的

---

① “中国去年对外直接投资净额746.5亿美元刷新纪录”，资料来源于：http://finance.people.com.cn/GB/n/2012/0830/c70846-18878183.html?anchor=1，2013年3月1日访问。

② 市场准入:中美双边投资协定谈判(BIT)的关键议题,资料来源于:http://www.sccwto.net/webpages/WebMessageAction_viewIndex1.action?menuid=601384C67CFF454390D9ABB87D830B21&id=98ebb790-8d20-4042-95bc-f57e7c25cb1e，2013年3月1日访问。

主要贸易伙伴。目前，中国还在继续积极与其他一些国家谈判缔结新的双边投资协定或修订原有的双边投资协定。① 中国在新兴经济体中是最大的外商直接投资（FDI）东道国和母国，美国在发达国家当中居于此种地位。作为投资东道国，中美两国都寻求保持政策空间去实现它们的公共政策目标；作为投资母国，它们又都寻求对其海外投资的保护。正是由于中美两国间存在这种相似的需求，自2008年9月至2009年11月，两国政府就签订双边投资协定进行了六轮谈判，此后，由于美国修改其BIT范本，此类谈判中断，直到中美两国2012年5月正式宣布重启中美双边投资保护协定的谈判工作。②

由于发展水平、利益诉求等存在差异，中美双边投资协定谈判存在分歧和争议在所难免。囿于篇幅，本文选取部分可能出现争议的议题，结合美国BIT范本的修改条款进行批判性分析，以期阐明其变化的原因、目的和出发点等，并在此基础上提出些对中国签订国际投资协定的启示。

（一）关于规则的透明度和公众的参与

透明度原则要求政府及相关部门在两个方面公开：一是政府部门的政策、法律法规等信息要及时公开，并扩大社会公众的立法参与程度；例如，WTO体制中的TRIPS协议第53条规定：由一成员实行的、有关本协定内容（知识产权的效力、范围、获得、实施和防止滥用）的法律和规章以及普遍适用的司法终局裁决和行政裁定应以本国语言予以公布，或者，如此种公布不可行时，则应使之可公开可得，以使各政府和权利持有人知晓。一成员政府或政府机构与另一成员政府或政府机构之间缔结生效的有关本协定内容的协定也应予以公布；二是争端解决的程序公开透明。例如，DSU附录3“工作程序”第10条规定：为保持充分的透明度，第5款至第9款中所指的陈述、辩驳及说明均应在各方在场的情况下作出。而且，每一方的书面陈述，包括对报告描述部分的任何意见和对专家组所提问题的答复，均应使另一方或各方可获得。

在国际投资领域，透明度问题也日益受到国际社会的重视，这是因为没有投资政策、法律法规的透明，投资者无从知晓投资东道国的准入条件，经营资格，投资过程中的权利义务、投资争议的解决等涉及投资活动的重大信息，投资权益、投资

---

① 中华人民共和国商务部条约法律司，双边投资保护协定，资料来源于：http://maanshan.mofcom.gov.cn/article/zhongyaozt/201209/20120908356635.shtml，2013年3月1日访问。

② 第四轮中美战略与经济对话框架下经济对话中方新闻稿，资料来源于：http://wjb.mof.gov.cn/ztlm/sbcj/201205/t20120508_649137.html，2013年3月1日访问。

待遇等无法得到切实的保障，更谈不上投资自由化了。

相比旧版 BIT，新范本更加强调了规则的透明度和公众的参与，在对第 11 条“透明度”的修改中，新增了 4 个条款，修改处达 14 项之多。修改了第 28 条第 10 款，规定缔约方应当力争确保上诉机制的司法程序高度透明。其修改的地方涉及了实体性和程序性条款，可见美国对受规则影响的相对方参与规则的制定与修改的重视程度。

第 11 条新增的第 3、4 款是从国内公众的参与角度实现投资政策的透明度，而第 8 款则是强调投资东道国应给予投资者国民待遇，特别是赋予他们参与东道国标准和技术规范的制定。在 BIT 中规定国民待遇条款是美式 BIT 的固定内容之一，但与以往版本的 BIT 不同的是，原来版本 BIT 的国民待遇条款只是涉及外国投资者“设立、并购、扩大、管理、运营、转让或其他投资处置方面”等方面，在透明度义务方面要求投资东道国承担国民待遇义务是首次出现的情况，这标志着美国不满足于使其海外投资者享有“设立、并购、扩大、管理、运营、转让或其他投资处置方面”等方面的权利，还想把权利的范围前伸到规则和标准的制定过程中，这会不会产生外国投资者干预投资东道国立法过程的消极影响？如何吸收和采纳他们的意见建议？此类问题不能不引起投资东道国的高度重视。

另外，修改第 28 条第 10 款，强调缔约方应当力争确保上诉机制的司法程序高度透明。为投资者与投资东道国政府之间的投资争议设立上诉机制，且强调其透明性，这不仅是要体现美国对争端解决程序透明性的重视，也充分暴露了美国对投资东道国国内司法的不信任。修改此条款的意图更多在于发生在发展中国家中的投资争议解决最终纳入到发达国家主导的国际投资争议机制中去。

中国签订的对外双边投资协定中，只有少数一些协定中含有透明度条款，如中韩、中国与东盟等签订的投资协定。以 2008 年中国与东盟之间签订的《全面经济合作框架协议投资协议》为典型。该协议第 19 条专门规定了透明度的问题。但只是规定了缔约方政府的政策、法律法规公示义务，没有涉及争端解决程序方面的公开。① 但在国内程序中，我国已经开始实行程序公开，最高人民法院已通过中国知识产权裁判文书网，公开生效的知识产权裁判文书。从 2009 年起，最高人民法院每年都会公布《中国法院知识产权司法保护状况》。2013 年 1 月 1 日实施的新《民事诉讼法》也规定公众可以查阅未涉及国家秘密、商业秘密或个人隐私的已生效

① 《中华人民共和国政府与东南亚国家联盟成员国政府全面经济合作框架协议投资协议》，资料来源于：http：//www. caexpo. com/special/CAFTA/tzxy/images/xy_ cn. pdf，2013 年 3 月 1 日访问。

的判决书。① 在进行中中美双边投资协定谈判中，我们应坚持透明度的基本原则，但实现透明度的措施上应循序渐进，先在法律法规方面公开透明，然后逐步开放公众参与，不断完善公众参与投资政策和法律制定的程序。

（二）关于投资对环境的影响和保护

随着国际经贸往来的不断密切，经济活动带来的负面影响也日益突出，主要表现在人类的活动与环境恶化之间的矛盾愈加激化，国际社会开始反思包括国际投资在内的经贸活动与环境保护的关系，进而提出了“可持续发展”的口号。在国际投资领域，由原来的单纯追求国际投资经济目标转而更多考虑投资与环保的互动，防范与减少国际投资产生的环境破坏，通过立法制止投资者的危害环境的不法活动，同时也限制东道国为吸引外资而故意降低环保标准的行为。

美国BIT范本由原来的2款扩充到7款，由原来的宣言式内容改为更明确具体的实体和程序上的权利和义务，使得在投资领域对环境的保护更具有可操作性。之所以会有如此修改，究其原因在于：一是经过多年的发展，美国意识到以牺牲环境为代价的发展往往会伴生重大的自然灾害，经济发展取得的成果可能还不足以治理和恢复环境。环保和社会、经济发展之间息息相关，再加上雄厚的经济实力足以支撑环境保护的研发和治理费用，也使得他们有实力为实现环保而牺牲部分经济利益；二是国内企业的利益驱动。正如GE在实施“绿色创想”计划时，其首席执行官表示的“GE实施‘绿色创想’计划不是出于新潮与道德，而是因为该计划能加速发展和提升竞争力方面具有重要作用”。② 绿色能源等与环保有关的产业能给相关企业带来丰厚的利润，如到2011年为止，“绿色创想”计划为GE带来了1050亿美元的收入，超越了其所设定的“绿色创想”增长目标。③ 这些企业当然不遗余力的向美国政府施加环保的政治影响了。

从上述修改内容可以推断，美国加入了这些新的环保条款，试图达到两个目标：一是明确与投资有关的环保规则的范围，国内规则和国际规则都囊括其中，再加上在与环保有关的投资措施中引进公众参与的机制，推广一种理念与行动，亦即坚持投资的可持续发展，反对降低环保标准，甚至以牺牲环境为代价吸引国际投

① 第23届中美商贸联委会中方成果清单：四、中方澄清（六），资料来源于：http：//mds. mofcom. gov. cn/article/ghlt/201301/20130108511389. shtml，2013年3月1日访问。

② Bryan Walsh，*How Business Saw the Light*：*Smart Companies are using the environment not just to seem virtuous but to crush their rivals*，Time Mag.，Vol. 2，2007，p. 56.

③ GE《绿色创想年度报告》（2011），资料来源于：http：//www. ge. com/cn/company/ecomagination. html，2013年3月2日访问。

资；二是通过强调投资东道国对其境内外资的监管权，特别是环保、资源配置方面的自由裁量权，达到减少阻力，鼓励投资东道国接受其环境可持续发展理念的目的。

中国与其他国家或地区签订的双边投资协定大都以征收、公共利益维护等角度提及环保的问题。如中国—乌兹别克斯坦 BIT 第 6 条规定，“除非在例外情形下，例如所采取的措施严重超过维护相应正当公共福利的必要时，缔约一方采取的旨在保护公共健康、安全及环境在内的正当公共福利的非歧视的管制措施，不构成间接征收”。中国—新加坡 BIT 第 11 条也包含了涉及公共安全、预防动植物病虫害等与环保有间接关系的规定，① 以及《中国和新西兰自由贸易协定》关于投资的附件 13 “征收” 部分。

毋庸讳言，目前我国对投资和环保的关系的认识尚处于起步阶段，在参加和缔结的国际投资协定中，涉及环保的内容也较为不够完善。随着我国吸引外资从数量向质量方面的转变，吸收不以损害环境为代价的外资成为我国今后利用外资的准则，由此，在与其他国家或地区签订双边投资协定时可借鉴美国经验。

在中美双边投资谈判和未来的中外双边或多边国际投资协定中，对于投资中的环境保护问题，在法律条文中应从现在的模糊趋向清晰的表述。中国应积极主动地参与国际投资和环保等方面的国际谈判，认真研究国际投资与环保的关系，理清现有国际条约中的相关规定，从我国国情出发，坚持“共同但有区别的环境责任”原则，制定与环保有关的投资条款，为保留环境主权和外资监管提供充分的法律依据。

（三）关于投资与劳工的关系

曾几何时，国际劳工标准、劳工权利等人权只是国际劳工组织关注的一个狭窄、技术性领域的问题。② 但自 20 世纪 90 年以来，国际投资在推动经济全球化迅猛发展中起着举足轻重的作用，由于投资与劳工直接的天然关联，使得国际社会对劳工问题的关注不断增加。人们逐渐形成某些普遍的认识：以牺牲工人的利益为代价来保护少数商人利益的投资是不可持续发展的，最终会危及国家、社会的整体利益。因而，关注劳工的健康权、劳动权等劳工权和维护这些权利的法治理念、原则和规则等开始在国际投资法领域受到重视。

---

① 中外双边投资协定，资料来源于：http：//tfs. mofcom. gov. cn/aarticle/Nocategory/201111/20111107819474. html，2013 年 3 月 1 日访问。

② ［德］乌·贝克、哈贝马斯：《全球化与政治》，王学东等译，中央编译出版社 2000 年版，第 76 页。

强化BIT中劳工和环境标准是美国政府优先考虑的事项，其结果是BIT范本对与投资有关的劳工条款做了重大修改。① 之所以如此，美国是出于以下几方面的原因：一是劳工标准低的国家因其劳动成本低廉导致其产品更具有价格优势，造成投资由高劳工标准的国家向低劳工标准国家转移的效果，从而使得高劳工标准国家的相关产业受到影响，产生开工不足，工人失业等问题；相对来说，美国的劳工标准较高，美国由此担心其投资伙伴国因为低劳工标准而出现投资转移的现象；二是面对来自低劳工标准国家产品压力，高劳工标准的美国劳工组织担心本国政府会相应地降低劳工标准，导致工人权益受损，因此美国企业界和工会组织向政府施加影响，要求政府在签订对外投资协定时注重劳工权益的保护，以最终保护美国工人的利益。

其结果就是新版本增加了2个条款，把国际劳工组织（ILO）的规则纳入到了缔约方的义务范围，具体了“可接受的工作条件”的考量标准，细化了涉及劳工的投资争议解决程序，并在与投资有关的劳动法律制定和实施方面引进了公众参与机制。

在中国签订和参加的众多双边和多边投资协定中，只有极少数几个条约涉及了劳工条款。例如，中泰双边投资协定第八条第三款规定：在同一地理区域内与第三国或多国旨在促进经济、社会、劳务、工业或货币方面等具体项目范围之内的地区性合作的任何安排；② 中国和新加坡双边投资协定第五条“例外”第二款：与同一地理区域的第三国或其它国家意在专门项目范围内进行经济、社会、劳务、工业或金融领域的地区性合作的安排。③ 以及中国与文莱达鲁萨兰国政府的双边投资协定序言中的规定：“认识到基于投资的技术转让和人力资源发展的重要性。”④

从这些协定条款的内容上看，中外双边投资协定中关于劳工问题的规定更多的只是具有宣言性质，没有诸如劳工权利的界定，保护范围，具体权利和义务等实体性内容，也没有投资中劳资纠纷的解决、劳动条款的实施措施等程序性内容。

随着中国经济的日益快速发展，产业结构的升级，生产模式的转变，劳动力因

---

① Office of the Spokesperson：*Model Bilateral Investment Treaty*, Washington, DC, April 20, 2012, available at：http：//www. state. gov/r/pa/prs/ps/2012/04/188199. htm, visited on March 1, 2013.

② 中华人民共和国政府和泰王国政府关于促进和保护投资的协定，资料来源于：http：//www. law-lib. com/law/law_ view. asp? id=76277，2013年3月1日访问。

③ 中华人民共和国政府和新加坡共和国政府关于促进和保护投资协定，资料来源于：http：//china. findlaw. cn/fagui/guojifa/gj/22/22948. html，2013年3月1日访问。

④ 中华人民共和国政府和文莱达鲁萨兰国政府双边投资协定，资料来源于：http：//www. fmprc. gov. cn/ce/cebn/chn/sbgx/jzd/t183943. htm，2013年3月1日访问。

素在经济增量中的影响越来越大，体现在劳动力成本的增加，劳工权益意识的增强等，顺应国际社会的发展大势，在投资中注重劳工权益的保护是缓解劳资矛盾，维护社会稳定，体现社会公平的现实需要。为此，不仅国内的外资法、劳动法等法律需要进一步改革和完善，还需要从国际法的层面发展，在今后中国缔结或修订双边和多边投资条约时，不仅可以在序言中强调劳工权益的重要性，还需要在具体的条约条文中规定相应的实体性和程序性条款。美国双边投资示范文本虽然还算不上完善，但经过这么些示范文本的发展和投资的实践，美国的这些推动具有一定的合理性，值得我们借鉴和移植。

结束语

国际经贸发展的最终目标是通过经济增长来实现社会福利的增加，因此，由于投资、贸易等经济活动产生的环境保护、人权保障、社会公平等问题受到国际社会的日益关注，人们不再只强调跨国经济活动产生的经济利润，还越来越多地注意在经贸活动环保、人权等社会价值的实现，由此也导致了国际经贸法律制度立法价值取向的改变，在国际投资规则增加投资者的社会责任、投资东道国的环保、人权等保障义务的条款是未来国际投资法革新的重要趋势。美国因为历史等原因，在国际投资领域走在世界的前列，其制定实施的投资协定范本不能说决定着国际投资法的发展方向，但至少会对国际投资法产生重大影响，因此，研究美国等发达国家的投资规则，有助于把握国际投资法的未来发展方向，为中国国际投资规则的发展和完善提高参考。

On the Latest Development of US BIT and Its Inspiration to China

Abstract: The United States of America issued the 2012 U. S. Model Bilateral Investment Treaty on 22nd April 2012. There are many amendments in this new BIT, such as the rule of transparency and public participation, environment protection, the labor's right etc., which will have an impact on the current BIT negotiations between the US and China and future negotiations. There are many problems on the environment and workers' right protection during the course of the FDI in China. The latest development of the US BIT might be a reference for China to improve its own BIT.

Key words: BITs; U. S. Chinese BITs; International Investment

最惠国待遇条款“失控”了吗？
——论国际投资条约保护的“双边主义”与“多边化”

□ 徐　树*

内容摘要　在双边互惠主导的投资条约体制下，最惠国待遇条款可将投资条约的“双边承诺”转化为“多边承诺”，从而协调不同条约的投资保护标准。但是，最惠国待遇条款不能将投资条约的任何承诺予以“多边化”。该条款适用于条约中的投资实体待遇，但不适用于条约的适用范围条款以及投资争端解决事项，除非该条约有明确的相反约定。将最惠国待遇条款适用于争端解决事项的仲裁实践，超出了投资条约的本意。为应对其扩张解释倾向，缔约国可在投资条约中明确予以限定。

关 键 词　最惠国待遇条款国际投资条约双边互惠多边化

目　　次

---

* 清华大学法学院博士研究生，日本东北大学法学博士候选人。

（二）控制最惠国待遇：利益评估与对策选择

与 WTO 下多边贸易体制不同的是，国际投资保护仍然以双边条约为主导①，历次多边投资条约谈判的努力也均以失败告终②。在双边互惠主导的投资保护体制下，最惠国待遇条款实际上发挥着“多边化”的功能。最惠国待遇条款要求东道国对另一缔约国投资者所给予的待遇不低于其给予第三国投资者的待遇。通过基础条约中的最惠国待遇条款，缔约国在第三方条约中所承诺的更高标准的投资保护义务将自动地适用于基础条约中其它缔约国的投资者。因而，最惠国待遇条款可将双边的投资条约关系予以“多边化”，从而协调不同投资条约的投资保护标准。③ 所谓的“多边化”，同时也意味着投资保护向更高标准的“趋同化”。

然而在很长的时间里，最惠国待遇条款一直“沉睡”在投资条约规则群的角落里，极少为投资者、缔约国所关注和援引。其主要原因即在于各投资条约对投资待遇标准（包括国民待遇、最惠国待遇、公平与公正待遇等）、征收补偿标准、投资安全和保护、自由汇兑等投资保护义务的规定趋于一致。但是，在近期的一些投资争端仲裁案件中，仲裁庭不再将该条款的适用范围局限于投资条约的实体保护义务，而是扩张至投资条约的争端解决机制，试图实现争端解决义务的“多边化”。根据这一主张，东道国在第三方条约中所承诺的更为优惠的争端解决条款也将自动适用于基础条约中其它缔约国的投资者。那么，仲裁庭的这一解释立场是否超出了投资条约的本意？缔约国所能容忍的“多边化”程度究竟如何？对于仲裁庭的解释立场，缔约国可采取哪些应对措施？本文拟对这些问题予以深入探讨。

一、投资实体待遇“多边化”的关键：“最优惠”的判断

投资条约中任何关于投资者或投资的实体权利或待遇都可适用最惠国待遇条款，对此理论和实践并无争议。但最惠国待遇条款的适用还需满足两个条件，即基础条约中的某一实体权利或待遇与第三方条约中的某一实体权利或待遇属于“同

① 根据联合国贸易与发展委员会的统计，截至 2011 年底，国际上现有的双边投资条约（BIT）数量达到 2833 个。See UNCTAD, *World Investment Report* 2012, United Nations publication, 2012, pp. 84-86.

② See Gus van Harten, *Investment Treaty Arbitration and Public Law*, Oxford University Press, 2007, pp. 18-23.

③ See Stephan W. Schill, *The Multilateralization of International Investment Law*, Cambridge University Press, 2009, p. 123; Efraim Chalamish, *The Future of Bilateral Investment Treaties: A De Facto Multilateral Agreement?*, Brooklyn Journal of International Law, Vol. 34, 2009, pp. 323-334.

一类型”（*ejusdem generis*）且具有“可比性”。同类原则是最惠国待遇条款的内在要求①，“可比性”则进一步要求第三方条约中的投资待遇与基础条约中的投资相遇相比在客观上更为“优惠”。只有当第三方条约的某项实体权利或待遇相比基础条约中的同类权利或待遇更为优惠时，援引基础条约中最惠国待遇条款才可将该项优惠权利或待遇引入。

在仲裁实践中，东道国通常并不否认其在投资实体待遇上的最惠国待遇义务。在“MTD诉智利案”中，申请人为马来西亚投资者，其试图援引马来西亚与智利BIT中的最惠国待遇条款来引入智利与克罗地亚BIT和智利与丹麦BIT中的实体条款，所涉及的实体待遇是东道国在批准投资后发放许可证的义务。仲裁庭支持了申请人的主张，并指出智利并未反对申请人的该项主张。② 同样，在“Rumeli诉哈萨克斯坦案”中，土耳其与哈萨克斯坦BIT中并未规定公平与公正待遇，仲裁庭认为投资者可以援引该BIT中的最惠国待遇条款将英国与哈萨克斯坦BIT中的公平与公正待遇义务引入，并据此认定哈萨克斯坦违反了公平与公正待遇义务。而哈萨克斯坦对于其最惠国待遇义务并未提出异议。③

但是，如果申请人不能证明第三方条约中的某项实体待遇比基础条约中的某项实体待遇更为“优惠”，仲裁庭将拒绝最惠国待遇条款的适用。在“AAPL诉斯里兰卡案”中，申请人试图援引英国与斯里兰卡BIT中的最惠国待遇条款来引入瑞士与斯里兰卡BIT中的实体条款，但是仲裁庭认为申请人未能证明后者在投资保护标准上比前者更优惠，因而拒绝了这一请求。④ 同样，在“ADF诉美国案”中，NAFTA对公平与公正待遇义务包含明确的限制性解释，即仅限于习惯国际法中的最低标准待遇义务，而在美国的第三方条约中对公平与公正待遇义务并不包含这样的限制性解释，因而投资者认为第三方条约比NAFTA更为“优惠”。但在仲裁庭看来，尽管第三方条约并未对公平与公正待遇义务作出明确解释，但该义务并非独立于习惯国际法的“独立标准”，申请人未能证明该“独立标准”的存在，因而也

① See UNCTAD, *Most-Favoured-Nation Treatment*, UNCTAD Series on Issues in International Investment Agreements II, United Nations publication, 2010, p. 24.

② MTD Equity Sdn. Bhd. & MTD Chile SA v. Republic of Chile, ICSID Case No. ARB/01/7, Award, para. 100.

③ Rumeli Telekom AS and Telsim Mobil Telekomikasyon Hizmetleri AS v. Republic ofKazakhstan, ICSID Case No. ARB/05/16, Award, para. 575.

④ Asian Agricultural Products Ltd. v. Republic of Sri Lanka, ICSID Case No. ARB/87/3, Award, para. 54.

未能证明其更为"优惠"。①

此外,最惠国待遇条款还可用来协调解释基础条约与第三方条约就"同类"实体待遇的不同表述。例如,在"CME 诉捷克案"中,荷兰与捷克 BIT 就征收补偿标准规定为"代表真实价值的合理补偿",而捷克与美国 BIT 则规定征收补偿应等同于被征收投资的"公允市场价值"。仲裁庭认为依据基础条约中的最惠国待遇条款,可以援引第三方条约中的"公允市场价值"来解释基础条约中的"合理补偿",并据此指出捷克应承担提供"公允市场价值"标准的征收补偿义务。②

因此,就投资实体待遇来看,不同投资条约的不同保护标准都可能因为最惠国待遇条款的存在而被"多边化"。这种"多边化"既可能表现会更高保护标准的直接引入,也可能表现为与更高保护标准的协同解释。最惠国待遇条款的存在,可以有效协调不同投资条约在投资保护标准上的差异。因此,在投资条约普遍存在最惠国待遇条款的情况下,就某一投资条约中实体条款的"字斟句酌的谈判或讨论已经没有意义"③。例如,中国在其对外签订的双边投资条约中,在征收的条件方面,多数条约规定了给予补偿、符合公共利益、非歧视、依照法律程序等四项条件,但也有部分条约未规定其中的一项或几项条件。比如,中国与斯里兰卡 BIT 在征收条件方面并未要求符合公共利益,但这并不妨碍缔约国投资者援引最惠国待遇条款要求东道国将符合公共利益作为征收条件。同样,在征收补偿的标准方面,有条约规定了"公允市场价值"标准,也有条约规定了"适当价值"、"合理市场价值"、"实际价值"、"真实价值"等标准,如果缔约国投资者能够证明"公允市场价值"标准相比其他标准更为"优惠",则其有权依据最惠国待遇条款要求东道国按照"公允市场价值"标准予以补偿。

二、条约适用范围条款尚未"多边化"

尽管最惠国待遇条款可以将投资条约的实体条款予以"多边化",但其不能规避投资条约的适用范围条款。每个投资条约在属人、属物、属时方面都有各自的适

① ADF Group Inc. v. United States of America, ICSID Case No. ARB (AF)/00/1, FinalAward, para. 194.

② CME Czech Republic BV (The Netherlands) v. The Czech Republic, UNCITRAL, Final Award, para. 500.

③ 车丕照:《从物权法角度看我国物权法草案的征收补偿标准》,载《时代法学》2007 年第 1 期,第 7 页。

用范围，这一适用范围也决定了最惠国待遇条款的“多边化”限度。

（一）最惠国待遇不适用于“投资者”与“投资”定义

投资条约的属人、属物范围主要表现在条约对“投资者”、“投资”的定义上。不同投资条约对于其所保护的“投资者”和“投资”存在着不同的定义，“投资者”和“投资”定义的不满足，将导致投资条约的不适用。就“投资者”而言，不同投资条约的分歧主要体现在投资者的国籍标准上。对于自然人投资者，多数投资条约均采纳缔约国国内法标准。而对于法人投资者，不同投资条约采纳的国籍标准包括注册地标准、住所地标准、控制标准或者混合标准，其中控制标准又分为扩张性控制标准和限制性控制标准。例如，中国与芬兰 BIT 要求法人投资者须根据缔约一方法律设立且住所在该缔约一方境内，而中国与阿根廷 BIT 则还将缔约一方自然人或法人在第三国设立并拥有利益的法人视为缔约一方投资者。就“投资”而言，不同投资条约的分歧主要体现在对投资特征的规定上。尽管多数投资条约均采用不完全列举的形式对“投资”进行宽泛地界定，但也有部分条约同时对投资的特征作出要求。例如，中国与墨西哥 BIT 中把债券、贷款也列举为“投资”，但同时要求该债券或贷款的原始到期期限必须至少为 3 年。而且，该 BIT 还将源于销售货物或提供服务的商业合同或与商业交易有关的授信的金钱请求权排除在“投资”的范围之外。

对于“投资者”和“投资”的定义，投资者不得援引该条约中的最惠国待遇条款予以规避。从文本解释的角度来看，投资条约在“投资者”、“投资”的定义条款中都明确是“在本协定内”或“就本协定而言”，这表明该定义适用于该条约中的所有条款，因而包括最惠国待遇条款。因此，最惠国待遇条款下的“投资者”和“投资”也是该条约意义下的“投资者”和“投资”。只有符合该条约定义的“投资者”和“投资”，才有权享受该条约中所赋予的最惠国待遇。不符合基础条约定义的投资者或投资无权享受该条约下的权利，因此也无权援引该条约中的最惠国待遇条款以规避该项定义。例如，在中国与墨西哥 BIT 下，投资者不得就其原始到期期限少于 3 年的投资主张条约保护，也不得援引该条约中的最惠国待遇条款试图规避该定义中对于 3 年期限的要求。对此仲裁实践也予以了认可。在“Société Générale 诉多米尼加案”中，申请人认为即使其投资不符合法国与多米尼加 BIT 中的“投资”定义，其仍然可以援引最惠国待遇条款从而满足第三方条约中的“投资”定义。仲裁庭对这一主张予以了否定，并指出每个条约对于其所保护的“投资”和“投资者”可能存在不同的定义，每个条约仅对其所定义的“投资”予以保护，因而试图援引最惠国待遇条款来扩张投资的定义范围无济于事。①

此外，在对“投资”的保护上，不同投资条约还存在“准入后模式”与“准入前与准入后模式”的不同。在“准入前与准入后模式”下，缔约国在外资准入以及准入后的两个阶段都承担投资保护的义务。例如，美国2012年BIT范本在最惠国待遇条款中规定，“在投资的设立、取得、扩大、管理、经营、运行以及销售或其他投资处置方面”任何缔约方应给予另一缔约方投资者以最惠国待遇。其中，“投资的设立、取得、扩大”即为外资准入阶段的最惠国待遇义务。但是，这一模式目前只有部分条约采纳，多数条约对于外资准入阶段并未规定相应的投资保护义务。因此，如果基础条约中未规定外资准入阶段的最惠国待遇，则投资者不得就其投资准入争议援引最惠国待遇条款来规避这一限制。

（二）最惠国待遇不适用于条约例外条款

投资条约的例外条款构成对条约属物适用范围的限制，因而也限制了最惠国待遇条款的适用范围。多数投资条约在对缔约国施加投资保护义务的同时，也允许缔约国在例外情形下不承担部分或全部投资保护义务。例如，中国与哥伦比亚BIT第12、13、14条即规定了重大安全例外、金融措施例外、税收措施例外等多项例外。这些例外排除了“本协定的任何规定”的适用，因而也构成对最惠国待遇条款的限制。此外，多数投资条约还专门就最惠国待遇条款规定了例外情形。例如，中国与哥伦比亚BIT第3条规定该条最惠国待遇义务不适用于缔约一方另行缔结的自由贸易协定、关税同盟协定、经济共同体协定、税收协定或边境贸易协定。这一例外规定排除了最惠国待遇条款对特定类型第三方条约的适用。

在“ADF诉美国案”中，仲裁庭认为投资者未能证明第三方条约比NAFTA更为“优惠”，但同时也指出，即使假定第三方条约比NAFTA更为优惠，就本案而言投资者也无权援引最惠国待遇条款，因为NAFTA明确规定最惠国待遇条款不适用于政府采购事项。② 同样，在“CMS诉阿根廷案”中，投资者试图援引美国与阿根廷BIT中的最惠国待遇条款来规避该BIT中的安全例外条款。该BIT第11条规定，该条约不得排除缔约国为维持公共秩序、履行其维护或恢复国际和平或安全的义务、保护其重大安全利益而采取的必要措施。该规定的主语是“该条约”，不仅包括条约中的实体条款，也包括最惠国待遇条款等其他任何条款，因而也构成对

① Société Générale v. Dominican Republic, UNCITRAL, LCIA Case No. UN 7927, PreliminaryObjections to Jurisdiction, paras. 40-41.

② ADF Group Inc. v. United States of America, ICSID Case No. ARB (AF)/00/1, FinalAward, para. 196.

最惠国待遇条款的适用限制。该案仲裁庭认为第三方条约中不存在类似的例外条款并不能导致最惠国待遇条款的适用，因为这将不符合同类原则的要求。① 尽管仲裁庭拒绝了申请人的主张，但其并未明确指出条约例外条款对于最惠国待遇条款的限制。这也招致了学者的严厉批评，因为该案最惠国待遇条款的不适用并非由于不符合同类原则，而是由于条约例外条款限制了条约的适用范围，因而也限制了最惠国待遇条款的适用范围。②

（三）最惠国待遇不适用于条约属时范围条款

不同投资条约在属时适用范围上也存在着各自的规定，投资者不得援引最惠国待遇条款来规避这一范围限制。例如，中国与挪威 BIT 第 2 条规定，本协定适用于协定生效之前及之后在缔约国进行的投资。而中国与俄罗斯 BIT 第 11 条则规定，本协定应适用于缔约一方投资者自 1985 年 1 月 1 日起在缔约另一方境内作出的所有投资，但不适用本协定生效前引起的争议。可见，这一属时范围是针对“本协定”而规定的，适用于投资条约的所有事项。不符合这一时间范围的投资不受该条约的保护，因而也无权援引该条约中的最惠国待遇条款。例如，在“Tecmed 诉墨西哥案”中，西班牙与墨西哥 BIT 不适用于条约生效前的投资，申请人试图援引该条约中的最惠国待遇条款来规避这一范围限制。申请人试图引入的第三方条约为墨西哥与奥地利 BIT，该条约规定其适用于条约生效前的投资。但是，仲裁庭否定了申请人的该项主张，并指出投资条约的属时适用范围由于其重要性，属于缔约国之间需要“特别协商”的核心事项。这些事项是缔约国接受投资条约的决定性因素，因而它们的适用不得因为最惠国待遇条款的存在而受影响。③

三、投资争端解决的“双边互惠”：最惠国待遇的推定排除

最惠国待遇条款是否适用于投资争端解决程序，涉及条约解释和投资争端解决程序的管辖权基础。如果某投资条约在其最惠国条款中明确肯定或者排除对争端解决程序的适用，则该条款文本构成缔约国之间明确的合意。例如，英国在其 BIT 范

---

① CMS Gas Transmission Company v. The Argentine Republic, ICSID Case No. ARB/01/8, Award, para. 377.

② See Stephan W. Schill, *The Multilateralization of International Investment Law*, Cambridge University Press, 2009, p. 144.

③ Technicas Medioambientales Tecmed S. A. v Mexico, ICSID Case No. ARB/AF/00/2, Award, para. 69.

本第3条第3款中规定最惠国待遇条款适用于争端解决程序，该条款在英国与越南BIT等多个双边投资条约中得到采纳。而中国与秘鲁自由贸易协定则明确排除最惠国待遇条款对争端解决程序的适用，其对于最惠国待遇条款做出明确解释：为进一步明确，第131条（最惠国待遇）第1款和第2款中所述的“在投资的设立、并购、扩大、管理、经营、运营、出售或其他处分方面”的待遇并不包括在国际投资协定或贸易协定中规定的争端解决机制。①

但是，如果某投资条约中并未明确最惠国待遇条款是否适用于争端解决程序，则需要依据条约解释规则进行解释。不同的解释路径将产生不同的效果推定，即推定适用与推定排除。在前一解释路径下，如缔约国未在条约中明确排除最惠国待遇条款对争端解决程序的适用，则推定适用。② 而在后一解释路径下，如缔约国未在条约中明确同意最惠国待遇条款对争端解决程序的适用，则推定排除。

（一）推定适用的仲裁实践

不同投资条约中的最惠国待遇条款表述不尽相同。对于该条款的适用范围，主要存在着以下几种类型：“投资及与投资有关的活动”、“投资者及其投资”、“投资的运营、管理、维持、使用、享有或处置”、“所有事项”以及“任何事项”等。从这些不同的表述本身来看，其是否包括争端解决事项尚不能得出明确的结论。尽管如此，不少仲裁庭并未因为条约表述的不同而否定最惠国待遇条款对争端解决事项的适用。根据这一立场，一国在任何第三方条约中作出的“双边”仲裁承诺，可援引最惠国待遇条款将其转化为对基础条约下缔约国投资者的“多边”仲裁承诺。实践中，其适用结果主要表现为规避国际仲裁的前置条件以及扩张国际仲裁的管辖事项。

1. 规避国际仲裁的前置条件

“Maffezini诉西班牙案”是主张最惠国待遇条款适用于争端解决事项的首个案例。该案基础条约为阿根廷与西班牙BIT。根据该BIT第10条的规定，投资争端须提交东道国国内法院予以解决，如经过18个月后仍未获得判决或虽获得判决但争端仍然存在，则该争端可提交国际仲裁。而该案申请人并未向东道国西班牙法院提起诉讼，而是径直提交国际仲裁，并主张其可援引该BIT第4条中的最惠国待遇

---

① 此外，中国与东盟投资协议、中国与新西兰自由贸易协定、中国与哥伦比亚BIT、中国与乌兹别克斯坦BIT、中国与加拿大BIT等也明确规定最惠国待遇条款不适用于争端解决程序。

② See Yannick Radi, *The Application of the Most-Favoured-Nation Clause to the Dispute Settlement Provisions of Bilateral Investment Treaties: Domesticating the 'Trojan Horse'*, European Journal of International Law, Vol. 18, 2007, pp. 757-774.

条款从而规避18个月的国内诉讼要求。申请人认为，智利与西班牙BIT作为第三方条约未包含18个月的国内诉讼要求，因而相比阿根廷与西班牙BIT更为“优惠”，其有权援引阿根廷与西班牙BIT中的最惠国待遇条款享受这一“优惠”待遇。而仲裁庭认为，申请人未满足阿根廷与西班牙BIT第10条的国内诉讼要求，因而不能依据该条享有管辖权，但是其同时支持了申请人援引最惠国待遇条款的主张，并依据该条款行使了管辖权。在仲裁庭看来，基础条约中的最惠国待遇条款使用了“所有事项”这一表述，因而其适用范围应推定包括争端解决事项，而且该案第三方条约相比基础条约在是否要求国内诉讼期限的程序事项上更为“优惠”，符合同类原则。但是，仲裁庭在肯定最惠国待遇条款适用于争端解决事项的同时，也指出其适用存在“公共政策”的限制，例如不得绕开用尽当地救济的要求、不得绕开“岔路口条款”① 的要求、不得取代对特定仲裁机构的规定以及不得改变对某一高度制度化仲裁机制的约定。②

该案仲裁庭的立场在之后的多个案件中得到了肯定。在“西门子诉阿根廷案”中，基础条约的最惠国待遇条款适用于“与投资有关的活动”，但仲裁庭认为，尽管基础条约未明确最惠国待遇条款是否适用于争端解决事项，但“与投资有关的活动”包含了争端解决事项。而且，寻求国际仲裁是条约保护的一部分，是投资者可以援引最惠国待遇条款享受的“待遇”。③ 在“Gas Natural诉阿根廷案”中，仲裁庭重申了上述裁决的立场，并认为国际仲裁的保障是投资保护的重要部分，除非缔约国在投资条约中作出了明确约定，否则最惠国待遇条款即适用于争端解决程序。④ 同样，在“Suez诉阿根廷案”中，仲裁庭也强调争端解决对于投资保护的重要性，其认为争端解决事项与投资条约中的其它事项同等重要，是投资保护的重要组成部分，因而最惠国待遇条款的适用不应区分实体事项与争端解决事项。⑤ 而在“National Grid诉阿根廷案”中，基础条约的最惠国待遇条款适用于“投资的管

---

① 根据该条款，投资者须在提交国内法院与提交国际仲裁之间作出选择，一旦选择即为终局。

② Emilio Agustín Maffezini v. Kingdom of Spain, ICSID Case No. ARB/97/7, Award on Jurisdiction, paras. 36-64.

③ Siemens A. G. v. Argentine Republic, ICSID Case No. ARB/02/8, Decision on Jurisdiction, paras. 102-120.

④ Gas Natural SDG, S. A. v Argentina, ICSID Case No. ARB/03/10, Decision on Preliminary Questions on Jurisdiction, para. 49.

⑤ Suez, Sociedad General de Aguas de Barcelona S. A. , andInterAguas Servicios Integrales del Agua, S. A. v. The Republic of Argentina, ICSID Case No. ARB/03/17, Decision on Jurisdiction, paras. 57-59.

理、维持、使用、享有或处置”，仲裁庭也注意到该条约并未明确最惠国待遇条款是否适用于争端解决事项，但是其同样认为该条款是保障外国投资者受到同等待遇的重要元素，最惠国待遇中的“待遇”包含争端解决的待遇，因而适用于争端解决程序。① 此外，“Camuzzi 诉阿根廷案”② 以及“Telefonica 诉阿根廷案”③裁决也持相同的立场。

值得注意的是，上述立场在近期的若干案件中得到了进一步发展。在 2011 年 8 月作出的“Impregilo 诉阿根廷案”裁决中，基础条约为意大利与阿根廷 BIT，其最惠国待遇条款适用于“与投资有关的活动和所有其他事项”。仲裁庭认为应依循之前的“判例法”，即在最惠国待遇条款包含“所有事项”或“任何事项”的情况下，应适用于争端解决事项。而且，对于投资者而言，有选择的余地比没有选择的余地更为“优惠”，因而第三方条约中的“岔路口条款”相比基础条约中的仲裁前置条件更为“优惠”。④

同样，在 2011 年 10 月作出的“Hochtief 诉阿根廷案”裁决中，仲裁庭也肯定了最惠国待遇条款对争端解决事项的适用。该案中，德国与阿根廷 BIT 第 10 条规定，投资争端在提交东道国国内法院 18 个月后仍未获得终审判决或虽获得终审判决但争端仍然存在，则该争端可提交国际仲裁。仲裁庭认为，把 18 个月的东道国诉讼期限作为提交国际仲裁的必要条件是“没有意义的”，未满足该期限并不否定仲裁庭的管辖权，相反仲裁庭可将其作为“可受理性”问题予以自由裁量。而对于申请人援引最惠国待遇条款试图绕开 18 个月诉讼期限的主张，仲裁庭也予以支持。其认为，提交国际仲裁属于投资的“管理”，执行实体权利的程序权利是财产权的一部分，因而最惠国待遇条款不仅适用于实体权利，还应适用于程序权利。但与其它仲裁庭不同的是，该仲裁庭认为最惠国待遇条款不允许投资者从不同的条约中任意选取不同部分予以组合，在该案中申请人必须将智利与阿根廷 BIT 第 10 条的“岔路口条款”完整纳入。但其同时认为，这并不影响其“优惠”的比较，因

---

① National Grid plc v. The Argentine Republic, UNCITRAL, Decision on Jurisdiction, paras. 92-93.

② Camuzzi International S. A. v. The Argentine Republic, ICSID Case No. ARB/03/2, Decision on Jurisdiction, paras. 120-121.

③ Telefónica S. A. v. The Argentine Republic, ICSID Case No. ARB/03/20, Decision on Objections to Jurisdiction, paras. 92-108.

④ Impregilo S. p. A. v. Argentine Republic, ICSID Case No. ARB/07/17, Award, paras. 90-109.

为有选择总比没选择更为“优惠”。① 此外，在2012年12月作出的“Teinver诉阿根廷案”裁决中，仲裁庭也认为18个月的东道国诉讼期限并非国际仲裁的管辖权条件，而是不影响管辖权的“可受理性”问题，对于该期限要求投资者可援引最惠国待遇条款予以规避。②

2. 扩张国际仲裁的管辖事项

在早期的投资条约中，缔约国对于仲裁程序条款普遍持较为谨慎的立场。其中，较为普遍的限制规定包括：要求在提交国际仲裁前在东道国进行一定期限的诉讼，以及将可提交国际仲裁的争端范围限定为“征收补偿的数额争端”。对于仲裁范围的限制，部分仲裁庭也认为可通过最惠国待遇条款予以扩张。

在“RosInvest诉俄罗斯案”中，仲裁庭明确肯定最惠国待遇条款可用来扩张国际仲裁的管辖事项。在该案中，基础条约为英国与俄罗斯BIT，该BIT第8条的仲裁条款仅适用于“与征收补偿的数额或支付有关的争议”。依据该条款，仲裁庭仅享有对征收补偿额争端的管辖权，而不享有认定征收是否存在的管辖权。但仲裁庭同时认为，根据该BIT第3条中的最惠国待遇条款，仲裁庭可援引丹麦与俄罗斯BIT中的“优惠”仲裁条款对征收是否存在的事项行使管辖权，因为后者规定投资者可就“与投资有关的任何争议”提交仲裁。根据该仲裁庭的观点，征收将侵害投资者“使用”和“享有”投资的权利，而在东道国国内法院之外的程序性保障（提交国际仲裁）则是实现这些权利保护的重要组成部分。因而，最惠国待遇条款既适用于实体保护，也应适用于程序保护。而且缔约国本可以在条约中明确排除最惠国待遇对程序条款的适用，但本案基础条约中并不存在这样的限制。③

（二）推定排除的仲裁实践

与推定适用立场不同的是，采纳推定排除立场的仲裁实践则主张在条约未明确规定最惠国待遇条款适用于争端解决程序的情况下，该条款既不得用来规避国际仲裁的前置条件，也不得用来扩张国际仲裁的管辖事项。根据这一立场，一国在特定投资条约中作出的“双边”仲裁承诺，不得援引最惠国待遇条款予以“多边化”，除非该条款明确地表达了相反的意思。

---

① Hochtief AG v. The Argentine Republic, ICSID Case No. ARB/07/31, Decision on Jurisdiction, paras. 51-54, 66-100.

② Teinver S. A., Transportes de Cercanías S. A. and Autobuses Urbanos del Sur S. A. v. The Argentine Republic, ICSID Case No. ARB/09/1, Decision on Jurisdiction, paras. 159-186.

③ RosInvest Co UK Ltd. v. The Russian Federation, SCC Case No. V079/2005. Award on Jurisdiction, paras. 123-135.

1. 不得规避国际仲裁的前置条件

在“Wintershall诉阿根廷案”中，申请人也试图援引基础条约中的最惠国待遇条款以规避该条约中18个月的东道国诉讼期限，但仲裁庭否定了该主张。仲裁庭认为，18个月的诉讼期限要求是投资者寻求国际仲裁的前提条件，也是东道国对提交国际仲裁的“要约”的一个重要部分，投资者接受这一“要约”须首先满足其条件。任何国际法院或仲裁庭对国家的管辖必须经过国家的同意，推定的同意不足以构成管辖权基础，因为对主权的限制不能被推定。而且，“与投资有关的活动”的通常意义是投资者在东道国领土内的商业活动，而非与投资者和东道国间争端解决有关的活动。因此，最惠国待遇条款不适用于争端解决事项，除非该条款中明确表达了相反的意思。此外，仲裁庭对于“西门子诉阿根廷案”裁决①也予以了批评，其认为该案的解释立场是“创造新的含义而非发现其本身的含义”。②

这一立场在近期的两个案件中也得到了肯定。在2012年2月作出的“ICS诉阿根廷案”裁决③中，仲裁庭裁定申请人不得援引最惠国待遇条款绕开18个月的国内诉讼期限。仲裁庭特别指出，其任务不在于质疑缔约国的缔约本意，而在于发现而非创造条约的含义。最惠国待遇条款要适用于争端解决事项，就必须具有清晰和明确的表示。在条约表述模糊的情况下，不得推定国家已作出相应的同意。就该案基础条约中的最惠国待遇条款而言，仲裁庭认为其“待遇”仅包括条约中的实体待遇且限于东道国领土内的待遇，因而不适用于国际仲裁程序。而且，即使该条款适用于争端解决程序，不同条约的争端解决程序也应作为整体进行比较，而不能拆开比较。而该案基础条约中的争端解决条款与第三方条约中的“岔路口条款”无法在客观上进行“优惠”的比较。同样，在2012年8月作出的“Daimler诉阿根廷案”④ 裁决中，仲裁庭也得出了相同的结论。⑤

2. 不得扩张国际仲裁的管辖事项

在“Plama诉保加利亚案”中，塞浦路斯籍申请人声称东道国措施构成对其投资的征收，但塞浦路斯与保加利亚BIT中仅规定有关征收补偿数额的争端可提交国

① 值得注意的是，“Wintershall诉阿根廷案”与“西门子诉阿根廷案”中基础条约同为德国与阿根廷BIT，但两案裁决对于该条约中的最惠国待遇条款却作出了完全相反的解释。

② Wintershall Aktiengesellschaft v Argentine Republic, ICSID Case No. ARB/04/14, Award, paras. 160-197.

③ ICS Inspection and Control Services Limited (United Kingdom) v. The Argentine Republic, UNCITRAL, PCA Case No. 2010-9, Award on Jurisdiction, paras. 274-325.

④ Daimler Financial Services AG v. Argentine Republic, ICSID Case No. ARB/05/1, Award, paras. 160-281.

⑤ 在“Daimler诉阿根廷案”与“ICS诉阿根廷案”中，首席仲裁员均为Dupuy教授。

际仲裁，而对于征收是否存在的争端并未授权提交国际仲裁。因而申请人援引该BIT中的最惠国待遇条款，试图将第三方条约中更为宽泛的仲裁范围条款引入。但仲裁庭否定了这一主张，其认为国际仲裁机制对于投资保护的重要性本身并不足以说明最惠国待遇条款可适用于国际仲裁程序。国家对提交国际仲裁的同意必须是"明确且没有疑义的"，这一同意不能予以推定。除非条约中明确无疑地表达了将最惠国待遇条款适用于争端解决事项的含义，否则缔约国不能被推定已通过最惠国待遇条款给予了提交国际仲裁的同意。而最惠国待遇条款中的"所有事项"这一表述并不足以构成缔约国明确无疑的同意。主张该条款适用于争端解决事项的观点，不仅难以适用客观标准来确定何者更为"优惠"，而且还会导致投资者从不同的条约中选取不同的条款以实现"条约选购"。而对于"Maffezini 诉西班牙案"裁决，仲裁庭也予以了批评，认为其超出了缔约国的本意。① 可见，该案仲裁庭认为最惠国待遇条款既不得用来扩张国际仲裁的管辖事项，也不得用来规避国际仲裁的前置条件。

该案仲裁庭的解释立场在多个案件中得到了采纳。"Telenor 诉匈牙利案"②、"Bershader 诉俄罗斯案"③ 以及"Salini 诉约旦案"④ 等案裁决均否定了最惠国待遇条款对争端解决事项的适用，认为投资者不得援引该条款扩张仲裁庭的管辖范围。对于基础条约中的最惠国待遇条款，不得推定其可适用于争端解决事项，除非缔约国在该条约中明确地表达了这一含义。而"Renta 诉俄罗斯案"⑤、"奥地利航空公司诉斯洛伐克案"⑥ 以及"谢业深诉秘鲁案"⑦ 的仲裁庭认为，尽管最惠国待遇条款在特定投资条约中存在适用于争端解决事项的可能性，但该案中基础条约的上下文已排除了这一适用可能性，因而否定其对争端解决事项的适用。

---

① Plama Consortium Limited v. Republic of Bulgaria, ICSID Case No. ARB/03/24, Decision on Jurisdiction, paras. 192-227.

② Telenor Mobile Communications A. S. v. Republic of Hungary, ICSID Case No. ARB/04/15, Award, paras . 90-101.

③ Vladimir and Moise Berschader v Russian Federation, SCC Case No. 080/2004, Award, paras. 175-208.

④ Salini Costruttori S. p. A. and Italstrade S. p. A. v. Jordan, ICSID Case No. ARB/02/13, Decision on Jurisdiction, paras. 102-119.

⑤ Renta 4 S. V. S. A et al. v Russian Federation, SCC Case No. 24/2007, Award on Preliminary Objections, paras. 90-118.

⑥ Austrian Airlines AG v The Slovak Republic, UNCITRAL, Final Award, paras. 121-140.

⑦ Tza Yap Shum v. Republic of Peru, ICSID Case No. ARB/07/6, Decision on Jurisdiction, paras. 189-220.

（三）推定适用立场不符合条约本意

1. 过分强调投资保护的目的。

推定适用立场与推定排除立场之间的分歧根源于所采纳的不同解释方法。习惯法中的条约解释规则体现在《维也纳条约法公约》第 31 条、第 32 条中，对此所有仲裁庭都予以承认。根据公约第 31 条第 1 款的规定，条约用语的通常意义应“按照”其上下文同时“参照”条约的目的及宗旨，善意地予以解释。因此，条约用语及其上下文是条约解释的主要依据，而条约的目的及宗旨在解释时只能作为参照。尽管各仲裁庭均声称其解释符合公约中的条约解释规则，但所得出的解释结果却大相径庭。其原因即在于部分仲裁庭过分强调投资条约中投资保护的“目的及宗旨”，而忽视了投资条约的用语及其上下文。

对投资保护目的的过分强调，将导致对最惠国待遇条款的过度阐释，从而将投资保护的目的置于条款文本之上。① 从“Maffezini 诉西班牙案”等案件裁决可以看出，其支持最惠国待遇条款对争端解决事项的适用最主要的原因即在于，国际仲裁机制与条约实体条款同等重要，是实现投资保护目的必不可少的一部分，否定最惠国待遇条款对仲裁事项的适用将违背投资保护的目的。这一目的导向的解释立场，必然导致对投资保护有利的解释结果。无可否认，宽泛、直接的国际仲裁机制对于保护投资和投资者利益可发挥重要作用。但是在习惯国际法中东道国并没有将投资争端提交国际仲裁的义务，当缔约国在投资条约中拒绝纳入宽泛、直接的国际仲裁条款时，其并不违背任何国际法义务。而且，投资条约前言中所使用的“鼓励和保护投资”这一用语本身也并不当然表明提供争端解决机制即为投资保护目的的一部分。事实上，鼓励和保护投资并非投资条约的仅有“目的”，绝大多数投资条约在其前言中也同时表明促进东道国经济发展或繁荣的重要性。因而，从条约目的来看，投资条约不仅在于保护投资者，还在于促进东道国的发展，过分强调任何一方面都将打破投资者与东道国利益的合理平衡。因此，以投资保护目的作为支持最惠国待遇条款适用于争端解决事项的论据，将导致对条约文本的过度阐释。

2. 忽视最惠国待遇条款的上下文。

依据条约解释规则，条约用语的通常意义须按照其上下文予以解释。在“Maffezini 诉西班牙案”等案件中，仲裁庭仅就最惠国待遇条款中的“所有事项”这一用语进行孤立地解释，并据此认为“所有事项”包含了争端解决事项。但是，这一孤立的解读并不符合最惠国待遇条款的上下文。根据前文论述，最惠国待遇不

---

① See Tony Cole, *The Boundaries of Most Favored Nation Treatment inInternational Investment Law*, Michigan Journal of International Law, Vol. 33, 2012, pp. 540-541.

适用于投资条约的属人、属物、属时方面适用范围条款，对此持推定适用立场的仲裁庭也并不否认。因此，所谓的“所有事项”并不当然包括投资条约的“所有条款”，这一表述须受投资条约其它条款的限制。仅仅以“所有事项”或“与投资有关的活动”这一孤立的用语作为支持最惠国待遇条款对争端解决事项的适用的主张并不足以令人信服。

3. 论证逻辑面临内在矛盾。

第一，持推定适用立场的仲裁庭在肯定最惠国待遇条款对争端解决事项的适用同时，也认为这一适用存在限制。例如，“Maffezini 诉西班牙案”仲裁庭即指出最惠国待遇条款不得用来绕开用尽当地救济要求等涉及“公共政策”的事项，但对于“公共政策”的来源却未能给出任何依据。从条约解释角度而言，假定最惠国待遇条款可适用于争端解决事项这一解释是正确的，则其适用应覆盖争端解决事项的全部，因为该条款本身并未表明仅对部分争端解决事项适用。因此，认为该条款仅适用于不涉及“公共政策”的争端解决事项的主张，并不符合条约的文本解释规则。

第二，该立场未能阐明如何比较不同争端解决机制之间的“优惠”。最惠国待遇条款的适用，须满足“可比性”的要求，而且不同待遇之间的“优惠”比较应当依据客观标准。就国际仲裁与东道国法院而言，二者之间并不存在谁优谁劣的客观区分。国际争端解决机制在性质上并不当然比国内争端解决机制“更优惠”。而持推定适用立场的仲裁庭却普遍认定国际仲裁相比东道国法院更为“优惠”，而且在论证“可比性”时主要依赖于投资者的主观判断（即投资者普遍认为国际仲裁比国内法院更优惠），而缺乏客观的对比标准，这将把最惠国待遇条款变成由投资者自由判断和利用的主观性条款。① 就不同国际仲裁程序或规则而言，也难以确定何者更为“优惠”。正如“Plama 诉保加利亚案”仲裁庭所指出的，如果一个条约允许提交 ICSID 仲裁，而另一个条约允许提交 UNCITRAL 仲裁，二者不可能进行优惠的比较。② 主张有选择比没有选择更为优惠的观点忽视了不同争端解决机制在性质、程序等内容上的根本不同，因而也不具有说服力。而相反的观点也可以认为，一个授权投资者在东道国法院进行 18 个月的诉讼后可再提交国际仲裁的条款，相比一个要求投资者必须在东道国法院与国际仲裁之间进行终局选择的条款更为

---

① See Martins Paparinskis, *MFN Clauses and International Dispute Settlement: Moving beyond Maffezini and Plama?*, ICSID Review-Foreign Investment Law Journal, Vol. 26, No. 2, 2011, pp. 48-50.

② Plama Consortium Limited v. Republic of Bulgaria, ICSID Case No. ARB/03/24, Decision on Jurisdiction, para. 208.

“优惠”，因为前者为投资者提供了双重救济途径，而后者只提供了单一救济途径。

第三，持该立场的仲裁庭在最惠国待遇条款如何引入“优惠”争端解决机制的问题上也莫衷一是，多数认为可以局部引入，而少数认为必须整体引入。例如，对于第三方条约中的“岔路口条款”，前者认为可仅将其中的国际仲裁部分引入，而后者认为须将国际仲裁和当地法院的择一救济机制作为整体引入。主张可以局部引入的观点，将使得最惠国待遇条款成为投资者“选购”① 不同条约中不同要素的裁剪工具。投资者可从不同的第三方条约中寻求不同的争端解决程序“优惠”，将不同条约中的争端解决条款进行“排列组合”②，从而完全规避基础条约中的任何程序障碍。此时，最惠国待遇条款的适用效果将视乎投资者的援引策略而不同，这不仅不能实现投资待遇的“协调”和“趋同”，反而会造成投资待遇的混乱局面。例如，按照局部引入的观点，投资者可仅将第三方条约中“岔路口条款”的国际仲裁部分引入，即使其已在东道国法院提起诉讼仍然不影响提交国际仲裁，而此时第三方条约下的投资者仍然受“岔路口条款”的约束，一旦选择国内法院诉讼即无权再提交国际仲裁。这将导致原本“更为优惠”的第三方条约相比基础条约“更不优惠”，因而与最惠国待遇条款的同等待遇要求相悖。

4. 区分“可受理性”问题与管辖权问题的主张缺乏条约文本上的依据。

对于推定适用立场与推定排除立场的分歧，近期有部分仲裁庭试图通过区分程序性要求与管辖权条件予以解释，认为最惠国待遇条款可推定适用于当地诉讼期限等程序性要求，但不得适用于管辖事项等管辖权范围条款。根据这一观点，程序性要求是“可受理性”问题，不满足该要求并不影响仲裁庭的管辖权，而管辖权条件的不满足则将否定仲裁庭的管辖权。这也得到了部分学者的支持。③ 但是，该观

---

① See A. F. Rodriguez, *The Most-Favored-Nation Clause in International Investment Agreements: A Tool for Treaty Shopping?*, Journal of International Arbitration, Vol. 25, No. 1, 2008, pp. 89-102; Scott Vesel, *Clearing a Path through a Tangled Jurisprudence: Most-Favored-Nation Clauses and Dispute Settlement Provisions in Bilateral Investment Treaties*, Yale Journal of International Law, Vol. 32, 2007, pp. 187-188.

② See Stephen Fietta, *Most Favoured Nation Treatment and Dispute Resolution under Bilateral InvestmentTreaties: a Turning Point?*, International Arbitration Law Review, 2005, p. 135.

③ See Stephan W. Schill, *The Multilateralization of International Investment Law*, Cambridge University Press, 2009, p. 151; August Reinisch, *How Narrow are Narrow Dispute Settlement Clauses in Investment Treaties?*, Journal of International Dispute Settlement, Vol. 2, 2011, pp. 131-152; Jarrod Wong, *The Application of Most-Favored-Nation Clauses to Dispute Resolution Provisions in BilateralInvestment Treaties*, Asian Journal of WTO & International Health Law and Policy, Vol. 3, 2008, pp. 171-194.

点并不代表仲裁实践。在推定排除的仲裁实践中，既有主张最惠国待遇条款不得用以扩张国际仲裁管辖事项的案例，也有主张该条款不得用以规避国际仲裁程序性条件的案例。即使在涉及管辖事项的案例中，仲裁庭也一般性地否认了最惠国待遇条款对所有争端解决事项的适用。而且，对程序性要求与管辖权条件的区分仅是理论上的一厢情愿，缺乏条约文本上的依据。投资条约中的争端解决条款并未区分程序性要求和管辖权条件，而是作为整体予以规定。所谓的程序性要求和管辖权条件都是缔约国同意将投资争端交付国际仲裁的限制条件，这些限制条件反映了缔约国之间的共同意愿。没有理由将其中部分条件归类为“可受理性问题”，而将其它条件归类为管辖权问题，否则条约文本中的仲裁条件将失去任何意义，因为任何一项条件都可能被仲裁庭归类为“程序性要求”而予以漠视。即使假定最惠国待遇条款可适用的事项包括争端解决事项，也没有任何依据认为所谓的管辖权要求不属于争端解决事项。事实上，“Maffezini 诉西班牙案”等早期案件的仲裁庭也支持最惠国待遇条款对“所有”争端解决事项的适用。因此，区分程序性要求与管辖权条件的主张难以令人信服。①

此外，这一主张也缺乏一般国际法上的依据。国际法院在多个案例中都将所谓的程序性要求作为管辖权问题处理。例如，在“刚果境内武装行动案”中，国际法院明确指出，“当提交国际法院管辖的同意表现为国际条约中的合意条款时，任何该同意的条件都应认定为对该同意的限制，法院因此认为对该条件的审查涉及法院的管辖权而非可受理性问题”。② 同样，在“种族歧视公约适用案”中，国际法院也认定公约中的善意协商要求是法院管辖的前提条件，本案中该条件未能满足，因而法院不享有管辖权。③

5. 同类原则并不足以作为支持该立场的依据。

同类原则是最惠国待遇条款适用的内在要求，持推定适用立场的仲裁庭也以此作为其支持的论据。但是，审查同类原则的前提是最惠国待遇条款适用于该“同类”事项。换言之，如果基础条约中的最惠国待遇条款并不适用于某类事项，则

---

① See Dana H. Freyer&David Herlihy, *Most-Favored-Nation Treatment and Dispute Settlement in Investment Arbitration: Just How "Favored" is "Most-Favored"?*, ICSID Review-Foreign Investment Law Journal, Vol. 20, No. 1, 2005, p. 83.

② Armed Activities on the Territory of the Congo (New Application: 2002) (Democratic Republic of the Congo v. Rwanda), Jurisdiction of the Court and Admissibility of the Application, I. C. J. Reports 2006, para. 89.

③ Application of the International Convention on the Elimination of All Forms of Racial Discrimination (Georgia v. Russian Federation), Judgment of Preliminary Objections, I. C. J. Reports 2011, paras. 156-184.

即使基础条约中的某类事项与第三方条约中的某类事项属于“同类”，也并不使该类事项成为最惠国待遇条款的适用对象。因此，根本问题不在于同类原则，而在于基础条约中最惠国待遇条款的适用范围是否包括争端解决事项。如果某基础条约明确将最惠国待遇条款适用于争端解决程序，则援引适用的下一个步骤是论证基础条约中的某争端解决事项与第三方条约中的某争端解决事项属于“同类”且后者更为“优惠”。而如果某基础条约排除了最惠国待遇条款对争端解决程序的适用，也并非由于基础条约与第三方条约中的争端解决事项“不同类”，而是由于该条款的适用范围不包括争端解决程序。

（四）投资争端解决“多边化”的限度：国家的同意不得被推定

推定适用立场的谬误表现为其解释方法上的欠缺和论证逻辑上的矛盾，而其根源则在于对国际争端解决机制中国家同意要素的不当推定。国家的同意是投资者与国家间国际仲裁的“根基”①，没有国家的同意，投资者无权将投资争端提交国际仲裁。国家可通过投资条约的形式同意接受国际仲裁的管辖，而且在给予同意的同时也可附加任何限制性条件。因而，投资者将投资争端提交国际仲裁的前提是东道国已给予同意且该同意所附加的条件已得到满足。任何对国家同意进行推定的主张都将否定国际仲裁机制的“根基”。在投资条约未明确将最惠国待遇条款适用于国际仲裁条款的情况下，主张该条款的推定适用将导致对国家同意国际仲裁的推定以及对同意所附条件的否定。

推定适用立场主张对国家同意予以推定，源于其对国际争端解决机制的偏好。但是，在国际法体系下并不存在高于国家的强制性争端解决及执行机制，任何国际争端解决机制的建立均依赖于国家之间的同意。在国内法体系下，没有救济就没有权利（*ubi jus ibi remedium*），任何一项实体权利的存在，必然伴随着相应的强制性救济机制。但是，在国际法体系下则缺乏强制性的第三方管辖机制，未经一国的同意不得对其予以强制管辖。当一项国家或私人的权利受到另一国的侵害时，如该另一国不同意将争端提交国际法院、国际仲裁庭等国际争端解决机制，则该国家或私人无权寻求该机制的管辖。投资条约赋予投资者高标准的实体保护权利，但是这并不当然伴随着可诉诸国际仲裁的程序权利。只有当缔约国明确同意接受国际仲裁管辖时，投资者才可通过国际仲裁机制在国际层面对其实体权利予以救济。

与投资条约的属人、属物、属时适用范围条款相同的是，国家同意作为国际仲

① International Bank for Reconstruction and Development, *Report of the Executive Directors on the Convention on the Settlement of Investment Disputes between States and Nationals of Other States* (18 March 1965), para. 23.

裁管辖权的基础也构成对投资者寻求国际仲裁救济的限制条件。① 缔约国可以自由决定是否给予同意以及如何设置同意的附加条件。对于国家的同意范围以及同意的附加条件，投资者必须予以遵守。属人、属物、属时范围条款不得援引最惠国待遇条款予以规避，同样，国家对国际仲裁的同意条款也不得援引最惠国待遇条款予以规避。尽管在投资条约中约定投资争端仲裁条款已成为多数缔约国的主导政策，但是缔约国有权在接受国际仲裁管辖的同时设置相应的条件，例如要求寻求一定期限的国内救济、限制可提交仲裁的争端事项范围等。这些条件如未能满足，则东道国的同意就不能确立。

而且，国家对国际仲裁的同意必须是“明确无疑的”，一项不确定的、模棱两可的条款难以构成对国际仲裁的同意②。当一项投资条约的争端解决条款明确将可提交国际仲裁的争端限定为有关征收补偿数额的争端或者要求提交国际仲裁前须进行一定期限的国内救济，而该条约中的最惠国待遇条款对于是否适用于争端解决事项模糊不清时，缔约国对国际仲裁的同意即为有限的、附条件的同意。此时最惠国待遇条款不得认定为对国际仲裁的概括同意，否则将人为地确立一项本不存在的同意，使缔约国之间明确无疑的有限同意完全失效。这将违背条约解释规则，也有损国际仲裁机制的管辖权基础。因此，缔约国在投资条约中对仲裁同意所设定的限制或条件，不得援引最惠国待遇条款予以规避。只有当缔约国在投资条约中明确表明最惠国待遇条款适用于争端解决事项时，投资者才可依据该条款将第三方条约中更为优惠的争端解决条款予以引入，从而实现投资争端解决的“多边化”。

四、最惠国待遇条款的缔约国控制

（一）“多边化”的主导者：缔约国而非仲裁庭

在“Maffezini 诉西班牙案”之前的国际实践中，未曾出现将最惠国待遇条款适用于争端解决事项的主张。③ 但在该案裁决之后，越来越多的仲裁庭基于投资保护的立场将最惠国待遇条款适用于争端解决事项。可以说，正是这些仲裁庭对最惠国

---

① Impregilo S. p. A. v Argentine Republic, ICSID Case No. ARB/07/17, Concurring and Dissenting Opinion of Brigitte Stern, para. 52.

② See Julie A. Maupin, *MFN-Based Jurisdiction in Investor-State Arbitration: Is There Any Hope for A Consistent Approach?*, Journal of International Economic Law, Vol. 14, No. 1, 2011, p. 186.

③ See Zachary Douglas, *The MFN Clause in Investment Arbitration: Treaty Interpretation Off the Rails*, Journal of International Dispute Settlement, Vol. 2, 2011, pp. 101-102；徐崇利：《从实体到程序：最惠国待遇适用范围之争》，载《法商研究》2007年第2期，第45页。

待遇条款的扩张适用，才赋予了该条款空前的“多边化”功效，使其重新进入了投资者和缔约国的视野。仲裁庭的肯定，激发了投资者援引该条款寻求最惠国待遇的积极性。在仲裁庭的不断推动和投资者的积极援引下，最惠国待遇条款对争端解决事项（尤其是对东道国当地救济要求）的适用似乎已成为显著的“趋势”。但是，这一“趋势”并未成为共识，掌握投资保护“多边化”程度的仍然是缔约国而非仲裁庭。

尽管最惠国待遇已成为经济领域国际条约的核心条款，但是其并非一项习惯法义务。① 最惠国待遇义务仅为缔约国之间的条约义务，而且最惠国待遇的“多边化”程度也依赖于缔约国之间的协商合意。缔约国可在投资条约中自由确定最惠国待遇条款的适用范围或事项。当一项投资条约中规定该条款仅适用于特定领域或事项时，缔约国有权在其他领域或事项上对来自不同国家的投资者给予差别待遇。就投资的实体保护而言，给予最惠国待遇已成为多数投资条约的共同追求，这符合各缔约国的缔约本意和义务预期，而且不同投资条约的投资实体保护义务事实上也趋于一致。正是各缔约国的认可和选择，才赋予了最惠国待遇条款对投资实体保护义务的普遍适用性，从而实现了投资实体保护标准的“多边化”。但是，就投资条约的属人、属物、属时适用范围以及投资争端解决程序而言，其涉及缔约国之间核心利益的“讨价还价”和相互妥协，多数条约并未明确将其列为最惠国待遇条款的涵盖对象。因而，在条约未明确的情况下，不得援引最惠国待遇条款将条约适用范围和争端解决程序予以“多边化”。

仲裁庭作为投资争端案件的居中裁判，其任务在于依据条约解释规则对相关投资条约予以善意的解释，尊重而非质疑条约文本所反映的缔约国原意。将最惠国待遇条款推定适用于争端解决程序的解释立场，为条约文本添加了其所不具有的意义，因而超出了缔约国的本意。尽管这些仲裁裁决对于当事国具有拘束力，但该拘束力仅限于个案中的当事国，其不具有法律意义上的先例作用。因而，不得以已有仲裁裁决作为推动投资争端解决“多边化”的依据。

此外，从缔约政策角度而言，仲裁庭的扩张解释不仅不能有效实现投资争端解决的“多边化”，反而会抑制缔约国进一步推动投资自由化的积极性。在当前投资保护实体标准趋于一致的背景下，限制投资自由化的主要因素体现为投资条约的有

① See UNCTAD, *Most-Favoured-Nation Treatment*, UNCTAD Series on Issues in International Investment Agreements II, United Nations publication, 2010, p. 22; Martins Paparinskis, *MFN Clauses and International Dispute Settlement: Moving beyond Maffezini and Plama?*, ICSID Review-Foreign Investment Law Journal, Vol. 26, No. 2, 2011, p. 17; 王海浪:《最惠国条款在 BIT 争端解决中的适用问题》，载《国际经济法学刊》2007 年第 2 期，第 157 ~ 159 页。

限保护范围以及有限的投资争端仲裁机制。在最惠国待遇条款不适用的情况下，国家之间可基于双边互惠的考量，在相互之间扩大投资条约的保护范围，减少甚至取消将投资争端提交国际仲裁的限制条件，而不用担心这一互惠安排是否会被第三国投资者“搭上便车”。而在最惠国待遇条款适用的情况下，国家推动投资自由化的积极性将会受到抑制，因为其对任何特定国家作出的任何优惠承诺都将无条件地适用于第三国，而第三国却并未向该国提供相应的优惠承诺。

（二）控制最惠国待遇：利益评估与对策选择

为了应对仲裁庭的扩张解释倾向，缔约国可根据自身的利益得失，在投资条约中明确限定最惠国待遇条款的适用范围。可采取的限定方式包括确认最惠国待遇条款不适用于争端解决事项、设置适用例外、禁止溯及既往适用等。当然，如何限定取决于缔约国之间的政策考量和利益权衡。

在条约中确认最惠国待遇条款不适用于争端解决事项，可以有效地防止仲裁庭的扩张解释。例如，中国与秘鲁自由贸易区协定中明确规定，为进一步明确，最惠国待遇条款的待遇不包括争端解决机制。这一表述的优势在于其仅是为了“进一步明确”最惠国待遇条款对争端解决机制的不适用，换言之，其所内涵的立场是即使没有该解释性说明，该条约中的最惠国待遇条款同样不适用于争端解决机制。因而，不同条约中的相同最惠国待遇条款不会因为是否存在该解释性说明而导致不同的解释结果。对于正在谈判中的投资条约，这一解释性说明可以放在最惠国待遇条款中或该条款的脚注中或条约的附件、议定书中，其在条约中位置的不同并不影响其效力，因为条约的所有内容均构成有拘束力的上下文。此外，缔约国还可选择在谈判文件中明确最惠国待遇条款不适用于争端解决事项，因为根据条约解释规则，有关条约的谈判文件作为补充材料可用来“证实”条约用语的通常意义。而对于已经生效的投资条约，缔约国之间也可通过作出联合解释性声明或缔结议定书予以明确。根据条约解释规则，缔约国之间嗣后就条约的解释所订立的任何协定都构成条约的上下文。因而，缔约国之间的联合解释并不受时间的限制，其对于在审案件的仲裁庭也同样具有拘束力。而在缔约国之间难以达成联合解释声明的情况下，一方缔约国也可作出单方声明，该声明可作为解释缔约国缔约意图的证据。

设置最惠国待遇条款的适用例外是多数缔约国的共同实践，主要包括一般例外与特别例外两类。就一般例外而言，可就条约整体设置重大安全例外、金融措施例外、税收措施例外等，这些例外可排除条约中“任何规定”的适用。因而在这些例外情形下缔约国不承担条约项下的任何投资保护义务，包括给予最惠国待遇的义务。而就特别例外而言，可就最惠国待遇条款设置特别的适用例外，例如排除该条款对自由贸易协定、关税同盟协定、经济共同体协定、双重避税协定或边境贸易协定等的适用。根据这一例外,缔约国另行缔结的自由贸易协定等特定领域的条约中的优惠待遇将仅限于该协定的缔约国之间,而无须作为最惠国待遇给予其他非缔约国。在自由贸易协定中纳入投资章节对于缔约国而言,可保障彼此之间的投资保护双边承诺不被任意“多边化”,因而也成为越来越多的国家的缔约首选。

禁止最惠国待遇条款的溯及既往适用,也是限制该条款“多边化”效果的重要途径。基础条约中最惠国待遇条款能否适用于该条约生效前缔结的第三方条约,在理论中还存在着争议。① 因而,避免这一争议的有效途径是明确禁止该条款的溯及既往适用。例如,加拿大 BIT 范本中即规定最惠国待遇条款不适用于该条约生效前所缔结的条约。同样,在 NAFTA 附件三中,加拿大、美国、墨西哥也明确禁止该条款的溯及既往适用。

当然,缔约国之间也可选择“反多边化”模式,将最惠国待遇条款完全排除。在这一模式下,缔约国之间不承担投资保护的最惠国待遇义务,其双边承诺将不受任何第三方条约的影响。但是在当前东道国竞争吸引外资的经济环境下,完全排除最惠国待遇条款有可能造成来自不同国家投资者的不平等待遇,有损东道国投资环境对外国投资者的吸引力,因而并非明智之举。而且,缔约国也完全可以通过上述限定方式限制最惠国待遇条款对缔约国的不利影响,而没有必要完全取消该条款。因此,对于东道国而言,明确最惠国待遇条款对争端解决事项的不适用,同时保持投资保护的适度“多边化”,既可以有效控制最惠国待遇泛化的不利影响,也可保障本国投资环境的竞争力。

“Runaway” of Most-Favored-Nation Clauses? Bilateralism and Multilateralization of Treaty Protection for International Investment

Abstract: Under the bilateral investment protection regime, most-favored-nation (MFN) clauses may serve to transform “bilateral commitments” into “multilateral commitments”, and thus harmonize the protection standards offered by varying bilateral investment treaties. However, MFN clauses cannot “multilateralize” every commitment under bilateral investment treaties. A MFN clause in the basic investment treaty may apply to substantive investment treatments but not to the treaty's scope of application provisions and dispute settlement matters, unless there is an unequivocal consent to the contrary in

① See Tony Cole, *The Boundaries of Most Favored Nation Treatment inInternational Investment Law*, Michigan Journal of International Law, Vol. 33, 2012, pp. 572-573.

such treaty. The application of MFN clauses to dispute settlement provisions in arbitral practices goes beyond the ordinary meanings of investment treaties. To avoid such expansive interpretation tendency, contracting states may set explicit limits on the application of MFN clauses in investment treaties.

Keywords: Most-Favored-Nation Clauses; International Investment Treaties; Bilateralism; Multilateralization

四、国际商事仲裁专题

论国际商事仲裁中证据规则的确定与适用

□ 崔起凡 *

内容摘要 当事人和仲裁庭很大程度上决定着国际商事仲裁中的证据规则，但是通常要遵守仲裁程序准据法的强制性规则尤其是正当程序要求。当事人和仲裁庭对证据规则的确定与适用直接影响到国际商事仲裁的价值与目标的实现。国内证据法是否以及如何适用于国际商事仲裁也取决于当事人或仲裁庭的选择。不过，由于价值取向以及仲裁参与人法律文化背景多元化等原因，国内证据法一般不宜严格适用于国际商事仲裁。事实上，各国国际商事仲裁中证据规则的适用出现了不同法律文化的融合趋势。以《IBA 证据规则》为代表的仲裁证据软法体现了这种文化融合，它可以灵活适用于国际商事仲裁，在国际实践中也发挥着不可忽视的规范作用。总之，尽管未能完全摆脱仲裁地法的影响，但各国国际商事仲裁证据规则的确定与适用之实践整体上呈现出“国际化”趋势。相比之下，我国国际商事仲裁的相关实践具有浓厚的“诉讼化”和“本地化”色彩，我国仲裁界应针对其中的原因，相应地采取对策。

关 键 词 国际商事仲裁；证据规则；《IBA 证据规则》；当事人意思自治；自由裁量权

目　　次

---

* 黑龙江省富锦人，浙江大学宁波理工学院国际贸易研究所讲师，法学博士，主要研究国际商事仲裁。

一、国际商事仲裁证据规则的渊源

国际商事仲裁证据规则是指在国际商事仲裁程序中适用的处理证据事项的规则，其中也包括在具体仲裁中由当事人或仲裁庭根据案情确定的证据规则。

国际商事仲裁程序的规则渊源包括国内法、国际公约、仲裁规则、仲裁裁决、判例、学术著述，甚至包括当事人的约定和仲裁庭的决定。① 这些同样是国际商事仲裁证据规则的渊源。它们的渊源如此丰富是因为仲裁是"私人诉讼"，当事人意思自治是国际商事仲裁的基本原则，同时仲裁庭享有广泛的自由裁量权，它们可以自由选择和适用各种规则。

需要注意的是，个别证据问题的性质存在争议。比如证明责任在许多大陆法国家的法律中被认为是实体问题（如《法国民法典》第1315条规定了证明责任）；而一些普通法国家比如英国把证明责任看做是程序问题。这样，在国际商

---

① S. I. Strong, *Research and Practice in International Commercial Arbitration: Sources and Strategies*, Oxford University Press, 2009, pp. 9-37.

事仲裁中，实体法有可能成为证据规则的渊源，这取决于仲裁庭对证据性质的识别。

总的来说，国际商事仲裁证据规则的渊源具有以下特征：

其一，多元性和多层次性是国际商事仲裁证据规则渊源的一个显著特征。这些渊源可以从不同角度进行分类：从法律性质的角度看，可以将它分为国际法渊源或国内法渊源，前者如国际公约，后者如国内仲裁法。从规则的制订主体是否为国家或国家间组织可以将其分为公渊源（public source）和私渊源（private source），前者如国内仲裁法、国际公约，后者如机构仲裁规则；从约束力强弱的角度可以将其分为有约束力的渊源（binding source）和有说服力的渊源（persuasive source）。前者如仲裁法和国际公约，后者如先前的仲裁裁决。

其二，国际商事仲裁证据规则的各种渊源都不像国内证据法那样具体完备，通常对证据事项规定得比较简单，这主要是基于对仲裁灵活性的尊重。

其三，作为一种新趋势，从20世纪末期开始，尤其是最近几年，由国际组织尤其是非官方国际组织制订的专门或具体的国际商事仲裁证据规则纷纷出台。比如，2007年12月，英国特许仲裁员协会公布了《国际商事仲裁中当事人专家的使用指南》，2008年5月，美国仲裁协会国际争议解决中心公布了《关于信息交换的仲裁员指南》，2009年，国际冲突预防与解决协会也公布了《国际商事仲裁书证披露与证人提供指南》。另外，2007年8月，国际商事仲裁委员会公布的《控制仲裁时间与成本的方法》，作为一个综合性的仲裁补充规则，也有相当条款涉及证据问题。而国际律师协会（IBA）作出了尤为突出的贡献，它针对国际仲裁中的证据问题先后制订了三个规则，为表述方便可称之为“《IBA证据规则》”。① 不过，这些仲裁证据规则的完备程度还远不能与国内证据法相提并论。

最后，依据当事人意思自治原则，国际商事仲裁的证据规则的确定与适用更多地取决于当事人和仲裁庭对证据规则的选择。这与各国民事诉讼有明显区别，在国内民事诉讼中证据规则的适用具有法定性以及非常强的确定性和稳定性。

在具体的国际商事仲裁中，当事人和仲裁庭如何确定和适用证据规则？主要的证据规则渊源，比如国内仲裁法，证据法，具体的仲裁证据规则，在国际商事仲裁中的地位和影响如何？我国相关实践存在什么问题，应如何解决？关于这些问题，我国学术界尚缺乏系统充分地研究，本文将试图进行一些有益的探索。

---

① 它们分别是：1983年《国际商事仲裁证据提供与采纳的补充规则》，1999年《国际商事仲裁取证规则》和2010年《国际仲裁取证规则》。文中的《IBA证据规则》除特别说明外，专指2010年《国际仲裁取证规则》。

二、程序自治与国际商事仲裁证据规则的确定与适用

国际商事仲裁的程序自治是指当事人以及仲裁庭有权决定仲裁程序的进行，其核心是当事人意思自治。当事人和仲裁庭在确定仲裁程序规则方面的分工是，当事人从整体上确定程序，而仲裁员则有权力决定最终程序的进行及程序性事项。① 不过，国际商事仲裁的程序"自治"并不意味它能够"自足"，仲裁程序无法完全摆脱国内法，它的运行需要国内法院的监督与协助。

大多证据事项属于程序问题，这一点毫无疑问，但如上所述，也有个别证据问题的性质仍然存在争议。由于在国际商事仲裁中实体问题与程序问题的法律适用是区别对待的，两者未必指向同一法律。② 证据问题的识别会直接影响到法律的适用，因此在国际商事仲裁实践中具有一定重要意义。如果仲裁庭错误地适用证据事项的法律，并违反了仲裁程序准据法明示或默示的规定，仲裁裁决可能被撤销或被拒绝执行。③ 如果证据的法律适用违反了实体争议的准据法，这将通常不会影响裁决的效力，因为各国法院通常不审查国际商事仲裁中的实体问题。

（一）程序自治与仲裁程序准据法的确定

在此，仲裁程序准据法的确定是一个无法回避的问题。因为，仲裁法本身就包含了一些与证据有关的规则，是仲裁证据规则的一个渊源；同时它对程序自治包括具体仲裁证据规则的确定与适用会产生影响。

1. 当事人直接约定仲裁程序的准据法

（1）"主观标准"与"客观标准"之争。

关于仲裁程序法的选择适用，存在着主观标准（subjective test）与客观标准或地域标准（objective or territorial test）两种方法之争。

主观标准是指当事人可以选择国际商事仲裁程序的准据法。主观标准强调仲裁的契约性与自治性，认为仲裁庭的权力来自当事人的授权，仲裁员不像法官那样负有执行该国法律的义务。客观标准是指国际商事仲裁程序应由仲裁地的法律管辖。客观标准强调仲裁的司法性，认为仲裁庭所享有的权力由国内法赋予，仲裁程序只

---

① Julian D. M. Lew QC, Loukas A Mistelis, Stefan M. Kroll, *Comparative International Commercial Arbitration*, *Kluwer Law International*, 2003, p. 522.

② ［英］艾伦·雷德芬等：《国际商事仲裁法律与实践（第四版）》，林一飞、宋连斌译，北京大学出版社2005年版，第83页。

③ 参见《纽约公约》第5条第1款d项，《示范法》第34条第2款、第36条第1款。

能受仲裁地的仲裁程序法的约束。① 当事人或仲裁庭之所以可以决定具体的仲裁程序，那是因为仲裁地法认可受其限制的仲裁程序自治。

在 1985 年《联合国贸易法委员会国际商事仲裁示范法》（以下简称"《示范法》"）的制订过程中，也存在以上两种观点之争。结果《示范法》第 1 条第 2 款采纳了客观标准。

（2）各国立法与司法实践。

受到《示范法》的影响，大多数国家的仲裁立法采纳了客观标准。② 比如，《德国民事诉讼法》第 1025 条第 1 款也规定，如果仲裁地位于德国境内，则其第十编"仲裁程序"得予以适用。依据《英国仲裁法》第 4 条第 5 款的规定，"有关本条非强制性规定之事项，如选择英格兰、威尔士或北爱尔兰之外的法律，则应等同于当事人对该事项作出约定之协议"。可见，在英国法下，虽然当事人可以约定英国以外的法律，但不能与英国仲裁法的强制性规定相冲突，并被视为当事人对相关事项达成的协议，此时外国仲裁程序法与当事人并入到仲裁协议的仲裁规则并没有区别。

不过，有少数国家或地区采取相反的立场，比如依据 1981 年《法国民事诉讼法》第 1494 条第 1 款，仲裁协议可以确定所要遵循的仲裁程序法。尽管 2011 年修订后的《法国民事诉讼法》相应条文（第 1509 条）删除了当事人可以选择仲裁适用的程序法的内容，不过，从第 1505 条可以推断，它允许仲裁地在其他国家或地区的情况下，当事人选择适用法国程序法，并为其提供协助。③

2. 当事人通过选择仲裁地确定仲裁程序法

即使依据客观标准，国际商事仲裁程序应由仲裁地的法律管辖，仲裁地也是可以由当事人选择的。法律意义上的仲裁地和地理意义上的仲裁地并非一定有关联，因为仲裁的开庭审理通常被认为可以在仲裁地以外的地点进行，这被《示范法》以及世界大多数国家的仲裁立法及实践所认可。确定在仲裁地以外的地点进行开庭审理的原因很多，比如考虑到证人出庭方便，成本较低。而且，鉴于网上仲裁的仲裁地具有特殊性，如果将仲裁地确定为仲裁参与人上网的地点，在实践上显然是不现实的。这样，由当事人约定仲裁地是务实的。

---

① 谢新胜：《国际商事仲裁程序法的适用》，中国检察出版社 2009 年版，第 87 页。

② Gabrielle Kaufmann-Kohler, *Globalization of Arbitral Procedure*, *Vand. J. Transnat'l L.*, Vol. 36, 2003, p. 1315.

③ 《法国民事诉讼法》第 1505 条规定："除非另有规定，国际仲裁中下列情形下，协助仲裁的法官应是巴黎大审法院院长：（1）仲裁在法国进行；或（2）当事人约定法国程序法应适用于该仲裁……"

回过头来看，虽然仲裁程序准据法的客观标准占据了优势，但在某种程度上与主观标准殊途同归。即使当事人不能直接选择仲裁程序的准据法，也可以选择某一国作为仲裁地，使该国的仲裁法得以适用于仲裁程序。

3. 仲裁庭通过选择仲裁地确定仲裁程序法

仲裁庭在有些情况下也可以确定仲裁程序的准据法。如果当事人没有明确对仲裁地作出选择，仲裁庭可以为当事人作出选择。许多仲裁规则，比如《联合国贸易法委员会仲裁规则》（以下简称“《UNCITRAL 仲裁规则》”）第 18 条第 1 款和《国际商会仲裁规则》（以下简称“ICC 仲裁规则”）第 14 条第 1 款都有类似授权。这样，仲裁员可以间接地确定仲裁程序的准据法。

（二）当事人意思自治与证据规则的确定与适用

依据当事人意思自治原则，当事人有确定证据规则的权利。当事人确定证据规则的方式大致有以下几种：

1. 仅约定机构仲裁规则

在国际商事仲裁实践中，当事人通常直接或间接地选择某一仲裁规则，尤其是某一机构仲裁规则，没有进一步约定证据规则。各个机构仲裁规则虽然对证据事项都有涉及，但都规定得比较简单，这为仲裁庭留下广阔的自由裁量空间。

2. 具体约定仲裁证据规则

这种方式是指当事人完全通过协商确定适合于它们的具体的仲裁证据规则。在国际商事仲裁实践中，仲裁协议通常缺少对证据规则的明确约定。[①] 这是因为签订仲裁协议时无法预料争议是否一定发生，而且就完备的仲裁证据规则进行协商，谈判成本非常之高，几乎不太实际。

3. 约定适用现存的具体仲裁证据规则

在一些国际商事仲裁中，当事人通过协商适用各种现存的、由仲裁界资深专家编纂的专门仲裁证据规则，比如《IBA 证据规则》。其他具体仲裁证据规则也有各自特点值得关注，比如《国际商事仲裁书证披露与证人提供指南》规定了书证、电子文件以及证人提供的几种具体模式可供选择，有利于提高仲裁的可预见性，值得仲裁当事人考虑是否在仲裁协议中援引适用。

4. 变更适用机构仲裁规则或仲裁证据规则

当事人可能会根据自身的需要，对机构仲裁规则或专门仲裁证据规则变更后适用。许多仲裁规则倾向于当事人决定仲裁程序的优先权。比如依据《UNCITRAL 仲

---

① David T. Stowell and Adam K. Treiger, *Contract Provisions for Evidence Rulings in Arbitration*, *Los Angeles Lawyer*, Vol. 22, 1999, p. 19.

裁规则》第1条第1款，凡是当事人约定它们的争议按该规则提交仲裁，双方当事人可以约定变更该规则。有些机构仲裁规则也允许当事人协议变更该规则，比如《美国仲裁协会国际仲裁规则》（以下简称“《AAA国际仲裁规则》”）第1条第1款。

如果当事人试图变更专门的仲裁证据规则，这些规则的措辞表明这不存在障碍。比如，《IBA证据规则》在序言中指出，当事人和仲裁庭可以在仲裁程序中全部或部分适用该规则，也可以酌情变更该规则或以该规则为指南安排仲裁程序。

不过，有一些仲裁规则采取了不同的立场，即机构仲裁规则优先于当事人的约定。比如《ICC仲裁规则》规定，该规则优先适用，如有未规定的事项，再由当事人或仲裁庭来确定。① 这并非意味着完全否定当事人意思自治，因为这样的仲裁或仲裁规则本身也是当事人直接或间接选择的结果，不过，当事人意思自治显然还是受到了一定的限制。

在当事人没有约定或较少约定证据规则的情况下，仲裁庭享有广泛的自由裁量权。这样可能产生问题是，仲裁庭最终确定的证据规则可能大大超出了当事人的预期。如果当事人试图提高证据规则的可预见性，它们适宜在仲裁协议中至少明确约定法律文化冲突较大的或者是其看重的某些证据问题。

（三）仲裁庭自由裁量权与证据规则的确定与适用

在当事人没有明确约定具体证据规则的情况下，仲裁庭则享有充分的自由裁量权，以填补规则上的空白。这样的自由裁量权是双刃剑：一方面，理论上仲裁庭有充分的空间确立适合于特定案件的灵活、高效的证据规则；另一方面，如上所述，也可能使仲裁证据程序充满不可预见性，这也是国际组织编纂国际仲裁证据规则的原因之一。

仲裁庭在决定国际商事仲裁证据规则时，可以参考现成的仲裁证据规则，或者选择其他规则渊源，也可以不考虑这些规则而根据案情决定证据规则，这属于仲裁庭自由裁量的范围，除非当事人作出了相反约定。

仲裁庭在确定仲裁证据规则时应当以兼顾仲裁的效率与公平为价值目标，许多国家的仲裁立法与仲裁规则都明确规定了这样的指导原则。比如，《英国仲裁法》第1条规定，仲裁的目的在于由公平的仲裁庭，在没有不必要的拖延和开支的情况下，使争议公平解决。其第33条“仲裁庭的一般义务”的第1款，再次强调了仲裁的效率与公平的兼顾。《伦敦国际仲裁院仲裁规则》（以下简称“《LCIA仲裁规则》”）第14条也要求仲裁庭应兼顾效率与公平。另外，《瑞典仲裁法》第21条，

① 《ICC仲裁规则》第19条。

《美国统一仲裁法》第15条都有类似规定。

就具体的仲裁证据规则而言，情况也是如此。《IBA证据规则》、《国际商事仲裁书证披露与证人提供指南》、《国际商事仲裁中当事人专家的使用指南》都体现了效率与公平价值应当予以兼顾的指导思想。

仲裁的公平，不仅要求仲裁程序符合正当程序原则，还包括仲裁庭确定的程序不应导致当事人的意外，这就要求仲裁庭对不同法律文化进行平衡，对具有不同的当事人的合理期待予以考虑，① 使证据规则能为各方当事人所接受。

因此，在确定仲裁证据规则时，仲裁庭通常不会"一意孤行"，在裁量权行使时通常会考虑与当事人沟通与协商。这不仅可以弥合当事人之间的法律文化冲突，为仲裁程序创造友好和谐气氛，还可以降低当事人对仲裁裁决提出异议的风险。

关于证据事项的协商，应在仲裁程序中较早的时候进行。如果分歧已经产生，当事人之间沟通难度通常会大大增加。审前会议常常是仲裁庭确定证据规则的适当场所和时机。这样可以避免当事人对于一些程序感到意外，减少将来可能出现的对裁决异议的事由。②《IBA证据规则》总结国际仲裁的一般实践，对证据事项的意见征询问题作出了有益的指引。③ 另外，一些仲裁证据规则要求，仲裁当事人在案件受理后应有机会尽早了解这些规则，并在此基础上确定适用于它们程序的证据规则。④

仲裁实践中，当一方当事人往往在形势不利的情况下试图拖延或扰乱仲裁程序。仲裁员必须把握好行使权力和妥善沟通之间的分寸，既要尊重当事人的意愿，缓和当事人之间的对抗，又要在适当情况下行使自由裁量权，避免程序不适当的拖延以及成本增加。⑤

在确定和适用仲裁证据规则的权力关系时，理论上把仲裁庭的权力看做是补充性是没有问题的，但仲裁实践却没有那么简单，须要具体分析。首先，在很多时

---

① Mark Huleatt-James and Robert Hunter, *The Law and Rules Applicable to Evidence in International Commercial Arbitration and Some Issues relating to their Determination and Application*, in the Commercial Way to Justice, (Geoffrey M. Beresford Hartwell ed., Kluwer Law International, 1997), p. 69.

② Piero Bernaradini, *Role of International Arbitrator*, Arbitration International, Vol. 20, 2004, p. 120.

③ 《IBA证据规则》第2条。

④ 比如《控制仲裁时间与成本的方法》的前言，《国际商事仲裁书证披露与证人提供指南》的序言第2款都有这样的规定。

⑤ Piero Bernaradini, *Role of International Arbitrator*, Arbitration International, Vol. 20, 2004, pp. 116-117.

候，仲裁当事人由于对某些证据事项如何处理未事先约定，又在仲裁程序中无法协商一致，这时仲裁庭可以行使自由裁量权，而不是遵从某一方当事人的意见。其次，有一些仲裁规则强调了仲裁庭在确定证据规则时的主导作用。比如《国际商事仲裁书证披露与证人提供指南》规定，如果仲裁庭认为确有必要，可以不遵守当事人之间选择的书证披露或证人提供模式。① 而《关于信息交换的仲裁员指南》的第1条规定，如果当事人想背离它所确立的基本原则，仲裁庭享有最终的决定权，当事人不仅需要达成书面协议，而且必须与仲裁庭协商方可。

三、仲裁程序准据法对证据规则确定与适用的影响

（一）仲裁程序准据法与程序自治的关系

当事人或仲裁庭可以确定仲裁程序法，这体现了国际商事仲裁程序的自治性。不过，仲裁程序准据法一旦被确定，那么程序自治就会受到它的影响，尤其是其中的强制性规则。

程序自治与仲裁准据法的关系体现为两个方面：一方面，当事人可以约定排除仲裁程序准据法的任意性规则。但是，如果当事人未予以明确排除，当事人和仲裁庭应当遵守。另一方面，国际商事仲裁的程序自治受到仲裁程序法中的强制性规则的约束，大多数国家的立法和许多机构仲裁规则都明确采纳了这一立场。② 对于仲裁准据法的违反，无论上述哪一种情况，都可以使裁决面临执行的障碍。③

《IBA证据规则》第1条第1款也强调，“如果当事人约定或仲裁庭决定适用IBA证据规则，取证应适用本规则，除非本规则的任何具体规定与当事人或仲裁庭决定的案件适用法律的强制性条款相抵触。”

强制性规则是各国通过法院的干预对国际商事仲裁施加控制，这对于仲裁公平价值的实现、公共政策的维护是必要的。总体而言，现代仲裁中这种监督和控制已经变得非常宽松，但是完全排除国内法院对国际商事仲裁的监督只会危及国际商事仲裁本身的健康发展。

---

① 《国际商事仲裁书证披露与证人提供指南》第1条c款和d款，以及第2条h款。

② 比如，《英国仲裁法》第1条和第4条第1款，《德国民事诉讼法》第1042条第3款，《AAA国际仲裁规则》第1条第2款，《UNCITRAL仲裁规则》第1条第3款等。

③ 参见《纽约公约》第5条第1款b项和d项，《示范法》第34条第2款和第36条第1款。

（二）仲裁程序准据法中与证据相关的强制性规则

1. 正当程序要求

关于正当程序存在着不同的理解。国际商事仲裁中的正当程序，一般来说，大致包括三个方面：第一，适当通知；第二，平等对待当事人；第三，当事人有陈述案情的公平机会。《示范法》规定了“正当程序条款”,① 许多国家的仲裁立法和仲裁规则也对正当程序作了一般性的规定。②

与证据事项有关的正当程序主要涉及上述后两个方面，尤其是当事人陈述案情的公平机会，因为在案件审理中，当事人主要靠证据“说话”或陈述案情。当事人与证据事项有关的正当程序权利包括：当事人提供那些支持自己主张的各种证据的权利，了解对方所提供证据的权利（只有充分了解对方的证据，才可能有针对性地陈述案情），对另一方当事人或证人进行询问的权利等。

需要强调的是，在仲裁裁决被申请执行时，由于正当程序问题与公共政策密切相关，如果仲裁违反正当程序，被请求执行的法院通常考虑的是本地的正当程序标准,③ 比如英国和美国的法院，它们都是以本国的程序法观念对外国裁决进行审查的。④ 由于在国际商事仲裁领域不存在国际统一的正当程序标准，裁决的执行过程中存在着潜在的法律冲突。

在认定正当程序问题上，执行地的法院应当持一种开放、宽容的态度，在符合仲裁地正当程序标准的情况下，只要不是严重违反本国的正当程序标准，就应尽可能地承认与执行相关的裁决。这样做的合理性在于：

其一，符合《纽约公约》所体现的支持裁决执行的政策取向。其二，对仲裁地法的适用体现了对当事人意思自治的尊重。依据意思自治原则，它们可以选择仲裁程序适用的法律，其中也应当包括正当程序的标准。对仲裁地正当程序标准的考虑，也符合当事人的预期。其三，如果仅适用执行地的正当程序标准，那么对于试图作出有效裁决的仲裁员而言要求过于苛刻。仲裁员在审理案件时，可能无法预见

① 《示范法》第18条。

② 比如，《英国仲裁法》第33条第1款，《德国民事诉讼法》第1042条第1款，《LCIA仲裁规则》第14条第1款，《ICC仲裁规则》第22条第4款，《AAA国际仲裁规则》第16条第1款。

③ Leonard V. Quigley, *Accession by the United States to the United Nations Convention on the Recognition and Enforcement of Foreign Arbitral Awards*, YALE L. J., Vol. 70, 1961, p. 106.

④ May Lu, *The New York Convention on the Recognition and Enforcement of Foreign Arbitral Awards: Analysis of the Seven Defenses to Oppose Enforcement in the United States and England*, Ariz. J. Int'l & Comp. L., Vol. 23, 2006, pp. 769-770.

裁决将会在哪里被强制执行，因此不能要求仲裁员须考虑每一个可能的被请求执行地的法律。①

2. 法院协助仲裁取证据的法律制度

在必要的情况下，比如当事人请求法院从不合作的第三人那里获取关键证据，由于仲裁庭不具有公权力，法院的协助不可或缺。这时法院是否提供协助以及适用怎样的程序超出了仲裁程序自治的范围，只能依赖证据所在国的立法与政策。

事实上，许多国家的立法都仿效《示范法》第 27 条规定法院提供这种协助。②如果一国法院不提供仲裁取证的协助，这不能通过当事人约定或仲裁庭行使裁量权予以改变；不过，对于法院的仲裁证据保全管辖权，有些国家立法，比如《英国仲裁法》第 44 条，允许当事人约定排除。但有些国家将法院的证据保全管辖权看作公共政策的范畴，不允许当事人协议排除，比如德国、意大利。③

另外，国际商事仲裁程序中所需要的证据可能不在仲裁地，这种情况下，证据所在地法院是否为外国仲裁提供取证协助是比较特殊的问题。一般而言，各国的法律和政策都支持本国国际商事仲裁中取证，而对外国仲裁取证协助请求一般都未予明确规定或不予支持。④

3. 其他与证据事项有关的强制性规则

从各国立法实践来看，仲裁法中的强制性规则，涉及仲裁庭的资格与组成、时效、裁决的形式与送达等方面。⑤ 正当条款以外与证据有关的强制性规则并不是很多见，英国就属于这样的少数例子。

《英国仲裁法》将所有的强制性规则列入附录，其中与证据事项有关的强制性规则包括仲裁庭的一般义务（第 33 条），当事人的一般义务（第 40 条），保证证人出庭（第 43 条），裁决异议以及严重不当行为（第 67-68 条）、异议权的丧失（第 73 条）等。

---

① Martin Platte, *An Arbitrator's Duty to Render Enforceable Awards*, J. Int'l Arb., Vol. 20, 2003, p. 312.

② 比如《德国民事诉讼法》第 1050 条，《法国民事诉讼法》第 1449 和 1469 条，《英国仲裁法》第 38（5）条，第 42 和 43 条，《美国联邦仲裁法》第 7 条。

③ Ali Yesilirmak, *Provisional Measures in International Commercial Arbitration*, Kluwer Law International, 2005, p. 102.

④ 相关详细论述，请参见崔起凡：《外国仲裁取证的司法协助：现状与展望》，载《仲裁研究》第 28 辑，第 47～56 页。

⑤ 朱克鹏：《国际商事仲裁的法律适用》，法律出版社 1999 年版，第 300 页。

四、国内证据法在国际商事仲裁中的适用与影响

（一）国内证据法具有适用于国际商事仲裁的可能性

国际商事仲裁与国内诉讼存在着许多共性，仲裁程序中都难免或多或少地引入一些民事诉讼中的证据理念、原则以及规则。① 正是由于两种程序所具有的共性，在仲裁立法方面，一些国家的民事诉讼法典中规定仲裁，比如德国、比利时、法国、意大利以及荷兰等国家。

当仲裁员和律师具有很深厚的诉讼背景并来自同一法系，国内诉讼程序在国际商事仲裁中的适用可能很大程度上会出现。依据资深律师的经验，当事人都是英国人的仲裁程序有时和一般的英国法院程序难以区分，部分原因是退休法官担任仲裁员，诉讼律师担任仲裁代理人。②

国内诉讼中证据法是否适用，属于当事人意思自治或仲裁庭自由裁量的范围，因而这些规则在国际商事仲裁的适用的确是可能的。比如，如果仲裁当事人为追求证据规则的确定性，它们可以约定适用某一国内证据法。

有些国家或地区的仲裁立法也明确认可了这种可能性。比如，《台湾仲裁法》第19条规定，“当事人就仲裁程序未约定者，适用本法之规定；本法未规定者，仲裁庭得准用民事诉讼法或依其认为适当之程序进行。”这明确了民事诉讼法包括关于证据的规定完全在仲裁庭考虑的范围之内。《LCIA仲裁规则》第22条第1款f项也明确规定，仲裁庭也有权决定是否对证据的可采性、相关性以及证明价值适用严格的证据规则。另外，《ICC仲裁规则》第19条也涉及仲裁庭有权援用仲裁所适用的国内法的程序规则。

不过，强制要求国内证据法适用于国际商事仲裁的仲裁立法是罕见的。

（二）国内证据法一般不宜严格适用于国际商事仲裁

国内民事证据法具有适用于国际商事仲裁的可能性，但是一般不宜严格适用于国际商事仲裁。这是因为，相比于诉讼，国际商事仲裁具有自身的特点以及应有的优势：

---

① 法国的仲裁立法佐证了这一点。《法国民事诉讼法》第1464条第2款规定，“……本法第4条至第10条，第11条第1款，第12条第2款和第3款，第13条至第21条以及第23及23-1条所规定的有关法院程序的根本原则应适用于仲裁。”

② Rolf Trittmann and Boris Kasolowsky, *Taking Evidence in Arbitration Proceedings Between Common Law and Civil Law Traditions*, UNSW Law Journal, Vol. 31, 2008, p. 337.

首先，灵活性是国际商事仲裁的本质特征。当事人意思自治构成了仲裁证据规则灵活性的基础。各国仲裁法对证据事项有意留下大量的“空白”地带，仲裁当事人和仲裁庭有权决定包括证据在内的程序事项，只要不违反仲裁程序准据法的强制性规则。而且，国际商事仲裁之所以成为受欢迎的国际商事争议解决方式，在于它相比诉讼程序更具有灵活性、可以根据各自具体案情的不同，决定适合于个案的程序规则或证据规则。而国内诉讼不同，它是维护社会公正的最后防线，诉讼证据规则具有严格的法定性，其僵化、复杂、注重形式的程序特点通常难以满足国际商事仲裁的参与人的需要。虽然国际商事仲裁也有成文证据规则，但这些规则不具有当然的法律约束力，是否适用以及如何适用取决于当事人或仲裁庭的选择，富于灵活性。

其次，价值取向的差异进一步决定了国际商事仲裁应当采取不同于国内民事诉讼的证据规则。公平是国际商事仲裁所追求的基本价值目标之一，但国际商事仲裁与诉讼相比，更注重效率价值的实现。不过，依据当事人意思自治原则，它们完全有权在具体程序中决定其证据规则的价值取向，比如当争议标的额非常巨大而且当事人更看重裁决的准确性时，这是有可能的。

再次，国际商事仲裁中不同法律文化冲突下的仲裁参与人之间的博弈决定了国际商事证据规则的独特性。国际商事仲裁的仲裁员、当事人以及代理人来自不同的国家，具有不同的法律文化背景。一般而言，每个仲裁参与人都希望适用于自己熟悉的证据规则，其结果只能是适当平衡他们不同的法律文化，而严格适用某一国内证据法显然不符合这种现实需要。现存的国际商事仲裁证据规则也都考虑了国际商事仲裁的参与人的多元文化背景，对不同法律文化进行了适当平衡。

最后，如果将国内证据法严格适用于国际商事仲裁，由于外国当事人对该国证据法通常不熟悉，不得不委托该国的代理人来克服这种规则上的障碍。这样，国内证据法的严格适用会让外国当事人感到不便和不安，并产生该国仲裁偏袒本国当事人的印象。仲裁庭只有适用适当平衡不同法律文化的证据规则，才能吸引具有不同法律文化背景的当事人更愿意选择该国的仲裁而不是诉讼。

（三）国内证据法在国际商事仲裁中的影响

尽管国内民事证据法在国际商事仲裁中不宜严格适用，但国际商事仲裁证据规则的确定与适用仍然受到国内民事证据法不容忽视的影响。

1. 证据法与证据法律文化的关系

关于法律文化的含义，学术界存在两种典型观点：其一，认为法律文化是人们对于法律、法律机构和法律裁判者的知识、价值观念、态度、信仰以及期待。① 其

① L. S. 温伯格，J. W. 温伯格：《论美国的法律文化》，潘汉典译，载《法学译丛》1985年第1期。

二，认为法律文化是法律意识以及与法律意识相适应的法律制度、组织机构等总和，其中法律意识属于深层次的法律文化，而法律制度、法律机构属于表层的法律文化。① 这种观点实际上认为法律制度是固化形式的法律文化。

前者是狭义的法律文化概念，认为法律文化仅指法律意识和法律观念。后者是广义概念，认为它既包括法律意识和法律观念，也包括与这种法律意识和法律观念相适应的法律制度、法律机构等。无论如何，法律文化与法律制度之间关系密切：依据狭义概念，两者如影随形，法律文化影响立法，法律制度是法律文化的载体，体现和代表着相应的法律文化；依据广义概念，前者涵盖了后者。

两种概念的界定主要是角度不同，难分优劣。尽管无论采用哪一概念，都毫不影响本文的论证结论，不过为方便起见，这里采用狭义概念。

证据法与证据法律文化关系的本质，就是法律制度与法律文化之间的关系，两者互为表里而且彼此对应或相适应，有什么样的证据法，就有什么样的证据法律文化，反之，有什么样的证据法律文化就有什么样的证据法。在国际商事仲裁的语境下，证据法律文化可以简单地理解为在仲裁参与人所在国的诉讼制度下处理证据问题所遵循的理念、方法和规则。

2. 仲裁证据规则确定与证据法律文化的融合

国际仲裁区别于国内仲裁的主要特征是仲裁程序的参与人（包括当事人、代理人与仲裁员）分别来自不同的国家，因而存在法律文化上的冲突。仲裁员对证据事项的处理或多或少地受到其法律文化背景的影响，而仲裁庭在行使自由裁量权时，一般也会考虑不同当事人（或其代理人）基于各自法律文化对仲裁程序的预期，② 在不同的法律文化之间进行平衡。

在国际商事仲裁中严格适用国内证据法，不仅导致仲裁缺乏灵活性，而且对外国仲裁当事人会造成事实上的歧视。仲裁庭在决定程序时，一般将从不同的法律渊源中获取启发，形成适合其具体仲裁案件的证据规则。

因此，不同法律文化在国际商事仲裁证据规则的确定中产生一定程度的融合。不过，在不同的仲裁程序中，不同法律文化的影响可能是不同的，有些仲裁程序可能受某一法律文化影响多一些，这可能是因为首席仲裁员或者多数仲裁员具有这一法律文化背景，抑或是双方代理人都来自相应的法系。同理，有些仲裁程序可能受另一法系影响多一些。实际上，当仲裁当事人未明确约定证据规则，证据规则的确

① 刘作翔：《论法律文化》，载《法学研究》1988年第1期。

② See e. g. , Richard H. Kreindler, *Benefiting From Oral Testimony of Expert Witness*, in Arbitration and Oral Evidence (Laurent Levy and V. V. Veeder eds. , ICC Publishing S. A. , 2005), p. 88.

定是仲裁参与人之间的互动与博弈过程，不同法律文化之间有冲突也有融合。其中，仲裁员的影响较大，当事人与代理人的影响往往也不容忽视。

不过，有学者告诫："仲裁员不应将灵活性与折中混为一谈。当选择了一种制度，仲裁员为追求效率而变更其规定，但不要试图将其嫁接到另外一种制度上，——这种试图合并两种制度的尝试不可避免地提供了一种体现每一种制度不足的解决方法；它也几乎同时导致误解与困惑。"① 不过，在国际商事仲裁中，由于仲裁参与人不同的法律文化背景，对不同法律文化进行一定的融合是必然的也是必要的。有经验的仲裁员可以作到的是灵活地借鉴不同法律文化中有利于实现仲裁效率与公平的规则，并在不同法律文化中求得平衡。

而一些仲裁机构或国际组织为缓解仲裁参与人处理证据事项面临的法律文化的冲突，并实现仲裁应有的效率与公平，制订了专门的国际商事仲裁证据规则，比如《IBA 证据规则》。这样的规则是由具有不同法律文化背景的国际仲裁界专家从不同的证据文化中借鉴并适当融合而来。

可见，各国证据法，作为不同法律文化的载体，实际上潜移默化地发挥着塑造仲裁证据规则的作用。

3. 国际商事仲裁证据规则与仲裁"美国化"

国际商事仲裁不应为某一法律文化所主导，而应适当平衡不同法律文化的冲突，并兼顾效率与公平。只有不同的法律文化互相竞争、互相融合，才能促进国际商事仲裁的健康发展。不过，国际仲裁界存在着对仲裁"美国化"的担忧。

国际商事仲裁的"美国化"这种说法在 20 世纪 80 年代被提出，它是指普通法国家（尤其是美国）诉讼中的一些做法，比如高成本的审前证据开示，高度对抗的交叉询问，对证据出示提出的扰乱性异议，对国际商事仲裁产生了过分影响，并牺牲了仲裁程序的便捷、高效。② 仲裁"美国化"的实质是"仲裁诉讼化"。

不能否认美国法律文化对国际商事仲裁产生了重大影响并有扩大的可能。国际商会的刊物 Chambers Global 评选的"全球最佳律师"显示，注重个人魅力传统的法国律师事务所，已经不敌高度组织化、团队化的美国律师事务所。在全球法律服务市场上，普通法国家的律师事务所占据了明显优势。排名前八位的律师事务所中有七个是普通法系的。同时，从法律职业教育方面，大量的外国人涌入美国学习法律，③ 这

---

① Mustill 勋爵 1976 年发表的观点，参见 Craig, Park and Paulsson, *International Chamber of Commerce Arbitration*, Oxford University Press, 2001, p. 423.

② Nicolas C. Ulmer, *A Comment on "the 'Americanization' of International Arbitration?"*, Mealey's Int'l Arb. Rep., Vol. 16, 2001, p. 24.

③ Roger Paul Alford, *The American Influence on International Arbitration*, Ohio State Journal on Dispute Resolution, Vol. 19, 2003, pp. 80-83.

也是大陆法国家无法相比的。由于具体案件的仲裁证据规则是由仲裁参与人之间的交互影响之下形成的，普通法法律文化的这种强势地位，必然会对仲裁程序产生影响。

不过，国际商事仲裁"美国化"或国际商事仲裁证据规则"美国化"的说法难免有些夸张。

首先，普通文化对国际商事仲裁产生影响的同时，大陆法文化对国际商事仲裁也产生了较大的影响。作为对国际商事仲裁一般实践的总结，同时对国际商事仲裁实践具有强大影响力的《IBA 证据规则》就是有力的佐证，比如该规则第3条体现了对美国式证据开示的否定。而且，在美国法律文化对国际仲裁产生影响的同时，美国仲裁也受到国际实践的影响，比如，它在证据问题上，开始比较普遍地使用证人书面证言。

其次，英美仲裁机构为提升其仲裁服务的吸引力，近几年也努力消除他国仲裁参与人对仲裁美国化的顾虑。比如美国仲裁协会制订的《关于信息交换的仲裁员指南》明确表明了对使用美国式证据开示、笔录证言、质询书以及要求自认的反对态度，而该规则适用于美国仲裁协会受理的所有国际仲裁，除非当事人另有书面约定。《国际商事仲裁中当事人专家的使用指南》和《国际商事仲裁书证披露与证人提供指南》，这些由普通法国家的仲裁组织制订的仲裁证据规则也都明确显示了对仲裁"美国化"的抑制立场。

最后，仲裁界的学者与实务人士的研究和经验也证明了国际商事仲裁证据规则"美国化"这一说法难以成立。众多的仲裁界学者和实务人士都认为，国际商事仲裁的程序包括证据规则的确定与适用普遍出现了两大法律文化的融合。① 有学者通

① See e. g., Bernado M. Cremades, *Overcoming the clash of legal cultures: the role of interactive arbitration*, Arbitration International, Vol. 14 (2), 1998, pp. 157-172; Gabrielle Kaufmann-Kohler, *Globalization of Arbitral Procedure*, Vand. J. Transnat'l L., Vol. 36, 2003, pp. 1325-1330; Siegfried H. Elsing & John M. Townsend, *Bridging the Common Law Civil Law Divide in Arbitration*, Arbitration International, Vol. 18, 2002, p. 59; Christian Boris, *The Reconciliation of Conflicts between Common Law and Civil Law Principles in Arbitration Process*, in Conflicting Legal Cultures in Commercial Cultures in Commercial Arbitration (Stefan N. Frommel & Barry A. K. Rider eds., Kluwer Law International, 1999.), pp. 1-18; Serge Lazareff, *International Arbitration: Towards a Common Procedural Approach*, in Conflicting Legal Cultures in Commercial Cultures in Commercial Arbitration (Stefan N. Frommel & Barry A. K. Rider eds., Kluwer Law International, 1999.), pp. 31-38; Andreas Lowenfeld, *International Arbitration as an Omelette: What Goes Into the Mix*, in Conflicting Legal Cultures in Commercial Cultures in Commercial Arbitration (Stefan N. Frommel & Barry A. K. Rider eds., Kluwer Law International, 1999.), pp. 19-30.

过对仲裁证据问题的实证研究表明，所谓“美国化”并未经得起真实性检验。当“美国化”的消极影响有所显现的时候，它被过度夸张了。①

可见，尽管在某些具体仲裁程序中证据规则的“美国化”是可能的。不过，由于“美国化”不符合国际商事仲裁的实践需要，② 因此国际商事仲裁界对它整体上是反对的，其中也包括美国仲裁协会等仲裁机构。各种仲裁证据规则的制订也普遍将仲裁“美国化”作为重点预防的对象，国际仲裁证据规则及其适用在总体上呈现的是国际化趋势。

五、国际仲裁证据软法的适用：以《IBA 证据规则》为例

近几年，国际商事仲裁程序方面的“软法”数量不断增多，并在仲裁程序组织方面作用日益突出，因而它受到众多学者们的关注，③ 甚至成为国际学术会议的主题。④ 关于“软法”，学术界有着各种不同的界定。⑤ 这里，所谓“软法”是指那些不能通过公权力强制实施的规则，与硬法相对应。软法通常是由非政府组织制订，比如机构仲裁规则，不过它也可以是由政府间组织制订，比如《UNCITRAL 仲裁规则》。

《IBA 证据规则》、《国际商事仲裁书证披露与证人提供指南》、《国际商事仲裁中当事人专家的使用指南》、《关于信息交换的仲裁员指南》等具体的仲裁证据规则，都没有当然的法律约束力，依赖当事人或仲裁员的选择得以实施，属于软法，

---

① Susan L. Karamanian, *Overstating the "Americanization" of International Arbitration: Lessons from ICSID*, Ohio St. J. on Disp. Resol., Vol. 19, 2003, p. 34.

② Elena V. Helmer, *International Commercial Arbitration: Americanized, Civilized, or Harmonized*, Ohio St. J. on Disp. Resol., Vol. 19, 2003, pp. 66-67.

③ See e. g., William W. Park, *The Procedural Soft Law of International Arbitration: Non-Governmental Instrument*, in *Pervasive Problems in International Arbitration* (Loukas Mistelis & Julian DMLew eds., Kluwer, 2006); Gabtielle Kaufmann-Kohler, *Soft Law in International Arbitration: Codification and Normativity*, Journal of International Dispute Settlement, Vol. 1, 2010; Lawrence W. Newman & David Zaslowsky, *Soft Law Guides Parties on Procedures in International Arbitration*, New York Law Journal, March 24, 2011.

④ See e. g., "Soft Law" Instruments in International Arbitration, the international conference sponsored by American Society of International Law and the Institute for Transnational Arbitration, Washington, D. C., U. S. A., April 9, 2008.

⑤ 有学者将软法表述为“原则上没有法律上的约束力，但可以产生实际效果的规则”。参见 Francis Snyder, *The Effectiveness of EC Law*, in Implementing EC Law in the UK (Terence Daintith Ed., 1995), p. 64.

这里暂且称之为“国际商事仲裁证据软法”。当然，机构仲裁规则、《UNCITRAL仲裁规则》、《示范法》中关于证据的规定也属于这个范围。

鉴于《IBA证据规则》在国际商事仲裁实践中已获得广泛的认可和成功，在所有国际仲裁证据软法中最具有代表性，以下以《IBA证据规则》为例，论述证据软法在国际商事仲裁的适用。

（一）国际商事仲裁证据软法的适用方式

《IBA证据规则》在序言中规定，它并不试图损害国际商事仲裁的灵活性，它可以被整体或部分地适用，变更后适用，或者作为仲裁参与人确定最终仲裁证据规则的指南。而《控制仲裁时间与成本的方法》、《国际仲裁当事人专家的使用指南》以及《国际商事仲裁书证披露与证人提供指南》等软法的适用依据其自身的规定也具有同样的灵活性。

国际仲裁证据软法的适用可以区分为两种情况：其一，软法未被明确并入到协议之中；其二，软法被明确并入到仲裁协议。

在一些仲裁程序中国际商事仲裁证据软法得到了正式援引，不过，在更多的仲裁实践中并非如此。许多仲裁案例显示，在国际商事仲裁实践中《IBA证据规则》的适用趋势是被作为“菜单”使用，即仲裁庭宁可从《IBA证据规则》选择那些他们愿意适用的规则，或者将他们作为宽泛的指南，而不是将其正式地并入到仲裁程序规则之中。① 在许多国际仲裁中，程序令（procedural order）包含了仲裁员将《IBA证据规则》作为指南的权力。② 在一个ICC仲裁中，仲裁庭在其命令中表示，在处理证据事项时，仲裁庭一般会从1999年6月1日通过的《IBA证据规则》中获得借鉴。③ 而在RosInvest Co v. Russia案中，仲裁庭适用《IBA证据规则》时认为，当事人和仲裁庭可以将《IBA证据规则》用作一个宽泛的指南，通常应当考虑案情而适当地予以变更。④

---

① See e. g., Fabian von Schlabrendorff, *Ethical standards for arbitrators, hybrid proceedings, rules of transnational law: Are we moving towards a uniform law of international arbitration?*, Belgrade Law Review, Vol. 57, 2009, p. 104; Gabrielle Kaufmann-Kohler, *Globalization of Arbitral Procedure*, Vand. J. Transnat'l L., Vol. 36, 2003, p. 1324.

② Gabtielle Kaufmann-Kohler, *Soft Law in International Arbitration: Codification and Normativity*, Journal of International Dispute Settlement, Vol. 1, 2010, p. 14.

③ Unpublished, ICC No. 14082, Procedural Order No. 1. 转引自 Nathan D. O' Malley, *The Procedural Rules Governing the Production of Documentary Evidence in International Arbitration*, The Law and Practice of International Courts and Tribunals, Vol. 8, 2009, p. 36.

④ RosInvest Co UK Ltd v Russian Federation, SCC Case No. V079/2005 (2007).

那么，为什么在仲裁程序中仲裁当事人或仲裁庭不是更多正式援引国际商事仲裁证据软法？

仲裁庭宁愿将《IBA 证据规则》作为宽泛指南的原因可能是担心整体适用规则所带来复杂或负担。也就是说，仲裁员希望保留更多的自由塑造程序的空间，该规则无形中限制了这种自由。对于不甚了解《IBA 证据规则》的仲裁界人士而言，严格地并入适用该规则可能产生许多意想不到的麻烦，而有选择地适用部分规则或变更后适用可能更为实际。另外，一个更有说服力的理由是当正式并入《IBA 证据规则》，一旦违反，会使仲裁裁决面临执行障碍的更大可能性。

（二）国际商事仲裁证据软法的效力

国际证据软法是否被明确并入到仲裁程序，对于当事人和仲裁庭而言意味着不同的法律效力。

1. 《IBA 证据规则》未正式并入仲裁程序

软法不能通过公权力直接强制实施，并不代表着它们一定没有规范作用。在实践中，软法即使没有被明确援引，也可以具有一定程度的约束力。国际仲裁实践表明，即使当事人未提及《IBA 证据规则》，仲裁庭在行使自由裁量权时仍会予以参考，尤其是在仲裁程序中当各方对证据规则的确定争执不下时，这些证据软法会因为没有更好的选择而成为具有强大说服力的规则渊源。甚至，法院在对仲裁进行司法审查时可能主动考虑《IBA 证据规则》，将其作为审查标准。①

《IBA 证据规则》在未正式并入仲裁程序时，仲裁庭甚至法院自觉或不自觉地考虑和适用该规则，与正式立法的效力相比，可以称之为“软约束力”。它可以具有这样效力的原因在于对软法“制订者”权威的尊重、便利、对可预见性的需求、因袭的态度、获得归属的愿望以及对遭受指责的担心。② 需要强调的是，“软法”也存在软硬程度上的差异，《IBA 证据规则》由于获得国际上广泛的认可，比起其他仲裁证据规则，具有更强的“软约束力”。

2. 《IBA 证据规则》正式并入仲裁程序

当《IBA 证据规则》被正式并入仲裁程序，比如规定在审理范围书（terms of

---

① See e. g. , Nathan D. O ' Malley, *The Procedural Rules Governing the Production of Documentary Evidence in International Arbitration*, The Law and Practice of International Courts and Tribunals, Vol. 8, 2009, p. 36; Gabrielle Kaufmann-Kohler, *Soft Law in International Arbitration: Codification and Normativity*, Journal of International Dispute Settlement, Vol. 1, 2010, p. 14.

② Alexandre Flückiger, *Why Do We Obey Soft Law?* in Rediscovering Public Law and Public Administration in Comparative Policy Analysis: A Tribute to Peter Knoepfel (Stéphane Nahrath and Frédéric Varone eds. , Presses polytechniques et universitaires romandes, 2009), pp. 45 - 62.

reference）中，它发生了确定的法律约束力，这时它就不再是软法，而是转变成了硬法。① 有学者认为，这种情况下，仲裁庭如果错误适用《IBA 证据规则》可能会被当事人用作对裁决提出异议的依据。② 依据《示范法》和《纽约公约》，仲裁程序违反当事人的约定，裁决将面临撤销或拒绝执行。③

不过，《IBA 证据规则》序言第 2 条规定，它可以被整体或部分地适用，变更后适用，或者作为仲裁参与人确定最终仲裁证据规则的指南。这是否表明，即使《IBA 证据规则》被正式并入仲裁程序，仲裁庭仍然可以灵活地适用呢？

应当说，这个序言体现了《IBA 证据规则》的目的、宗旨以及原则，序言中的这一规定，只是提示仲裁参与人该规则制订的目的并非一定要严格的整体适用，当事人和仲裁庭可以根据各自情况选择正式并入或是非正式的并入。而从《IBA 证据规则》的具体规则可以看出，若当事人约定或仲裁庭决定适用《IBA 证据规则》，则该规则应当发生确定的约束力。④

六、我国国际商事仲裁中证据规则的确定与适用

从上文论述可知，尽管国际商事仲裁未能完全摆脱仲裁地法的影响，但各国国际商事仲裁证据规则的确定与适用之实践总体上出现了不同法律文化的融合趋势，具有明显的“国际化”特点，以《IBA 证据规则》为代表的仲裁证据软法体现了这种法律文化融合，可以灵活适用于国际商事仲裁，在国际实践中也发挥着不可忽视的规范作用。以下通过考察我国国际商事仲裁的相关实践，发现存在的问题，并提出对策与建议。

（一）我国的相关实践：现状与问题

和大多国家一样，我国立法和机构仲裁规则对国际商事仲裁中的证据事项规定得非常简单。⑤“当事人意思自治原则”在我国仲裁立法中虽未明确规定，但在我

① Gabrielle Kaufmann-Kohler, *Soft Law in International Arbitration: Codification and Normativity*, Journal of International Dispute Settlement, Vol. 1, 2010, p. 13.

② Jean-Francois Poudret & Sébastien Besson, *Comparative Law of International Arbitration* (2nd ed.), Sweet & Maxwell, 2007, p. 553.

③ 《纽约公约》第 5 条第 1 款第 d 项，《示范法》第 34 条第 2 款和第 36 条第 1 款。

④ 《IBA 证据规则》第 1 条第 1 款。

⑤ 参见《仲裁法》第 43、44、45 和 68 条。仲裁规则方面，以《中国国际经济贸易仲裁委员会仲裁规则》（以下简称“《贸仲规则》”）为例，仅第 21 条，第 39 至 42 条直接涉及证据事项。

国仲裁实践中已得到认可，① 同时仲裁庭也享有广泛的自由裁量权。② 总体而言，在我国国际仲裁中，仲裁员和当事人可以根据案情确定适合的证据规则。③

不过，我国国际商事仲裁实践习惯性地适用民事证据法，包括2001年司法解释《关于民事证据的若干规定》（以下简称“《民事证据规定》”），在仲裁证据的确定上，忽视仲裁证据规则应有的灵活性，成为我国民事诉讼证据规则的复制品，受到众多学者、资深仲裁员的广泛批评。④ 在我国仲裁理论与实践中，还存在着关于《仲裁法》、仲裁规则、《民事诉讼法》以及《民事证据规定》适用顺序的讨论。其中，有学者主张在确定证据规则时，应首先适用《仲裁法》和仲裁规则，“在仲裁证据方面没有法律规定的，可以直接适用民事诉讼法的规定，民事诉讼法没有规定的，直接适用《民事证据规定》，仲裁庭可以自由裁量证据的适用规则，但是应当以双方当事人无异议为前提……”⑤ 这也说明了在我国仲裁理论与实践中，证据法在我国国际商事仲裁中的地位仍是一个有待澄清的问题。

其实，无论是《民事诉讼法》还是其司法解释并不必然约束仲裁程序，只有仲裁庭认为它们适宜仲裁程序的具体情况时，才可以予以适用。只要不违反强制性规则，仲裁庭有权不适用它们。作为国际商事仲裁中的不具有强制约束力的规则渊源，证据法与司法解释没有适用顺序的先后区别。

另外，依据一些资深仲裁员的长期仲裁经验，在我国国际商事仲裁实践中，

---

① 比如参见《贸仲规则》第4条第3款，《贸仲规则》第7条第1款。

② 比如参见《贸仲规则》第7条第2款规定，第33条第1款和第3款。

③ 同样，这种程序自治是有边界的，它需要遵守正当程序等要求，否则裁决可能会被撤销或被拒绝执行（参见《仲裁法》第71条和第72条）。我国仲裁立法没有提供法院协助国际商事仲裁取证的依据，而仅规定了法院在国际商事仲裁证据保全的专属管辖权（参见《仲裁法》第68条），这些是强制性的，不能通过当事人的约定或仲裁庭的决定而改变。而法院协助仲裁采取证据保全措施难以替代法院协助取证，因为证据保全有更严格的条件限制，即申请人必须证明该证据可能灭失或以后难以取得，提供担保，而且在我国通常不能针对第三人持有的证据采取保全措施（参见 Bryant Yuan Fu Yang and Diane Chen Dai, *Tipping the Scale to Bring to Balanced Approach: Evidence Disclosure in Chinese International Arbitration*, Pac. Rim L. & Pol'y, Vol. 17, 2008, p. 69.）。

④ 刘晓红：《从国际商事仲裁证据制度的一般特质看我国涉外仲裁证据制度的完善》，载《政治与法律》2009年第5期，第95页；姜霞：《论仲裁证据制度的独立性》，载《湘潭大学学报》2007年第5期；宋朝武：《仲裁证据的非诉化及其路径选择》，载《河南社会科学》2010年第3期。LU Song, GU Huaning, *China's Rules of Evidence in International Commercial Arbitration*, China Law Reporter, Vol. 5, 2009, p. 8.

⑤ 汪祖兴：《民事诉讼证据规则与仲裁证据规则的差异性解读》，载《广东社会科学》2005年第4期。

《IBA 证据规则》等国际商事仲裁证据软法很少得以援引。①

总体而言，我国国际商事仲裁证据规则的适用呈现出浓厚的“诉讼化”和“本地化”色彩。“诉讼化”是指仲裁与诉讼具有不适当的相似性；“本地化”是指国际商事仲裁程序没有体现出应有的“国际性”，与国内仲裁雷同。

仲裁证据规则的“诉讼化”和“本地化”会给我国国际商事仲裁造成严重的危害，影响我国仲裁在国际仲裁服务业市场上的竞争力。国内民事诉讼中的证据法过于严格、复杂、注重形式，国际商事仲裁对它的依赖会破坏仲裁的灵活性，它的适用难以实现国际商事仲裁的效率，更为重要的是，它难以兼顾到不同法律文化之间的平衡。对于外国当事人来说，这样的规则不“中立”，而“中立”是他们愿意选择我国仲裁而不是我国诉讼的主要原因之一。

（二）原因分析

1. 仲裁员指定与仲裁代理的“半封闭性”

仲裁程序包括证据规则的确定与适用很大程度上受仲裁参与人法律文化背景的影响，可以说它是仲裁参与人之间交互影响的结果。我国国际商事仲裁程序则呈现明显的“诉讼化”和“本地化”，深层原因在于仲裁员指定以及代理人资格所受的限制：

第一，三人仲裁庭常常是中国仲裁员占多数。因为在我国国际商事仲裁中，当双方当事人无法就首席仲裁员人选达成一致意见的情况下，由仲裁委员会主任指定首席仲裁员②，而被指定的首席仲裁员常常是中国籍仲裁员。③ 而且，在我国仲裁机构的仲裁员名册中，70%以上为中国大陆仲裁员，④ 外国当事人有时难以找到适合的同一国籍的仲裁员，尽管依据《贸仲规则》第21条第2款，仲裁员名册外的仲裁员可以指定，但条件是经过仲裁委主任的确认，实践中成为很大的障碍。⑤ 最后，仲裁员的报酬比较低，这也是难以吸引优秀的外国仲裁员加入到我国国际商事

---

① See e. g. , LU Song, GU Huaning, *China's Rules of Evidence in International Commercial Arbitration*, China Law Reporter, Vol. 5, 2009, p. 8.

② 《贸仲规则》第22条第2款。

③ Jerome A. Cohen, *Time to Fix China's Arbitration*, Far Eastern Economic Rev. , Vol. 168, 2005, p. 33.

④ 参见2011年《中国国际经济贸易仲裁委员会》仲裁员名册。http://cn.cietac.org/Arbitration/ArbitrationBeadroll.shtml,（访问日期：2012年11月1日）。

⑤ See Jingzhou Tao, *Documentary Production in Chinese International Arbitration Proceedings*, ICCA International Arbitration Congress, Montreal 2006. （ICCA Congress Series No. 13）, Kluwer, p. 610.

仲裁的原因。

第二，外国律师的代理人资格受到限制。尽管各主要仲裁机构都认可外国律师可以在我国仲裁中从事代理活动，甚至是否为律师都不影响仲裁代理人的资格。比如，早在2000年，《贸仲规则》第22条第2款就已经规定，“中国公民和外国公民均可以接受委托，担任仲裁代理人”。以后的版本均保留了这一规定。

但是，依据2002年司法部第73号令，① 外国律师事务所驻华代表机构及其代表不得“在仲裁活动中，以代理人身份对中国法律的适用以及涉及中国法律的事实发表代理意见或评论”；在2004年，司法部又将该条修订为：不得“在仲裁活动中，以代理人身份对中国法律的适用发表代理意见”。②

所以，关于外国律师是否可以在中国仲裁中从事代理活动，存在争议和不确定性，但可以确定的是我国仲裁实践中的代理活动通常由中国律师从事。我国的代理人资格的不明确与几年前新加坡仲裁中是否可以指定非新加坡籍律师的情况是相似的。不同的是，当这种不确定性损害了新加坡作为国际商事仲裁中心的声誉时，新加坡立法机构迅速澄清立场，支持自由代理。③

由于仲裁参与人大多来自我国，我国国际商事仲裁程序必然主要受我国法律文化的影响。在具体证据规则的确定方面，在“缺少”法律文化冲突的情况下，我国仲裁参与人更容易使用国内诉讼证据法，因为它与其他国际性证据规则相比，大家相对熟悉，与大多仲裁参与人的预期更为接近。

2. 仲裁理念的落后

（1）“参照《民事诉讼法》”方法与理念的确立。

我国《仲裁法》第15条第3款、第73和74条分别涉及仲裁规则的制定、涉外仲裁规则的制订以及仲裁时效，④ 虽然这些条款没有明确规定证据问题，也没有直接表明仲裁证据事项的处理参照《民事诉讼法》及其司法解释，但却体现和传达了仲裁规则“参照民事诉讼法”这一仲裁程序上的方法和理念。

（2）对仲裁性质认识的不足。

---

① 即《司法部关于执行〈外国律师事务所驻华代表机构管理条例〉的规定》第32条。

② 2004年6月司法部关于修改《司法部关于执行〈外国律师事务所驻华代表机构管理条例〉的规定》的决定。

③ Graeme Johnston, *The China-Style Closed Panel System in Arbitral Tribunal Formation*, Journal of International Arbitration, Vol. 25 (5), 2008, p. 542.

④ 我国《仲裁法》第15条第3款：中国仲裁协会依照本法和民事诉讼法的有关规定制定仲裁规则。第73条规定，涉外仲裁规则可以由中国国际商会依照本法和民事诉讼法的有关规定制定。第74条规定，法律对仲裁时效有规定的，适用该规定。法律对仲裁时效没有规定的，适用诉讼时效的规定。

我国仲裁制度并非一种自觉自发形成的产物，而是政府自上而下推行建立的结果，是其“诉讼化”的另一原因。① 我国仲裁因自上而下设立的，缺少“民间化”，从建立之初到现在还没有充分尊重仲裁的性质，也没有重视仲裁应有的特点和价值取向，是被“异化”的仲裁。

（3）程序的工具价值观。

我国传统法学理论与司法实践强调实体正义，只看重程序的工具价值，而轻视甚至否定程序的独立价值，所以认为仲裁与诉讼同样以发现“客观真实”为目标，以实体正义为价值取向。② 程序的工具价值观也进一步促进了我国仲裁证据规则缺乏独立性。

3. 证据法与证据文化本身的落后

我国民事证据法存在诸多不足。立法的落后，不仅影响到相应的司法实践，也影响到法学教育和理论研究。这些方面互相影响，加剧了我国证据文化的落后。由于证据法律文化的落后，我国的仲裁参与人难以判断和确定适合于国际商事仲裁的证据规则。在这种情况下，民事证据法作为明确的、相对熟悉的证据规则更容易成为我国仲裁员的程序工具，也更容易为我国代理人和当事人接受。

诉讼与仲裁在基本原则、规则、价值观念上有些难免是相同或相近的，仲裁制度的发展必然是借鉴了诉讼制度的经验，具体的国际商事仲裁证据规则的确定也难免受诉讼证据文化的影响，加之我国国际商事仲裁参与人在法律文化背景的相对单一性，使这一情况非常突出。

为什么《IBA证据规则》在我国国际商事仲裁中很少被适用呢？这与我国仲裁界对《IBA证据规则》研究很少有关。③ 依据有些学者的观点，这种情况并非是我国仲裁界忽视该规则，而是因为相比于我国民事证据法，他们对《IBA证据规则》相对不熟悉。④ 应该说，我国仲裁界人士缺少研究它的动力是其内在原因，因为大多仲裁员和代理人对参照适用本国民事证据法都有预期，即使某一仲裁员或代理人在规则适用上有新想法，也要受到其他仲裁参与人的限制。

（三）对策与建议

为了增强在国际仲裁服务市场中的竞争力，我国仲裁必须逐步提升“国际

---

① 姜霞：《论仲裁证据制度的独立性》，载《湘潭大学学报》2007年第5期。

② 宋朝武：《仲裁证据的非诉化及其路径选择》，载《河南社会科学》2010年第3期。

③ 在“中国知网”上，以《IBA证据规则》或类似的主题词进行搜索，得到的中文文献寥寥无几。

④ LU Song, GU Huaning, *China's Rules of Evidence in International Commercial Arbitration*, China Law Reporter, Vol. 5, 2009, p. 7.

化”，唯有如此，我国作为国际仲裁中心的地位才会不断巩固和加强。我国国际商事仲裁证据规则的国际化应从以下几个方面着手：

首先，为提升我国国际商事仲裁的“国际化”程度，改变仲裁员指定和仲裁代理受限的状况是我国国际商事仲裁发展的必然选择。比如，仲裁员名册上吸收更多外籍仲裁员，仲裁机构规定指定首席仲裁员时首先考虑外籍仲裁员，放开外国律师作为仲裁代理人的限制。

其次，改革和完善我国的民事证据法，培育现代的证据法律文化，是改善我国国际商事仲裁中证据规则适用情况的基础。只有我国的仲裁参与人具备了现代的证据文化，才有足够能力灵活地确定符合具体案情、适当平衡效率与公平以及不同法律文化的证据规则。

最后，我国仲裁界应以积极与理性的态度对待已经广泛获得认可的国际商事仲裁证据软法。以《IBA 证据规则》为代表的具体国际商事仲裁证据规则适当平衡了不同的法律文化，并兼顾了仲裁程序的效率与公平，已在国际上获得广泛认可，这一点毋庸置疑。我国仲裁界实务人士应当以积极适应仲裁国际化的需要为出发点，研究和熟悉这些规则。另一方面，就具体的国际商事仲裁程序而言，证据规则的确定与适用是具有不同法律文化背景的各方仲裁参与人博弈的结果，不需要完全照搬现存规则，而应结合具体案情确定证据规则，我国仲裁参与人也可以主张对《IBA 证据规则》部分适用或变更后适用，而非整体适用。总之，我国的仲裁界人士可以要趋利避害，不是一味迁就，同时，从长远来看，需要熟悉国际化规则，研究和了解各国证据文化，并在仲裁程序中予以适当考虑。

On the Determination and Application of Evidentiary Rules in International Commercial Arbitration

Abstract: The parties and tribunal determines the evidentiary rules to large extent in international commercial arbitration proceedings, only subject to mandatory rules of applicable procedural law, especially the due process requirement, and their choice influences directly the realization of values and goals of international commercial arbitration. Whether national evidence law is applicable in the arbitration also rest with the parties or the tribunal, but it's not advisable to apply it strictly commonly due to the nature of arbitration and the diversity of parties ' legal backgrounds. In fact, the harmonization of legal cultures in the practices of international becomes a tendency, which is reflected in IBA rules of evidence and other international soft law. In summary, the determination and application of evidentiary rules in international commercial arbitration become internationalized, although it can' t be free from lex loci arbitri completely. In contrast, the judicialization and localization exist widely in determining and applying of evidentiary rules in Chinese international arbitration, thus countermeasures should be taken.

Key words: international commercial arbitration; evidentiary rules; IBA rules of evidence; party autonomy; discretion

论国际商事仲裁裁决的既判力

□ 傅攀峰*

内容摘要 国际商事仲裁裁决的既判力问题已日益引起国际仲裁界关注。理论上，对仲裁性质的不同理解会导致对仲裁裁决既判力的法理基础的理解差异。在效力内涵上，既判力包括终局效力和排斥效力两个方面；在效力范围上，既判力包括主观范围、客观范围两大维度。从比较法的角度观之，普通法系与大陆法系对既判力的理解存在不少差异，由此构建了颇具不同特色的既判力制度。实践中，国际商事仲裁裁决的既判力问题通常出现在同一仲裁庭的部分裁决与最终裁决之间、不同仲裁庭所作的仲裁裁决之间，以及法院判决与仲裁裁决之间。

关 键 词 国际商事仲裁；既判力；仲裁裁决

目　次

---

* 武汉大学法学院2011级国际私法博士研究生，研究方向：国际私法、国际商事仲裁。

一、引言

拉丁谚语有云：为了公共利益，诉讼有始亦必有终（interest reipulicaeut sit finis litium）；同一人不能因同一原因再次被诉（nemodebetbisvexari pro una et eademcausa）。① 两则谚语分别从不同的角度扼要表达了既判力（res judicata）的法理基础：其一乃维护公共利益，其二乃保护私人利益。

由上亦可断定，既判力原则为罗马法的一项基本法律原则。事实上，既判力原则早已产生并存在于不同的法律文化体系中，我们不仅能查阅到古罗马法学家对其所作的诸多论述，而且亦能在古印度法律文本上觅其踪影。根据某些学者的研究，既判力原则乃为文明国家所广泛接受的一般法律原则。②

国际商事仲裁作为一种解决国际民商事纠纷的法律机制，其正式确立乃在近代，而其蓬勃发展并广受国际商界所青睐则是当代的现象。③ 因此，相较于古老的既判力制度，国际商事仲裁属于新事物。当下，各国在其国内仲裁法中均不同程度地对仲裁裁决的既判力作出了规定，世界著名的国际商事仲裁机构的仲裁规则和有关国际商事仲裁的国际性公约也对国际商事仲裁裁决的既判力从不同的角度分别予以了规定。

理论上，国际商事仲裁裁决的既判力与传统的民事诉讼判决的既判力相差不大，然而，在具体的司法实践中，国际商事仲裁裁决所遇到的既判力问题，显然不同于传统的民事诉讼判决。这些问题包括国际商事仲裁中部分裁决与最终裁决之间的既判力问题、国际商事仲裁庭之间裁决的既判力问题、内国法院与国际商事仲裁庭之间的既判力问题、超国家法庭或仲裁庭与国际商事仲裁庭之间的既判力问题，等等。从本质上讲，这些问题都是既判力原则运用于国际商事仲裁领域的新体现，是一般原则或制度在国际性纠纷解决机制背景下的具体化。对于某些问题，如国际商事仲裁裁决的理由是否应被赋予既判力、国际商事仲裁裁决的既判力问题是否应

---

① See Filip de Ly and Audley Sheppard, *ILA Interim Report on Res Judicata and Arbitration*, Arbitration International, Vol. 25, No. 1, 2009, p. 36.

② See Filip de Ly and Audley Sheppard, *ILA Interim Report on Res Judicata and Arbitration*, Arbitration International, Vol. 25, No. 1, 2009, p. 36.

③ 参见黄进、宋连斌、徐前权：《仲裁法学》，中国政法大学出版社2007年版，第14～19页。

当归于公共政策问题、国际商事仲裁裁决的既判力认定标准等，各国不但在理论上分歧颇大，在实践操作中，这些争议更会引致重重问题，进而影响国际商事仲裁的顺利进行。① 下文将在探究国际商事仲裁裁决既判力的法理基础上，运用比较分析法对有关国际商事仲裁裁决既判力的实证性规则进行详细分析，然后再具体探讨国际商事仲裁裁决既判力的实践性问题。

二、国际商事仲裁裁决既判力的法理基础

国际商事仲裁裁决的既判力已得到了制度性的确立，这突出体现在仲裁的“一裁终局”效力的普遍采纳。② 所谓“一裁终局”是指仲裁裁决一旦经仲裁庭作出，即产生效力，当事人不得再次就同一争议提起诉讼或仲裁，仲裁庭和相关法院也不能对该争议再行处理。

虽然在法律制度层面，仲裁裁决的既判力已得到了国内以及国际立法的保障，③ 但理论上，国际商事仲裁裁决既判力的法理依据仍值得探究。究竟何种因素或特质使得作为替代性纠纷解决方式（ADR）之一的国际商事仲裁，④ 其裁决结果能获得主权国家的司法保障。欲对该问题作出回答，首先有必要从仲裁的性质出

① 有鉴于此，国际法协会（ILA）针对国际商事仲裁裁决的既判力问题还举行了多次会议，专门探讨了国际商事仲裁裁决的既判力问题，并且做出了两份报告，对国际商事仲裁裁决的既判力问题的理解以及实践进行了梳理并且提出了针对性的意见。See Filip deLy and Audley Sheppard, *ILA Interim Report on Res Judicata and Arbitration*, Arbitration International, Vol. 25, No. 1, 2009; Filip deLy and Audley Sheppard, *ILA Final Report on Res Judicata and Arbitration*, Arbitration International, Vol. 25, No. 1, 2009.

② 目前有学者对国际商事仲裁的一裁终局提出了批评，认为一裁终局可能导致仲裁公正性的缺失，提议增设当事人协议进行的二次仲裁，但这种二次仲裁的建构是建立在当事人合意的基础上的，这并没有否认仲裁的一裁终局，而是寻找新的途径弥补一裁终局的某些缺陷。参见孟昭华：《国际商事仲裁一裁终局的困境与出路》，载《四川师范大学学报（哲学社会科学版)》2007 年第 4 期，第 15 ~ 19 页。

③ 国内立法方面，如《法国新民事诉讼法典》第 1476 条规定：“仲裁裁决一经作出，即对其裁决的争议具有已决事由之既判力。”《德国民事诉讼法典》第 1055 条也有相类似的规定。国际立法方面，如《承认和执行外国仲裁裁决公约》第 3 条规定：“在以下各条所规定的条件下，每一个缔约国应该承认仲裁裁决有约束力，并且依照裁决需其承认或执行的地方程序规则予以执行……”

④ 从广义的意义上讲，仲裁被视为替代性纠纷解决方式之一，仲裁裁决具有既判力是仲裁与其他替代性纠纷解决方式的区别之一。关于仲裁和替代性纠纷解决方式之间的关系，可参见张斌生主编：《仲裁法新论》，厦门大学出版社 2010 年版，第 50 ~ 64 页。

发，探究各学说对仲裁裁决既判力基础的解读，在此基础上，厘清国际商事仲裁裁决既判力的概念及其意义，并展开对其效力内涵、范围等问题的探讨。

（一）国际商事仲裁裁决既判力基础的理论解读

既判力这一概念在民事诉讼法学中得到了广泛的探讨和研究，相关的理论建构比较丰富和完备。① 然而，对于仲裁裁决的既判力，学者们并未置予太多的理论关注，其更多被置于仲裁裁决的执行与撤销制度的背景下予以探讨。② 诚然，在绝大多数情形下，民事诉讼与仲裁中有关既判力的理论可以相通相容，但若仔细考究，仲裁与诉讼在性质上毕竟相差悬殊，对仲裁性质的不同理解会导致对仲裁裁决既判力来源的不同解释。

1. 契约说

契约说（contractual theory），顾名思义，它强调仲裁的契约性质，对当事人意思自治原则推崇备至，并将其作为支撑整个仲裁活动的基石。仲裁的启动依靠当事人双方签订的仲裁协议，仲裁员的授权来自于仲裁协议，仲裁的法律适用也由当事人意定，等等。这些都体现了仲裁的契约属性。契约说分为两个发展阶段，即传统契约说和现代契约说。③ 传统契约说认为，仲裁员和当事人之间的关系，实际上是代理与被代理的关系，在整个仲裁过程中，仲裁员充当当事人的代理人。由此，仲裁员作出的仲裁裁决可以理解为仲裁员为当事人所订立的契约，对当事人当然具有约束力。此即传统契约说关于仲裁裁决既判力来源的解释。④

传统契约说套用代理制度的法律原理解释仲裁的本质会出现许多荒谬的结论，“如果传统契约论中的仲裁员是仲裁当事人的代理人的观点成立的话，那么仲裁当事人赋予仲裁员的权力就可以随时被撤回，因为仲裁员行使的是代理权，被代理人当然可以随时撤回这项权利”⑤，然而，这显然与现代国际商事仲裁实践不符。现

---

① 参见赵钢、占善刚、刘学在：《民事诉讼法》，武汉大学出版社2010年版，第368～370页；参见田平安主编：《民事诉讼法原理》，厦门大学出版社2009年版，第304、305页；参见齐树洁主编：《民事诉讼法》，厦门大学出版社2008年版，第55～61页。

② 值得关注的是，齐湘泉教授在其新著《外国仲裁裁决承认及执行论》一书中单独辟出一节对仲裁裁决的既判力问题进行了探讨，并指出“在仲裁领域引入既判力的理念是必要的，但不应将其称为既判力，而应称其为仲裁裁决的既裁力”。参见齐湘泉：《外国仲裁裁决承认及执行论》，法律出版社2010年版，第243～254页。

③ 参见石育斌：《国际商事仲裁研究》（总论篇），华东理工大学出版社2004年版，第168、169页。

④ 参见刘晓红主编：《国际商事仲裁专题研究》，法律出版社2009年版，第462页。

⑤ 石育斌：《国际商事仲裁研究》（总论篇），华东理工大学出版社2004年版，第169页。

代契约说抛弃了"仲裁员是当事人的代理人"的观点，但仍然坚持契约性是仲裁的本质属性，仲裁协议和仲裁裁决均具有契约性质，裁决乃当事人意思自治的结果，因此，裁决的效力应该得到尊重和保护，当事人履行仲裁裁决只是践行其先前作出的诺言而已，与国家法院的强制力无关。①

2. 司法权说

司法权说（jurisdictional theory）强调仲裁所包含的国家意志以及公共利益属性，认为仲裁员的权力以及裁决的效力皆源于国家的法律，而非当事人的协议，仲裁员作出裁决的行为是行使司法权。法国学者克雷恩（Frédéric-Edouard Klein）指出："唯有国家方可行使审判权，因此，倘若法律允许当事人以仲裁的方式解决纠纷，那么，仲裁这种制度可被视为在行使公共职能，由此，逻辑上，我们可以得出这样的结论，即仲裁裁决与法院判决具有相同的意义。"② 显然，在克雷恩看来，仲裁员作出仲裁裁决，实际上是行使审判权，而审判权是由国家排它享有的，仲裁员只能够基于国家授权才能进行仲裁，才能使其所作出的裁决产生法律上的约束力。没有国家的授权和保障的裁决书，其不过是一张空纸。

3. 混合说

混合说（mixed theory）试图调和契约说和司法权说两种学说，认为仲裁既体现了契约性又体现了司法性，因此，仲裁裁决的效力应来源于当事人所签订的仲裁协议以及国家关于仲裁制度的法律规定，而不是绝对地来源于某一方面。首先，仲裁的启动以当事人之间订有的仲裁协议为基础，当事人可以在仲裁协议中约定仲裁的形式、仲裁的程序规则以及仲裁实体问题的法律适用等，这些都体现了仲裁的契约属性；其次，仲裁不可完全脱离国家的支持，因为仲裁中对当事人程序权利的保障以及裁决的执行都有赖于国家的强制力。

根据混合论，国际商事仲裁裁决的既判力，实际上体现了国际商事仲裁的司法性的一面。因为既判力制度，从本质上讲，贯穿了司法主权对"定纷止争"之处理结果的强制性保护，它体现了主权者的秩序。著名国际贸易法专家施米托夫（schimitoff）指出："从理论上看，仲裁包括两方面的因素：契约因素与司法因素。契约因素表现在各国普遍接受的各项原则中，如仲裁必须建立在当事人之间的仲裁协议的基础上；仲裁庭超出当事人授予的管辖权限作出的裁决无效等。司法因素则

① 参见石育斌：《国际商事仲裁研究》（总论篇），华东理工大学出版社 2004 年版，第 169 页。

② See Frédéric-Edouard Klein, *Considérations sur l'arbitrage en droit international privé*, Précédées d'une étude de législation, de doctrine et de jurisprudence comparées en la matière, Bâle: Editions Helbig & Lichtenhahn, 181-182 (1955).

出现在许多规则之中，如仲裁必须公正；遵守自然正义的客观要求；仲裁裁决与法院判决原则上可以采用同样的执行方式。”① 由于既判力本身含有自然正义的因素，因此，根据施米托夫的观点，仲裁裁决的既判力体现了仲裁中的司法因素，其有赖于国家司法主权对仲裁裁决的尊重与保护。

4. 自治说

自治说（autonomous theory）从历史与社会的角度对仲裁的本质进行了阐述。仲裁最初产生于民间，由于解决争议的方式并无法定的方式，一切都是约定俗成，因此无须法律对仲裁裁决的效力作确认。根据自治说，仲裁实际上是市民社会自发的产物，是以行业的道德和惯例为准则解决民事或商事法律纠纷的机制。因此，当事人之所以应该遵守仲裁协议以及履行仲裁裁决，并非基于国家强制力的威慑，而是基于市民社会本身非成文规则的约束。

5. 小结

以上有关仲裁性质的四种学说分别从不同角度对仲裁裁决既判力的根据作了阐释。本质上，既判力无法脱离国家司法主权的保障。正如引言所述，既判力制度乃为文明国家所广泛接受的一般法律原则，它是国家主权对处理纠纷结果的强制保护制度。值得注意的是，并非每一种争议解决机制的处理结果都具有既判力，调解即为典型一例。在我国民事诉讼法中，调解也以当事人的自愿为基础，但其结果并不当然具有既判力。对于仲裁来讲，只有国家将仲裁赋予“一裁终局”效力时，仲裁裁决才能够获得既判力。因此，上述四种学说，混合说对仲裁裁决既判力的来源的探讨比较合理，这一学说既看到了意思自治原则在仲裁中的贯彻，又较好地说明了仲裁裁决的效力和执行无法脱离国家强制力的保障这一基本事实。特别是在现代国际商事仲裁中，国际商事仲裁裁决的执行更是无法脱离主权国家的支持和保障。综上，我们可以给国际商事仲裁裁决的既判力下一简单的定义：国际商事仲裁裁决的既判力是指国际商事仲裁庭根据仲裁协议针对仲裁当事人双方之间的争议作出合法裁决之后，任何一方当事人不得在随后的程序②中再次提起同一争议，仲裁庭或相关法院不得再次接受相同当事人之间的同一争议，该裁决具有强制执行效力，一方当事人在另一方拒绝执行的条件下可以申请法院强制执行。

---

① ［英］施米托夫：《国际贸易法文选》，中国大百科全书出版社1993年版，第598页。

② 一般来讲，“随后的程序”指随后的另一仲裁庭的程序或者随后的法院的诉讼程序。由于在仲裁中存在部分裁决这种裁决形式，因此，随后的程序还可能包括同一仲裁程序之内部分裁决作出后的程序。

（二）国际商事仲裁裁决既判力的效力内涵

国际商事仲裁裁决的既判力包含着对人和对事等方方面面的效力。概而言之，既判力所包含的这些效力可分为两个方面：终局效力和排斥效力。国际法协会（ILA）在其关于既判力问题的最终报告中甚至直接使用裁决的“终局效力和排斥效力”① 的说法，而未使用“既判力”这一表达方式，因为“终局效力和排斥效力”具有涵盖“既判力原则”及其与之相似的概念②的优势。

1. 终局效力

终局效力亦可称作积极效力，首先，它是指当事人可从正面援引已决事实，在随后的程序中进一步为其利益辩护。③ 举例而言，当事人 A 与 B 在某一仲裁案中对某一事实 C（法律上或非法律上的事实）存有争议，仲裁庭对这一事实作出了肯定性的裁决，那么，在随后进行的程序中，如果事实 C 对当事人仍有辩护价值，该当事人仍可援引该已决事实。其次，终局效力还可以指仲裁庭所作出的裁决已产生最终效力，因而该裁决应该得到执行，换而言之，仲裁裁决只有在其获得终局效力之后，才能获得相应的执行力。④ 裁决一旦产生终局效力，一方当事人在另一方当事人拒绝执行该裁决的情形下，可以请求有关司法机关强制执行该裁决。

由此可见，终局效力具有实体法的性质，因为它直接影响到当事人实体法上的权利与义务的展开与实现。⑤ 一方面，当事人可援引已决事实，为其在随后程序中的实体权利作辩护；另一方面，裁决的执行直接影响着当事人的实体权利的实现，而裁决能够得到强制执行的前提条件是该裁决已经具备终局效力。

2. 排斥效力

排斥效力亦可称作消极效力，顾名思义，这种效力并不具有“进攻性”，而是一种具有“防守性质”的效力。事实上，既判力的排斥效力即通常所谓的“一事不再理”，这种效力是既判力的主要方面，它是指前一程序中已经得到裁判的事

---

① See Filip deLy and Audley Sheppard, *ILA Interim Report on Res Judicata and Arbitration*, Arbitration International, Vol. 25, No. 1, 2009, pp. 69-70.

② “相似的概念”主要是指普通法系中发展出的关于既判力问题的一系列独特的制度。

③ See Associated Electric &Gas Insurance Services Ltd *v.* European Reinsurance Company of Zurich.

④ 既判力和执行力是两个不同的概念，执行力指的是法院强制实现裁判所确定的权利的效力，而且只有给付判决才具有执行力。参见赵钢、占善刚、刘学在：《民事诉讼法》，武汉大学出版社 2010 年版，第 370 页。

⑤ See Filip deLy and Audley Sheppard, *ILA Final Report on Res Judicata and Arbitration*, Arbitration International, Vol. 25, No. 1, 2009, p. 81.

项，当事人在以后的程序中不得再行提起。举例而言，仲裁庭就A、B间的争议C做出了一项裁决，那么，在随后的程序中，任何一方当事人都不得再次对争议C提出仲裁或诉讼，仲裁庭或者法院亦不得再次审理争议C。如果针对争议C的裁决是部分裁决，那么，任何一方当事人在部分裁决作出后的随后程序中，不得再次提出对争议C进行仲裁的请求。

显然，较之于终局效力，排斥效力更偏向于具有程序法性质，它与当事人的实体权利与义务并没有直接联系。排斥效力通过阻止对已决事项再行处理，从而使既判力在仲裁或者诉讼程序中具有重大的意义。① 正由于排斥效力的关键意义，国际商事仲裁实践中的既判力问题被广泛识别为程序上的问题，如在普通法系，既判力被视为证据规则的内容之一，在大陆法系，既判力一般规定在诉讼法中。② 既然排斥效力具有程序法性质，那么，从排斥效力的实践效果和提高仲裁效率的角度考虑，当事人在后一程序中应当尽早提出前一裁决的排斥效力，以阻挡对已决事项再行审理。

在国际商事仲裁领域，既判力问题是否属于公共政策（public policy）范畴的问题，这颇具争议。对该问题的不同回答会导致程序上的不同后果。如果将既判力问题识别为公共政策问题，那么，在后一程序中，即使当事人未就已决事项提出既判力抗辩，法院也应该主动适用既判力原则，从而自行规避对已决问题再行审理。如果认为既判力问题并非公共政策问题，那么，既判力问题的提出则完全由当事人决定，法院没有义务主动就已决事项适用既判力原则。在法国、比利时和荷兰，关于裁决既判力的抗辩应由当事人提出，这一抗辩被视为当事人的一项权利，因此，当事人也可选择放弃该项权利，而法院不得自行适用既判力原则。很明显，既判力问题在这些国家中并不属于公共政策问题。但是，在德国和瑞士，法院则可以基于职权（*ex officio*）主动援引既判力原则，以规避对已决问题进行再审。③

（三）国际商事仲裁裁决既判力的范围

民事诉讼理论对既判力的范围探讨得比较充分。由于案件的当事人、诉讼标的、诉讼请求等方面，国际商事仲裁案和部分国内民事诉讼案一致，所有能够通过

① See Denis Bensaude, *The International Law Association's Recommendations on Res Judicata and LisPendens in International Commercial Arbitration*, Journal of International Arbitration 24（4）, Kluwer Law International, 2007, p. 419.

② See Filip deLy and Audley Sheppard, *ILA Interim Report on Res Judicata and Arbitration*, Arbitration International, Vol. 25, No. 1, 2009, p. 50.

③ See Filip deLy and Audley Sheppard, *ILA Interim Report on Res Judicata and Arbitration*, Arbitration International, Vol. 25, No. 1, 2009, p. 51.

国际商事仲裁方式解决的案件也都能通过民事诉讼的方式解决，① 因此，国际商事仲裁裁决既判力的范围可以比照民事诉讼判决的既判力理论进行建构。

1. 客观范围

在仲裁中，既判力的客观范围是指已在仲裁裁决中经仲裁员处理过的具有“一事不再理”的效力仲裁法律关系。既判力的客观范围是既判力理论与实践中相当重要的问题。

依照大陆法系的民事诉讼理论和民事诉讼法，既判力的客观范围原则上仅及于终局判决中已被裁定的诉讼标的。《日本民事诉讼法》第 199 条规定：“确定判决，对主文内容有既判力。”所谓的主文实际上是指已被裁定的诉讼请求或法律关系。对仲裁而言，仲裁裁决的主文无疑具有既判力，然而，争议的焦点在于裁决的理由是否也具有既判力。在民事诉讼中，既判力的客观范围原则上不包含判决的理由。② 判决本身包括两个部分：一是对诉讼标的的裁判；二是裁判的理由。“判决的理由当中涉及法官对案件的判断，即事实上的判断和法律上的判断，而法官的这些判断原则上没有既判力效果。”③ 《日本民事诉讼法》第 114 条第 1 款规定了“既判力仅仅基于包含在判决主文内的法院判断而产生规定”，④ 而判决理由不具有既判力。判决的理由之所以不具有既判力，其主要基于以下两方面的原因：一方面，从当事人的立场看，将既判力的客观范围限于判决主文有利于保障当事人争点处置的自由，以及防止突袭裁判。如果赋予判决理由以既判力，那么，当事人在整个诉讼过程中势必计较各种细微争点，而不会轻易自认某些事项，因为当事人担心如果自己无法再度援引或提出自己曾提出的相关争点或者为己方辩护的理由话，那么，当事人就会在诉讼程序中采取一种步步为营、谨小慎微的态度，这势必阻碍程序的顺利开展，浪费司法资源。另一方面，从法院的立场看，不赋予判决理由以既判力，有助于提高法院审案的灵活性，因为在判决理由不具有既判力的情况下，法院可不需要按照实体法上的逻辑顺序或遵照当事人指定的顺序按部就班地对诉讼中所有的争点作出审慎的判断，它可将更多的注意力投放在诉讼标的上，而不必拘泥于判决理由中的某些争点。⑤

---

① 民事诉讼的受理案件类型的外延要大于国际商事仲裁的案件类型，前者包括后者所有的案件类型。

② 参见张卫平：《民事诉讼：关键词展开》，中国人民大学出版社 2005 年版，第 312 页。

③ 张卫平：《民事诉讼：关键词展开》，中国人民大学出版社 2005 年版，第 312 页。

④ 高桥宏志：《民事诉讼法——制度与理论的深层分析》，林剑锋译，法律出版社 2003 年版，第 505 页。

⑤ 参见林剑锋：《民事判决既判力客观范围研究》，厦门大学出版社 2006 年版，第 61 ~ 63 页。

虽然将既判力的客观范围限于判决主文有利于提高法院和当事人在诉讼过程中的灵活性和机动性，但这也会导致一些实践困境。以下举例说明之。A起诉B，要求法院基于他们之间的赠与关系判决某争议房产属于A，法院通过确认A与B之间的确存在赠与关系后，作出了有利于A的判决，即判决该房产属于A所有。在该案中，房产所有权归属属于诉讼标的，应由判决主文确定，而赠与关系属于判决理由。如果B随后就该赠与关系提起诉讼，请求法院确认A和B之间不存在赠与关系，而该法院最后判决该赠与关系不成立，那么，这会导致前、后两诉判决结果完全矛盾的局面。当然，这种情形在现实中很少发生，但是它在理论上至少说明了仅赋予判决主文以既判力的漏洞。针对这种情形，某些学者提出应该扩张既判力的客观范围，德国学者亨克尔（Henckel）认为应当将既判力的客观范围加以扩张，当判决理由中所涉及的法律关系是作为对诉讼标的进行裁判的前提性法律关系时，该判决的既判力就应当及于该前提性法律关系。换而言之，前诉判决理由中对该前提性法律关系的判断，当事人亦不得置疑而提起另一诉讼请求；后诉法院的裁判也要受对该前提性法律关系判断的拘束。① 日本著名民事诉讼法学家新堂幸司教授吸取了普通法系有关既判力的理论营养，提出了争点效理论，以解决这一实践困境。对于争点效的定义，新堂幸司教授论述如下，"在前诉中，被双方当事人作为主要争点予以争执，而且，法院也对该争点进行了审理并作出判断，当同一争点作为主要的先决问题出现在其他后诉请求的审理中时，前诉法院对于该争点作出的判断所产生的通用力，就是所谓的争点效，依据这种争点效的作用，后诉当事人不能提出违反该判断的主张及举证，同时后诉法院也不能作出与该判断相矛盾的判断"。②

在国际商事仲裁中，同样存在着是否应赋予国际商事仲裁裁决的理由以既判力的争论。瑞士、德国和瑞典不承认裁决的理由的既判力，法国、比利时和荷兰允许在某些情形下考虑赋予裁决的理由以既判力。③ 在英国和美国等普通法系国家，情形比较独特，这些国家认为裁决理由中具有关键意义的部分能够产生争点禁反言效力（issue estoppel），后文对此将详加阐释。

另一个值得注意的问题是，"判决对已经裁判的权利或法律关系有既判力，还

---

① 参见陈荣宗：《民事诉讼法》，台湾三民书局1996年版，第658页。转引自张卫平：《民事诉讼：关键词展开》，中国人民大学出版社2005年版，第314页。

② 参见新堂幸司：《新民事诉讼法》，弘文堂，平成10年，第559页。转引自高桥宏志著：《民事诉讼法——制度与理论的深层分析》，林剑锋译，法律出版社2003年版，第519页。

③ SeeFilip deLy and Audley Sheppard, *ILA Interim Report on Res Judicata and Arbitration*, Arbitration International, Vol. 25, No. 1, 2009, p. 40.

必须是指原告在言词辩论程序中所主张的权利或法律关系。如果法院对当事人未在辩论中主张的权利或法律关系作出了裁判，那么，不仅法院的裁判违反辩论原则，法院对相关权利或法律关系所作之裁判也不产生既判力。易言之，既判力的发生以言词辩论终结前当事人主张的权利或法律关系为基础，对于言词辩论终结后主张的权利或法律关系不发生既判力。"① 在仲裁中，由于程序比法院灵活得多，仲裁员所要解决的争议的范围十分明确，这些争议范围应该在仲裁协议中由当事人列明，因此，与法院稍稍不同的是，仲裁庭所裁决的事项不得超出仲裁协议所列明的仲裁事项的范围，如果仲裁庭作出的裁决超出了仲裁事项的范围，那么，裁决超出的部分将不会产生既判力。《承认和执行外国仲裁裁决公约》第5条第3款规定了被请求承认或执行裁决的管辖当局可以在裁决涉及仲裁协议所没有提到的，或者不包括仲裁协议规定之内的争执，或者裁决内含有对仲裁协议范围以外事项的决定情形下，拒绝承认和执行该裁决。② 我国仲裁法第58条也规定了如果裁决事项不属于仲裁协议的范围或者仲裁委员会无权仲裁，那么当事人可以向仲裁委员会所在地的中级人民法院申请撤销裁决。针对该处，还有一个值得关注的争议焦点，即在国际商事仲裁程序中，当事人能够但事实上却没有在前一仲裁程序中提出的诉求能否在后一仲裁庭中提出呢？国际法协会关于既判力的报告给出的建议是，"如果某一诉讼请求，当事人能够但事实上却没有在前一仲裁程序中提出，那么该诉讼请求在后一仲裁中亦不得被提出"，③ 换言之，既判力的范围还包括当事人能够提出但事实上并未提出的诉求。

2. 主观范围

既判力的主观范围是指既判力的对人效力，即裁判对哪些人具有约束力。对此，大陆法系坚持的原则是，既判力只对提出请求的当事人以及相对方具有约束力，对裁判所涉及的当事人以外的人不发生既判力。大陆法系之所以在既判力的主观范围上限制严格，主要是基于以下这一考虑：辩论主义要求以当事人双方在言词辩论程序中所主张的内容为基础，因此，既判力的主观范围一般只能限制在当事人之间，不允许扩大到当事人以外的人，因为，当事人以外的人并没有参加诉讼，无法在言词辩论中声明自己的主张，在这种条件下，若将既判力扩至这些人，显然不

① 张卫平：《民事诉讼：关键词展开》，中国人民大学出版社2005年版，第312页。

② 参见宋连斌、林一飞译编：《国际商事仲裁资料精选》，知识产权出版社2004年版，第548页。

③ SeeDenis Bensaude, *The International Law Association's Recommendations on Res Judicata and LisPendens in International Commercial Arbitration*, Journal of International Arbitration 24 (4), Kluwer Law International, 2007, p. 419.

公平。①

但是既判力的主观范围，在某些特定的情形下，可以例外地扩张至第三人。《德国民事诉讼法典》第325条第1款规定："确定判决的效力，利与不利，及于当事人、在诉讼系属发生后当事人的承继人以及作为当事人或其承继人的间接占有人而占有系争物的人。"根据这条规定可知，既判力可以扩张至脱离诉讼系属后当事人的承继人和为当事人或其承继人利益占有诉讼标的物的人。

对于既判力的主观范围，普通法系遵循两大原则：密切原则（the rule of privity）和相互原则（the rule of mutuality）。密切原则是指只有参加诉讼的当事人以及与该当事人在该诉讼中具有密切联系的人（privies）才受裁判的约束，才能在后诉中援引前诉之裁判，其他任何第三人都不受裁判的约束，也不能援引裁决之既判力。显然，根据该原则，既判力的主观范围包括当事人和与当事人在诉讼中具有密切联系的人。实际上，大陆法系中既判力扩张的对象，在普通法系中正是与当事人在诉讼中具有密切联系的人。密切联系可呈现三种不同的形式，第一种形式是血缘上的联系，如上一代人和下一代人之间的直系血亲关系；第二种形式是产权上的联系，如因破产而导致破产者与破产债权和债务继承者之间的关系；第三种形式是利益上的联系，如信托人和受益人之间的联系。相互原则是指，后诉中的当事人或与当事人有着密切关系的人，必须也是前诉中的当事人，同时必须主张同前诉中一致的权利，或者进行同前诉中一致的辩护，即在前后两诉中，不仅需要满足主体的一致，同时要求诉因和争点也一致。这一原则是普通法系大多数国家（美国除外）适用既判力的一大要求。②

三、比较法背景下国际商事仲裁裁决的既判力

（一）普通法系的既判力制度

既判力原则，在英国、加拿大、澳大利亚和新西兰等普通法系法域中，已成为一项比较制度化的原则。③ 美国与前述英联邦国家在这方面的制度大同小异，仅在

① 参见张卫平：《民事诉讼：关键词展开》，中国人民大学出版社2005年版，第322页。

② See House of Spring Gardens Ltd *v.* Waite；See Carl-Zeiss Stiftung*v.* Rayner& Keeler Ltd.

③ See House of Spring Gardens Ltd *v.* Waite；See Carl-Zeiss Stiftung*v.* Rayner& Keeler Ltd.，p. 41.

某些情形下，既判力可以延伸至第三人。① 在英国，裁决要获得既判力必须满足以下两个条件：第一，该裁决由具有管辖权的仲裁庭作出；第二，该裁决是对实体问题的最终裁定。在前一程序中作出的裁决的既判力，由当事人在后一程序中以抗辩（plea）的形式提出，这种抗辩包括下文将介绍的“诉因禁反言”（cause of action estoppel）和“争点禁反言”（issue estoppel）。如果其中某项抗辩在后一程序中被接受，那么该项抗辩就会产生阻止另一方驳斥或推翻已决事项的努力。除了“诉因禁反言”和“争点禁反言”这两种既判力抗辩形式外，还有两种富有特色的既判力抗辩形式，它们分别是已有救济（former recovery）和滥用程序（abuse of process）。

1. 诉因禁反言

“诉因禁反言”（cause of action estoppel），② 在国际商事仲裁语境下，是指一项有关实体问题的仲裁请求倘若业已被国际商事仲裁庭所裁决，自裁决生效后，当事人不得再次就同一实体问题提出相同的请求。在普通法系，“诉因禁反言”构成狭义上的既判力的全部；广义上，“诉因禁反言”无疑是既判力的主体部分。如何理解“诉因”这一概念成为理解这项制度的关键。按照《牛津法律大辞典》的解释，诉因“指某人据以行使其提起诉讼权利的某一事实或系列事实”，③《牛津现代法律用语词典》亦作此解。④ 在美国法律中，“诉因”可以理解为包括由当事人之间的全部或者部分交易或者一系列相关交易所衍生而出的所有救济性权利，诉讼的发生正基于此。⑤ 因此，对于美国法院，如何判断交易的构成或者系列交易的构成，系列交易是否构成单独的审理单元，以及将它们作为单独的审理单元进行处理是否符合当事人的期望或者商业惯例等，则都是相当重要的实践问题。⑥

理解“诉因禁反言”的另一个关键在于，必须以理解普通法系对“当事人不得再次就同一实体问题提出相同的请求”的阐释为基础。而这又需要从“诉因”寻找切入点。普通法系认为，虽然一方面“诉因”构成当事人据以行使其诉讼权利的理由，但是针对某一项诉讼请求的终局裁决一旦被作出，那么，与该项诉讼请

---

① See House of Spring Gardens Ltd *v.* Waite; See Carl-Zeiss Stiftung*v.* Rayner& Keeler Ltd., p. 46.

② 美国法律称之为“请求排除效”（claim preclusion）。

③ 戴维·M. 沃克：《牛津法律大辞典》，李双元等译，法律出版社2003年版，第178页。

④ 布莱恩·A. 加纳：《牛津现代法律用语词典》，法律出版社2003年版，第140页。

⑤ Filip deLy and Audley Sheppard, *ILA Interim Report on Res Judicata and Arbitration*, Arbitration International, Vol. 25, No. 1, 2009, p. 47.

⑥ *Ibid.*, p. 47.

求相对应的“诉因”即被融入到终局裁判之中。换而言之，“诉因”因终局裁决而消失。既然“诉因”基于终局裁决的作出而消失，那么，当事人自当无理由再次就同一实体问题提出相同的请求了。然而，实践中却存在诸多当事人（特别是败诉方）在一项终局裁判作出后再次针对已决实体问题提出相同的请求，在这种情形下，另一方当事人可以提出“诉因禁反言”抗辩（plea），如果裁判者认为该项请求确实已被终局裁决，那么，其将会支持另一方当事人所提出的“诉因禁反言”抗辩，驳回该项请求。

值得注意的是，针对同一“诉因”，当事人可能基于不同的法律根据提出诉讼请求。例如，在某些争议中，当事人既可以基于对方违约提起诉讼请求，也可以基于对方侵权提起诉讼请求，在此情形下，“诉因”不因当事人可能从不同的法律角度提起请求而分离，其仍然构成单一“诉因”，法院或仲裁机构根据具体情况选择某一角度进行裁判，都会使判决或裁决产生终局效力，“诉因”即行消失。

2. 争点禁反言

前文在讨论既判力的客观范围时曾提到大陆法系某些国家的学者受到普通法系“争点排除效”的影响提出了既判力客观范围扩张的理论，以解决既判力制度在实践中的困境。① 在这里，“争点排除效”实际上就是“争点禁反言”制度。英国法律称作“争点禁反言”（issue estoppel），而大洋彼岸的美国则称作“争点排除效”（issue preclusion）。

“争点禁反言”旨在阻止一方当事人在随后的程序中驳斥或意图推翻相同当事人（包括与当事人有密切关系的人）之间在前一程序中已提出并被最终裁断了的争点。这些争点包括事实问题和法律问题。争点有主次之分，所谓主要争点是指对案件的裁断有关键作用的事实或法律问题，根据英国法律实践，只有在判案中起重大作用的争点才能在裁决作出后获得既判力。因此，判断某一争点是否对于案件具有“关键性”的意义是适用“争点禁反言”这一制度的核心。正如前文所述，若不分主次地赋予所有争点以既判力，那么，这会导致，无论是当事人还是法院，它们在程序进行过程中将会过于谨慎地对待每一个争点，这不仅会极大地影响程序的效率，同时也会导致司法资源的浪费。② 由此可见，普通法系中由法院实践发展出的“争点禁反言”制度具有极强的实用性和明显的功能主义取向，往往能克服实践中的许多困境，值得大陆法系国家借鉴。

3. 已有救济

“已有救济原则”（former recovery）是指一方当事人申请仲裁以实现其请求的

---

① 参见高桥宏志：《民事诉讼法——制度与理论的深层分析》，林剑锋译，法律出版社2003年版，第516～536页。

② 参见林剑锋：《民事判决既判力客观范围研究》，厦门大学出版社2006年版，第61～63页。

权利，仲裁庭作出了支持该当事人的请求的裁决，并且该裁决已经得到相应的执行，该当事人已经获得了法律上的救济，在这种情形下，该当事人不得再次向仲裁庭或法院提出执行请求。普遍认为，前一程序结束后，“诉因”也就随之消失，一旦裁决得到执行，那么，履行裁决的义务方（不论是给付金钱义务还是其他义务）就可以援用该项原则，以阻止对方当事人再次申请执行该项裁决。“已有救济原则”相对于前两项原则，它更强调裁决既判力所内含的执行上的正义，这项正义要求即所谓的“禁止双重满足原则”（principle of double satisfaction）。以下举例说明之。A 申请仲裁与 B 之间的合同纠纷，请求仲裁庭 C 支持其要求 B 赔偿违约金 100 万美元。仲裁庭 C 通过审理作出裁决 D 支持申请人 A 的请求。随后，裁决 D 得到了顺利的执行，A 实现了其当初请求仲裁庭所支持的请求。在这种情形下，根据“已有救济原则”，A 就不能再次向仲裁庭 C 或者当地法院要求执行裁决 D。

4. 禁止程序滥用原则

普通法系向来以注重程序正义著称。① “禁止程序滥用原则”（abuse of process）是普通法系既判力原则中一项很有特色的制度。一般而言，“诉因禁反言”和“争点禁反言”针对的是已被裁决了的请求或争点，但是，英国法院的实践将这两项制度的适用范围延伸至当事人能够但事实上却未在前诉中提出的请求或争点。② 换而言之，在前一诉讼或仲裁中，当事人基于非法或者其他恶意的目的，故意保留应该而且能够在该诉中提出的请求或者争点，待判决或裁决作出后，当事人针对前面能够提出但事实上却未提出的请求或争点，再行提起诉讼时，法院将认为当事人的行为构成滥用程序，从而拒绝对这些请求或者争点进行裁判，此即“禁止程序滥用原则”的内涵与作用。

“禁止程序滥用原则”在英国被称做“赫德森 v. 赫德森规则（rule in *Henderson v. Henderson*）”。③ 这一规则源自 1843 年英国法院针对 *Henderson v. Henderson* 案的判决，该判决已有一百多年历史了，至今仍然被英国法院频繁援用。根据 Lexis 法律数据库调查显示，近些年，19 世纪英国的任何一项判例都没有

---

① 乔治·P. 弗莱彻、史蒂夫·谢泼德：《美国法律基础解读》，李燕译，法律出版社 2008 年版，第 16 页。

② Denis Bensaude, *The International Law Association's Recommendations on Res Judicata and LisPendens in International Commercial Arbitration*, Journal of International Arbitration 24 (4), 2007, p. 419.

③ *Henderson v. Henderson* [1843] 3 Hare 100；在澳大利亚，禁止程序滥用原则被称为“Anshun estoppel”；加拿大最高法院在近年的 *Toronto* (*city*) *v. Canadian Union of Public Employees* 一案中运用了该项原则。Filip deLy and Audley Sheppard, *ILA Interim Report on Res Judicata and Arbitration*, Arbitration International, Vol. 25, No. 1, 2009, p. 43.

Henderson v. Henderson 案的引用频率高。①

在英国上议院作出对 *Johnson v. Gore Wood & Co* 案②的判决后，该项规则被归入"禁止程序滥用原则"的范畴，从而不再作为"诉因禁反言"或者"争点禁反言"制度的延伸。这项原则旨在保护一方当事人免受另一方当事人程序不公行为的侵害。至于当事人的行为是否构成程序不公，这完全取决于法院的判断，因此，法官适用"禁止程序滥用原则"具有相当大的自由裁量权。③

（二）大陆法系的既判力制度

既判力是大陆法系中一项十分重要的法律原则，绝大多数大陆法系国家都将既判力原则以立法的形式规定在法典之中，如《法国新民事诉讼法典》第480条、比利时《民事诉讼法典》第23至27条、德国《民事诉讼法典》第322至327条、意大利《民事诉讼法典》第324条。这些国家的法律一般都规定，判决一经作出即对双方产生约束力，④ 并且可以阻止任何一方当事人就同一争议再行提起诉讼。由此可知，大陆法系所理解的既判力很清晰地包含了既判力两方面的效力，即前文所述的积极效力和消极效力。从这个角度来讲，在大陆法系，既判力的涵盖范围比普通法系的要广。但是，大陆法系对既判力原则的适用却明显要严于普通法系。前面曾对普通法系的"争点禁反言"制度进行了简要的阐述，然而，值得注意的是，大陆法系国家并不秉持这种观点。⑤ 究其原因，大陆法系传统上较为注重立法的严谨性和逻辑性，在实践中，更偏向于追求法律在形式上的正义；而普通法系则更注重法律制度的实用性。另外，大陆法系并没有像普通法系那样，将"禁止程序滥用原则"纳入到既判力的制度框架中。

---

① K. R. Handley, *A Closer Look at Henderson v. Henderson*, L. Q. R. 2002, 118 (Jul), pp. 397-407.

② [2000] UKHL 65.

③ 然而，美国法院的实践与英国有一定差异，对于当事人能够但事实上却没有在前一仲裁程序中提出的请求或者争议点，只有在极为有限的情形下才被赋予既判力。因此，在既判力问题上，美国并没有像英国确立一般性的禁止程序滥用原则。美国的普通法认为当事人可能有诸多原因导致其没有在前一程序中提出某一个争议点，比如说为了节约司法资源、保持一致性、防止对方当事人的侵扰，等等。*Henry Modell & Co Inc v. Reformed Protestant Dutch Church of City of New York*, 68 NY. 2d 456 at 464 (1986).

④ 在判决生效前，如果可以上诉的话，当事人仍然可以就已经作出的判决提起上诉，并不影响已经作出判决的既判力。

⑤ 值得注意的是，为解决既判力的客观范围的困境，大陆法系国家的某些学者受到普通法系的"争点禁反言"的启示，开始构建新的既判力理论。参见张卫平：《民事诉讼法》，法律出版社2004年版，第123、124页。

1. 一般原则

在法国，既判力被称作“既判事由的权威效力（l'autorité de la chose jugée）”。法国《新民事诉讼法典》第480条规定：“在其主文中对本诉讼之全部或一部分作出裁判的判决，或者对程序上的抗辩、不受理或其他任何附带事件作出裁判的判决，一经宣告，即相对于所裁判的争议具有既判力。”① 由此可知，对管辖权问题的裁定和对实体问题的判决都具有既判力。一般而言，在案件审理过程中，法院作出的仅具有管理案件进程的程序性决定或裁决不具有既判力。② 至于涉及临时措施的决定，它们虽然并不影响实体性权利和义务，但也很可能具有既判力。众所周知，无论是法院还是仲裁庭，它们都可能在必要的时候针对案件的部分问题作出部分裁决，在法国，部分裁决也当然具有既判力，关于这点后文将会详加论述。

裁决甫一作出便产生既判力，若败诉方提起上诉，此时，相关裁决仍然具有既判力，只是该裁决的承认与执行一般来说会被中止，直到上诉裁判的作出为止。

当事人提出既判力的抗辩通常被识别为程序性问题，因此，这一问题属于法院地法规范的范畴，换而言之，适用于既判力抗辩问题的准据法应是法院地法，而不是案件实体问题的准据法。③ 根据前文的论述，不难得知，既判力的抗辩实际上是由既判力的消极效力所衍生而出，而既判力的消极效力在实践中往往成为既判力的主要方面，由此可知，既判力问题在大陆法系属于程序性问题。

在国际案件中，只有最终裁决才能获得被承认与执行的资格，而且外国裁决的既判力不同于本国裁决的既判力，它往往取决于该裁决能否得到法院地的承认。如果法院地承认该外国裁判，在这一前提下，该裁决既判力一般由裁决作出地的程序法进行调整。然而，对于某些大陆法系国家，在国际性公约缺位的情形下，外国裁决是不能获得既判力的，丹麦和瑞典即是如此。

既判力问题是否为公共政策上的问题，这在大陆法系国家内部分歧很大。法国、比利时和荷兰认为裁决的既判力应由当事人援引，法院不能主动适用既判力原则，因此，这些国家并不认为既判力问题为公共政策上的问题。然而，在德国和瑞士，情形刚好相反。

2. 既判力客观范围的扩张

本文在论述既判力的客观范围时，曾述及在大陆法系，原则上既判力只及于裁

---

① 《法国新民事诉讼法典》，罗结珍译，中国法制出版社1999年版，第96页。

② See Filip deLy and Audley Sheppard, *ILA Interim Report on Res Judicata and Arbitration*, Arbitration International, Vol. 25, No. 1, 2009, p. 50.

③ See Filip deLy and Audley Sheppard, *ILA Interim Report on Res Judicata and Arbitration*, Arbitration International, Vol. 25, No. 1, 2009, p. 50.

判的主文部分（dispositif）。《法国民法典》第 1351 条规定：“既判事由的权威效力，仅及于已经做过判决的事由……”① 但在司法实践中，当法官遇到前诉裁判的既判力问题时，他们不仅会考虑裁判的主文部分，还会考虑裁判主文背后必要的动机（motivation），该动机实际上就是形成裁判结果的一系列成因。比利时在对待既判力客观范围的问题上，也是采取如同上述法国一样的立场的。荷兰的情形稍有不同，在荷兰，即使裁判主文并未重述其背后的动机，但是如果这些未在裁判主文中列出的动机正是促成在特定问题上形成最终决定的因素的话，那么它们也会被认为具有既判力。② 由此可知，在对待既判力客观范围这个问题上，荷兰更注重内容以及在裁决中真正起实际作用的因素，从这个方面讲，荷兰的态度比较接近普通法系。

上文还提及德国法律对既判力客观范围的态度，德国的态度相对保守，它在既判力客观范围的扩张问题上比较谨慎，原则上只承认裁判主文的既判力，裁判的推理和案件的事实仅起到帮助确定裁决既判力的范围的作用，其本身并不当然具有既判力。③

在瑞士，联邦最高法院曾指出：“既判力仅与裁判的主文部分有关，并不涵盖裁判的理由。但是，为确定裁判主文的意义和范围，有必要考察裁判的理由。”④

意大利对待既判力客观范围的态度比较独特。作为一项法律原则，既判力局限在裁判的主文，然而，意大利的案例法却承认既判力可能涵盖整个裁判的理由，几乎在所有的案件中，能构成裁判结果的具有逻辑性而且必要的事实基础都具有既判力。⑤

3. 三重因素一致标准

大陆法系国家在适用既判力原则上要严于普通法系国家，这主要表现在三重因素一致的标准上（triple identity test）。所谓三重因素一致的标准是指只有在前后两程序的请求、诉因和当事人都一致的前提下，才能适用既判力原则。

---

① 《法国民法典》（下册），罗结珍译，法律出版社 2005 年版，第 1039 页。

② See Filip deLy and Audley Sheppard, *ILA Interim Report on Res Judicata and Arbitration*, Arbitration International, Vol. 25, No. 1, 2009, p. 51.

③ See Filip deLy and Audley Sheppard, *ILA Interim Report on Res Judicata and Arbitration*, Arbitration International, Vol. 25, No. 1, 2009, p. 51.

④ See Filip deLy and Audley Sheppard, *ILA Interim Report on Res Judicata and Arbitration*, Arbitration International, Vol. 25, No. 1, 2009, p. 52.

⑤ See Filip deLy and Audley Sheppard, *ILA Interim Report on Res Judicata and Arbitration*, Arbitration International, Vol. 25, No. 1, 2009, p. 52.

《法国民法典》第1351条规定："……请求之物应为同一的物；诉讼请求应基于同一的原因；诉讼应在相同的当事人之间进行，并且应是同一的原告针对同一的被告以同一的身份提起。"① 这是对三重因素一致标准明确的立法规定。比利时和荷兰也同样适用三重因素一致的标准。②

请求作为其中的一个因素，既判力原则要求前后程序中当事人的请求事项必须一致，该要求的解释和适用比较严格。

诉因的一致，要求作为请求的法律基础在前后程序中必须相同。因此，如果相同当事人在前一程序结束后，以另一诉因再次就前一程序处理过的案件提起新的程序的话，那么新的程序就不会受前一程序的裁判的既判力约束了。

法国模式对当事人这一因素作出了严格的解释。首先，前后程序的当事人必须一致。③ 一般来讲，当事人仅与裁判结果有利害关系并不能使其获得既判力的抗辩性权利。其次，既判力原则不仅要求前后程序的当事人一致，而且更进一步要求在前后程序所涉法律关系中，当事人行为能力的内容也必须一致。举例而言，同一当事人在前一程序中以雇主的身份出现，而在后一程序中却以代理人身份出现，在这种情形下，前诉就无法对后诉产生既判力。针对当事人这一因素，意大利民事诉讼法要求前后程序中的当事人绝对一致。④

（三）国际商事仲裁规则中的既判力制度

1. 重要国际商事仲裁机构的仲裁规则

大多数国际商事仲裁机构的仲裁规则都对仲裁裁决的效力作出了规定。《国际商会仲裁规则》第28条第6款规定："凡裁决书对当事人均有约束力。将争议按照本规则提交仲裁，各方当事人均有毫无迟延地履行裁决的义务，并且在能有效放弃的范围内放弃了任何其他形式的追索权。"⑤《伦敦国际仲裁院仲裁规则》第26条第9款规定："所有裁决均是终局的并对当事人有拘束力。同意按照本规则进行仲裁，当事人即承诺和无拖延地履行裁决（仅受制于第27条）；

① 《法国民法典》（下册），罗结珍译，法律出版社2005年版，第1039页。

② SeeFilip deLy and Audley Sheppard, *ILA Interim Report on Res Judicata and Arbitration*, Arbitration International, Vol. 25, No. 1, 2009, p. 52.

③ 后一程序当事人如果是前一程序当事人的继承人，在一定条件下，也被视为前后程序的当事人一致。

④ SeeFilip deLy and Audley Sheppard, *ILA Interim Report on Res Judicata and Arbitration*, Arbitration International, Vol. 25, No. 1, 2009, p. 52.

⑤ 参见宋连斌、林一飞译编：《国际商事仲裁资料精选》，知识产权出版社2004年版，第111页。

且在当事人可以有效放弃其权利的范围内，当事人不可撤回地放弃了向任何国家法院或其他司法机构提出任何形式的上诉、再审或追诉的权利。”① 还有《联合国国际贸易法委员会仲裁规则》第32条第2款规定：“裁决应以书面作出，并应是终局的和对当事人双方具有约束力的。双方承担立即履行裁决的义务。”② 以上所列举的仲裁规则都规定了仲裁裁决具有终局约束力，当事人负有立即履行裁决的义务。从裁决的既判力的角度来看，这些规则是对仲裁裁决既判力的积极效力的一种确认。至于国际商事仲裁裁决既判力的消极效力，根据一般观点，它源于仲裁协议本身。③ 当事人一旦协议将争议提交某一国际商事仲裁机构进行仲裁，那么，当事人当然同时接受仲裁裁决既判力的消极效力的约束，不能就同一争议再次提起诉讼或仲裁。

值得注意的是，《国际商会仲裁规则》第25条第2款规定：“裁决应说明其所依据的理由。”④ 其他仲裁机构也有相类似的规定，比如《伦敦国际仲裁院仲裁规则》第26条第1款，《联合国国际贸易法委员会仲裁规则》第32条第3款。V. V. Veeder QC 认为《国际商会仲裁规则》第25条第2款和第28条第6款以及其他仲裁机构规则的类似性的规定隐含了这样一个逻辑性的结论，即裁决的理由也具有既判力。⑤

虽然国际性仲裁机构的仲裁规则一般对仲裁庭的管辖权、法律适用以及仲裁裁决的效力都作出了原则性的规定，但对于仲裁庭如何具体处理既判力问题，我们至今还无法找到相应的规定。⑥

2. 联合国《国际商事仲裁示范法》

1985年联合国国际贸易法委员会（UNCITRAL）《国际商事仲裁示范法》（以下简称《示范法》）第35条第1款规定：“仲裁裁决不论在何国境内作出，均应承认具有约束力，而且经向主管法院提出书面申请，即应予以执行，但须服从本条和

---

① 参见宋连斌、林一飞译编：《国际商事仲裁资料精选》，知识产权出版社2004年版，第140页。

② 参见宋连斌、林一飞译编：《国际商事仲裁资料精选》，知识产权出版社2004年版，第563页。

③ SeeFilip deLy and Audley Sheppard, *ILA Interim Report on Res Judicata and Arbitration*, Arbitration International, Vol. 25, No. 1, 2009, p. 60.

④ 参见宋连斌、林一飞译编：《国际商事仲裁资料精选》，知识产权出版社2004年版，第110页。

⑤ See Filip deLy and Audley Sheppard, *ILA Interim Report on Res Judicata and Arbitration*, Arbitration International, Vol. 25, No. 1, 2009, p. 60.

⑥ See Filip deLy and Audley Sheppard, *ILA Interim Report on Res Judicata and Arbitration*, Arbitration International, Vol. 25, No. 1, 2009, p. 60.

第36条的规定。"① 由此可知，仲裁裁决的既判力是得到了《示范法》的肯定的。考察《示范法》的立法史，仲裁裁决的既判力的主观范围问题曾引起诸多争议，有专家建议明确规定仲裁裁决只对仲裁双方当事人产生约束力，但后来的争论结果是，暂时没必要将裁决的对人效力仅限制在当事人双方。还有一点值得注意，《示范法》并未明确规定如果仲裁裁决与法院地先前作出的已产生既判力的裁决不一致时，该仲裁裁决应否被撤销或者被拒绝予以执行。②

3. 《承认和执行外国仲裁裁决公约》

1958年《承认和执行外国仲裁裁决公约》（即《纽约公约》）第3条规定："在以下各条所规定的条件下，每一个缔约国应该承认仲裁裁决有约束力，并且依照裁决需其承认或执行的地方程序规则予以执行。对承认或执行本公约所使用的仲裁裁决，不应该比对承认或执行本国的仲裁裁决规定实质上较繁的条件或较高的费用。"③ 该条实际上肯定了国际商事仲裁裁决的既判力。它不但从正面肯定了国际商事仲裁裁决的既判力，而且还要求缔约国承担支持国际商事仲裁裁决的承认或执行的义务，这突出体现在不得规定比承认或执行本国的仲裁裁决更加繁杂的条件或更高的费用。然而，《承认和执行外国仲裁裁决公约》并没有明确规定当执行法院遇到两个或两个以上针对同一争议的裁判时应如何处理的方式。④

四、国际商事仲裁裁决既判力的实践问题

总体上，国际商事仲裁大致可直接移植民事诉讼中有关既判力的理论。⑤ 事实上，无论是普通法系，抑或是大陆法系，都明确承认了仲裁裁决的既判力，而且，一般而言，它们的法院都运用处理民事判决既判力的方法来处理仲裁裁决的既判力

---

① 参见宋连斌、林一飞译编：《国际商事仲裁资料精选》，知识产权出版社2004年版，第586页

② SeeFilip deLy and Audley Sheppard, *ILA Interim Report on Res Judicata and Arbitration*, Arbitration International, Vol. 25, No. 1, 2009, p. 61.

③ 参见宋连斌、林一飞译编：《国际商事仲裁资料精选》，知识产权出版社2004年版，第548页。

④ SeeFilip deLy and Audley Sheppard, *ILA Interim Report on Res Judicata and Arbitration*, Arbitration International, Vol. 25, No. 1, 2009, p. 61.

⑤ 参见齐湘泉：《外国仲裁裁决承认及执行论》，法律出版社2010年版，第243页。

问题。① 但在实践中，国际商事仲裁裁决既判力问题可能出现的情形却与民事诉讼判决的既判力问题可能出现的情形迥异。前者主要包括部分裁决与最终裁决之间的既判力问题、不同国际商事仲裁庭所作出的仲裁裁决之间的既判力问题、国际商事仲裁庭的裁决与法院判决之间的既判力问题等三种情形。

（一）部分裁决与最终裁决之间的既判力问题

国际商事仲裁裁决可以分为部分裁决（partial award）和终局裁决（final award）。部分裁决也称为中间裁决或临时裁决（interim award），② 它与终局裁决是相对的，《英国1996年仲裁法》第47条第1款规定："除非当事人另有约定，仲裁庭可以在不同时间就待决事项的不同方面做出一个或多个裁决"，③ 此处即为对仲裁中可能出现的部分裁决的规定。《联合国贸易法委员会仲裁规则》第32条第1款也规定："除作出终局裁决外，仲裁庭亦有权作出临时性裁决、中间裁决或部分裁决。"④ 而终局裁决的作出通常标志着仲裁庭职责的终止（functus officio），仲裁员作出终局裁决后，"他不能再去碰已作出的裁决书。即使他发现有错漏，他也只能是去等待法院把该裁决书'发回'（remit）"。⑤ 部分裁决与终局裁决，它们都是在同一仲裁中作出的，那两者在效力上有何联系呢？

1. 部分裁决是否具备既判力

顾其名，部分裁决一词容易使人误以为其不具备终局效力，这很可能缘于对"部分"二字的理解。实际上，部分裁决其全称应该是"部分终局裁决"，英文上

---

① See Andreas Lowenfeld, *Arbitration and Issue Preclusion: a view from America*, ASA Special Series No 15, 2001; Richard Shell, *Res Judicata and Collateral Estoppel: effects of commercial arbitration*, (1998) 35 UCLA Law Rev 623.

② 虽然大多著作将部分裁决、中间裁决和临时裁决三个词语互换互指，但严格来讲他们是有区别的。中间裁决一词容易导致与仲裁中的程序指令相混淆，而程序指令不是以裁决形式作出的。至于临时裁决和部分裁决，它们两者往往可以互换互指，更严格地讲，部分裁决针对的是当事人所提出的部分请求或反请求，而临时裁决用来描述诸如管辖权或适用法律问题的裁决。*See* Final Report on Interim and Partial Awards of a Working Party of the ICC's Commission on International Arbitration (1990) 2 ICC International Court of Arbitration Bulletin 26. 转引自［英］艾伦·雷德芬、马丁·亨特等：《国际商事仲裁法律与实践》，林一飞、宋连斌译，北京大学出版社2005年版，第400页。

③ 参见宋连斌、林一飞译编：《国际商事仲裁资料精选》，知识产权出版社2004年版，第362页。

④ 参见宋连斌、林一飞译编：《国际商事仲裁资料精选》，知识产权出版社2004年版，第563页。

⑤ 杨良宜：《国际商务仲裁》，中国政法大学出版社1997年版，第515页。

使用 partial final award 一词也很普遍，用部分裁决表达只不过为方便起见。那么，是不是所有的部分裁决都具有终局效力呢？回答此问题之前，先得厘清需要以部分裁决裁定的事项。《英国 1996 年仲裁法》第 47 条第 2 款规定：“仲裁庭就有关下列事项可作出裁决：（a）影响了整个仲裁请求的事项；或（b）仅对所提交的部分请求或反请求作出决定。”① 英国仲裁法对需要以部分裁决裁定的事项作出了笼统的规定，具体来说，仲裁庭常常会对涉及管辖权问题的事项作出部分裁决，这一事项无疑会影响整个仲裁请求，对于管辖权问题“作出的临时裁决，可以缩短或至少相当大地简化程序。花费数月审理争议的仲裁庭，在最终裁决里裁定其无管辖权，这种行为，婉转地讲，是愚蠢的（除非管辖权问题与案件的实体不可分割地连在一起）”。② 典型的需要以部分裁决裁定的事项还有当事人之间对案件所使用的法律产生争议以及责任问题可与定量问题相分离等情形。③

由以上对需要以部分裁决裁定的事项的分析，不难看出，仲裁庭作出部分裁决在很大程度上会使仲裁减少不必要的曲折，使仲裁进展更加顺利，进而提高仲裁的效率。从理论上说，仲裁中以部分裁决提高仲裁的效率是需要以部分裁决的既判力作后盾的。设想，仲裁庭作出的部分裁决不构成一事不再理，仅仅成其为一种没有任何约束的初步判断（prima facie judgment），那么部分裁决不可能在仲裁程序中具有划阶段的重大意义，④ 这样也很难成为一种“对仲裁庭而言非常有用的措施”。⑤

实际上，一般而言，部分裁决确实具有既判力。部分裁决书所作出的决定适用一事不再审是大原则，“其他仲裁庭或法院，甚至同一仲裁庭（他要继续审理其他没有在仲裁中间裁决书所针对的争议），都必须尊重这一个大原则，不存在翻

---

① 参见宋连斌、林一飞译编：《国际商事仲裁资料精选》，知识产权出版社 2004 年版，第 362 页。

② ［英］艾伦·雷德芬、马丁·亨特等：《国际商事仲裁法律与实践》，林一飞、宋连斌译，北京大学出版社 2005 年版，第 399 页。

③ 参见杨良宜、莫世杰、杨大明：《仲裁法——从开庭审理到裁决书的作出与执行》，法律出版社 2010 年版，第 466 页；参见［英］艾伦·雷德芬、马丁·亨特等：《国际商事仲裁法律与实践》，林一飞、宋连斌译，北京大学出版社 2005 年版，第 401 页。

④ 有仲裁员将按顺序所作出的裁决分别称之为“第一份裁决书”（first award）“第二份裁决书”（second award）直到最后裁决（final award），由此可见，部分裁决在仲裁中委实具备划阶段之意义。参见杨良宜、莫世杰、杨大明：《仲裁法——从开庭审理到裁决书的作出与执行》，法律出版社 2010 年版，第 465 页。

⑤ ［英］艾伦·雷德芬、马丁·亨特等：《国际商事仲裁法律与实践》，林一飞、宋连斌译，北京大学出版社 2005 年版，第 399 页。

案”。① 正如英国Diplock大法官在Fidelitas Shipping Co Ltd. *v.* V/O Exportchleb一案的判决意见中所言：“在今天，仲裁员有权力针对仲裁中特殊的争议点作出部分裁决。据本人的理解，这逻辑上包含对这样一个事实的肯定，那就是如果仲裁员针对特定的争议点作出了部分裁决，那么其所作出的部分裁决就会对所涉及的特定争议点产生争点禁反言的效力。”②

2. 部分裁决与最终裁决之间的既判力问题

以上对部分裁决的既判力进行了论述，然而，既判力问题并非孤立地产生于某一裁判之中，它总是相对地产生于前后两程序之间。③ 部分裁决与最终裁决都由同一仲裁庭作出，不同之处在于裁决作出的时间不同。众所周知，仲裁程序进行过程中，可能会出现新的证据，如果这些新的证据是在部分裁决作出之后被发现并提交，并且一旦新证据有导致推翻部分裁决的可能的话，那么，在此种情形下，最终裁决与部分裁决之间势必会产生既判力问题。究其原因，即使新的证据足以推翻部分裁决，但是由于部分裁决已经产生既判力，仲裁员在作出最终裁决之时尚不可轻易推翻前面已经作出的部分裁决。在国际商事仲裁实践中，当事人如果向仲裁庭提出要求对方赔偿损失的请求，那么，仲裁员基于案件的性质和仲裁的效率可能会作出针对责任归属问题的部分裁决，因为判断案件的责任归属往往比确定赔偿具体的数额要容易的多。当仲裁员就责任归属问题作出部分裁决后，接着着手确定赔偿具体的数额并作出最终裁决的过程中，新的证据出现并导致当事人质疑部分裁决某些方面的正确性时，部分裁决的既判力问题就会产生，因为在这种情形下，部分裁决解决大方向的问题，如果部分裁决遭到某些质疑，这势必牵连到最终裁决的正当性。

部分裁决与最终裁决之间的既判力问题折射出法律的形式正义与实质正义之间矛盾。仲裁员在作出部分裁决之后，一方面必须考虑已决事项积极和消极方面的既判效力；另一方面，仲裁员作出部分裁决后，面临质疑部分裁决正确性的新的证据之时，又不得不慎重对待部分裁决的既判力，以在作出最终裁决之时，平衡仲裁的形式正义和实质正义。在这种情形下，如果盲从部分裁决的既判力，虽能一定程度上保证案件逻辑上的连续性和最终裁决在形式上的正义性，但却很有可能会以牺牲

---

① 杨良宜、莫世杰、杨大明：《仲裁法——从开庭审理到裁决书的作出与执行》，法律出版社2010年版，第464页。

② Fidelitas Shipping Co Ltd. *v.* V/O Exportchleb［1965］1 Lloyd's Rep 13（CA）.

③ 裁判的既判力与羁束力不同，裁判的羁束力是指在同一程序中作出裁判的法院或仲裁庭要受自己裁判的拘束，不得在裁判作出后改变该裁判；而裁判的既判力则是作用于其他诉讼或仲裁程序，即生效裁判程序以外的程序，也就是后诉。参见张卫平：《民事诉讼法》，法律出版社2004年版，第119、120页。

一方当事人的实质正义为代价；如果根本置部分裁决的既判力于不顾，仅凭已有证据或着新出现的证据作出最终裁决，这虽然能在一定程度上保证最终裁决的实质正义，但若最终裁决确然出现与部分裁决在逻辑或内容上的矛盾，那么，仲裁的形式正义又无法得到确切的保障，所以，在处理部分裁决与最终裁决之间的既判力问题时，仲裁员需要平衡仲裁法律上的形式正义和实质正义。①

（二）不同仲裁裁决之间的既判力问题

众所周知，仲裁协议是启动仲裁程序的基础，它是仲裁庭取得案件管辖权的直接依据。然而，实践中，仲裁当事人时常对仲裁协议的理解存有分歧，也正因此，仲裁协议的解释和法律适用成为仲裁研究中的一个单独的理论专题，此处无意探讨仲裁协议的解释和法律适用问题，但需要指出的是，正因为当事人对仲裁协议的理解差异从而造成当事人提起不同类型的仲裁的情况，则很可能导致仲裁庭之间裁决的既判力问题。典型的情形即一方当事人基于本方对仲裁协议的理解提起临时仲裁（ad hoc arbitration）而另一方却提起机构仲裁（institutional arbitration），此时，任何一种仲裁形式的程序都必须考虑另一种仲裁形式的程序已经作出的决定的既判力。② 还有一种类似的情形，即相同当事人之间在交易中产生了性质不同但联系密切的法律关系，比如相同当事人之间可能签订了商品批发合同，而随后他们又签订了商品零售合同或者其他与前种合同密切相关的合同，如果这些性质不同但密切联系的合同产生的争议由不同的仲裁庭处理的话，那么，既判力问题就可能会产生。

第二种情形是如果一方当事人在随后程序中辩称前一仲裁裁决并未处理完当事人之间的所有争议时，既判力问题也可能会产生。当事人在仲裁程序中，如果基于各种原因，如过期提出请求（late filing），其所提出的对请求或反请求的补充不能在已组成的仲裁庭前提起时，当事人可能被迫提起平行仲裁程序，这时可能会出现既判力问题。③

一方当事人可能基于同一事实针对同一相对方向不同的仲裁庭提起多个仲裁，在这种情形下，既判力问题可能会产生。一般来说，当事人基于费用的考虑不会在不同仲裁庭提起平行仲裁程序，但是在某些情况下，这样做又显得很必要。这样的例子常见于保险仲裁案中，例如，一方当事人为保险公司，另一方为被保险人，如

① SeeXavier Groussot，TimoMinssen，*Res Judicata in the Court of Justice Case-Law*：Balancing Legal Certainty with Legality? European Constitutional Law Review，2007，pp. 385-417.

② ICC Case No. 3383（1979）.

③ See Filip deLy and Audley Sheppard，*ILA Interim Report on Res Judicata and Arbitration*，Arbitration International，Vol. 25，No. 1，2009，p. 38.

果两者之间签有多份不同的保单，且保单上的仲裁条款不同，那么，被保险人可能会针对同一保险公司向不同仲裁庭提起仲裁请求，在这种情形下，既判力问题就可能会产生。

（三）法院判决与仲裁裁决之间的既判力问题

在国内法院与国际仲裁庭间，仲裁裁决的既判力问题最为常见。当事人在主观上认为仲裁出现以下情形时，很可能在仲裁程序开始前向相关法院提起平行诉讼：第一，没有仲裁协议；第二，仲裁协议无效或无法执行；第三，仲裁协议已过期或者效力已经终止；第四，争议不属于法律规定的可仲裁事项；第五，争议不在仲裁协议规定的仲裁事项范围之内。仲裁一方当事人即使为了阻止另一方当事人在法院中提起平行诉讼，没有利用双方当事人之间存在仲裁协议作为依据提出排斥法院管辖权的抗辩或者虽然提出了这种抗辩，但是抗辩提出的时间晚于程序上规定的时间点，法院也有可能拥有对案件的管辖权。① 但是，如果当事人提出法院程序的动机是通过获得法院签发的禁诉令（injunction）阻止仲裁的继续或因此确保仲裁裁决在该法院所在法域无法得到执行的话，那么，当事人在对其有利的法院就案件的实体问题提起诉讼可能就无法站得住脚。在上述这两种情形下，仲裁庭可能就要考虑相关法院对案件管辖权问题以及实体问题所作出的裁判或决定的既判力了。②

五、结语

既判力原则作为一项相当古老的法律原则，其在国际商事仲裁领域的适用日益受到关注。两大法系在处理仲裁裁决的既判力问题上，存在一定的差异。普通法系在长年的司法实践中发展的一套处理裁判既判力问题的制度具有相当的灵活性，往往能应付实践中诸多具体而复杂的问题；大陆法系所构建的既判力制度则比较严谨，侧重于维护判决的形式正义。在国际背景下，国际商事仲裁裁决既判力问题可能出现的情形与民事判决相比，差异甚大，这些情形包括仲裁的部分裁决与终局裁决之间、仲裁庭与仲裁庭的裁决之间以及法院判决与仲裁庭的裁决之间。如何合理地处理这些在实践中经常出现的裁决既判力问题，则成为当今国际商事仲裁界所无法避免的一大主题。

---

① See Filip deLy and Audley Sheppard, *ILA Interim Report on Res Judicata and Arbitration*, Arbitration International, Vol. 25, No. 1, 2009, p. 38.

② See Filip deLy and Audley Sheppard, *ILA Interim Report on Res Judicata and Arbitration*, Arbitration International, Vol. 25, No. 1, 2009, p. 38.

On Res Judicata of International Commercial Arbitral Awards

Abstract: The res judicata issue of the international commercial arbitral awards has drawn much attention from the international arbitration community. Theoretically, different understanding of the nature of arbitration will lead to different interpretation to the jurisprudential foundation of the res judicata of arbitral awards. In terms of its effects, res judicata can be divided into two parts, conclusive effect and preclusive effect. In terms of its scope, res judicata can also be approached from two parts, subjective scope and objective scope. From a comparative legal perspective, there exist quite a few differences in interpreting the res judicata by the common and civil legal traditions. In both legal traditions, there have specific res judicata rules have been developed. In international commercial arbitration practices, res judicata issues typically emerge between a partial award and a final award, between arbitral awards rendered by different arbitral tribunals, and between an arbitral award and a court decision.

Key words: International Commercial Arbitration; Res Judicata; Arbitral Award